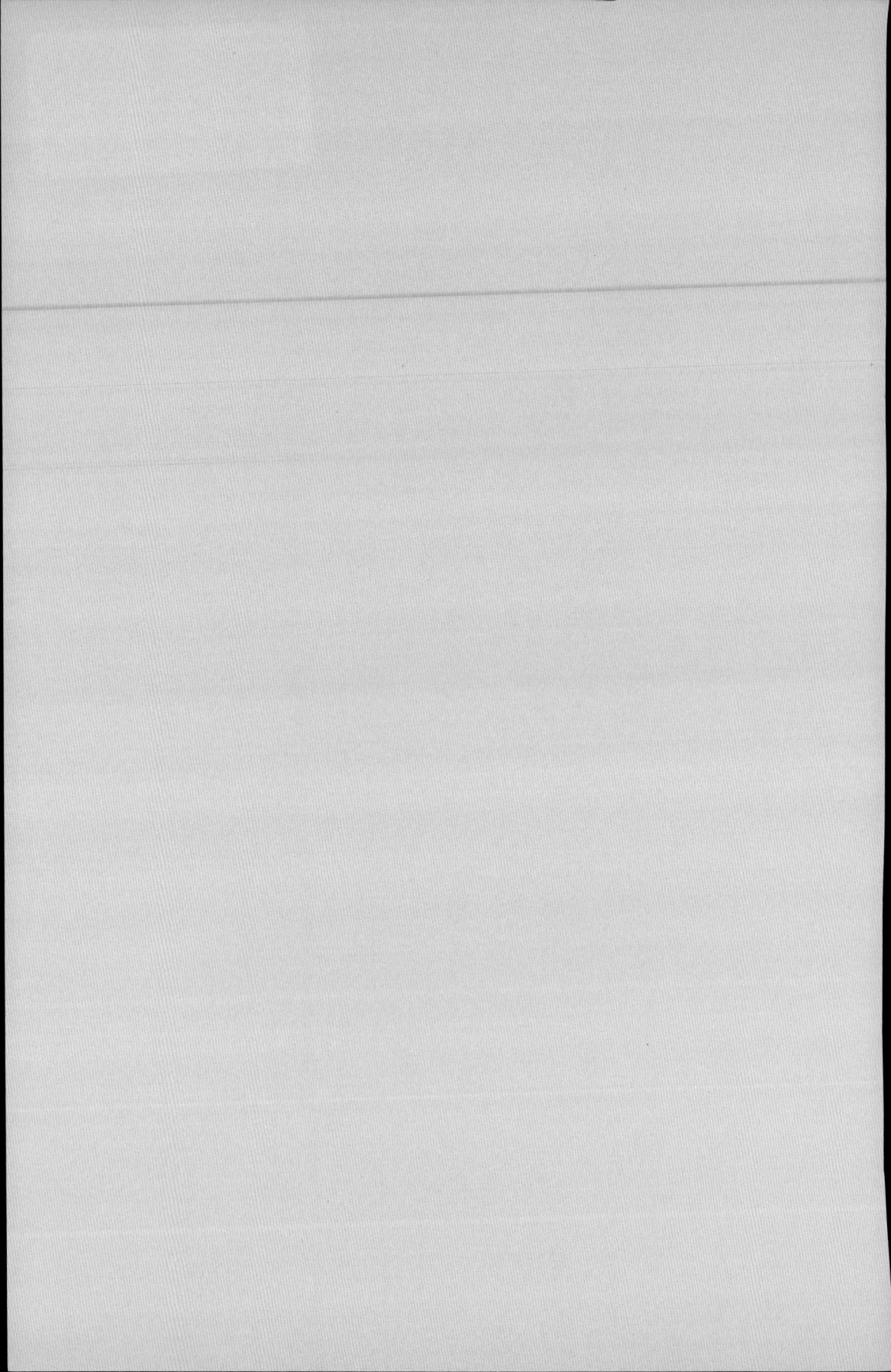

温州学术文库

温州莲花心抗战史研究

Research on the History of Anti-Japanese Battles
in Lianhuaxin, Wenzhou

王长明　周保罗◎著

社会科学文献出版社
SOCIAL SCIENCES ACADEMIC PRESS (CHINA)

Contents | # 目　录

上编　温州抗战与莲花心战斗

中编　1944年莲花心抗日战斗史实考辨

下编　1944年莲花心抗日战斗检讨与参战部队战力评析

绪 论

一 选题的缘起与意义

抗战初期,温州迅速成为东南沿海与大后方之间重要的人员与物资转运枢纽,至抗战末期,国民党、共产党、日本三方均认为美军极有可能在此登陆,开辟由中国东南沿海进攻日本本土的前进基地,有关各方为接应或阻止美军登陆都做了相应的准备。温州在特殊历史条件下的战略地位凸显,故而有日军的三次入侵与温州军民的奋勇抗击。此前的研究对温州地区正面抗日战场历次作战涉及较少,一些史籍的相关记述多依据个人回忆文章、口述记录及民间传说,史料单一、错漏明显,甚至自相矛盾。特别是由于对档案文献缺乏有效的挖掘与研究,不少重要的、基本的史实尚未弄清,一些流传甚广的说法要么完全否认温州抗日正面战场的存在与作用,要么夸大国民党军队在温州正面抗日作战中的战绩与意义,不利于真实、全面、客观地呈现与研究温州地方抗战史。

位于温州城西今景山森林公园内的莲花心为瞰制全城的战略制高点,是抗战时期中日两军攻防温州城必争之锁钥(见图 0 - 1)。莲花心抗日战斗在温州抗战史上的地位至关重要。关于莲花心抗日战斗的一些说法一直在温州民间口口相传,但直到 1985 年相关亲历者、见证人的回忆文章发表之后,日军第三次侵占温州期间的莲花心之战才开始受到史学研究者关注,但对其一直缺乏系统、全面的研究。目前关于莲花心抗日战斗基本史实的常见表述主要以少数亲历者、目击者数十年后的回

莲花心

图 0−1　被日军第二次侵占的温州

注：画面右上部的低丘为莲花心。

资料来源：照片原刊于日本 1942 年 8 月出版的《大东亚战争画报》第 9 号，收录于黄瑞庚执行主编的《温州老照片（1877—1978）》。

忆为依据，模糊、含混、错漏、矛盾之处甚多，从而引发了一些质疑与争论。为此，有研究者曾采集了大量的口述及回忆材料，从而能够基本确定 1944 年在温州莲花心的确发生过伤亡惨重的抗日激战，但因史料种类单一，特别是缺乏档案文献的支撑，上述研究仍无法以完整、明晰、准确的证据来厘清莲花心抗日战斗的基本史实，如具体时间、作战地域、投入兵力、参战部队、战斗经过、伤亡情况、最终结果及后续影响等问题，因而也就无法对莲花心抗日战斗在温州乃至更大范围内的地位与作用给予相对客观的评价。

　　因此，深入开展莲花心抗日战史的研究非常有必要，这不但可以澄清其自身的若干史实悬疑，填补温州正面抗日战场历史研究的空白，而且有助于更加客观、全面地还原温州地区的抗战历史图景，探究温州抗战在全民族抗战乃至世界反法西斯战争中的地位与作用，为温州人了解抗战历史、传承抗战精神提供鲜活的、具有亲近感的乡土教材。同时，对抗战末期的正面作战，常见史书甚至国民政府方面编修的抗战史籍多只提及豫湘桂、滇缅反攻等役，闽浙地区的战事如龙衢、丽温等战役一直被忽略，研究丽温战役中反攻温州作战关键节点的莲花心战斗，不仅有利于补史籍之遗缺，让抗战历史记述更加完整，更重要的是以此为切入点，通过检讨作战得失，评析中日军队的真实战力，对客观公允地评价国民党军的抗战表现、揭示中国抗日正面作战艰苦卓绝的深层次原因亦有重大意义。

二 已刊史料及相关研究回顾

（一）1985年以来已刊史料情况简述

1985 年，《温州文史资料》第 2 辑刊发谷擎一先生（见图 0 - 2）的回忆文章《莲花心观战追记》①，谷擎一在文中记述自己曾作为《温州日报》② 记者，于 1945 年 4 ~ 5 月反攻前夕的某一天，在塘下、渚浦一带③ 目睹新编二十一师攻击日军盘踞的莲花心，并在当天得而复失，战斗持续两个小时，我军伤亡二十余人。文章虽然简短，却是抗战结束四十年后，温州地区出版物中首次刊载的关于莲花心抗日战斗的文章。此后，一些史志便以谷先生之说法为信史，如《温州城区近百年记事 (1840—1949)》④《八年抗战温城实况纪要（甲篇）》⑤ 等。

同一年，四川省政协文史资料研究委员会与四川省人民政府参事室合编的《川军抗战亲历记》⑥ 出版，其中收录当年莲花心战斗参战将领陈章文（见图 0 - 3）、李文密（见图 0 - 4）合写的《第八十八军出川

---

① 温州市政协文史委编《温州文史资料》第 2 辑，1985，第 31 ~ 32 页。

② 此《温州日报》系民国时期的报纸，于 1938 年创刊，1949 年 5 月停办，非创刊于 1947 年的今中共温州市委机关报——《温州日报》（初名《时事周报》）。

③ 指今温州市瓯海区郭溪街道梅园村塘下、浦东、浦西村之渚浦山一带，此处东面紧邻莲花心。

④ 冯坚：《温州城区近百年记事（1840—1949）》，鹿城区政协文史委编《鹿城文史资料》第 5 辑，1990，第 226 ~ 227 页。

⑤ 胡今虚撰《八年抗战温城实况纪要（甲篇）》，林文均校订，台北市温州同乡会编《温州抗战史事》，2007，第 33 页。

⑥ 四川省政协文史委、四川省人民政府参事室编《川军抗战亲历记》，四川人民出版社，1985，第 244 ~ 250 页。

抗战的回忆》，其第五部分"克复丽水 攻占温州"中记述：1944 年 9 月，丽水收复后，八十八军新编二十一师六十一团、六十三团与突击总队作为先头部队着手攻打温州，六十一、六十三团攻击莲花心得而复失两次。11 月下旬，时任六十二团团长的陈章文奉命率本部赶赴温州，与友军一道攻占莲花心，参战各部队前后共伤亡 2000 余人，其中阵亡者 1200 余人。在攻占莲花心当夜，因友邻部队争功邀赏，为避免摩擦，第八十八军军长刘嘉树、第三十二集团军总司令李默庵商定：六十二团停止攻击，新编二十一师撤回丽水碧湖整训。

图 0 - 2　谷擎一（左）与本书作者之一
周保罗

资料来源：王长明 2017 年 10 月 28 日摄于温州市鹿城区谷擎一家中。（本书所用照片，除历史资料照片和特别说明者外，均为王长明拍摄）

图 0 - 3　陈章文戎装照

资料来源：何允中著《抗日战争中的川军》。

1991 年，《丽水文史资料》第 8 辑刊发陈章文的《丽温战役亲历记》，其中将"克复丽水""攻占温州"作为两个部分分列。对比之后发现该文显系由《第八十八军出川抗战的回忆》中对应内容稍做改动而成。1995 年，《鹿城文史资料》第 9 辑刊发陈章文的《攻占温州莲花心纪实》，[①] 此文与前述两文中涉及温州莲花心的部分总体相同，仅有少量的字句改动、删减及段落顺序调整，也修正了前两文中的个别明显错误，如将"报国寺"更正为"护国寺"。陈章文在这些文章中都说道：当时重庆报纸通栏大标题"八十八军迭克名城，克复丽水，攻占温州"，浙江《东南日报》称之为"中国东战场的'斯大林格勒战役'"，

---

① 鹿城区政协文史委编《鹿城文史资料》第 9 辑，1995，第 45 ~ 51 页。

六十二团攻克温州之役是转守为攻的开端。
温州历史研究者洪水平、柯永波经多方查
找，发现当年《东南日报》上并无上述报
道。① 陈章文的这份撰述共 3000 余字，至今
仍是已刊印关于莲花心抗日战斗的回忆材料
中最直接、最完整、最详细的一篇，故而其
中的说法也被广为采用，如《温州市志》②
和《温州近代史》③ 的相关章节。

**图 0－4 1939 年随八十八军
出川抗战时的
李文密**

资料来源：何允中提供照片。

除了谷、陈二人之外，1989 年《瓯海
文史资料》第 3 辑刊载了金学兰口述，林
正华记录的《军旅生活忆旧》。此文记述了
金学兰 1944 年夏从黄埔军校三分校十八期
毕业后，被分配至新编二十一师师部副官
处从事后勤工作（时任具体职务不详，可
能还在见习期，次年在该师六十一团任排长）并参加丽温战役的情
况，其中有一段提及温州莲花心战斗。④ 该文称：新二十一师六十一
团与六十二团于 1944 年 9 月 11 日开始攻打莲花心，历时六天激战始
攻占之，后又被日军反扑夺回，温州终未收复，新二十一师伤亡 427
人，撤回丽水、永康等地整训。该文涉及莲花心战斗的部分篇幅不足
两百字，其说法尚未见被温州地方史志采用。

2011 年 9 月 3 日《温州日报》第 6 版刊载了《李文密忆温州之
战》。该文的编者说明此文由新二十一师副师长李文密口、笔述，其子
李怀宸整理，柯永波搜集获得后并做个别地名校正。文中记述：新二十
一师六十一团数攻未果，遂由六十二团先攻击温州城，再与六十一团一
道攻莲花心，其间阵地多次易手。李文密要求总司令部（应指第三十二集

---

① 洪水平：《轶史随录》，社会科学文献出版社，2005，第 191 页。

② 《温州市志》编纂委员会编《温州市志》上册，中华书局，1998，第 49 页。

③ 胡珠生：《温州近代史》，辽宁人民出版社，2000，第 464 ~ 465 页。

④ 瓯海县政协文史委编《瓯海文史资料》第 3 辑，1989，第 97 页。

团军总司令部）派突击队增援，未获应允。后奉长官部（应指第三战区司令长官部）命令停止攻击，新二十一师到丽水碧湖整训，由突击第一总队接替防务。温州攻坚战役中，六十一团、六十二团伤亡过半。

此文所记内容亦无明确时间信息，其中仅指出当年农历八月十五徐团（指新二十一师六十一团团长徐有成）攻克莲花心，陈团（指新二十一师六十二团团长陈章文）突破西关，攻入市区。按抗战时期日军三次侵陷温州的时间 1941 年 4～5 月、1942 年 7～8 月和 1944 年 9 月至 1945 年 6 月，其中只有第三次沦陷期间有中秋节，由此可以确认此文认为的六十一团、六十二团攻克莲花心的时间是 1944 年的中秋节即该年公历的 10 月 1 日。

以上为温州地方性出版物中与莲花心抗战相关的文章，全国政协文史资料委员会 1995 年编辑出版的《闽浙赣抗战（正面战场：原国民党将领抗日战争亲历记）》刊载了李昊（见图 0-5）的回忆文章《反攻温州未遂纪实》。① 李昊在文中称自己时任暂编三十三师六十四团团长（文中注解误为六十三团），② 此文记述日军由丽水东窜温州，六十四团与浙保四团奉命先赴青田温溪等地迎击日军不利，温州城内空虚被日军侵占，随后中国军队展开反攻。其最末一段介绍新二十一师与两个突击队攻击温州莲花山得而复失，反攻温州的计划暂停，新二十一师及两个突击队仍调回丽水，温州郊区防务交由暂编三十三师及浙保四团负责。从文中称"莲花山"位于温州城西郊，是温州城的唯一屏障，且由新

---

① 全国政协《闽浙赣抗战》编写组编《闽浙赣抗战（正面战场：原国民党将领抗日战争亲历记）》，中国文史出版社，1995，第 424 页。

② 按《第三十二集团军丽温战役战斗详报》和《陆军第八十八军丽水战役战斗详报》，李昊系八十八军暂编三十三师第一团团长，且根据其他多个相关战斗详报，暂编三十三师下属三个团，依序称第一、第二、第三团，未见"六十四团"之称谓。暂编师所辖团一般不在全军中编唯一番号，只在本师内称第几团。暂编三十三师"六十四团、六十五团、六十六团"的叫法还见于曾任该师少校作战参谋李铁萧的回忆文章《温丽之战片断·温州第一次沦陷》（浙江省政协文史委编《第二次国共合作在浙江》，浙江人民出版社，1987，第 152～153 页），而实际上六十四团、六十五团、六十六团为新编二十二师下辖三个团的番号，推测可能与曾同属八十八军的新编二十一师下辖三个团番号依次为六十一、六十二、六十三团有关。

二十一师与突击队攻击来看，此"莲花山"应当就是"莲花心"。① 该
文未记录明确的时间，由于李昊在暂编三十三师任团长的时间为 1943
年以后，可以确认该文所述的事件发生在温
州第三次沦陷期间（1944 年 9 月 9 日至
1945 年 6 月 17 日）。此文在 2015 年全国政
协文史和学习委员会编的《闽浙赣抗战亲历
记》中被再次收录。②

上述已经在出版物上刊发的莲花心相关史
料均为亲历者、目击者数十年后的回忆，不但
在史实过程、细节上存在差异，而且一些基本
信息也各不相同，甚至完全相反。如战斗发生
的时间有 1944 年 9～11 月、1944 年中秋节（10
月 1 日）前后、1945 年 4～5 月的某一时间等
多种说法，国民党军的伤亡数字从 20 人、427
人到 2000 余人不等。但对战斗最终结果的表

图 0 - 5　李昊

资料来源：陈予欢编著《中
国留学日本陆军士官学校将帅录》。

述，除陈章文回忆为攻占莲花心后主动撤退，但温州仍然被收复之外，其
他人均称莲花心得而复失、温州终未能收复，部队撤回丽水整训。

（二）温州第三次沦陷期间莲花心战斗相关研究简况

上述有关莲花心抗日战斗的史料刊载以后，引起温州市历史研究者
的关注，他们或对 1944 年莲花心抗日战斗特别是陈章文的说法持谨慎
态度乃至质疑，或同时认可、杂糅陈章文、谷擎一两人说法，或完全肯
定陈章文说法并同时否认谷擎一的说法。

（1）谨慎

2004 年，中共温州市委党史研究室著《中共温州党史》（第一卷）
对莲花心抗日战斗仅一笔带过，其表述为："国民党驻军也先后在温州

---

① 关于为何将"莲花心"称为"莲花山"，后文中将会具体分析。
② 全国政协文史和学习委员会编《闽浙赣抗战亲历记》，中国文史出版社，2015，第
373 页。

城郊莲花心、永嘉岷冈和乐清虹桥等地与日军进行战斗"。① 2010 年中共温州市委党史研究室编纂的《温州市抗战时期人口伤亡和财产损失调研资料汇编》收录陈光忠的文章《发生在温州的几场抗日战斗》，该文在介绍了"莲花心攻占战"的概况之后说：这次战斗的情况主要根据陈章文等人的回忆写成，由于他们的回忆年代久远、互有出入，而有关莲花心战斗翔实的档案资料尚未找到，因此有关这次战斗的确切时间及国民党部队的伤亡人数还有待于进一步考证。②

（2）质疑

洪水平在《莲花心之战》③ 一文中认为陈章文的说法存在以下主要疑点。

其一，1200 余位抗日烈士遗体如何安葬，谁来安葬，葬于何处，为何无一丝遗迹可寻？其二，这样大规模的一场战事，在各界人士的回忆文章与民间传说中，为何无人提及？其三，当时温州城内只有一个大队，不可能有陈所说的"混合支队"。其四，我军以多攻少，竟然伤亡2000 余人，实为一场大败仗，毫无可夸之处。其五，此战发生时，日军占领温州不过数天或十数天，日军不可能在莲花心构筑炮台及坚固工事。洪水平还认为：国民党军队虚报战功的事屡见不鲜，莲花心之战实际的情况可能是 1944 年 9～10 月，新二十一师曾两次在温州城南郊（应为西郊）与日军作战，其中至少有一次攻打莲花心，但两次战斗规模都不大，陈章文的说法有失实之处。

陈章文关于 1944 年莲花心战斗被称为"中国东战场的斯大林格勒战役"之说，引起了一些历史研究者与退休老同志的质疑。为此，中共温州市委党史研究室作为地方史研究的权威部门于 2007 年指派周保罗进行调查核实后认为，此说夸大其辞，不能成立。

---

① 见中共温州市委党史研究室著《中共温州党史》（第一卷），中共党史出版社，2004，第 195 页。

② 中共温州市委党史研究室编《温州市抗战时期人口伤亡和财产损失调研资料汇编》，中共党史出版社，2010，第 261 页。

③ 洪水平：《轶史随录》，第 186 页。

（3）杂糅

1985 年出版的《抗战中的温州》所载《温州抗战八年大事记》将陈章文与谷擎一的回忆文章说法杂糅在一起，在 1944 年 11 月的条目中写道："下旬，国民党新编廿一师六十二团开赴温州。在此之前该师六十一、六十三团曾对盘踞在莲花心的日军发起 5 次进攻，2 次得而复失，官兵伤亡千余人。六十二团开到后即以该团为主力再次发动进攻，血战 2 天 3 夜，攻占了莲花心，此役六十二团阵亡 3 位连长（一营三连连长龙曙海、三营十连连长邓子惠、三营十一连连长瞿良），阵亡排级军官 11 名，士兵 700 余人，这些抗日勇士大多是四川籍子弟。"1945 年 5 月的条目中又写道："温州驻军廿一师川籍将士在盟军飞机协同下，向占领莲花心的日军发起猛烈进攻，敌伪伤亡颇重，被迫退却，后因敌援兵赶到，又向我军反扑，廿一师将士寸土必争，肉搏血战。战斗持续了 1 个多小时，廿一师战士阵亡 20 人。"①

2011 年，刘定卿发表《奋力杀敌，重创日寇——两次莲花心之战始末记》② 一文，将莲花心战斗分为初战莲花心与再战莲花心两大部分。关于初战莲花心基本采用《攻占温州莲花心纪实》的说法，指的是新二十一师先头部队久攻莲花心不下，陈章文奉命率所部来援，攻下莲花心。但该文把此战的时间写为 1944 年 11 月，而不是陈章文所说 1944 年 9 月先头部队攻击受挫，11 月陈团又来增援终于攻下。其文中伤亡数字为阵亡 3 名连长、11 名排长、700 余名士兵，负伤官兵 500 余名，显系采用陈章文关于增援攻占莲花心的伤亡数字。关于再战莲花心部分则采用谷擎一《莲花心观战追记》的说法。该文称 1945 年 5 月初，莲花心的确还有一场战斗，新二十一师六十一团在占领渚浦北山杨府庙和大平山一带后，向莲花心的日军发起猛烈的攻击，双方对峙 1 小时，国民党军伤亡 20 余人。

该文还提及台北市温州同乡会所编《温州抗战史事》一书的《八年抗

① 中共温州市委宣传部、温州市教育委员会编《抗战中的温州》，浙江人民出版社，1995，第 65 页。

② 刘定卿：《奋力杀敌，重创日寇——两次莲花心之战始末记》，《温州日报》2011 年 9 月 3 日，第 6 版。

战温城实况纪要（乙篇）》《抗日战争中温州三度沦陷记略》亦有相同记载：前者将 1945 年莲花心战斗时间明确为 5 月 8 日凌晨 4 时，后者与谷擎一文中的表述基本相同，但又将时间记为是年 5 月初，均不知其依据为何。

（4）肯定

1995 年，张洁在《抗日战争时期温州第三次沦陷的背景、经过及其特点》中对莲花心、岷岗等战斗中勇士们的宁死不屈予以肯定，但未做进一步考证分析。[①] 2010 年前后，柯永波在参加中共温州市委党史研究室《温州市抗战时期人口伤亡和财产损失调研资料汇编》编辑工作时，开始接触到莲花心战斗史料，即在中共温州市委党史研究室的支持下着手展开研究。除了查阅、搜集文字史料外，柯永波重点是通过深入实地的调查研究，特别是对莲花心战场周边村落的众多高龄村民进行采访，同时远赴四川采访亲历者后人，从而获取大量口述材料来进行验证、考辨。他于 2011～2012 年相继发表了《莲花心攻占战之初步查证》、《解读莲花心攻占战——莲花心攻占战之再查证》和《重视史实　不可疏忽——查证莲花心攻占的启迪》等文章。

根据各村众多老人的回忆，柯永波发现景山主要战略制高点和几乎围绕景山整个山脉的攻守必经之地都曾发生过激烈战斗，曾发现埋葬着为数不少的国民党士兵的遗体，有多处埋葬着三四十人，甚至整连整营牺牲的。另外老人回忆时描述有山野尸体遍地、溪水成血水、尸臭难闻、"兑糖客"上山捡尸骨、觅食的野狗出没等现象。[②] 通过对大量口述材料的梳理，并与前述的陈章文、李文密、谷擎一、金学兰等人的回忆进行对比分析，他认为陈章文的文章真实可靠，可以作为重要依据来引用。陈章文所说 1944 年 9 月先头部队攻击莲花心得而复失，11 月下旬其率部增援再攻莲花心都是可信的。国民党军在攻打莲花心战斗中伤亡惨重，陈章文所说的前后总计伤亡两千余人也是确实的。同时，他认

---

① 张洁：《抗日战争时期温州第三次沦陷的背景、经过及其特点》，《温州师范学院学报》（哲学社会科学版）1995 年第 4 期，第 15～18 页。

② 参见《墨池》2011 年第 1 期，第 47～52 页；《墨池》2012 年第 1 期，第 39～44 页；《足迹》2011 年第 3 期，第 53～55 页。

为谷擎一关于 1945 年 4 ~5 月莲花心发生过激烈抗日战斗的说法缺乏相关史料与人证，倾向于予以否定。以陈章文的说法和柯永波的研究为主要依据，温州电视台拍摄了电视纪录片《血洒莲花心》，荣获 2014 年度浙江省广播电视政府奖纪录片奖三等奖，并成为纪念抗战胜利 70 周年全国城市电视台联制联播大型系列纪录片《血铸河山》的第 38 集。①

柯永波深入扎实的调查取证为厘清莲花心抗日战斗的真相奠定了重要基础，基于对战场旧址周边各村落村民所提供的大量口述及回忆材料的研究，能够基本断定 1944 年莲花心地区的确发生过伤亡惨重的抗日激战。但是因他获取的材料以口述及回忆为主，未能获得相对完整翔实的档案文献，而口述、回忆者缘于个人经历、文化水平、记忆能力、表达能力、利益关联程度等，不可避免地会出现对史实记忆与表述的模糊、混淆、错漏、缺失，甚至有意无意地夸大、缩小、掩饰等各种情况，直接影响研究的深入，很难据此给出莲花心抗日战斗的一些基本或重要史实信息特别是起因、目的、参战部队、指挥官、兵力、武器配备、具体时间、过程细节、伤亡数字与最终结局明确的结论，加之无权威文献资料作为支撑，所以难以使质疑者信服。

以亲历此战的陈章文为例，他在《攻占温州莲花心纪实》开篇就出现明显错误，他说："1944 年，国民党八十八军扩大了编制，军长何绍周调走后，继任军长由第五军副军长刘嘉树升充，新廿一师扩编为甲种师。"何绍周调离、刘嘉树继任是在 1943 年，而非陈章文所说的 1944 年。刘也不是从第五军副军长的位置调升为第八十八军军长，而被发表为第五军副军长时未到任，此后又于 1942 年 10 月任八十八军副军长、代军长，次年 1 月升任该军军长。② 而新二十一师也不是什么甲

---

① 《2014 年度浙江省广播电视政府奖纪录片获奖作品名单》，浙江省新闻出版广电局（浙江省版权局）官网 2015 年 4 月 27 日发布；《2015 ~2016 年度中国广播影视大奖·广播电视节目奖获奖结果揭晓》，中国广播电影电视社会组织联合会 2018 年 1 月 16 日搜狐网发布；《〈血铸河山〉总目录》，兰州广播电视网 2017 年 12 月 24 日发布。

② 陈予欢：《黄埔军校将帅录》，广州出版社，1998，第 319、760 页；陈予欢：《陆军大学将帅录》，广州出版社，2009，第 225、295 页。

种师，因为当时已经没有甲种师的概念。该师只是普通的三团制师。[①]陈之说法应为甲种军之误。再如让一个九旬老者仅凭记忆来准确说出七八十年前一场抗日战斗的具体日期几乎是不可能的。我们在调查中还发现，有些老人甚至将温州第一、第二、第三次沦陷中分别发生的事情混为一谈，或将新编二十一师说成二十二师。对这些时隔多年后的口述或回忆必须下大力气认真予以甄别、考证。

在新编二十一师的组建地四川，原第一二四师七四〇团团长何煋荣之子何允中，经多年资料搜集、调查研究于 2016 年 8 月出版了《抗日战争中的川军》一书，书中较为详细地叙述了八十八军新编二十一师的抗战经历，其下册中"范绍增第八十八军丽水、温州之战"一章对 1944 年的新编二十一师攻打温州特别是莲花心战斗的表述包括战斗时间、经过、伤亡数字基本采用了陈章文的说法，甚至与陈章文的最初回忆文章一样将莲花心一带之"护国寺"误为"报国寺"，同时又糅合了前文所提李昊《反攻温州未遂纪实》、谷擎一《莲花心观战追记》的部分相关内容。[②]

（三）温州第一、第二次沦陷期间莲花心战斗相关研究简况

由于改革开放以来公开刊行的温州莲花心抗日战斗的史料，基本上只涉及温州第三次沦陷期间的相关战斗，给公众造成一种定见，即莲花心抗日战斗仅发生于温州第三次沦陷期间。陈钧贤则最早提及 1941 年温州第一次沦陷与 1942 年温州第二次沦陷期间，莲花心一带均发生过

---

① 所谓甲种师是国民政府在完成全国形式上统一之后，为整编部队和准备抗日作战而拟定的新编制，甲种师亦称调整师，有两旅六团制、两旅五团制、两旅四团制等不同编制，实际仅整编了少量部队抗战即已全面爆发，其每师兵力均在一万人以上。到 1939 年 2 月南岳军事会议上决定重定陆军军、师编制，统一为一师下辖三团的编制，裁撤师与团之间的旅一级建制，团直隶于师，此后已无甲种师的概念，并一直延续至抗战胜利后。在此次南岳会议上取消甲种师编制的同时，又确定甲、乙种军的分类，即确定辖三师之军为甲种军，辖两师之军为乙种军。八十八军创建之初仅辖一个新编二十一师，1942 年以后，才增辖两个师，形成一军三师的格局。参见王璟、伊胜利《略述国民革命军陆军师之变革》，李永璞主编《中国近现代史及史料研究》，世界知识出版社，2007，第 173 页；《南岳军事会议和国民党军的整训》，曹剑浪著《中国国民党军简史》中册，解放军出版社，2010，第 741 页。

② 何允中：《抗日战争中的川军》，四川人民出版社，2016，第 545 ~ 553 页。

抗日战斗。2013 年他分别在《抗日名将钟学栋在温州》和《温州抗日三大战役纪实——景山东岙攻坚战》① 两篇文章中引用《温州守备区永瑞战役战斗详报》和《陆军暂编第三十三师丽青温平瑞乐战役战斗详报》（以下简称《丽青温平瑞乐战役详报》）及当时温州媒体的报道，指出 1941 年 4 ~ 5 月、1942 年 7 ~ 8 月，暂编第三十三师曾在莲花心及附近的新桥、灰炉、营盘山、东岙高地等处多次与日寇发生激烈战斗，并分别称之为灰炉阻击战（1941 年）和景山东岙攻坚战（1942 年）。2015 年和 2017 年，他撰写的《温州城区西线抗日战事》和《抗日名将钟学栋在温州》分别被《鹿城文史资料》和《温州文史资料》刊载，其中再次重申了前述观点，并正式称 1942 年的相关战斗为莲花心争夺战。

三　本书的研究依据与方法

本书系温州市社科联 2016 年度温州市哲学社会科学规划立项资助课题（二级）"温州莲花心抗战的基本史实研究"之成果。经修改完善后被温州市社科联列入 2017 年度温州市社会科学学术著作出版资助项目。本书的作者之一周保罗先生十年前即开始陆续搜集有关温州抗战的资料，近四年来集中精力广泛搜罗各类温州抗战相关军方文书，有幸在中国第二历史档案馆查阅到温州历次抗日战役中国参战部队的战斗详报及整训日记，包括《温州守备区永瑞战役战斗详报》、《温州守备区丽青温战役战斗详报》、《第三十二集团军丽温战役战斗详报》和《八十八军永嘉乐清黄岩追击战役战斗详报》等（即 1941 年、1942 年、1944 年日军第一、第二、第三次入侵温州时中国军队予以抗击及 1945 年日军闽浙大撤退时中国军队予以追击的战斗详报，以下分别简称《永瑞战役详报》、《丽青

---

① 《抗日名将钟学栋在温州》和《温州抗日三大战役纪实——景山东岙攻坚战》，网络发布时间分别为 2013 年 6 月和 8 月。《抗日名将钟学栋在温州》后刊于《温州文史资料》第 34 辑，中国文史出版社，2017，第 241 ~ 251 页；《温州城区西线抗日战事》刊于《鹿城文史资料》第 27 辑，中国文史出版社，2015，第 146 ~ 148 页。

温战役详报》、《丽温战役详报》和《永乐黄追击战役详报》)。① 上述战斗详报总计字数十余万，并附有战斗经过要图和人员伤亡、弹药消耗、功过奖惩等各类表格，同时，对敌我双方之优劣、战斗之经验教训都有分析，是反映温州抗日正面作战详情的军方权威文献。其中1944年《丽温战役详报》为首次发现，它不但逐日详细记录1944年8月19日至10月11日，中日两军在丽水、温州地区的战斗经过、作战指导与命令要旨、部队动向，并附有战前敌我形势概要、双方参战部队番号及主将姓名、作战区域之天候气象地形等重要历史信息，为我们研究目前最受关注的温州第三次沦陷期间的莲花心战斗提供了最直接、最基本的文献支撑。

同时，在原浙江省东阳市政协文史委主任蒋锦萌的热心帮助下，我们与东阳籍抗战老兵、曾任第三十二集团军总司令部机要秘书的楼绛云先生取得了联系。经电话沟通之后，楼先生即惠寄由他保存并汇编的丽温战役相关参战部队内部资料集《烽火余烬》(见图0-6)，该书1991年由此时定居北京的原该集团军总司令李默庵将军作序，书中汇集该集团军特别是其所属突击总队在抗战中后期的长官讲话、汇报总结、统计报表、新闻报道等各类史料，其价值远高于时隔多年后的回忆口述。

2017年8月与10月，我们又在上海图书馆和国家图书馆相继发现了突击总队的内部刊物——《突击队》月刊(见图0-7)的缩微胶卷和纸质刊物原件。两家图书馆保存的《突击队》月刊均不全，但刚好能互补对方所缺，从而能让我们看到自1944年5月创刊号起至1945年5月第2卷终了为止完整连续的13期，其中1944年的创刊号至第8期为第1卷，1945年第1期至第5期为第2卷，由于未能发现该刊第3卷，故其停刊时间尚不明确。按突击总队在抗战末期改编为第九十八

---

① 这四份战斗详报均保存于中国第二历史档案馆，档案号分别为787-10157、787-10557、787-12271、787-11426。温州守备区指挥的部队除主力为暂编三十三师外，还有地方自卫及保安团队等。中国第二历史档案馆还保存有1942年以暂编三十三师名义上报的《温州一带战斗详报》(《丽青温平瑞乐战役详报》)，其内容与《丽青温战役详报》基本相同。

图 0 - 6 楼绛云与他所编《烽火余烬》

军，其停刊或改名时间当在 1945 年夏秋时节。该刊物封面印有"机密"字样，刊物内文常对部队番号、重要地名做保密处理（用"某某"或"××"），但又有相当多的地方未做相应处理，故而可以让读者获取更多信息。根据《突击队》月刊所载《撰稿办法》和《阅读办法》以及编委、特约撰述名单，该刊以西南干训班班部、第三十二集团军总部、陆军突击总队部官佐为主要作者与读者群体，并邀请部分知名文化界人士担任编委、特约撰述。因其定位为"工作检讨与公报记载之综合刊物，内容分训示专载、法令规章、业务检讨、学术研究、战斗纪要、工作报告、人事动态、生活报道等门类"，用以各部官佐"组织党义、战史及时事教育等研究，或举行各种座谈会，并相互研摩"，所以是了解第三十二集团军与突击总队的发展演变、作战、训练、日常动态、内部管理及丽温战役非常珍贵的第一手史料。

经比对发现《烽火余烬》中所收录的绝大多数史料出自《突击队》月刊，但未将《突击队》月刊第 1 卷第 8 期中所载的《丽温战役专辑》收入。该专辑为 1944 年底召开的丽温战役检讨会议近 3 万字的材料汇编，并附有战斗经过要图，其中包括未能到会的第三战区司令长官顾祝同发来的关于丽温战役得失的书面训词，第三十二集团军总司令李默庵、参谋长曹耀祖、第八十八军军长刘嘉树等人在营以上军官逐个汇报之后对丽温战役做分阶段讲评及总讲评的讲话记录，其中多处涉及温州莲花心战斗与主攻部队新编二十一师。由于本次会议明确将基调定为检讨得失，反省缺点，多讲缺点，不讲优点，而其最高层面参会人员为第三战区副司令长官黄绍竑的代表——其办公室主任张少杰，未有国民政府及军事委员会等中央层面代表参加，会议内容很可能亦未上报。那么，相对于战斗详报这种例行公事、向中央汇报材料难免尽量少谈问题的俗套，本次具有内部闭门研讨性质的丽温战役检讨会议材料则更加真实，更有利于了解历史真相。同时，在《突击队》月刊第2卷第4期中还刊登1945年春对陆军突击总队第一、第二、第三突击队及直属营进行校阅的报告书，共13000余字，校阅报告书从精神、体格、士气、学科（军事教育、政训）、术科（一般教练、战斗教练、射击教练、重兵器教练、阵中勤务、搜索、刺枪等）、内务（人事、军械、通信、经理、卫生、马匹）等方面对各突击队及直属营之优劣点做了全面、详细的评述，特别是直言不讳地指出了该部队存在的大量问题，很多方面点名到了具体营、连，校阅报告书后还附有各队及所属营、连评分成绩表格，是了解1944年莲花心战斗参战部队军事素质、战斗力和内部运作、日常管理的难得史料。

我们还得到了日本《战场之记录——墓标》（见图0-7）第八章"温州作战"共2.8万字的中文翻译稿。《战场之记录——墓标》为1944年侵占温州日军之一部——独立步兵第一〇四大队官兵回国于1971年编撰的在华作战记述。该书由本地知名文史学者方韶毅从日本购得，涉及温州的部分由温州医科大学外国语学院曹婷红、费娴洁、鲁月、毛方圆、俞洁伟、马欣怡、袁丹7位同学翻译。这些资料构成开展本课题研究特别是研究最受关注的1944年莲花心抗日战斗的最基础文献。

在此之外，我们还从中国第二历史档案馆、浙江省档案馆、温州市档案馆及台湾地区档案机构所收藏及编辑出版的档案资料中获得大量很有价值的信息，并在民国报刊、地图、照片与日本史料中广寻证据，又对全国政协文史资料与浙、鄂、黔、闽等省的各级政协文史资料进行挖

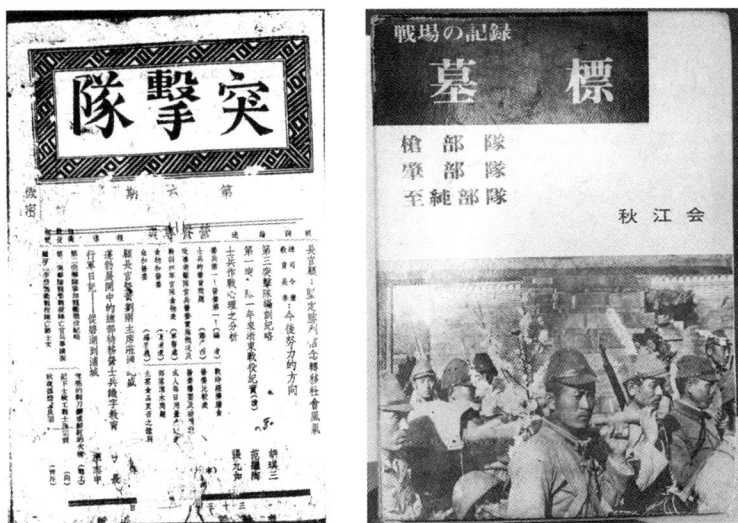

图 0-7　国民党军陆军突击总队内部刊物——《突击队》
月刊第 1 卷第 6 期（1944 年 10 月）、〔日〕饭
田米秋、高桥定一编《战场之记录——墓标》

掘，并参考各类相关研究著作、论文、个人撰述、工具书、名录、地方
及行业史志等，共计各类文献资料 150 余种。我们注重对外宣传性说辞
与对内汇报性资料的区分，避免不加甄别、不加鉴定地盲目采信。如国
民党中央社在报道 1941 年 5 月 1~2 日第一次收复温州的战斗时称"是
役敌阵亡在千余以上"。① 实际上在抗战时期中、日军队在师与联队级
（一般为五六千人对三四千人）对抗中，如中国军队能在两天内击毙日
军千余，不要说是暂编三十三师这种地方抗日自卫武装改编而来的部
队，即使是中央军的精锐，那也是惊天大捷。对如此"辉煌"的战果，
为何在该师关于此役的战斗详报中不见提及，除中央社此报道之外，亦
无其他史料可资佐证。若该师如此善战，温州何至于三次均快速沦陷？
且从抗战正面作战中双方伤亡比来看，总是国民党军数倍于日军，按正
常情况，如能一战毙敌千余，则暂编三十三师这支不过五六千人的部队

---

① 中国第二历史档案馆整编《中华民国史史料长编》民国三十年卷（第 2 册），南京大
学出版社，1993，第 244 页。本史料长编系国民政府国史馆筹备委员会编纂的未刊书
稿。

至少要伤亡过半乃至绝大部分。其实，抗战时期双方出于鼓舞士气、振奋民心而夸大对方损失、缩小己方伤亡数据的情况非常普遍，这是特定历史条件下的产物，但绝不能盲目视为信史而以讹传讹。

在深入开展文献研究的同时，我们还综合运用口述访谈和实地踏勘的方法。四年来采访温州地区乃至浙江省内其他地市抗战老兵约 60 位，其中包括亲历莲花心战斗的老兵 12 位，采访战场遗址周边村民或其他知情人 40 余人（部分知情人士多次采访），形成影像或录音资料不少于 100 小时，口述原始文本不少于 100 万字，并实地考察莲花心区域的地形地貌及抗战遗址现状及周边要点不下 40 次，拍摄有研究或保存价值的照片 400 余张，并将口述访谈、实地踏勘获取的资料与文献史料相互对照，由此通过对多来源、多种类、各个时代的史料进行多角度、深层次的爬梳、比对与分析，避免倚重某一类型、某一时段的史料，以尽力确保研究的深入、全面与相关结论的公允、准确。

我们秉持求实、理性、公正、全面的精神，以不溢美、不隐恶、不拔高、不贬低的基本态度来开展温州莲花心抗日战史的研究。除了对莲花心抗日战史的基本情况做尽量细致准确的查考辨析之外，在研究方法上注重微观体察、中观贯通与宏观把握相结合，将莲花心抗日战史置于"二战"时期远东战场、中国战场、浙江战场的大视野下审视，从而厘清历次莲花心抗日战斗的背景、时间、经过、结局、特点等基本问题，由此分析 1944 年莲花心战斗在温州、闽浙抗战中的地位，并以国力与军力孱弱的特定历史大背景下，重点检讨 1944 年莲花心战斗失利的原因，既展示温州抗战的概貌，又呈现被忽略的抗战末期闽浙抗战的史实，以此为切入点，着重反映抗战时期的国军英勇与愚拙并存，且贪腐、派争等乱象纷呈的真实图景，从而客观公允地评述抗战时期国民党军的战力，揭示中国抗日正面作战艰苦卓绝的深层次原因。

上编　温州抗战与莲花心战斗

第一章 | 温州抗战历史简述

第一节 日军入侵前的温州

一 行政区划与经济社会简况

北伐成功之后，特别是从 1930 年初开始至抗战全面爆发前，温州经济较为兴盛，城市规模逐步扩大，基础设施粗具雏形，社会事业有了一定发展。

行政区划 1932 年，国民政府在省县之间建立行政督察区制，温州为浙江省第十县政督察区，辖永嘉①、瑞安、乐清、平阳、玉环 5 县。9 月，全省改设 6 个特区（后增至 7 个），温州为第四特区。次年 4 月，重改为 6 个特区，温州为第三特区，并将泰顺县划入。8 月，改称永嘉行政督察区。1934 年，改为浙江省第八行政督察区，仍辖原属 6 县。这一行政区划格局一直保持到抗战胜利后，且专员驻地除日寇入侵时有短暂外迁外，一直在永嘉县城。随着行政督察专员制度的演进，行政督察专员的权力不断强化，1935 年行政督察专员办事处改为行政督察专员公署，1936 年行政督察专员

---

① 自隋开皇九年（589）改永宁县为永嘉县直至 1949 年 5 月温州和平解放之前，永嘉县一直治于今温州市鹿城区的温州古城垣内，并且从唐上元二年（675）设温州至中华人民共和国成立前，此永嘉县城一直为温州地域统县政区的治所，故而直至民国时期，仅以城市概念而论，"温州"与"永嘉"被视为等同。同时自唐载初元年（689）至 1949 年，永嘉县辖境长期保持基本稳定，大致相当于今温州市鹿城、瓯海区、龙湾区与永嘉县。本书中所引民国文献皆遵从这一传统。

兼任保安司令，专员公署与保安司令部合署办公。1941 年，又将专员公署与保安司令部合并，称行政督察专员兼保安司令公署，行政督察专员已经成为集督察、行政与保安等权力于一身的地方长官，[①] 1932～1946 年，温州历任专员依次有许蟠云、黄元秀、蒋志英、许宗武、黄权、张宝琛。

工业 温州近代工业自清末开埠后起步，到 1930 年代已经形成具有一定特色的地方工业门类，拥有包括乳品、酿造、罐头、纺织、火柴、造纸、制伞、锯木、刺绣、雕刻、瓷器、制革、草席、碾米等多个行业。1931 年仅永嘉城区就有工厂 70 余家、手工业作坊 269 家。到 1936 年，永嘉全县有工厂 117 家、手工业作坊 559 家，此外尚有建筑企业 45 家。特别是涌现了光明火柴、普华电气、淘化罐头、百好炼乳、鹿城织布等一批知名企业和以吴百亨、许漱玉为代表的一批著名企业家。吴百亨创办百好炼乳厂引进国外先进技术设备，生产"白日擒雕"炼乳，产品畅销国内，并出口到南洋各地，形成粗具现代规模的企业，是中国甜炼乳业的发源地和重要出口基地。许云章在五马街创办云章博瓯万物联合市场，楼高五层，集百货、针织、钟表、烟酒、糖果、副食等于一体，并设中央大戏院和义大利餐馆，为浙南之冠。

农业 通过修建堤坝陡门、疏浚河道以利排灌，引用先进种植技术，以提高产量，对外来化学肥料严格控制使用，以防破坏土地，限制农作物异化。调整租佃关系，开展"二五"减租，以缓解双方矛盾，减轻佃户负担。成立林业公会，建立政府所管辖之苗圃，制定植树造林的规章制度与奖惩条例。组织农民建立各种合作社，如信用合作社、生产合作社、购买贩卖合作社等，成立农民借贷所，并开设农民银行，到 1935 年，整个温州有合作社 67 个、社员 2796 户。永嘉县农村合作社

---

① 1936 年 12 月国民政府行政院颁布《修正行政督察专员公署组织暂行条例》《修正区保安司令部组织暂行条例》，规定：行政督察专员除有特殊情形者外，应兼任该区保安司令。对于辖区内各县市之保安团队、水陆公安警察及一切武装自卫之民众组织有指挥监督之权。由专员兼任区保安司令者，专员公署与保安司令部合署办公。1941 年 10 月 22 日，行政院又颁布《战时各省行政督察专员公署及区保安司令部合并组织暂行办法》，行政督察专员公署与区保安司令部合并，称某省某区行政督察专员兼保安司令公署（钱端升等著《民国政制史》下册，上海人民出版社，2008，第 502～503 页）。

创办农林垦殖场 44 个，瑞安县阁巷镇创办瓜菜合作社，引种莴苣、酱园瓜，初加工后运往厦门、汕头加工成罐头，颇为著名。[①]

交通 从 1928 年起陆续修建公路，至全面抗战爆发前已有杭福公路永泽段经温岭泽国可北上杭州，丽温公路永青段亦可向西经青田北达金华。杭福公路永瑞平段南下经瑞安、平阳可往福州，温州（永嘉）港北上可达台州、宁波、上海等地，南下可往福州、厦门、汕头、香港等处。沿海平原县内河运输通达各主要乡镇。1933 年在温州南郊南塘建成军用机场，在中央涂建成简易机场，并在瓯江朔门江面上设立水上机场，温州与上海、南京、青岛、北平、福州、厦门、广州、香港有航线往来，初步建立起海陆空交通网络。1936～1937 年，永嘉县、第八区专署向铁道部呈请建设温金铁路，[②] 并筹建瓯江浮桥。[③]

城市建设 1932 年成立永嘉县第六届建设委员会，制订城厢路政计划，实施临街房屋店面拆退和街道扩宽，将主要街道划分为五等，其中一等街 37 条，宽度由 16 市尺扩展到 36 市尺。完成五马街、南北大街（今解放街）、府前街等 11 条街路的建设。改造拓宽城内石桥，新建钢筋水泥的市政桥梁如中山桥等，疏通城内河道，将五马街、瓦市殿巷内小河改为石砌下水道。修建中山公园，新建公厕，取缔街边随意放置便桶。在城区各个方位修建八大菜场，禁止沿街设摊。街道铺设砖块，安装供电路灯等，同时筹划拓展市区面积，城市建成区突破了古城垣限制向外扩展，东面到了永瑞平公路城区段两侧（今飞霞路），西北到达翠微山附近，南面到了坦前至巽山一线，1933 年，城区面积达到 4.8 平方公里，城区人口约 11.3 万人，全城大小道路 244 条，城区共划分为九镇，[④] 奠定了民国时期温州城区的基本格局。

---

① 胡珠生：《温州近代史》，第 393 页。本书关于此时期温州的经济社会状况参考《温州近代史》及其他史料写成。
② 吴炎主编《温州市交通志》，海洋出版社，1994，第 379 页。
③ 沈克成编撰《温州历史年表》，北京电子出版物出版中心，2005，第 374 页。
④ 中共浙江省委党史研究室、当代浙江研究所编《当代浙江城市发展》（上），当代中国出版社，2012，第 168 页。

二 国民政府在温开展抗日备战

国民政府从 1932 年"一·二八"淞沪抗战之后开始着手要塞整理建设工作，并于同年制订《要塞五年整备计划》。该计划以中国中部为中心，以长江为重点，整理方针是增加其强度，并辅以相当守备队，重视游动炮兵及水中防御器材的设置，以阻止敌人登陆，并以南京为中心，将中部地区划分为中、南、西、北四区，其中将温州等江浙沿海富庶地区列入南区，作为首都东南屏藩，拟在此设立永嘉守备区，同时列入南区的还有澉浦、镇海两要塞区及乍浦、海门①两守备区。国民党军参谋本部认为一旦中日开战，日军为策应京沪路方面作战，并掠夺资源必利用该区内地平坦、便利登陆的条件进犯。②

机构设置方面 1937 年 8 月，淞沪会战爆发后，温州及台州因位居前线，备受威胁，日舰往来，军方判断日寇有在温州、台州沿海要口登陆之企图，第十集团军参谋长徐旨乾奉令组织温台防守司令部，以统一指挥两地海防，司令一职原由驻防部队最高长官兼任，因驻防部队屡有更动，故司令人选亦随之变更。初由徐旨乾兼任防守司令。1938 年 4 月，调驻温台之新成立一○七师③师长段珩兼任防守司令，10 月，一○七师他调，11 月由浙江省第八区行政督察专员兼保安司令许宗武兼任防守司令。1939 年秋，由浙江省国民抗敌自卫第三支队司令黄权兼任司令。1940 年 10 月，新成立的暂编三十三师师长萧冀勉兼任温台防守司令。1941 年 1 月将温台防守司令部拆分为温州、台州两个单独的防守司令部。8 月 1 日，又将温州防守司令部改为温州守备区指挥部，由

---

① 此海门指今台州市椒江区，旧称海门镇。

② 郭汝瑰、黄玉章主编《中国抗日战争正面战场作战记》，凤凰出版传媒股份有限公司、江苏人民出版社，2015，第 228 页；《浙江省军事志》编纂委员会编《浙江省军事志》，方志出版社，1999，第 182～183 页。

③ 此一○七师系 1938 年 3 月由第四路军所辖暂编第十二、第十三旅与湖南保安团编成，以刘建绪兼任师长，后以段珩任师长，下辖三一九、三二一两个旅，属第七十军。此前一○七师为东北军序列六十七军下属部队番号，在淞沪会战中损失殆尽，番号撤销。

萧冀勉兼任指挥官。温台防守司令部、温州守备区先后隶属于第十、第二十五集团军指挥，1942 年 11 月下旬改归第三十二集团军指挥，[1] 至抗战末期，下辖暂编三十三师、重迫炮连、山炮连、海军瓯江炮台、浙江省第八区保安司令部、浙江省保安处第四团、浙江省保安独立第八大队及温属各县自卫团队等。1943 年 5 月，萧冀勉不再兼任指挥官，续由廖肯、赵复汉先后继任至抗战末期。[2]

构筑工事方面 抗战全面爆发后，温州被国民政府军事委员会列为浙东工事区。[3] 从 1937 年下半年开始温属各县即按照军事委员会指令修筑国防工事、野战工事及城防工事。温州市档案馆、中国第二历史档案馆均保存了这一时期温州地区构筑各类工事的大量资料。从档案中可以看出，温州地区国防工事、野战工事从 1937 年底开始大规模修筑。从工事性质来看，分为永久性、半永久性和临时性工事，永久性工事以钢筋水泥构筑，其他则以石、木、黄泥等材料修建。从距城区距离来看，分为城厢工事、近郊工事、远郊工事，温州城区附郭诸山（积谷山、华盖山、海坛山、松台山及中山公园等）、主要街巷道口与近郊横塘山、仁王山、莲花心、翠微山等高点，以及远郊的垟湾、黄石山、茅草山、龙湾、状元桥、温溪街、磐石卫、竹岙等各要点均有修建。从位置来看，又分为陆防与海防工事，如位于瓯江口一带的磐石卫、黄华、岐头山等均属海防工事。就工事规模而言，以近远郊工事为例，大者可容三团兵力，小者可容一营。第三战区、浙江省政府、温州地方当局及驻军均派国防工事督导组、督导员临场指导督饬。[4]

其中，单是 1938 年 7 月 1 日至 8 月 20 日在德政乡蛟尾堡至慈湖南

---

[1] 1942 年《温州守备区指挥部史略及浙东丽青温之役战斗详报》，中国第二历史档案馆，档案号：787 - 10557；1941 年 1 月《温州防守司令部指令》（参字第 456 号），温州市档案馆，档案号：198 - 5 - 1；1940 年 12 月 31 日《温台防守司令部快邮代电》（副字第 8358 号），温州市档案馆，档案号：198 - 5 - 2。

[2] 1943 年 5 月 18 日《温州守备区代电》（事由：萧冀勉准免兼指挥官职遗缺由廖肯兼任），温州市档案馆，档案号：205 - 1 - 105。

[3] 《为构筑浙省各县国防工事征集民工及材料案》，1937 年 10 月 11 日《浙江省政府训令》（密字第 2128 号）附件，温州市档案馆，档案号：205 - 12 - 34。

[4] 温州市档案馆，档案号：205 - 126。

村一带构筑国防工事就征用民工 9124 人次，最高峰一天征用民工 565 人，共建成轻机枪掩体 92 座、重机枪掩体 31 座、掩蔽部 78 个、散兵坑 1899 个。为了构筑这些工事，温台防守司令部、一○七师通过温州地方政府征调民工、购置材料。购置的材料包括木料（分别用作工事的盖材、柱材、垫材、侧材）、洋钉、两爪钉、铁丝、麻袋、黄泥、块石、砖屑、黄沙、壳灰（俗称蛎灰）、水泥、钢骨（筋）等，其构筑的多属于半永久性工事，包括散兵坑、步兵掩蔽部、轻重机枪掩体、步兵炮掩体、交通壕等。征调的民工包括开山、掘基础、砌墙、勾平缝、覆土所需的石工、土工、泥水工、木工等。

特别是在垟湾（又作洋湾）一带修建了浙江省内同期的五处钢骨水泥的永久性工事之一，并同步在垟湾、八里、东山、小荆（小京）① 之线修建其他各类工事，形成系统，1941 年的《永瑞战役详报》称之为垟湾炮台（民间亦常将碉堡与炮台混淆）。1938 年 8 月 31 日一○七师三二一旅六四二团第一营将其移交给永嘉县第五区抗日模范自卫队接收时，计建有指挥台 1 个、大观测所 1 个、重掩蔽部 1 个、轻掩蔽部 59 个、迫击炮掩体 4 个、钢骨水泥轻重机枪掩体 8 个、重机枪掩体 20 个、各种散兵坑 236 个、轻机枪掩体 45 个、交通壕 905 米。② 而据第三战区浙江省境内国防工事委员会编制的图表，这 8 个钢骨水泥轻重机枪掩体实际包括 7 个轻重机枪两用掩体（每个有 3 个枪眼，墙身厚 50 厘米）和 1 个滩头堡（可容步兵一班，轻机关枪在内，重机关枪两挺，枪眼 14 个，墙身厚 90 厘米）。③ 所谓"轻重机枪两用掩体"和"滩头堡"就是俗称碉堡。2017 年 12 月 23 日，通过寻访亲历者、目击者及知情人，特别是有幸寻访到当年作为民工参与修建垟湾碉堡的吴洪庭老人，在他及其

① 小荆，今通常写作小京，包括今永嘉县桥下镇小京、埠头、小京岙等地，如明弘治《温州府志》均作小荆。

② 1938 年 8 月 30 日《陆军第一○七师三二一旅六四二团第一营移交永嘉第五区抗日模范自卫队接收垟湾、八里、东山、小荆之线工事数量报告表》，温州市档案馆，档案号：205 - 12 - 86。

③ 《嵊县、东阳、永嘉、新昌、桐庐五处永久性工事位置图表暨掩体图》，中国第二历史档案馆，档案号：787 - 3249。

他几位老者的带领下，我们在垟湾、八里两村找到碉堡 4 个，这 4 个碉堡总体保存完好，并获悉另有两个已毁，还有两个待发现。其中在八里村发现现存碉堡 1 个，获知已毁碉堡 1 个，其位置与档案中所记完全符合，分别在"八里村东河边渡口竹林"和"八里村西芋头山麓"。在垟湾村发现现存碉堡 3 个，另获知已毁碉堡 1 个，其中在垟湾村南之瀕江山腰有一大型碉堡（见图 1-1），可见枪眼 11 个，其中有两个特别大，可确定为重机枪眼，由于碉堡一侧被近年修建的登山步道填埋，判断还有若干枪眼被遮挡，此堡可确认为档案中所记滩头堡。吴洪庭老人在实地指认，他当时参与修建的就是这个碉堡，并且是与一〇七师官兵共同修建的，钢筋、水泥、木材等均由瓯江运至山下再由人力搬运上山，该村有多位村民与他一同被征调参与施工。上述已发现碉堡的墙体厚度、高度、枪眼数均与档案记载相合。另据桥下镇埠头村村民叶荣法介绍，1938 年前后一〇七师在坦头、埠头、小京峇一线修建了大量壕沟、散兵坑，壕沟以粗圆木、土石掩盖，遗迹尚存。[①] 上述各类工事修建于瓯江与西溪汇合处北岸的高地与河边，此处至今仍为温州至丽水、金华的公路必经之地，同时瓯江水道在此呈接近直角大拐弯，战略位置十分重要，修建者阻遏日军北上金华、南下温州的意图非常明显，后未能在实战中发挥作用则另当别论。另外拟建飞机掩体 4 座，具体有无建成待查考。[②]

图 1-1 垟湾村南之瀕江山腰一大型碉堡现状（2017 年 12 月 23 日拍摄）

① 吴洪庭（1919 年生）、叶荣法（1927 年生）：王长明、周保罗、全显旷、管朝涛访谈，2017 年 12 月 23 日，永嘉县桥下镇垟湾村、埠头村。

② 《建筑飞机掩体四座需征工料清单》，温州市档案馆，档案号：205-12-123。

除永嘉县外，乐清县白溪、大荆，瑞安县城及飞云江口附近、东山村、平阳坑、丽塘岭、岩头村，平阳县城及桥墩、玉环等处均修建国防工事（见图1-2）。[①] 由于在全面抗战爆发后的前四年，日军一直未从陆上入侵温州，之后日军的三次侵占均时间相对较短，故而温州地区的国防工事建设贯穿于整个全面抗战期间。后期的国防工事建设或是对日军入侵期间遭损毁的工事进行修复，或在原有工事基础上，使其由点到线及面，加固和新修形成更为完整的系统，如1943年仅永嘉县就构筑1团2营2连工事，包括重机关枪掩体127座，轻机关枪掩体315座，散兵壕、散兵坑385个，交通壕8条，轻掩蔽部365座，指挥所5座。

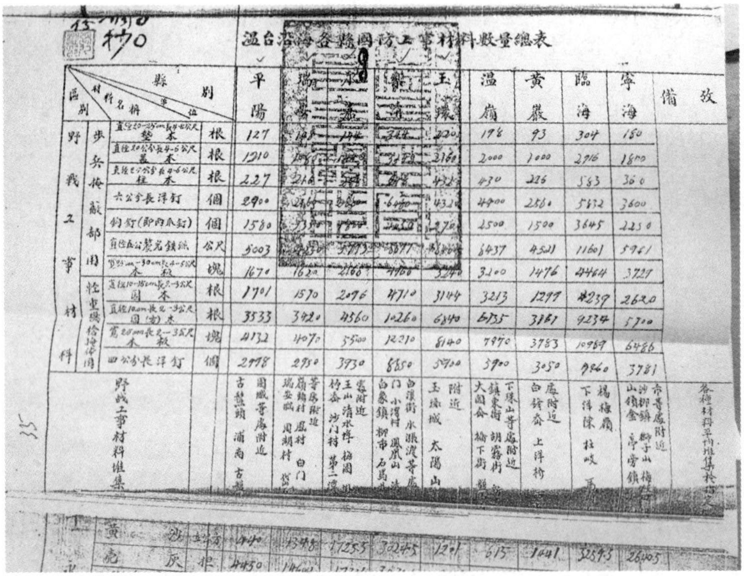

图1-2 温台沿海各县国防工事材料数量总表

资料来源：温州市档案馆，档案号：205-12-034。

海军方面 1938年10月调炮队一队，携炮五尊，在温州茅竹岭安装，配属温台防守司令部指挥作战，定名为海军温州炮队，以李葆祁为队长，设台部一、分台二。1940年1月，改名为海军瓯江炮台，旋易

①《温台沿海各县国防工事材料数量总表》，温州市档案馆，档案号：205-12-034。

林建生为台长。同时多次在温州沿海、沿江布设水雷，封锁海口，阻敌舰闯入。如1938年11月6日，在瓯江布设水雷40枚，次年3月、5月，分别在椒江、清江、飞云江布水雷60枚。1939~1940年，日军多次在瓯江、鳌江口外布设水雷，进行反封锁，均被我海军扫除。1940~1941年，我海军又对飞云江、瓯江等雷区多次强化布雷。①

防空方面 浙江各县自1934后开始设立监视哨，到1937年8月淞沪抗战时，浙江省内设防空监视哨78个，分为陆上、海上、辅助三大监视区，温州湾一带被纳入海上监视区。各监视哨配望远镜、长途电话、指北针、时钟、对空联络布板等。12月，杭州沦陷后，全省各防空监视哨整合为8个防空监视队，其中永嘉为第四监视队，辖瑞安、营前、平阳、桥墩门、乐清、寺前、南田寺等监视哨，另有玉环属第三（黄岩）监视队，泰顺属第五（丽水）监视队。抗战全面爆发之初，国民政府、浙江省政府要求包括温属各县在内的全省34县辖境内城镇乡村悉数赶筑防空壕，以减少空袭造成的损害，②但因督导不力、民众防空知识缺乏等进度缓慢。后温州军政当局在修建公共防空设施的同时，不得不强制各机关、团体、学校和商家、住户建设自己的防空壕、防空避难室、防空掩蔽部，如在中山公园积谷山麓、永嘉县署等处修建防空壕20余条，并在精美协记公司、庆余国药号等处建有私人防空壕③（1938年永嘉县政府防空壕验收平断面图如图1-3所示）。为便利交通、应对空袭，将部分石桥改木桥，并在将军桥，小南门外永宁桥、双龙桥，三角门之水心桥、清明桥，西门外之大桥头、关峰桥、永泰桥，以及第三淎之新桥等附近妥备充分之重新架设材料。④

① 《中国海军对日抗战经过概要》，中国第二历史档案馆编《抗日战争正面战场》下册，凤凰出版传媒集团、凤凰出版社，2005，第1883~1884页。
② 1937年9月《浙江省第八区保安司令部代电》（43号）、1938年3月10日《浙江省政府快邮代电》，温州市档案馆，档案号：205-12-70。
③ 渠长根：《民国杭州航空史》，杭州出版社，2012，第87~88页。
④ 1939年4月23日《温台防守司令部命令》（参字100号），温州市档案馆，档案号：205-12-79。

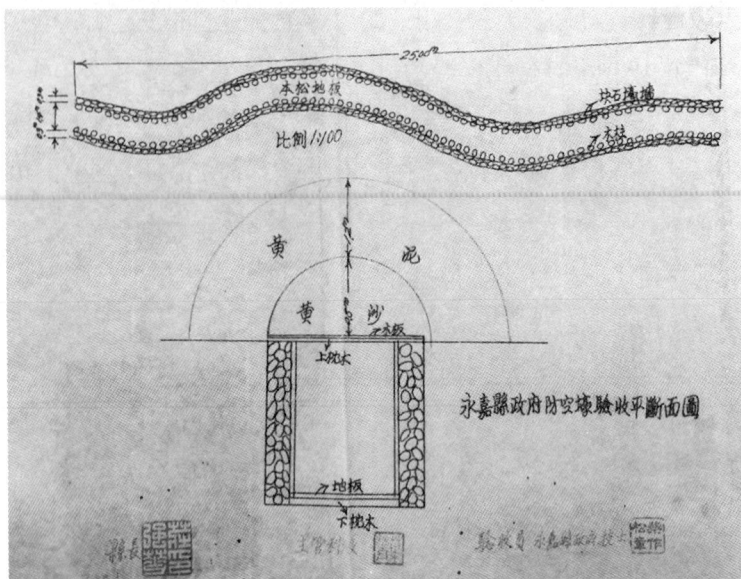

图 1 - 3　1938 年永嘉县政府防空壕验收平断面

资料来源：温州市档案馆，档案号：205 - 12 - 134。

破坏交通方面　为阻滞日军入侵，将境内永丽、永乐、永瑞、永状
4 条公路按规定每长 30 米破坏 20 米，深 2 米，后又化路为田，仅瑞安
一县就动员壮丁 7.5 万余人，作业 75 天，历时 35 万多工。[①] 布置各乡
镇人员对乡镇干道进行适时破坏，对可能被敌利用的桥梁或做破坏
预案或先期破坏，仅留临时便桥以方便民众来往，并在主要内河外
港设置封锁线，包括瓯江、飞云江、鳌江三大河流及塘河水系之重
要节点 [如小京、坦头、虎田之线，新桥、仙门、马桥之线，（南）
白象、三郎桥之线及雅林等地]，在两岸浅水处各打下木桩若干，中
间仅留一口供平时通航，一旦情况有变，即用木竹筏迅速封堵。[②] 同
时在江河滩涂遍插茅竹，以阻敌登陆，但亦有史料认为用此法对付

① 温州市档案馆，档案号：198 - 4 - 103。
② 1940 年 4 月《永嘉县政府快邮代电》（建字 30 号）及所附图表，温州市档案馆，档
　案号：198 - 5 - 25。

现代化装备的日寇毫无作用，反而刺伤渔民，以致怨声载道。①

民众动员方面　组建社会军事训练总队（后改为国民兵团），负责国民兵组训。建立各组抗敌自卫团组织，行政督察区设总队（相当于团），县设大队（相当于营），不能编足大队的县设独立中队（相当于连），乡镇设任务队，加强了地方抗日武装力量。抗敌自卫团建立后，或承担维持地方治安的任务，或协同军队作战，或单独开展敌后游击作战，牵制了日军，对抗战做出了一定贡献。② 1940 年 6 月，浙江省国民抗敌自卫总团（浙江省主席黄绍竑兼任总司令）第一、第六、第八支队和第五区总队并编为浙江抗敌自卫第二纵队，10 月改编为暂编三十三师，由萧冀勉任师长。该师初属第十集团军之暂编第九军，1942 年浙赣会战期间配属第二十五集团军直接指挥，1943 年改隶八十八军，周淘漉继任师长。③ 该师成立后一直兼任温州守备工作，成为抗战中后期唯一一支常驻温州地区的正规部队。

另外，还建立健全各种战时政府机构和民间组织，以适应战争需要。如成立战时动员委员会、军民合作站、抗敌后援会（后改称抗日自卫委员会）等半官方组织，特别是抗敌后援会成员包括温州地区国共两党及各阶层代表人士，由十九师师长李觉兼任主任，永嘉县县长萧明新、国民党县党部特派员吴国钤任副主任，十九师政治处主任王瑛主持日常事务。它在组织动员民众、筹募钱物、输送装备、培训人员等方面做了大量工作。同时加强对民众特别是青年进行各种战时训练，举办了青年训练营④和战地工作人员训练班（浙江省第八区抗敌自卫团青年营结业证书见图 1–4），组织民众检查、盘查各类可疑单位与人员，防范间谍和物资漏海资敌，协助军队搞好后勤供应等，并制定各机关、学

① 叶舞：《许宗武与温州专员公署及温台防守司令》，鹿城区政协文史委编《鹿城文史资料》第 1 辑，1986，第 77 页。
② 黄绍竑：《五十回忆》，岳麓书社，1999，第 392 页。
③ 戚厚杰、刘顺发、王楠：《国民革命军沿革实录》，河北人民出版社，2001，第 555 页。
④ 浙江省第八区青年营旅台同学联谊会编印《浙江省第八区青年营旅台同学纪念五十周年专辑》，1989；叶舞：《温州抗日自卫青年营琐记》，鹿城区政协文史委编《鹿城文史资料》第 1 辑，1986，第 79 页。

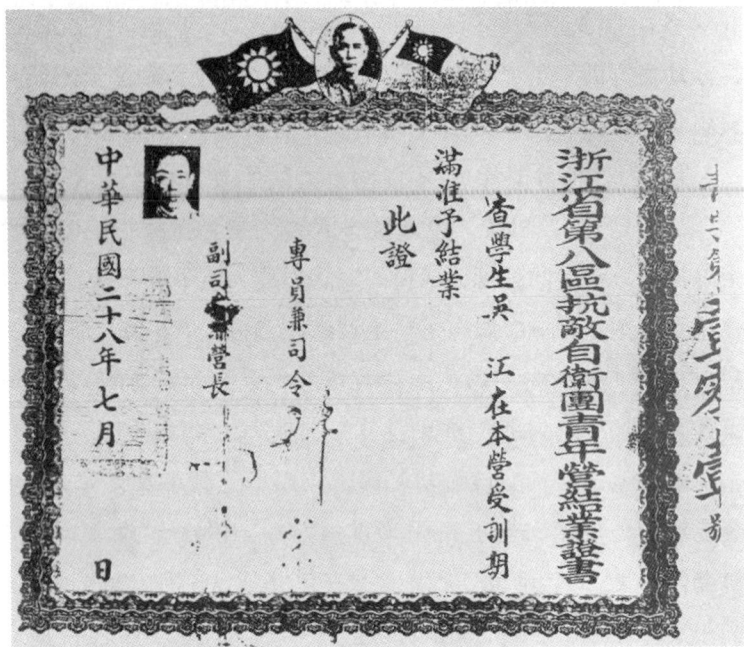

图 1 - 4　浙江省第八区抗敌自卫团青年营结业证书

资料来源：浙江省第八区青年营旅台同学联谊会编印《浙江省第八区青年营旅台同学纪念五十周年专辑》，1989。

校、工厂、商店及物资的疏散方案，如永嘉枫林、青田、泰顺、文成等地均作为疏散战备要地，并发动民众踊跃筹募钱物、慰劳官兵、救护伤员。

三　抗日民族统一战线的形成

1932 年，中共浙南特委领导的红十三军失败，该军团以上干部和浙南特委主要领导成员几乎全部牺牲，余部仍继续坚持斗争。1935 年 2 月，以红军北上抗日先遣队怀玉山突围部队为基础组建中国工农红军挺进师，共 500 余人，粟裕任师长，刘英任政委。3~4 月，该师进入闽浙交界的泰顺、寿宁，创建浙南游击根据地，成立闽浙边临时省委和闽浙军区，并重建浙南特委，到 1936 年底，红军挺进师发展到 1500 余人，还有数千人的地方游击队和群众武装，活动范围达 30 多个县。

1936 年 9 月，中国工农红军挺进师改名为中国人民抗日红军挺进师。西安事变发生后，蒋介石采取"北和南剿"的方针，从 1937 年 1 月开始，闽浙皖赣四省边区主任公署对浙南开展连续 8 个月的清剿，红军挺进师锐减到不到 300 人，游击根据地损失百分之七八十。

1937 年 3 月，根据中共中央致国民党五届三中全会"五项要求、四项保证"的精神，[1] 中共闽浙边省委主动向国民党闽浙皖赣四省边区主任公署发出快邮代电，呼吁捐弃前嫌，停止内战，一致抗日，提议双方速派代表进行谈判。经过历时 4 个月共三轮的艰苦谈判，双方达成协议：闽浙红军改编为国民革命军，并根据任务编制；红军集中在平阳县北港区；红军军需与给养根据任务发给补充，集中时间自 9 月 17 日起至 10 月 1 日止；无条件释放政治犯；一切政治问题由双方中央解决；目前宣传工作根据和平统一、团结御侮的原则进行。

10 月中旬，红军挺进师和地方武装人员在平阳北港集中完毕，共约 300 人，随即改番号为国民革命军闽浙边抗日游击总队，粟裕任司令员，刘英任政委。根据国共两党协议 1938 年春，南方八省红军和游击队陆续改编为国民革命军陆军新编第四军。1938 年 3 月初，闽浙边抗日游击总队改编为新四军第三支队第七团队，[2] 18 日，粟裕率领该团队400 余人从平阳山门出发历时 1 个月抵达皖南，抵达后改编为新四军第二支队第四团第三营。

---

[1] 1937 年 2 月，中共中央发表《致国民党五届三中全会电》，向国民党就和平团结御侮提出五项国策要求：①停止一切内战，集中国力，一致对外；②保障言论、结社、集会之自由，释放一切政治犯；③召集各党各派各界各军的代表会议，集中全国人才，共同救国；④迅速完成对日抗战之一切准备工作；⑤改善人民的生活。如国民党能毅然决然确定此国策，则中共方面愿做出四项保证：①在全国范围内停止推翻国民政府之武装暴动方针；②苏维埃政府改名为中华民国特区政府，红军改名为国民革命军，直接受南京中央政府与军事委员会之指导；③在特区政府区域内，实施普选的、彻底的民主制度；④停止没收地主土地之政策，坚决执行抗日民族统一战线之共同纲领。

[2] 浙江省新四军历史研究会编著《红军挺进师与浙南游击区》，浙江人民出版社，2007，第 198 页。

为了加强抗日民族统一战线工作，及时与国民党地方政府沟通，负责洽领军饷和筹集运输军需物资，保持前后方联络，收留、中转共产党方面失散人员与进步青年奔赴抗日前线，抚慰革命烈士军属等，新四军相继在温州设立三个办事机构。1938 年 3 月，原闽浙边抗日游击总队驻温州办事处改为新四军驻温州通讯处（驻温州九柏园头），主任周饮冰，其公开任务是"与党政军当局协商救亡大计，并取密切联系"，而随着临时省委机关迁入温州城区，通讯处成为省委的主要交通联络站，大批党员干部和青年学生通过通讯处被输送到皖南参加新四军以及被输送到武汉八路军办事处，然后转赴延安。同月，在平阳北港水头街设立新四军驻闽浙边后方留守处，主任黄耕夫。它主要通过利用新四军名义，与地方政府建立统战关系，联系、收留失散人员，动员、介绍并输送进步青年到皖南、武汉、延安参加抗日救亡与革命工作，同时向当地区、乡政府为新四军军属争取与国民党军军属同等的"免予再征壮丁"等待遇。1938 年 7 月，新四军驻温州采购办事处成立，由新四军军部兵站直接领导，主任杨建新，该办事处与上海红十字总会驻温州办事处在温州合署办公，成为向皖南新四军及大后方输送人员与物资的重要通道（1938 年 8 月新四军司令部副官唐振光致永嘉县政府关于因运输军用材料请求代雇民船的公函见图 1 - 5）。仅 1938 年下半年，中共江苏省委难民工作委员会以红十字总会输送上海难民到内地垦荒自救的名义，组织滞留在上海租界的共产党干部和进步青年 1200 人分三批经温州转赴皖南参加新四军。海外华侨和港澳同胞捐献给新四军的大批被服、药品、军械、印刷机械、医疗器械和款项等，亦大多由此输送到皖南。江苏省委还组织上海民众慰劳团乘船经温州赴皖南新四军总部慰问将士，更加生动直观地了解新四军抗战。①

---

① 陈彩琴、侯桂芳、赵菲编著《中国抗日战争全景录（上海卷）》，上海人民出版社，2015，第 144 ~ 146 页。

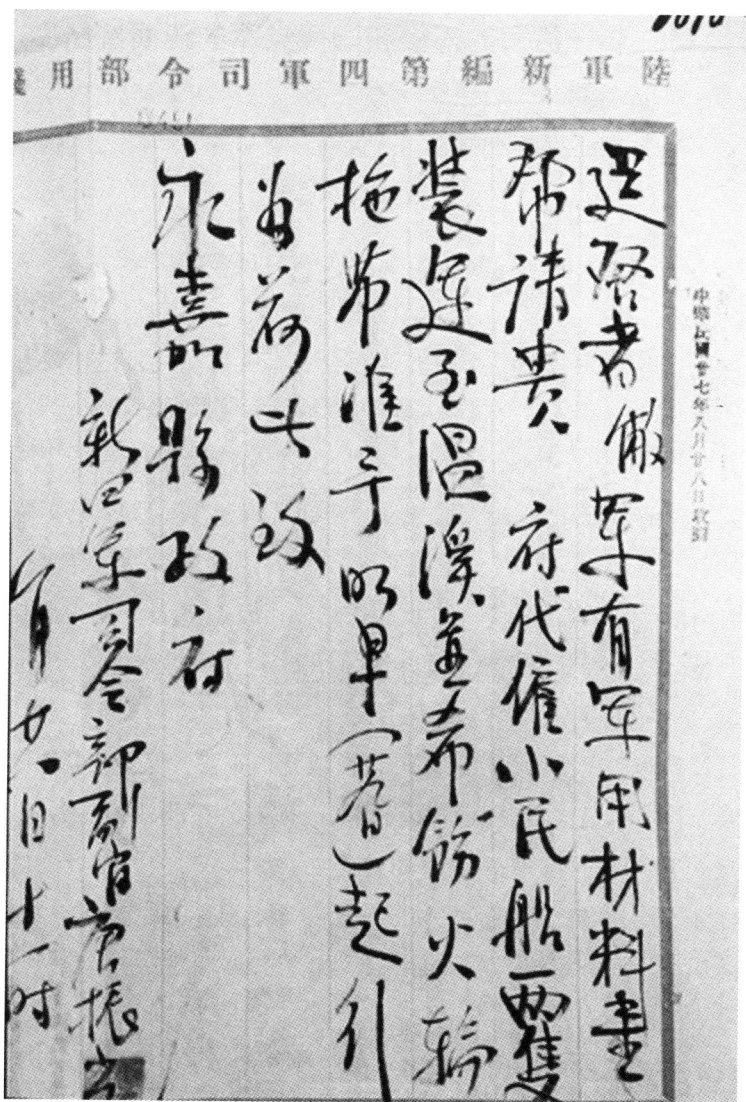

图1-5　1938年8月新四军司令部副官唐振光致永嘉县政府
关于因运输军用材料请求代雇民船的公函

资料来源：温州市档案馆，档案号：205-12-148。

第二节　日军的入侵和国民党军的正面抗击

一　日军三次侵占温州

　　1937年8月21日，日军侵占今洞头大门岛一带，此为日军入侵温州海岛之始。1938年2月26日，日军轰炸温州南塘机场，此为空袭温州城区之始，此后空袭不断，持续至抗战结束。抗战中后期，日军更是三次侵占温州。1941年4月19日凌晨，日军一部从飞云江口窜入，当天上午袭占瑞安县城，次日侵占温州（永嘉城），5月2日温州光复。1942年7月11日，由丽水东窜之日军占领温州，续占永嘉瓯江北岸沿江地区、乐清磐石和瑞安县城，8月15日温州光复。1944年9月9日日军又窜占温州，12日侵入乐清西乡，11月侵占乐清县城，次年1月和5月两度侵占瑞安，5月还一度侵占平阳，6月18日，温州光复。两个多月后，日本投降，抗战胜利。温州三次沦陷分别被称为"四一九事变"、"七一一事变"和"九九事变"。

　　日军前两次侵占温州时间短，未及建立伪政权，仅仅成立伪商会与维持会。日军第三次侵占温州时间达九个多月，在此期间日军在永嘉、乐清建立伪政府，同时在一批乡镇也建立了伪政权，如在温州城区九个镇均建立了伪组织，以汉奸、土匪充当爪牙；发行报刊，进行奴化宣传；还成立伪经济组织，大肆抢掠搜刮财产资源，造成经济萧条、城市破败；设立赌馆、妓院，毒害百姓；强掳妇女进慰安所，供其淫乐；其他如狂轰滥炸、残杀军民、奸淫抢掠、投放细菌；等等，可谓无恶不作、丧心病狂、罄竹难书。

　　据中共温州市委党史研究室与各县（市、区）委党史研究室历经多年调查研究所做的结论，日军对温州的海、陆、空侵袭与占领共直接造成平民死伤、失踪10093人，其中死3871人、伤5435人、失踪787人；间接死伤121人，其中灾民死109人、伤7人，劳工死4人、伤1人；造成社会财产损失和居民财产损失总计40303077元

（按 1937 年 7 月价值折算），其中社会财产损失 29468149 元（直接损失 17273620 元、间接损失 12194529 元）、居民财产损失 10834928 元。①

二 国民党军在温州的正面抗击

以往谈及国民党军在日军入侵温州时的表现，多以望风而逃、不战自溃加以定性，并认为其即使有抵抗也是零星的、局部的。而根据近年来文献搜罗研究（特别是战斗详报）和田野调查所得，可以确认国民党军在抗击日军三次入侵当中是做了有计划、有组织、成建制抵抗的，其中一部分战斗的规模大、时间长、伤亡惨。例如 1944 年夏秋之际，对日军第三次入侵的抗击，国民党军调集了暂编三十三师、新编二十一师、陆军突击总队及温州守备区的一部或全部，参战兵力规模相当于大半个军，并由第三十二集团军副总司令陈沛亲自到温统率。在日军 1941 年 4 月 19 日侵占瑞安后分两路北犯温州之时，暂编三十三师第二团第二营在塘下、仙岩一带节节抵抗，第三团一部则在温州城西新桥街、营盘山一带与日军激烈交火。温州城内守军与日军激烈巷战，坚持至 20 日中午 13 时，才撤往瓯江北岸。《申报》1941 年 4 月 21 日以"宁波混乱 温州巷战"为小标题，报道了大光社记者前一日晚向浙省旅沪团体探悉的浙东战况，"在瑞安及半浦登岸日军，于十九日下午在温州城内展开激烈巷战"。② 1941 年的日本《支那事变画报》刊载了一张日军士兵在温州架着机枪隔河向对岸射击的照片，其文字说明为"在城区内进行激烈的巷战"即是明证，有研究者经查证后认为此照片拍摄于城内大小高桥处（见图 1－6）。③ 原中共温独支成员孙道济之

---

① 《温州市抗战时期人口伤亡和财产损失调研报告》，《温州市抗战时期人口伤亡和财产损失调研资料汇编》，第 21、25 页。

② 《浙东华军云集 绍兴日军大挫 宁波遭炸死亡尚少 去电询问无回复》，《申报》1941 年 4 月 21 日，第 7 版。

③ 《一张历史照片可能填补温州抗战史》，《温州晚报》2005 年 8 月 17 日；高启新：《温州，那峥嵘岁月——首次发现来自日方的温州抗战间的珍贵历史照片》，《温州人杂志》2010 年第 15 期，第 68～69 页。

子、时年十周岁、家住蝉街的孙牧青曾亲耳听见 1941 年日军入侵时城内松台山、四顾桥两处先后枪声大作，事后还听大人说那些没有来得及撤走的国民党军伤兵被日军用铁丝穿过锁骨，用摩托车拉着在地上拖。①

图 1-6　日军在温州城内与中国军队巷战

资料来源：该照片原刊于 1941 年出版的日本《支那事变画报》第 95 辑，
收录于杭州出版社 2005 年出版的《日寇入侵浙江旧影录》。

　　史料表明，日军前两次侵占温州后，国民党军始终在近、远郊区连续作战抗击日军。日军第三次侵占温州时间达九个多月，国民党军在 1944 年夏秋之交抗击日军入侵、力图收复温州作战失利后，仍继续驻防温州郊区，与敌保持对峙状态。此后至日军撤退前，暂编三十三师、新编二十一师、浙江外海水警部队及浙江省保安独立第七大队分别在岷岗、陡门、乐清虹桥等多处与审犯的日军发生激战。次年 6~7 月，暂编三十三师、新编二十一师及温州守备区部队、忠义救国军各部又对溃退之浙闽日军进行追击作战。加上前两次短期沦陷的正面作战，按国民党军方面

————————

①　孙牧青（1931 年生）：王长明、周保罗访谈，2017 年 7 月 8 日，鹿城区水心住宅区。

的提法，温州地区共发生四次抗日战役，依次分别称为"永瑞战役"、"丽青温战役"、"丽温战役"和"永乐黄战役"。在历次战役、战斗中也涌现了一些忠勇卫国、慷慨赴死的英烈典型。1941 年 4 月 23 日在岩门战斗中，少尉排长金林胸部被子弹穿透仍大喊杀敌。1942 年 7 月 11 日在东岙山、大平山战斗不幸被俘的连长熊道林，不甘受辱，被敌押至将军桥时投河自尽，同年 8 月 13～14 日在莲花心侧翼东岙高地战斗中周庆龄、占国屏、叶景文及所部数十名官兵英勇抗敌，壮烈牺牲。① 在此之外，日军三次入侵期间，温州未发生成建制的军政人员投敌叛国行为。同时外迁的温州地方军政当局还派出不少人员，潜入日占区，搜集日军情报，扰乱日军统治秩序，惩戒汉奸，鼓舞民众抗日斗志。

另外也必须承认，国民党军在温州历次抗日正面作战中的战术、战力与战绩都不佳。例如，温州地区常驻有暂编三十三师，另有地方保安、自卫团队等，但三次日军快速侵占温州城的直接原因，皆为城区及周边兵力空虚。第一次日军从瑞安方向北窜，温州城区仅有暂编三十三师第三团两个营及军士队、荣誉队等，其他各部则分驻各地，来援不及；第二次时，暂编三十三师大部因浙赣会战外调到缙云、青田等地迎敌，未能有效阻敌进犯，反造成温州仅有第二团一个营部署在城西抗敌；第三次时，驻城区的第一团及保安部队奉命西进阻击由青田来犯之日军，失利后未能及时回防城区，致温州形同空城，为日军所抢占。再如，城区三次沦陷之后，国民党军均调集兵力不懈地进行攻击，付出惨重代价（仅 1942 年丽青温战役暂编三十三师即伤亡失踪近 1200 人），虽有若干局部小胜，无奈终难达成驱逐日军的目的，温州三次光复皆为日军主动撤退时的趁势收复。正像蒋介石评价 1941 年的南宁、福州与长沙之收复一样，均是"敌军无力固守，而不是我军实力克复的。这并不是我们的光荣，而是我们的耻辱"。②

---

① 《永嘉战役的壮烈事迹》，《温州日报》1942 年 9 月 20 日，第 2 版。
② 蒋介石：《第三次南岳军事会议开会训词》，张其昀主编《先总统蒋公全集》，台北：中国文化大学出版社，1984，第 1554～1555 页，转引自敦汝瑰、黄玉章主编《中国抗日战争正面战场作战记》，第 1222 页。

这里还必须提及的是中美特种技术合作所第八训练班与忠义救国军也为温州的抗战做出了贡献。中美特种技术合作所长期以来被视为反共、反人民的机构，而实际上该所是抗战中后期中美为开展对日军事、气象情报合作和训练敌后特种作战部队而设立的，与国共冲突无关，且抗战胜利后即已撤销。忠义救国军①在抗日战争中同新四军有过激烈摩擦、冲突，但其与日寇浴血奋战的史实必须予以承认。太平洋战争爆发后，中、美开始全方位的军事合作，于 1943 年成立中美特种技术合作所，中美合作所②成立后在全国开办 11 个特种技术训练班和 8 个专业技术训练班，由中、美教官对学员进行几个月的短期强化训练后，即投入对日情报侦察或开展对日心理战和宣传战，配备美式武器弹药炸毁道路、桥梁及交通工具，暗杀日伪官员、特务，甚至直接参加对日作战。其中，中美合作所在温州设立前进工作队，并于 1944 年 6 月在青田油竹设立第八特种技术训练班，因丽温战役爆发，8 月迁至温州所属瑞安县玉壶镇（今属文成县）办班直至抗战胜利，故又称玉壶班（见图 1 - 7）。该班共办 4 期，调训忠义救国军浦东特种行动队张为邦部 1800 余人，结业后编为第九至十一教导营和特务营，接受忠义救国军温台地区指挥部的指挥（指挥官由第八训练班副主任郭履洲兼任），多次执行对侵温日军的侦察、爆破、袭扰任务，并积极准备接应美军在温州、台州沿海登陆。1945 年 6 月，日军从温州溃退，该部曾跟踪追击，参与瑞安、温州、乐清等处对日作战。③

除陆军之外，中国海军也曾在温州地区抗击日军。1937 年国民政府拟订的《民国二十六年度国防作战计划（乙案）》中提出海军于开战

---

① 关于忠义救国军请参见孙丹年著《中美合作所与太平洋战争》，陕西人民出版社，2012，第 165～173 页。具体章节名"忠义救国军与中美合作所"。
② 关于中美合作所请参见《中美合作所抗日有功与渣滓洞屠杀无关》，2010 年 11 月 11 日，人民网，原载《北京日报》，作者厉华系重庆红岩博物馆馆长。
③ 参见洪小夏《抗日战争时期中美合作所论析》，孙丹年《中美合作所与太平洋战争》，费云文《戴笠新传》及温州市政协文史委编《温州文史资料》第 7 辑收录的吴兆瑛撰《忠义救国军与玉壶训练班》，林体明撰《我所知道的玉壶训练班》，余式坚、邓玉清、朱国飞撰《我在玉壶训练班》。

图 1 - 7　温州籍作家张翎（左一）与曾在玉壶班受训的抗战老兵金福元、林育、何锦顺（左二至左四）在玉壶班文保碑前留影

注：张翎以玉壶班为题材创作的小说《劳燕》已由人民文学出版社出版。

资料来源：吴越泉 2016 年拍摄。

初期在杭州湾、胶州湾、温州湾阻止敌登陆的作战任务。① 1938 年 4 月 22 日，日舰数艘闯入我瓯江炮台警戒线，被我炮台炮击受创遁去。翌日，日舰在瓯江口外发炮遥击。25 日，敌巡洋舰一艘闯入乐清黄华附近向我炮击，我炮台俟其进入有效射程内予以突击，第一弹即中其舰艏，立时起火逃遁。6 月 3 日，敌巡洋舰一艘又来窥伺，被我炮台一弹击中舰艉，受伤亟遁。军事委员会对该炮队及布雷队多次分别予以奖叙。1941 年 3 月 11 日，黄大澳发现日舰，我炮台开炮击之。3～4 月我布雷队复对瓯江、飞云江等处雷区进行加强布雷作业，其中 3 月 31 日，在飞云江雷区第三次强化布雷中，因风浪过大，布雷舢板倾覆，多位布雷兵士殉职。4 月 19～20 日，瑞安、温州相继失陷后，瓯江炮台陷入重围，且因固定炮座无法转移作战，不得已

---

① 左立平：《中国海军史（晚清民国卷）》，华中科技大学出版社，2015，第 260 页。

将炮或沉或毁或埋后，奉令转进。温州首次光复后，复在各江要区布放水雷，并将沉埋之炮掘起整理，恢复瓯江炮台。1942 年 7 月 9 日，即日军第二次陆上入侵温州之前，敌大小汽艇十余艘满载敌兵，向瓯江进犯，被瓯江炮台发炮击退。11 日，温州再陷，该台掩埋炮身向指定地点转移。日军撤退后，瓯江炮台恢复整理，控制原防，并继续布雷。①

第三节　中共领导的浙南抗日救亡运动与抗日游击战

一　抗日救亡团体的建立与抗日宣传活动的开展

浙江的国共和谈成功后，中共在浙南即开展群众抗日救亡运动，独立自主地创建抗日救亡团体，同时利用国民党当局所属的合法群众组织，推动其开展抗日救亡活动。

1937 年 8 月 21 日，永嘉战时青年服务团成立，其主要领导人及骨干均是温州地区学生运动的骨干，白区工作团和温州中心县委还在永嘉战青团发展共产党员，成立中共永嘉学生支部。战青团干事会组织部下设学生、店员、工人、妇女、乡村、少年等救亡工作组，针对不同阶层开展抗日救亡运动。其宣传部下设演讲、编辑、歌咏、戏剧、壁报、美术、图书等机构，作战部下设军事训练队与救护训练班。1938 年夏永嘉战青团达到全盛时期，共有 10 个分团、48 个支团，遍布瓯江南北的城乡各地，团员发展到 8500 人，成为浙南地区影响最大、具有中心作用的抗日救亡团体。在永嘉战青团的影响和推动下，温属各县先后成立类似的青年服务团组织，人数达数万人，永嘉战青团还将温州、台州、丽水各县青年救亡团体联合起来，协调浙南青年救亡工作的步伐。永嘉战青团还协助发展了中华民族解放先锋队（简称"民先"），民先是中

① 《中国海军对日抗战经过概要》，《抗日战争正面战场》下册，第 1883～1885 页；
《海军战史续集（1941 年 10 月～1945 年 12 月）》，《抗日战争正面战场》下册，
第 1800～1801 页。

共直接领导下的抗日青年组织，根据中共东南分局青委的指示，共青团组织撤销后，共青团大部分成员转为中共党员，部分成员转为民先队员，在温州地区最多时曾达到3000多人。

抗战期间，黄绍竑任浙江省主席，由于其不属蒋介石嫡系，又与共产党人有过广泛接触，受到了很大影响，因此比较开明，主政伊始就制定了《浙江省战时政治纲领》及相关配套法令，要求各县组建政治工作队，规定政工队人数比例为各县总人口的万分之一，并在省、专区、县设政工指导室。1938年3月温属各县政工队先后成立，其成员大部分由战青团和各救亡团体推荐，其中相当大一部分是中共党员，部分共产党员还担任了领导职务。它名义上是国民党领导的，实际上是共产党参与领导的抗日运动的工作机构，永嘉、乐清政工队中秘密建有中共党支部，平阳县政工队中的中共党员占1/3，政工队深入基层，宣传抗战形势和抗日主张，贯彻政府战时法令，打击奸商漏海资敌，惩治贪官污吏和减租斗争。

中共浙南地方党组织还帮助和推动温州地方当局恢复、健全各级工会、农会、妇女会组织，派遣中共党员和进步青年加入，开展抗日活动。此外，永嘉县教育界救亡协会、浙江文化界抗敌协会永嘉分会、永嘉小学界救亡协会、温州学生抗日联合会、永嘉县儿童救亡总团等先后于1938年成立，这些组织多由知名人士主持，共产党员积极参加。

温州各抗日救亡团体不辞辛苦，深入偏僻山区农村，通过演讲、歌咏、戏剧、漫画、木刻、演讲等各种形式，宣讲前线战事进展，揭露日军暴行，宣传中国军民的抗日事迹及抗日救亡的道理，激发民众的抗日激情，吸引、发动青年参加救亡团体或者参军抗战。永嘉战青团举办歌咏干部训练班、民众歌咏班，《义勇军进行曲》、《大刀进行曲》、《流亡三部曲》和《游击队之歌》等抗日歌曲传唱城乡（已故原永嘉县战时青年服务团歌咏队队员陈志聪见图1-8）。当时演出的抗日戏剧有《放下你的鞭子》、《张家店》、《暴风雨前夜》、《罗店之夜》、《死亡线上》和《妇女进行曲》等，著名剧作家董每戡的国防剧《敌》在温州演出轰动一时。当时温州剧团如林，演出频繁，被公认为温州近代戏剧的黄金时期。

图 1-8 已故原永嘉县战时青
年服务团歌咏队队员
陈志聪

资料来源：2015 年摄于温州五马街
陈志聪家中。

抗战初期，浙南出版了大量的抗日报刊，规模空前。1937～1939 年有数十份抗日救亡刊物在浙南地区诞生，其中在浙南党组织直接领导、支持和影响下创办的有《战时导报》、《联合》、《生线》、《老百姓》、《游击》和《先锋》等 11 种，发行量近 9 万份，一些共产党员成为这些刊物的编者和主要撰稿者。此外，时任永嘉县战青团副总干事，后来成为中共温州地区重要领导人的胡景瑊还以"张亦如"的笔名在国民党永嘉县党部机关报《浙瓯日报》上撰写每周评论。平阳救亡团体创办的《战报》（即后来的《平报》），由黄耕夫、林夫、胡景瑊等共产党人领导，请浙江省主席黄绍竑题写刊头，并向浙江省政府申请注册，不但在当地产生很大的影响力，而且发行到福建省的福鼎、福安、柘荣等地。

在开展抗敌救亡宣传工作的同时，各种抗日团体还开办了各类训练班，如永嘉战青团举办两期军训队、三期救护训练班，以及工人讲习班和乡村干部训练班，还成立了 30 多人的救护队，进行战地救护演习。1938 年 2 月 26 日，温州南塘机场遭日军轰炸时，该救护队立即派员赶赴现场救护。9 月，该救护队有 8 人前往皖南参加新四军。温属各县的抗日救亡工作被时任中共中央东南分局副书记的曾山称为"东南各省之冠"。随着国共之间摩擦的加剧，1938 年秋温州地方军政当局取缔永嘉战青团等救亡团体，封闭新四军驻温州通讯处，声势浩大的温州抗日救亡运动逐渐沉寂。

二 抗日游击战的发动

自 1938 年粟裕率部北上皖南后，中共在浙南方面仅有特委机关留下 1 个短枪班，各县、区委没有武装。1940～1942 年，平阳、鼎平、青景丽、瑞安、瓯北、浙闽边区等武装工作队（组）相继成立，全区脱产武装人员发展到 300 余人，起初武工队员全佩短枪，后来才逐步增加了步枪和机枪。

温州第一、第二次沦陷期间，中共浙南党组织即有意开展游击战。但由于这两次日军占领温州时间短，国民党军政力量迅速回城，形势变化快，最终未能开展游击战。温州第三次沦陷后，浙南特委于 1944 年 9 月 28 日和 30 日相继发出《关于目前环境与今后任务的决定》和《关于准备游击战争的决定》，[①] 指出浙南地区除一部分成为沦陷区、战区和战时准备状态外，大部分成为后方。日军不但可能长期占领永（嘉）乐（清），并可能向瑞（安）平（阳）扩大其占领范围，但向内地进攻的可能性很小。因此，除 "进一步执行党的隐蔽精干政策，避免打击，以求生存，同时积极作战时准备"，还要以各种方式相机组织与发动游击战。10 月 5 日，中共乐清县委做出了迅速建立和扩大党的抗日武装队伍、帮助组建和争取抗日友军等五项决定。15 日，成立了由周丕振、邱清华为首共 13 人的乐清人民抗日武装基干队。同年 12 月，扩编为 "乐清人民抗日游击队"，拥有 50 余人枪。乐清县委还帮助乐清县渔民协会会长张克明和黄曹乡乡长陈济、原乐清青年服务团总干事王鸣皋等人分别组织抗日武装，经乐清县政府批准取得 "乐清县国民兵团第四警备中队"（简称 "警四中队"）的番号，并动员一批干部、党员、进步学生等参加警四中队，发展到 150 人枪。警四中队在石马印山、畚斗山、珠垟等战斗中多次打击日军，并于 1945 年 2 月 25 日在乐清虹桥脱离国民党，与乐清人民抗日游击队合并，成立 "乐清人民抗日游击总队"，队伍扩展到 500 人枪。3 月和 4 月，该总队曾在乐清芙蓉、竹屿与日军作战，日军逃遁。

同时，中共瓯北县委于 1945 年 3 月初成立了一支 90 多人的抗日游

---

① 浙江省档案馆编《浙江革命历史档案选编：抗日战争时期》（上），浙江人民出版社，1987，第 345～348 页。

击中队，3 月 20 日，乐清、瓯北两支抗日武装合编为"永乐人民抗日自卫游击总队"（简称"永乐总队"），总队长余龙贵，政委胡景瑊，副总队长周丕振，政治部主任邱清华，初期有 9 个中队，后扩编到 11 个中队，拥有 700 人枪，成为浙江境内与浙东、浙西新四军部队遥相呼应的中共领导的抗日武装。①

---

① 中共温州市委党史研究室：《中共温州党史》第 1 卷，中共党史出版社，2004，第 195～203 页。

第二章 | 莲花心的地名、地形与军事价值

第一节　地名与位置

弄清莲花心的位置，辨明莲花心抗日战斗所涉及的地域范围是研究莲花心抗战史实的基本前提。查温州历次抗日战役——永瑞战役、丽青温战役、丽温战役、永乐黄追击战役的《战斗详报》所附要图（见图 2 - 1、图 2 - 2），其均将莲花心标示于温州城西南方渚浦岭以东、

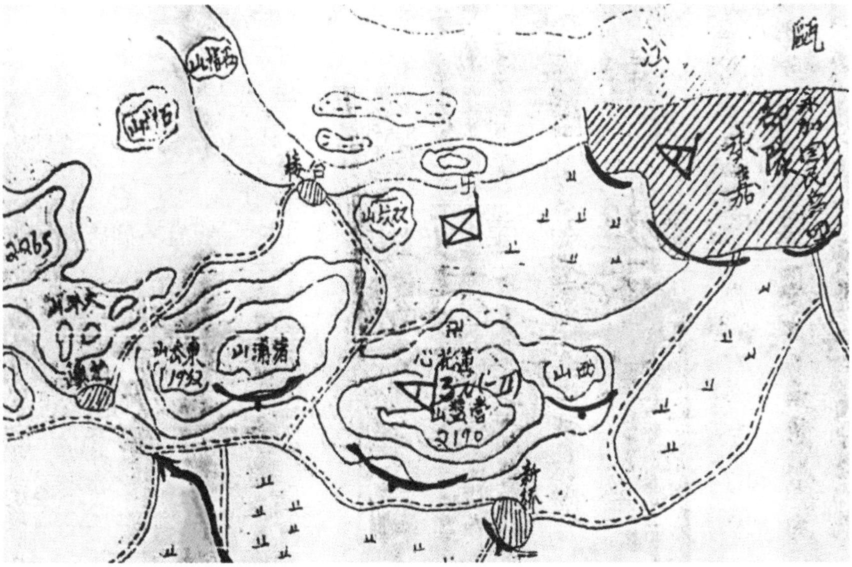

图 2 - 1　1941 年 4 月 19 日《永嘉城区外围战斗敌我态势要图》局部
（《永瑞战役详报》附图）

047

下桥村西南的山地上，这与战役亲历者的记忆、温州民间的口口相传及今人的通常理解——在温州城西、护国寺附近，今景山森林公园内相合。因此，作为温州重要抗日战场的莲花心在今景山森林公园内是确定无争议的。

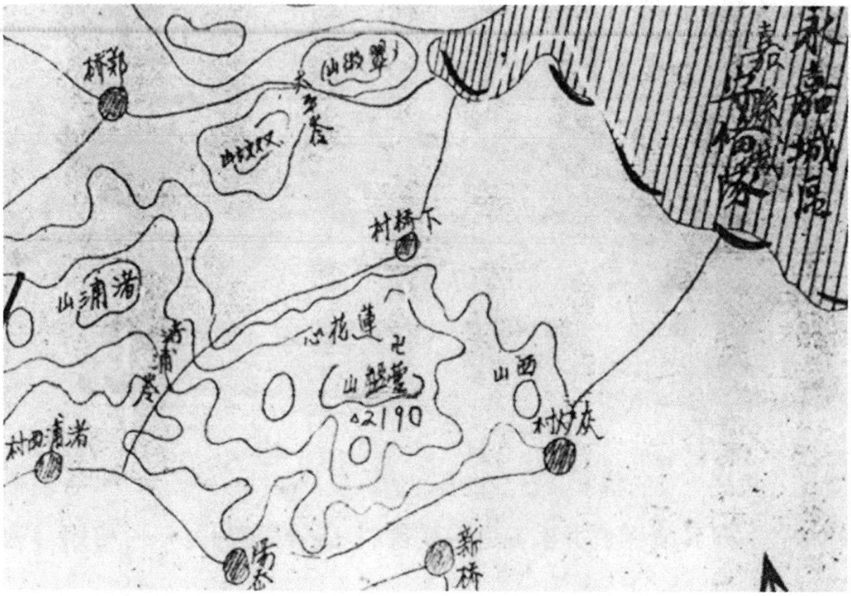

图 2 - 2 1942 年 7 月 11 日《永嘉西郊附近战斗敌我态势要图》局部
(《丽青温战役详报》附图)

但是仔细调研后发现，不同的历史时期、不同的主体乃至同一时期的不同主体对于莲花心一带地名的标注与理解，既有明显差异，又存在一定联系。不但官方称谓与民间约定俗成的叫法不尽相同，而且不同时期的官方称谓、同一时期对于同一地理实体的民间称谓也不尽相同。比如官方、军方地图标注方面，不但明、清两代地方志，民国时期、中华人民共和国成立后的地图都不相同，而且民国时期不同机构编制的地图之间、中华人民共和国成立后各个年代出版的地图间亦有差别。如在温州历次抗日战役战斗详报及要图中将莲花心、西山、营盘山作为三个相对独立的重要战场来列举和标示，而根据对明清两代温州方志、地图的查阅和对民间习惯的调查，今景山森林公园内诸山岭又曾被统称为西山、营盘山。民间叫法方面甚至对同一座山峰，周边不同村落的村民都有不同的叫法。如旸岙、净水村村民所称的营盘山，被瓯浦垟村民称为南山。此外，近年又出现"莲花芯"的写法，同时还有人将莲花心与莲花山混淆。

那么，在抗战时期，莲花心究竟是指今景山森林公园内的哪座山，还是哪几座山，抑或是今景山公园内的全部山岭？我们应当基于温州历次抗日战斗详报及所附要图、相关档案和历代地方志，并结合实地踏勘，来明确抗战时期参战部队所称莲花心战场各主要地名的具体所在。

一　莲花心山与莲花心村

查阅明清两代温州地方志（明弘治、万历，清同治《温州府志》和明嘉靖，清光绪《永嘉县志》）均未发现关于"莲花心"的记载，而上述地方志中所记今景山公园一带的山峰，如翔云峰、茗瓯峰、紫芝峰、慈云峰、瑞鹿峰、云霞呑山等皆文雅地名，莲花心有可能是流传于民间的俗名，故地方志未予收录。原莲花心村村民、土地革命战争时期参加莲花心村起义的蔡宝祥在他的回忆中写道：莲花心村是位于温州市西南面的一块盆地，盆地四周的山峰如卷起的莲花瓣，正中间一块平坦的高地正如莲花的花心，该村因此而得名。[①] 这是目前能查到的关于"莲花心"得名的唯一文字资料。而通过采访莲花心村的老居民，发现他们多将莲花心的得名缘由解释为这一带山岭众多，形似莲花，其最高峰就叫莲花心。但如果真是指突兀于形似莲花之众山岭中的最高峰，那就不能叫莲花心，而应当叫莲花尖，因为花心应当是凹于众花瓣之中才对（见图2-3）。温州各地因山顶尖削突出而叫"某某尖"者极为常见，如戴宅尖、泥（稺）师尖、胜美尖、李王尖等等。其实在温州境内还有一处莲花心，即著名的永嘉县岩坦镇屿北古村，其周围之山环抱而四合，酷似莲花瓣，村落则居于莲花心。[②]

经查阅资料与实地调查确认，莲花心村旧址即今景山公园中心地带之

---

① 1928~1930年，永嘉中心县委曾派王国桢、陈文杰等来莲花心村建立组织，发动群众开启下寅粮库，袭击新桥警察所。蔡宝祥：《忆莲花心村的农民起义》，中国人民解放军历史资料丛书编审委员会编《土地革命战争时期各地武装起义》，解放军出版社，1997，第577页。

② 知路图书编《中国古镇游》，吉林科学技术出版社，2014，第106页。

图 2 - 3　图解莲花尖与莲花心之不同

资料来源：由王长明拍摄。

温州动物园所在地。1998 年，温州动物园工程建设做出重大调整，位于当时温州军分区打靶场（今护国寺）旁的原温州动物园一期工程部分项目改建为景山公园休闲娱乐园区，取名"沁春园"，同时另于西山莲花心征地 340 亩建设动物园二期工程。① 2000 年温州动物园从市区环城东路搬迁至此，在此之前该村村民已全部迁走。② 今温州动物园峰峦环绕，在其中部（餐厅所在地）的确有一块小高地比其西、南两侧地面高出 20 余米，这与蔡宝祥所说的莲花心村中部有一平坦的高地相吻合，由此我们认为蔡宝祥的说法更可信。③

但从通常的理解来看，莲花心是山，是战略制高点，而不是村落。调查中，有老人告知莲花心应全称莲花心山。根据对周边村落中老年人特别是八旬以上高龄村民的访问，确认民间一般是将莲花心谷地东面、其巅有杨府庙（或称杨府殿）的山头称为莲花心（见图 2 - 4）。《温州市鹿城区地名志》称：西山包含莲花心山、锦山、弥陀佛山等多座山。④ 而 1936 年的永嘉县地政处测绘的地籍丘形图明确将"莲花心"标示于杨府庙以西，其间

---

① 温州市地方志编纂委员会、《温州年鉴》编辑部编《温州年鉴（2000 年）》，中华书局，2000，第 245 页。

② 中华人民共和国国家旅游局编《中国旅游景区景点大辞典》，中国旅游出版社，2007，第 739 页。

③ 莲花心村地形实为谷地，而非盆地，后文将有详述。

④ 温州市鹿城区人民政府刊行《温州市鹿城区地名志》，1987，第 185 页。关于西山、莲花心之间的关系，后文将详述。

田地、民居相对密集，显示其所称"莲花心"是一个村落，并非一座庙宇所在的山头。1953 年撰写的《温州市郊区莲花心自然村农村经济调查报告（草稿)》① 中介绍：莲花心村距温州市五里，是市郊区双桥乡双桥村②的一个自然村，共有 36 户 181 位居民，各类田地 260 余亩。国民党统治时期分属白楼乡第一保及新桥乡第七保。1952 年，《关于温州市人民政府 3 年来的工作与当前任务的报告》中提及：在维持与恢复文化教育事业的农村办冬学过程中，莲花心村平均每户有 2 人参加了学习。③ 这些都说明莲花心不仅是山名，也是村名。而从莲花心得名的原因来看，"莲花心"首先应当是村名（指位于状如莲花心地形中的村落），然后才是山名（指莲花心村周边的山）。

图 2-4　莲花心谷地、杨府庙、北塆山

资料来源：以温州市景山森林公园官网中航拍照片为底图制作。

二　莲花心与北塆山、杨府庙

那么，抗战时期中国军方所称莲花心的确切所指又是什么呢？将前述各战斗详报所附要图与 1922 年浙江陆军测量局测图、1928 年出

---

① 温州市档案馆，档案号：83-4-12。
② 双桥村是上桥村与下桥村的合称。
③ 《关于温州市人民政府 3 年来的工作与当前任务的报告》（曾绍文在温州市第二届各界人民代表会议协商委员会第一次会议上的报告），《温州市政协志》编纂委员会编《温州市政协志》，上海社会科学院出版社，2006，第 380 页。

版的《永嘉县城南部地形图》①（比例尺1：50000）比较发现，各详报要图是以后者为基本底图来绘制的，它们对温州城及周边地区的地名、地形、地物和相对位置关系的标注基本一致，均同时将"莲花心"、"西山"和"营盘山"标示于温州城西，只是要图以简单示意为主，不如《永嘉县城南部地形图》详细准确。《永嘉县城南部地形图》属于北洋政府"十年速测计划"及国民政府"全国陆地测量十年计划"的成果之列，学术界对这批地图的测制质量一直给予高度评价，"对这批图的地形碎部内容，曾于1952年间对浙江、山东等省进行过一次查证，结果绝大部分地形形状、物体名称、物体间相对位置关系误差不大，只是在整个省的控制方向上存在不同程度的扭曲"。② 具体到《永嘉县城南部地形图》对莲花心一带的标示，经过实地踏勘并与当代地图比对发现，其地形、地物及相对位置关系基本准确，只有部分地段譬如渚浦东村往东至西岙一带（今翠微大道景山隧洞南口两侧）山岭的走向存在偏差（见图2-5）。

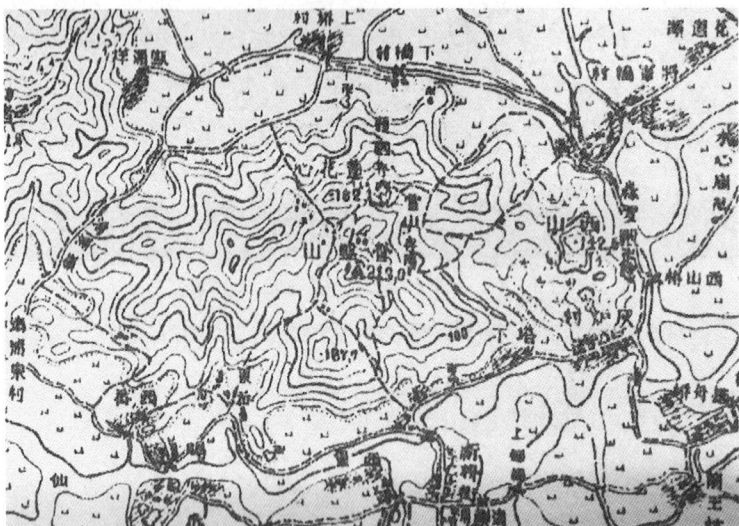

图2-5 《永嘉县城南部地形图》温州莲花心一带

① 《永嘉县城南部地形图》，杭州市档案馆编《民国浙江地形图》，浙江古籍出版社，2013，第602～603页。

② 《中国近现代地图学史》，山东教育出版社，2008，第148～149页，转引自《民国浙江地形图》之"序言"。

当然，1∶50000 的地形图对于集团军、军一级作战或许可以勉强适用，但对师、团一级在莲花心这样狭小区域（莲花心所在的景山公园总面积才 3.7 平方公里）山地作战来说是无法满足需要的。1944 年发生于滇西的松山战役中，中国远征军指挥官卫立煌曾要求美军顾问团提供根据美军飞机航拍照片拼接而成的地形图。[①]《温州古旧地图集》中就收录了一幅美军测制的 1∶125000 的永嘉（温州）地图，此图是根据 1944 年美军对温州的航摄图、1933 年黄聘珍编绘的《永嘉县城区全图》及其他相关地图编绘而成。[②] 该图绘制清晰准确，宏观性强，印制清晰雅丽，具有该时期美军地形图的特色，其对莲花心区域等高线及高程数据、山峰、山间道路、主要人工建筑均予以标出，但仅在灰炉村以北标注了一个地名"营盘山"（见图 2-6）。从温州历次抗日战斗详报中对地名称谓的相关表述及所附要图来看，应当是没有得到这类美军绘制的相对详细准确的地图。

因此，目前只能以相对详细准确的《永嘉县城南部地形图》为主，参照其他相关地图及战斗详报的文字记述为依据来做研究。在《永嘉县城南部地形图》中将"莲花心"标示于下桥村西南、上桥村正南的山体上，其正东面紧邻护国寺。按今日地望，此处在今景山公园的桃花园东北侧。桃花园所在地为温州动物园北门外山间平地的一部分，由桃花园东北侧起有一条山岭大体沿西南东北方向蜿蜒，至乌岩头（今景山公园茶花园）始止。按《温州市景山森林公园宗地图》[③]，此岭高点正在桃花园东北侧高地上的藏春亭一带，实地勘察发现其东面紧邻 110 千伏城山雪 1954 线与城里九雪 1955 线共线的 014 号电力铁塔。此处东望护国寺，北望上桥村，东北为下桥村，正与《永嘉县城南部地形图》相合。1936 年永嘉县地政处测绘的地籍丘形图将此处标为北塆山，这个"塆"字正切合此处蜿蜒曲折的山势（见图 2-7）。显而易见，与民间称杨府庙所在山头为莲花心的习惯截然不同，《永嘉县城南部地形图》将"莲花心"标示在了北塆山，那么它又将杨府庙所在山头称作什么呢？

① 余戈：《1944：松山战役笔记》，生活·读书·新知三联书店，2015，第 51、186 页。

② 钟翀编《温州古旧地图集》，上海书店出版社，2014，第 84～85 页。

③《温州市景山森林公园宗地图》，2011 年测绘，温州市景山森林公园管理处。

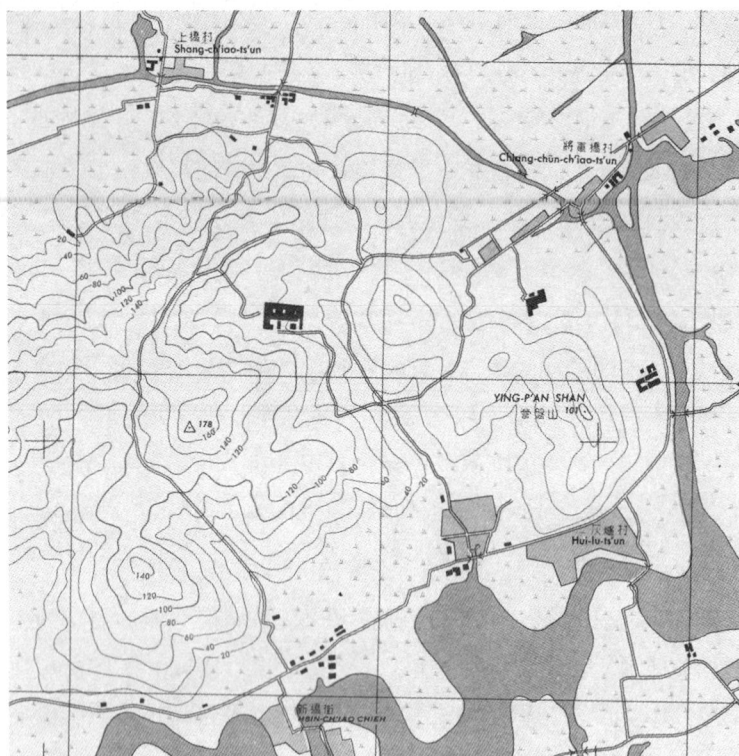

图 2 - 6　美军 1945 年绘制的温州地形图莲花心一带

图 2 - 7　北塆山北侧下方即为广化南路隧道北口

注：此照片由 104 国道过境公路与广化路交会处向南拍摄。

三 莲花心与营盘山、西山

今日杨府庙所在山头地处北塆山高点南稍偏东，其正东面为雪山饭店，东北为护国寺。雪山饭店即雪山紫霄道观[①]旧址，民间将寺、观混淆，俗称其为雪山寺（见图 2 – 8）。查阅 1936 年地籍丘形图，确认今护国寺、杨府庙虽为 20 世纪末到 21 世纪初重建，但仍在民国时期原址。《永嘉县城南部地形图》在北塆山南偏东、雪山寺正西、护国寺西南标记了一座山峰的符号，注明为"营盘山"，这也就是说《永嘉县城南部地形图》将民间习称之"莲花心"（杨府庙处）标为"营盘山"，而这种标示是有其渊源的，并非随意为之，因为按民间习惯，杨府庙处亦被视为营盘山的一部分，称作外营盘山。

在《永嘉县城南部地形图》中营盘山（杨府庙处）海拔 219.0 米（各战斗详报附图中标为 219.0 高地），这相对于该图中"莲花心"（北塆山）海拔 182.0 米要高了 37 米。由于该图是假定浙江藩署（即清朝浙江布政使衙门）旧址内杭州紫薇园坐标原点（今杭州延安南路银泰百货一带）[②]为海拔 50 米来测量的。当代测量所得紫薇园海拔数据未查到，但紫薇园西边紧邻的西湖常年水位只有 7.13 ~ 7.23 米，那么紫薇园的实际海拔肯定不足 10 米，这就造成其民国地形图中测量数据均比当代数据高 40 余米，但是民国地形图中杨府庙比北塆山高 30 余米却是基本准确的（当代测量数据杨府庙 173 米，北塆山海拔 141 米，相对高差 32 米）。到了 1945 年美军绘制的温州地形图中，杨府庙处海拔标为 178 米，北塆山一带为 140 米，已经接近当代数据。

与此同时，《永嘉县城南部地形图》将西山（见图 2 – 9）主峰标

---

① 1955 年紫霄观被温州市人民政府征用为招待所，后改名为雪山饭店，至今仍有部分古建筑存留。光绪《永嘉县志》之《杂志·寺观》云："紫霄观在吹台乡十四都云霞岙。"该志及各版本《温州府志》《永嘉县志》均未记雪山寺，但清末《永嘉县五里方图》（钟翀编《温州古旧地图集》，第 102 ~ 103 页）将雪山寺标于云霞岙山附近。此处"雪山"本为地名，一般认为指今雪山饭店西南侧所依山岭，村民所谓老柏山。《永嘉县城南部地形图》标记为雪山寺，显系沿袭民间寺、观混淆的习惯称谓。

② 《寻找城市千年记忆之紫薇园坐标原点》，2012 年 6 月 23 日杭州网报道。

图 2 - 8　雪山饭店西侧石阶路边发现的石质构件

注：2017 年 4 月 23 日，笔者在雪山饭店西侧石阶路边发现一石质构件，上刻"雪山紫霄道观 民国十一年□阳月吉旦 公民朱镜清率男□□、锁松、松源，孙□□等敬助"字样，更证实此处在民国时期的确叫雪山紫霄道观，而不叫雪山寺。民间将寺、观混淆，故将紫霄观误称为雪山寺。

于营盘山主峰东稍偏北，其东有森罗殿即包公殿（传说包公死后当了阎王，继续在阴司审案），其东南临近西山桥，山南接灰炉村（今西山东路净水村一带）。经多次访问调查，并结合 1945 年美军绘制温州地形图与今日地形图，确认包公殿、西山桥位置基本未变，由此断定该图中西山主峰为今西山东路西岑公寓西南侧山峰，亦即温州植物园北往南方向第二座山峰，其山顶有国家测量标志者（浙江省测绘局、省军区司令部及省公安厅联合设立）即是，该峰西南为西山瓷器厂（见图 2 - 10）旧址。该峰当代测量高度虽仅 83 米，但面向温州城方向的山势极陡峭。对此，当地村民形象地说：善于攀爬的猫到这里也会滚下去，故而温州话称为"猫儿 lái"（温州话表示摔、滚之意的字念 lái，写法不详），亦写作"猫儿岭"。此处扼当年瞿溪经西山桥通往温州城之要冲，为军事要地。

图 2 – 9　西山桥上望西山（2017 年 8 月 4 日拍摄）

图 2 – 10　著名实业家吴百亨创办西山瓷器厂全景照片

注：1950 年代初拍摄，照片左侧即为西山主峰的西南坡，照片中部的小桥为灰炉桥。

资料来源：《温州老照片（1877—1978）》。

在温州历次抗日战斗详报及要图中多将莲花心、营盘山、西山作为三个紧邻又相对独立的自然地理实体来对待，如"我黄团一部突入营盘山，纷以手榴弹向莲花心猛掷"，"该师第一团副团长率部向营盘山、双坟山①之敌猛攻，出敌不意，一鼓攻占营盘山、莲花心，敌退守西山顽抗"。"黄团主力本黄昏向营盘山南移，与李部攻击莲花心、西山。""龙部攻西山……罗师徐团攻营盘山，陈团攻外莲花心。"这与《永嘉县城南部地形图》的标示一致。

四 西山三峰与营盘山三峰

《丽温战役详报》及《丽温战役散记》中均提及西山有三座山峰，并介绍龙云骧部攻击西山第一峰至第三峰的情况。《丽温战役详报》载："（1944年10月1日）命令龙（云骧）部对西山第三峰猛烈夜袭，务于本夜确实占领之。"《丽温战役散记》第七部分"血染西山"②写道："迫击炮弹一颗颗飞过灰炉桥③，掠过突击战士的头顶，接着连续不断地光顾西山，山上的敌人慌乱了，冲锋排一声吼，抢占了第一峰……莲花心和城西门口的敌机枪对着第一峰肆虐着，突击战士以一部分构筑工事，一部分冒着弹雨向第二峰冲。第二峰毕竟得了手……西山最后那座山峰始终由敌人占住。"这一段描述显示西山是南接灰炉桥、东望温州城的连续三座山峰，突击战士从灰炉桥由南向北依次攻下第一、第二峰。对照地形图并实地踏勘发现，灰炉桥与乌岩头之间确有三座山峰，三峰轮廓清晰、区分明显且又连为一体（见图2-11）。其第一峰为西山主峰（猫儿岭，即温州植物园内三角点所在），第一峰西北、紧邻植物园正大门的山峰为第二峰，植物园正门对面亚热带作物研究所院内山头为第三峰，第三峰西北与北塆山东端之乌岩头相接。

而《丽温战役散记》对西山、营盘山与莲花心的相对位置关系的说明，则进一步证明西山第三峰即为亚热带作物研究所之所在。该文称："西山和

---

① 根据《永嘉县城南部地形图》和《永嘉县城北部地形图》及各战斗详报要图，双坟山地处渚浦山东北，白楼东南，太平岭西南，应为今黄龙山。其得名由来未见地方志记载，登此山但见其南北两个圆丘，形似双坟，推断其得名即缘于此。

② 丹保：《丽温战役散记》，《突击队》月刊第1卷第8期，第56~60页。收入《烽火余烬》时，将作者姓名误为胜保。

③ 因会昌河灰炉段裁弯取直，灰炉桥已不存，桥址在今西山南路西山大桥北侧人行横道位置。据李国杰编《美丽景山 我的家乡》，2017，第87页。

图 2-11　暮色中的西山三峰（由左至右为第一、第二、第三峰）

资料来源：2017 年 1 月 7 日摄于西山东路。

营盘山是敌人由永（嘉）城到莲花心必经之道——敌人占住了，一面可以支援他部，一面又可瞰制永（嘉）城；我们占领了，便左能围攻莲花心，切断敌人的增援，或竟能去进取永城。"将这段记载与《永嘉县城南部地形图》、美军 1945 年绘制的温州地形图对照发现，当时从温州城到莲花心（北塆山）最便捷的道路是由三角门出城，沿今雪山路方向经将军桥村后分南北两条路上山，这两条路一南一北环绕着今亚热带作物研究所所在山头，此处今日亦有两条石阶登山步道，走向与当年基本一致。如果今亚作所所在山头不是西山第三峰，那么从温州城到莲花心必经西山又从何谈起呢？

《永嘉县城南部地形图》同时显示：营盘山（杨府庙）西南面紧邻一座山峰，对照今地图并实地了解，此地应为俗称白泉山（又称金蟾山）主峰所在，此图标高为 187.7 米，当代测量数据为 143 米。按今日情势，此山南隔会昌河正对地质大厦，西面为东岙底自然村，温州话的所谓"底"并非底下、底部，而是靠里面之意，东岙底意为东岙的里面，《永嘉县城南部地形图》在此处即标为"东岙"，所以这座白泉山又可以称为东岙高地。1942 年 9 月 20 日《温州日报》刊载《永嘉战役的壮烈事迹》一文，[①] 在介绍 1942 年 8 月 13 日深夜至 14 日凌晨反攻温州战斗时讲道：暂编三十三师第一团第一营代营长周庆龄率部从渚浦东村出发向东赶赴灰炉、西山桥担

---

① 《温州日报》1942 年 9 月 20 日，第 2 版，此文系暂编三十三师发给温州地方媒体介绍温州第二次抗击日军入侵中英勇事迹的新闻通稿，对此后文还将详述。

任阻敌增援任务，当队伍通过旸岙后，突遭潜伏在东岙高地之敌猛击。

在营盘山（杨府庙）东南，白泉山东北又有一峰，此峰东南麓为塔下，其正北为雪山寺，其西南为今环景东路之青莲寺，其正南为新桥街①，这个新桥街非今新桥街道驻地，而是西山东路以南之永庆街。各战斗详报要图及《永嘉县城南部地形图》对此处亦未标注具体名称，现《景山公园导游图》标为"龙盘山"，民间称"老柏山"，此为温州方言读音的谐音字，具体写法不详，亦有称之为"龙柏山"，因山上植有龙柏树而得名，或曰此山即为温州民间所谓雪山，因冬日山顶积雪难化，故有卧雪之谓。此山南面为今广化南路隧道口所在，其高点当代测量海拔132米。白泉山（东岙高地）、龙盘山（老柏山）与营盘山（杨府庙）三峰紧邻，呈三足鼎立之势，且三峰之间相距只有三五百米，其前两峰为从南面攻取营盘山之必夺之地（见图2-12）。民间口口相传中此两处均为温州第三次沦陷期间国民党军攻打莲花心时伤亡惨重之处。这

图 2 - 12　营盘山三峰

资料来源：以 2016 年 5 月 28 日拍摄照片为底图制作。

---

① 新桥街在今西山西路新桥公交站以南、广化南路高架桥以西、温州科技职业学院以北一带。新桥原指呈东西向跨会昌河上之桥梁，桥附近有繁华街市，故名新桥街。会昌河蜿蜒曲折流经此桥。1976 年，对此段河道裁弯取直，于原桥址东南之新河道上再建桥梁，仍名新桥。至 2016 年为新建广化南路，将此桥及周边建筑完全拆除。

也可以从日本史料的记载中得到印证："（一九四四年九月）二十一日在营盘山，与新编二十一师战斗，将敌人打退。在该山南侧一八七. 七高地，金崎小队先头部队，全力突击，敌遗弃尸体甚多，残敌逃窜。"其中所说"一八七. 七高地"应当就是白泉山（当时地图标高 187.7 米）。①

五　内莲花心与外莲花心五峰

《丽温战役详报》中反复提及内外莲花心，如"李部应……严密封锁攻击内外莲花心之敌"，"着龙指挥官以主力参加攻击内外莲花心、营盘山、西山、翠微山"，《第三十二集团军丽温战役作战经过要图》及《永嘉县城南部地形图》中亦只标出莲花心，而未细分内外莲化心，但是叮以依据《丽温战役详报》相关记载来辨识抗日战斗中我军方所称内外莲花心的大致范围。

《丽温战役详报》载："（1944 年 9 月 16 日）并以突十一营之一连支援李部，以五连并集中炮火，自渚浦山分两路由西、北任强攻内莲花心。"由渚浦山（其主峰称君子峰）出发能同时分两路从西、北方向进攻的山地，只有景山公园辖区西南角一带渚浦东村（今称浦东村）以东、翠微大道以西的山岭。该详报的另一段记载："（1944 年 9 月 21 日）乃以作命第十二号于指挥所下达各部。龙部（附黄团）确占呑上村、西堡、呑上村至下屿山之线，积极攻击灰炉村、西山、营盘山、内莲花之敌。"再对照《永嘉县城南部地形图》与当今地名，发现这些要求确占的地点均位于会昌河以南，且与攻击地点之间都是南北相对关系。其中呑上村已与垟儿合并为呑垟村，在今牛山西北侧高翔一带，北面正对灰炉村即今净水村和西山第一峰，西堡在今瓯海区新桥街道地质桥、西堡锦园一带，北面正对营盘山（杨府庙），那么，下屿山②北面正对今景山公园辖区西南角之山头，应当就是《丽温战役详报》所称内莲花心。由此对照地图，可推断内莲花心在浦东水厂东南侧，山地活动中心（旸呑水厂旧址）西南侧，《景山公园导游图》标为猫儿头山即

① 〔日〕饭田米秋、高桥定一编《战场之记录——墓标》，1971，第 592 页。
② 下屿山，又称玗屿山，位于今娄东大街公铁立交桥与六虹桥路交会处西南侧，下山头公交站附近。

是，其高点海拔94米。据《温州市志》载旸岙水厂位于底莲花心山，[1]
而且温州方言中"底"与"内"意义相同。

关于外莲花心，《丽温战役详报》中有如下记载可供推断其位置，
"（1944年9月30日）六十二团攻至渚浦岭东端第三峰"，"（10月1日）陈
团（即六十二团，团长陈章文）攻外莲花心，官兵奋勇异常，黄昏夜夺占
四峰，深夜曾向最后第五峰遵令夜袭"，"（10月2日）罗师（即新二十一
师，师长由八十八军副军长罗君彤兼任）以六十二团第三营续向外莲花心
攻击，第五峰步兵山炮重炮炽盛……我遂完全攻占外莲花心"。

由此可以看出，抗战时中国军方所称的外莲花心有五座山峰，且在
渚浦岭以东。渚浦岭一名瓯浦岭，是夹于今景山公园西缘与渚浦山[2]之
间的一段低矮的山岭，其东面为东瓯王墓园（见图2-13），历史上一直有
小道经此岭连通北面之瓯浦垟与南面之渚浦东村，位置比较重要。在《第
三十二集团军丽温战役作战经过要图》中虽未标出内外莲花心，但在渚浦
岭以东，从西往东依次标出了五座山峰，其中将"莲花心"标于第五峰，
即这一线山体的东北端之北埯山一带，这与《永嘉县城南部地形图》的标
示是一致的。在《永嘉县城南部地形图》中从莲花心（北埯山）到渚浦岭
之间的确还有四座比较明显的山峰。经多次实地辨识，并与《温州市景山
森林公园宗地图》对照判定如下。第一峰紧邻渚浦岭，在今景山公园西南
部，《景山公园导游图》称之为金门坎一带，其最高点海拔99米，其北面
山麓为东瓯王墓园，其南面与内莲花心（猫儿头山）之间有一小山岙，岙
底到第一峰高点高差约25米。第二峰在今景山公园礼贤广场东北侧山头，
其高点海拔166米，北邻环景北路西往东方向第一个大拐弯处。第三峰位
于第二峰东南，其高点海拔176米，其西南面靠近金西路与环景南路交叉
口。第二、第三峰东侧有一小山岙，村民称之为龙船岙，现有登山石阶步
道经此山岙连接环景南、北路，石阶步道以东，今动物园西北侧之山岭即
为第四峰，其最高点偏于西北，海拔189米，为景山公园诸山最高峰，其

---

[1] 《温州市志》上册，第919页。

[2] 《温州市鹿城区地名志》，第205页。

西北面向翠微大道景山隧道北口，其东南山坡即为动物园虎豹馆。更准确地说，外莲花心第一、第三、第四峰高点分别在 110 千伏城山雪 1954 线与城里九雪 1955 线共线的 009、011、012 电力铁塔附近。外莲花心第一至第四峰为相对连续的山体，第四峰以东、第五峰（见图 2 – 14）以西则为一明显的鞍部（山间过渡平地），东西最大宽度约 70 米，即今动物园北门外停车场与桃花园所在，这与《第三十二集团军丽温战役作战经过要图》用一闭合曲线将第一至第四峰标示为一个整体，另将第五峰单独标示相合。

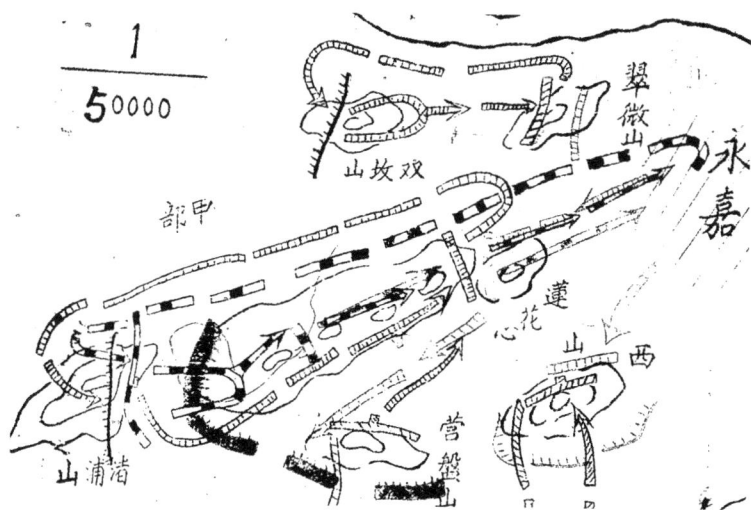

图 2 – 13　《第三十二集团军的丽温战役作战经过要图》（永嘉附近）局部

资料来源：《突击队》月刊第 1 卷第 8 期。

图 2 – 14　外莲花心第五峰高点东侧现状（摄于 2017 年 10 月 28 日）

这里需要指出外莲花心第五峰（北垮山）处于莲花心及营盘山、西山诸山岭的东北端，西北可望翠微山、太平岭、双坟山（黄龙山）至渚浦山（君子峰）一线，东北可望温州城之大、小西门，如占领之则可同时以炮火攻击上述要点，如攻击之则会同时遭上述要点敌方炮火的夹攻，故而是整个莲花心山地中最易守难攻之处。根据《丽温战役详报》和《丽温战役经过概要》的记载，总攻莲花心战斗以攻击第五峰"最为激烈"，"虽死伤枕藉，而我前赴后继，仍不少馁，卒于三度肉搏之后，将死敌扫荡，而占领之"。[①] 由此，也不难理解民国官方、军方地图，将"莲花心"标示于北塆山，而非杨府庙。

当然，这种外莲花心五座山峰的叫法仅见于 1944 年丽温战役中，其他年份涉及莲花心战斗的详报中均未如此称呼，应为中国军队为指称方便、利于作战而临时命名，并非通行名称。而且这种划分只能就其大略，如果细分起来，单是第四峰从西往东就有 4 个小山头，其中最西面的那个为第四峰最高点，其东面三个依次海拔为 182 米、175 米、171 米。就在这座 171 米的小山头处，至今仍立有 1951 年温州市人民政府建设科所设"营盘山"测绘三角点标志（见图 2-15），而在当代的《景山公园导游图》中"营盘山"则被标示在第四峰的最高点即 189 米处。

按照当地民间传统，营盘山（杨府庙所在山头）通常被视为莲花心的主峰，根据当代测量数据其海拔是 173 米，比外莲花心第四峰还低了 16 米。第四峰虽为今景山公园诸峰最高点，山势却相对平缓绵长，且偏于西北，而杨府庙一带突兀尖削，并处于今景山公园诸山岭之中部，从远处特别是温州城区方向观察更为惹眼，那 16 米的高差凭人的肉眼从远处反而难以识别，再加之当年测绘水平有限，故而以杨府庙为最高点亦可以理解。另外，陈章文在《丽温战役亲历记》中称莲花心山高 600 米，这是严重的失实。按当时的测量数据杨府庙处海拔为 219.0 米，陈章文将其夸大了近 2 倍。他在该亲历记中还称新二十一师在向温州挺进过程中由李副师长率领，登上青田附近尖山子（今通称大尖山）标高 3600 公尺，而该山按今日测量数据才 909 米，按当时数据不过千米，被他夸大了 3 倍。根据一公尺（米）等于三市尺，初步推断是他将公尺（米）与市尺记混淆了，故而才有这样 3 倍的夸大（见图 2-16）。

---

① 《丽温战役经过概要》（第三十二集团军参谋长曹耀祖报告），《突击队》月刊第 1 卷第 8 期，第 33 页。

图 2－15　外莲花心第四峰东部的"营盘山"测绘三角点标志
（2017 年 11 月 5 日拍摄）

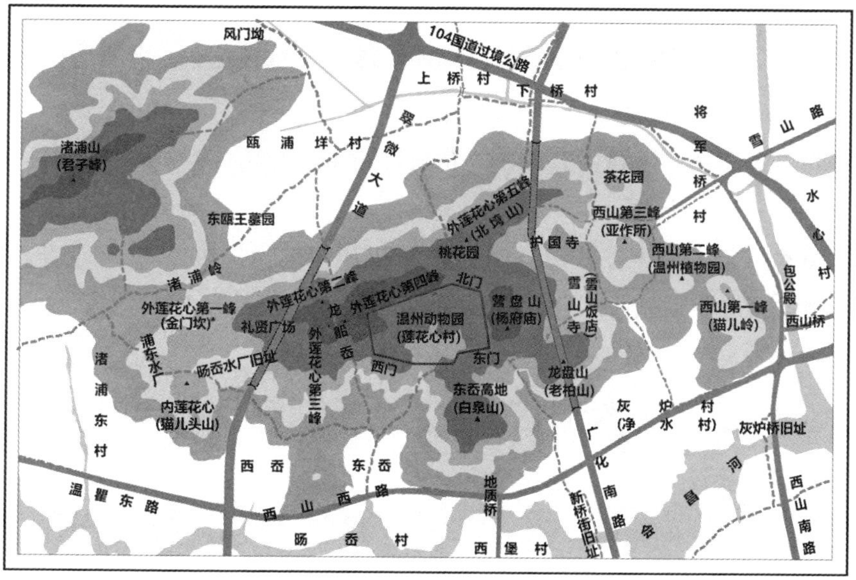

图 2－16　莲花心抗日战场主要地名示意

注：图中断续线表示民国主要的道路。
资料来源：余康、王思思制作底图，王长明添加注记。

从广义上讲，按民间习惯与历史传统，营盘山、西山、莲花心又均可作为今景山公园内诸山的统称。根据光绪《永嘉县志》"西山"条目记载："元末盗起，建营寨于此。国朝康熙十四年闽逆来寇及王师征讨，俱屯兵于此，今营垒遗址犹存。"这应为营盘山得名之渊源。至今周边村民中仍有底营盘山与外营盘山之分，并将其与内外莲花心的概念等同，其范围远非今杨府庙这一个山头，而是囊括了今景山公园的绝大部分。而各版本《温州府志》和《永嘉县志》中均记载"西山"有翔云峰（即护国山）、茗瓯峰、紫芝峰、慈云峰、瑞鹿峰等支阜，光绪《永嘉县志》称西山有十二峰，并将其与诸浦山、瓯浦岭、旸岙山等作为同级条目并列，再结合西山有白泉古井（古井在西山路白泉社区院内，至今犹存，见图 2－17）、云霞岙（今雪山饭店一带）等重要景点来看，① 明、清温州地方志中的"西山"所指的范围涵盖今景山森林公园的绝大部分。

将战斗详报中所称内莲花心、外莲花心、西山三峰及营盘山等抗日战场旧地与现今情势对照，发现其范围亦涵盖了今景山公园内的全部山岭。这里要指出的是抗战时期的中国军方对莲花心、营盘山、西山等地名的理解与民间的习惯相类似，亦有狭义与广义之分。从狭义上讲，莲花心、营盘山、西山仅指特定的某几个山头，甚至仅指其主峰。而从广义上讲，莲花心、营盘山、西山这三个地名又被视为等同的概念，均可作为今景山公园诸峰的统称。例如，1942 年《丽青温平瑞乐战役详报》的"作战经验与教训"部分在分析敌军之优缺点时三次提及"永嘉营盘山、双坟山、诸浦山诸战役"、"永嘉营盘山争夺诸役"和"永嘉外围营盘山"，1944 年《丽温战役详报》中亦

① "西山，在城西五里，一名瓯浦山，又名金丹山，连峰叠巘，青葱秀丽，如列画屏，为永嘉登览胜处。谢灵运诗'遥望城西岑'即此，有翔云峰即护国山、茗瓯峰、紫芝峰、慈云峰、簜竹峰、瑞鹿峰，又爱泉、鉴泉、玉乳泉、饮鹤泉、虎跑泉、白泉。故名玉泉，唐宿觉禅师所卜墭，久旱不竭，远近人资之。龙珠坞、丹光洞、赤松洞、三字刻崖上，云霞岙、桃花洞、小雁谷、藏春谷诸胜。旧时精蓝名刹一十八区，峰十有二。"见光绪《永嘉县志》卷二《舆地志二》，张宝琳总纂，王棻、戴咸弼协纂。

图 2 - 17　位于西山东路白泉社区院内的白泉古井
（2016 年 4 月 6 日拍摄）

云："查营盘山对于永嘉攻城关系至为重要，应即派队确实占领之，防敌之反攻或对我采取包围。"根据上下文，这个"营盘山"实际涵盖了营盘山、莲花心、西山等各个要点。而在更多的时候，不论是战斗详报的记载还是老兵的口述，更习惯于用莲花心战斗来涵盖内外莲花心及西山、营盘山等诸要点的战事。因此，本书中除有特别说明外亦遵从这一习惯，将莲花心抗日战斗定义为以夺取并固守莲花心（包括内外莲花心）和西山、营盘山各峰为目标的抗日战斗，其地域范围包括今景山公园全部辖区。

此外，在近代以来外国人编绘的温州地形图中，今景山公园诸峰处常只标注一个地名，即营盘山，其标注位置多在《丽温战役详报》所称西山第二、第三峰一带，如温州博物馆收藏展出的日本太田垣富三郎 1934 年绘制的《支那东岸瓯江温州港附近地图》，美军 1945 年绘制的温州地形图则在西山第一峰标注"营盘山"，在杨府庙处绘有山峰标记，注明海拔 178 米，但未注明地名。日军侵温部队战记《战场之记录——墓标》中地图亦仅在今景山公园位置标了一个"营盘山"（见图 2 - 18）。

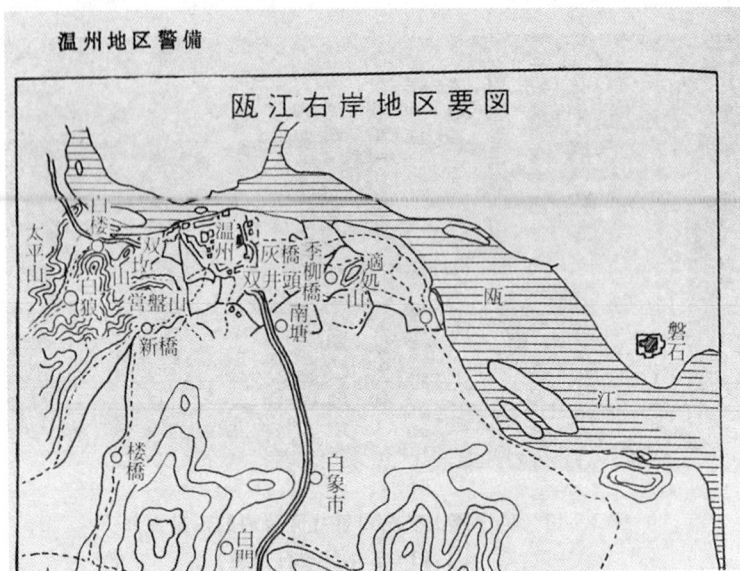

图 2 - 18　《瓯江右岸地区要图》局部

资料来源：日本《战场之记录——墓标》一书附图。

六　莲花心与莲花山、莲花芯

　　省内有几位仍健在的抗战老兵，在提及 1944 年发生在温州城西这场惨烈战斗时将其称为"莲花山"战斗，参加过丽温战役的暂编三十三师第一团团长李昊在《反攻温州未遂纪实》中写道："以新二十一师及两个突击队攻莲花山，莲花山由七八个高地组成，形同莲花。""'莲花山'位于温州城西北郊（应为西南郊），是温州城的唯一屏障。"①在温州城郊的确有一座莲花山，但不在城西，而在城南 20 里，海拔 687 米，属吹台山系，为今温州电视发射塔所在地，因其北坡有一数丈高的巨岩耸立，形似莲花而得名。这一得名原因也恰好反映了莲花心与莲花山在地形地势上的不同，莲花心是被群山环抱的小谷地，似莲花之花心。

① 瓯海县地名委员会编《浙江省瓯海县地名志》，1989，第 289 页。

检索民国时期各类史料、地图，特别是温州市档案馆所藏大量抗战时期档案，仅发现有一处写作"莲花山"，余皆作"莲花心"。此"莲花山"写法见于永嘉县郭溪区新桥乡第九保保长潘岩成的报告中，[①] 而新桥乡正处莲花心山南。在大量访问高龄知情者的过程中，我们尚未发现有人将"莲花心"说成"莲花山"，初步判断潘岩成的这一写法系因方言习惯引起的笔误，因为在温州话中"山"与"心"两字读音，通常情况下能够有效区分，但二者毕竟在温州话中是近音字，念得过快、听得不清，就易混淆，而李昊（湖南人）等外地籍官兵以讹传讹就更不奇怪。另外，根据《温州市鹿城区地名志》及一些高龄老人的口述，"莲花心"全称应为"莲花心山"，"莲花山"的误称可能亦与此相关。

至于"莲花芯"的写法，遍查民国至1980年代的档案一无所见。直到1987年出版的《温州市鹿城区地名志》中依然写作"莲花心山"。而在如今一些文章、地图及景山公园的标志中（见图2-19），却喜欢加个草字头，这恐怕还是随意添加偏旁、以繁为美的思维所致。

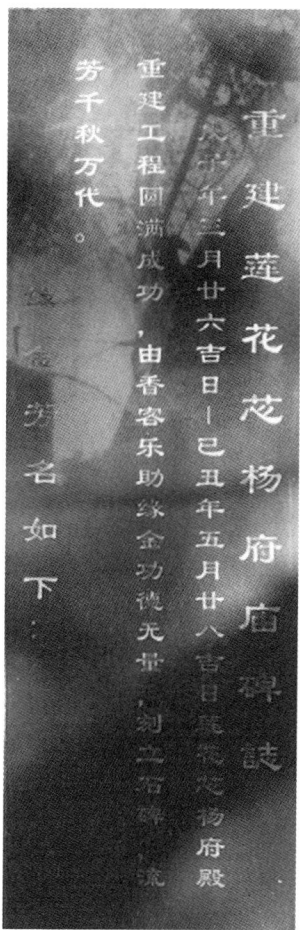

图2-19　重建莲花芯杨府庙碑志（2017年2月12日拍摄）

注：其中"莲花心"被写作"莲花芯"，"杨府殿"与"杨府庙"并用。

---

① 1945年3月14日永嘉县郭溪区新桥乡第九保办公处呈送浙江省第八区行政督察专员兼保安司令张宝琛的报告，事由"为呈缴伪委令一件祈核备并乞批示"，温州市档案馆，档案号：198-5-98。

七 莲花心与景山、锦山

今天温州市民多习惯于以"景山"指称莲花心抗日战场所在的温州城西近郊诸山岭。其实"景山"之名出现较晚，其溯源当从"锦山"说起。1953年温州市园林管理处在西山北麓下桥村设立园林苗圃，1959年建立西山森林公园，1962年改为园林农场。1963年改为国社合营，由中央手工业部拨款种植毛竹、油桐、山麻等作物作为手工业原料基地，归口市手工业局，1964年农场划归市建工局主管，改称温州市园林管理处锦山苗圃，1969年3月，成为温州市委"五七"干校的学员劳动场地。1971年2月，干校停办后由市农业局接管，改名为锦山农场。1980年改名为温州市粮油科学研究所，划归市粮食局领导。1981年，温州地、市合并后，此处专作市粮油科学研究所实验场圃之用。1984年1月划归市园林管理处，更名为锦山公园管理区。[①] 至2001年，定名为温州市景山森林公园管理处，并将管辖范围扩大至东连将军桥，西接渚浦岭，北邻上下桥村和瓯浦垟，南接净水、山前各村的山岭地带，囊括了莲花心抗日战场的全部。

所谓锦山，取锦绣山河之意。从1964年锦山苗圃设立算起，"锦山"之名有50多年的历史，从2001年定名为景山森林公园管理处算起，"景山"之名只有不到20年的历史，但实际上"景山"之名很早就用于此处相关单位的命名，如早在1981年景山宾馆即开设于此。1987年版《温州市鹿城区地名志》亦称锦山、莲花心山、底营盘山、外营盘山、弥陀佛山为西山的一部分，但具体各指哪座山，经调查发现连今日景山管理处的工作人员亦难以明确指出。根据历史上锦山农场（锦山公园）的管辖范围，大致可以判定所谓狭义的锦山（景山）即今亚热带作物研究所的山头。不过时至今日，地名管理部门并未正式宣布将莲花心战场中的一个或全部山头命名为景山。因此，"景山"在官方层面依然只是一个森林公园的名称，而非一个正式的山名（莲花心战场主要地名对照如表2-1所示）。

---

① 《温州市鹿城区地名志》，第140页。

表 2-1　莲花心战场主要地名对照

民国军方 称　谓	民国丘形图 称　谓	当代大致对应地点	周边村民称谓
莲花心（广义） 营盘山（广义）		温州景山森林公园全境	莲花心、营盘山、西山
莲花心 （外莲花心第五峰）	北塆山	桃花园东北侧起至茶花园止	北塆山
外莲花心第三、第四峰	南山	营盘山（温州动物园西北侧）	底营盘山、南山
外莲花心第二峰		礼贤广场东北侧山头	
外莲花心第一峰		金门坎	
（不详）	莲花心	温州动物园	莲花心村
内莲花心	不详	猫儿头山（浦东水厂）	不详
营盘山	杨府庙	杨府庙、莲花心	杨府庙、莲花心
（不详）	高富山	龙盘山（环景东路青莲寺后）	老柏山、雪山、龙柏山
东岙高地	白云山	白泉山、鹰嘴岩	金蟾山
西山（第一峰）	西山	温州植物园内北往南第二峰	猫儿岭、弥陀佛山、炮台山
西山（第二峰）	不详	温州植物园内北往南第一峰	不详
西山（第三峰）	见面山	亚热带作物研究所	见面山

八　周边村落与行政隶属

莲花心地区除位于中心位置的莲花心村外，还有诸多村落，其东面与西面为将军桥村与渚浦东村（今通称浦东村），其北面由西向东依次为瓯浦垟村、上桥村和下桥村，其南面由西向东依次为旸岙村（包括今山前、三溪、西湖等地）、西堡村、新桥街村和灰炉村（今净水村）等。从1936年测制的地籍丘形图看，民国时期莲花心地区山地的大部分归属于这些周边村落的村民，也有部分为地方政府、教会、商民、外地在温会馆的地产，主要用途为山林、山田或山杂用地，亦有相当一部分为民间慈善组织——掩埋局的公益坟地。

从行政区划来讲，按光绪《永嘉县志》载，山北之瓯浦垟、上桥、下桥属孝义乡之二十都，山西之渚浦村（含渚浦东、西村）属建牙乡之十九都，山南之灰炉、云霞岙、塔下、新桥属吹台乡之十四都，为下河乡之地；旸岙属吹台乡之十五都，为上河乡之地，山东之将军桥属于永嘉城外集云厢。

民国时期，莲花心区域除将军桥一带属永嘉县第一区（城区）集云镇外，其他部分全属永嘉县第四区（会昌区，即后来之郭溪区）辖地。按1936年的区划，其北半部初为第四区忠孝乡所辖，其南半部属于第四区之玕屿乡、金蟾乡，其中杨府庙至北塆山一带正处于玕屿乡、金蟾乡、忠孝乡交界处。至1942年底，其北半部属于郭溪区之牌楼乡（亦称白楼乡），其南半部属于郭溪区之新桥乡。此行政区划格局一直维持到抗战胜利以后。

1949年5月温州和平解放之初，因温州市与永嘉县以瓯江为界分设，莲花心地区全部属于温州市，次年因温州市郊4个区划回永嘉县，莲花心成为温州市与永嘉县三溪区的交界地带。直至1958年恢复温州市与永嘉县划瓯江而治的格局，莲花心才一直作为温州市直辖区域的一部分稳定至今。1981年、1984年瓯海县（今瓯海区）与鹿城区先后设立，此时莲花心区域除西南一隅属瓯海的浦东村外，大部分地区属于鹿城区。自1992年鹿城区之景山街道、新桥镇划入瓯海并稳定至今，遂形成了以外莲花心山脊为界，山脊以北属鹿城，以南属瓯海的行政区划格局。而由于周边各村在莲花心山岭上的土地几乎全被温州市景山森林公园管理处征用，山上村民亦全部迁出，目前莲花心区域的日常建设、管理由景山森林公园管理处负责。

第二节　地形地势与军事价值

一　三山夹两谷的战略地形

莲花心山地最高点海拔不过189米，属于丘陵中的低丘地形，整体呈东西两端低、中间高的山势，有海拔80米以上易于辨识的山头10余个。这些山头既相对独立，又连为一体，其间无大的平原间隔，而以若干个鞍部、谷地相连。前文提及蔡宝祥曾说莲花心村地形为盆地，但仔细考察之后发现，莲花心村虽处群山之中，但并非中间低、四周高、底部平坦开阔的盆地形态，而是形态狭长、地势明显向一个方向倾斜的谷地形态。在莲花心村小高地西侧有一谷地南北长约600米，东西宽仅10～30米，其海拔高度从北端（动物园长颈鹿馆西南侧）的100米左右下降到南端（东吞底健身场）的5米左右，地形图上显示此处等高线向高处突出，未呈闭合状态，不具备盆地地形应有的基本形态。在小高地东南还有一更小的东北高、西南低的谷地，其底部东西长约200米、南北宽30～50米。而莲花心村小高地只能算是营盘山向西南突出的台地，其北、东两面与营盘山相连，且无明显凹陷，使两个小谷地不能完全闭合连通，仅在小高地西南侧相通，从而构成"Y"形格局。在这么狭小的区域内两侧山体夹峙，地形狭长，地势陡峻，且地势倾斜的方向性非常明显，这正是谷地的典型特征（如图2-20）。

除了莲花心谷地之外，莲花心地区还有另外一个相对较大的谷地——护国寺谷地，该谷地从护国寺一直向东南延伸至净水村北，长约800米，最窄处不过6～7米，最宽处亦不超过200米。整个莲花心地区极为显著的地形特征之一就是三条小山脉夹抱两个小谷地。其中莲花心山（内外莲花心）大体呈西南东北走向横亘，营盘山坐落于中部偏南，西山从东北向东南斜行。莲花心与营盘山之间为莲花心谷地，营盘山、莲花心与西山之间为护国寺谷地。这两个狭长谷地既是莲花心、营盘山、西山之间的天然分界线，又是当年陡峻难行山间小道的必经之处，一旦防守者控制谷地两侧制高点，则攻取将极为艰难。譬如途经莲花心谷地的小道在北面下山后由上下桥村，往西北在白楼接温州城经岩门至丽水、金华方向的道路，往东经将军桥至三角门则可达温州城区，其南面下山后在旸岙一带接天长岭、瞿溪往温州城的道路。加上此谷地正好处于莲花心区域的正中央，故而地位是十分重要的。而东、西环抱该谷地之营盘山主峰与外莲花心第四峰，相对于谷地中心地带低点高差在一百米左右，两峰上之防守部队对进入谷地之攻击部队足以形成瓮中捉鳖之势。故而就地形特点而言，攻击莲花心难度大、代价重是必然的。

图 2 – 20　温州画家朗天行专门为本书创作的画作《莲花心》

注：画面主体为杨府庙所在高地，高地上仅有一株樟树，庙已无存，画面
右下角为护国寺。

　　同时，莲花心至西山、莲花心至营盘山、营盘山至西山各高点间直
线距离分别为 1.1 公里、0.5 公里和 1.1 公里，形成一个不等边三角
形，正如《丽温战役散记》载："莲花心、西山、营盘山，鼎立在永嘉

西门外。"因此，攻则需三山同时攻取，才有可能固守；防若一山有失，则其他两山恐也难保。而这三条小山脉最终交会于护国寺谷地周边，为一大战略节点。故而日军"巧于利用地形以行部署，控制地区预备队于莲花心之护国寺"。其中西山第三峰位于护国寺谷地东面，西对护国寺正门，东北望温州城小西门（三角门）、松台山，抗战中我部队攻击此处时，势必受到驻守莲花心、营盘山与城内日军的夹击，陈章文在其回忆中提及的惨烈的护国寺庙门高地战斗应当就是此处。惨烈的战斗亦让这座千年古刹遭遇灭顶之灾。1946 年 9 月，当吴鹭山与夏承焘、梅冷生等温州籍文化名人前来游玩时，发现"护国寺兵后荒废"。①

二 四面环水的守便攻难

莲花心山地除西面一隅有渚浦岭（瓯浦岭）将其与渚浦山相连外，总体呈四面环水之势。渚浦岭南有浦东河南流汇入会昌河（会昌湖），渚浦岭北有瓯浦垟河汇入丰门河。会昌河汇瞿溪、郭溪、雄溪等诸水在山之南，由西往东经旸岙、新桥街至灰炉以东、西山第一峰以南（此段或称新桥河）。此后分为两支：一支折向北行于西山诸峰之东，经包公殿到将军桥（此段今称西山河），由将军桥往北至今勤奋水闸与瓯江相通（此段今称勤奋河）；另一支向东与温瑞塘河主河道相连，并通城内水系。

在莲花心诸山之北，有丰门河经瓯浦垟、上桥、下桥由西向东流过（上下桥村段亦称双桥河），至西山第三峰东北（今 104 国道三维桥东南侧）、将军桥西南汇入西山河。虽然这些河流之上当时均有桥梁，如南面之新桥、灰炉桥，东面之西山桥、将军桥，北面之上桥与下桥，但这一河流形势毕竟构成了莲花心的外围天堑。同时会昌河、西山河、勤奋河富舟楫之利，并与瓯江、温瑞塘河及温州城内水系相连通，日军在侵占温州城区及莲花心的情况下，其运送兵士、粮弹与增援、撤退均十分方便。在一些亲历莲花心战斗老兵的回忆中，常有提及日军一旦作战失

---

① 夏承焘：《天风阁学词日记》，转引自吴鹭山著，卢礼阳、方韶毅编校《吴鹭山集》下册附录，线装书局，2013，第 902 页。

利，便登上小汽艇往城内或瓯江遁逃。仙居籍原八十八军学兵队老兵王相留虽因年迈对莲花心战斗无法详述，却反复强调莲花心山势不高，且四面环水。[①] 而《丽温战役详报》则记载 1944 年中国军队攻下莲花心之时，瓯江口两岸日寇已集结大部兵力，乘汽船十几艘向莲花心方面来援。故而莲花心河流绕山之形势，于攻者不利，于守者极便（见图 2–21）。

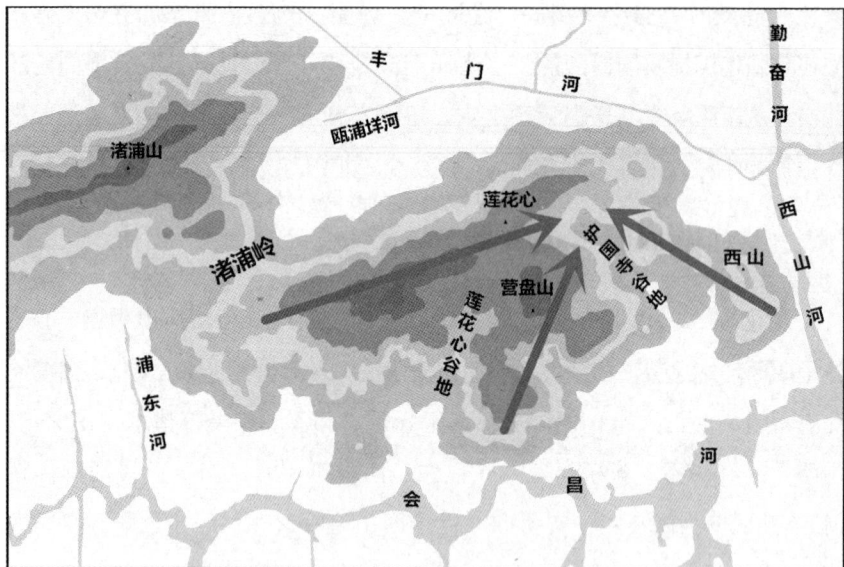

图 2–21　莲花心地区地形及河流

注：箭头表示山地大致走向。
资料来源：余康、王思思制作底图，笔者添加注记。

三　瞰制温州战场的全局视野

虽然是低丘，但莲花心的各个主要山峰却坡度陡峭，根据《温州市景山森林公园宗地图》的数据测算，外莲花心第五峰（北塆山）北坡、西山第一峰（猫儿岭）东坡的总体坡度均在 25 度左右，龙盘山东南坡接近 30 度（见图 2–22），已属陡丘之列。就实际地貌而言，莲花

---

① 王相留（1923 年生）：王长明、周保罗、高志凯、卢礼阳访谈，2016 年 12 月 10 日，仙居县城。

心不少地方山势如刀砍斧削。如东岙高地（白泉山）鹰嘴岩（或称老鹰岩），海拔虽不过百米，但巨石突兀于半山腰，岩背几近垂直，状似悬崖，形成天然阵地，从新桥街通往营盘山、莲花心的山间小道由此而过，正所谓一夫当关，万夫莫开，在抗战时期尚无盘山公路的情况下，只能徒步攀爬攻击，其难度可想而知。

图 2 –22　龙盘山南侧几近垂直的山势（2017 年 8 月 8 日拍摄）

　　莲花心地处绵延于瓯江以南、温州城以西低山丘陵之最东端，由此再向东即为总体一马平川的温州城区，其间虽还有诸多小山（如温州城内外所谓"九山"），但都属于低矮的孤丘。莲花心虽只有 189 米，但相对于山下低于 5 米的平原与温州城内最高不过 50 余米的小丘，已算是近城诸山最高峰了，且民国时期温州城内鲜有五层以上的建筑，此处足以俯瞰全城。今日之莲花心林木葱郁，大有遮天蔽日之势，甚至在杨府庙一带如不登上观光塔，亦很难俯瞰温州老城。但这些树木都是中华人民共和国成立后，特别景山公园管理处设立以来大规模人工造林的成果。在此之前，莲花心的林木远不如今日之繁盛，品种亦不如今日之多。根据《温州市鹿城区地名志》的记载：直到 1980 年代末，其植被仅限于野生之松、竹、茅草和狼箕之类，此外便是人工种植之柑橘、蔬菜、番薯。[①] 因而，当年的莲花心上、营盘山间，为登高览胜、俯瞰全城之绝佳之所，故光绪《永嘉县志》称此处"诸峰逼近郡城，登高瞰下，了如指掌"。而且据将军桥村民包阿桃回忆，日军进占莲花心时还

---

① 《温州市鹿城区地名志》，第 202 页。

曾砍伐山上树木，以利观察瞭望。①

以近距离（2～3 公里直线距离）而言，莲花心山地北近双坟山（黄龙山）、翠微山，西望渚浦山，南望玕屿山（下屿山），能与这几个战略要点互为犄角，并能对上、下河乡平原的北部，温州城外西南一带形成有效压制，构成攻取或防守温州城的西向外围要点群（如图 2-23）。

图 2-23　从外莲花心第四峰上北望，双坟山（黄龙山）、翠微山、瓯江一览无余（2015 年 6 月 11 日拍摄）

再扩大视野，如以莲花心（外莲花心第四峰）为中心画一个 5 公里半径的圆，可东越海坛山、华盖山、积谷山、塔山（巽山）及永瑞平公路一线，将民国时期的温州城区囊括在内，北抵瓯江北岸，南可至横塘山（牛山）、鲤鱼山（平天镬山），西南可至仙门山，包含大部分温州近郊区。这一范围内除南面的横塘、鲤鱼两山外，没有比莲花心更高的山峰。虽然当时在温州地区交战的中日两军均未配置重型远程火炮，但此时日军步兵炮常规配置九四式 75 毫米山炮、明治四十一年式 75 毫米山炮的最大射程均在 6 公里以上，如将其置之于莲花心上，足以覆盖这一区域。且莲花心邻近城区，杨府庙处至松台山的直线距离只有 2.8 公里，距温州老城的中心（今广场路、解放街、五马街一带）只有 3.5 公里左右。莲

①　包阿桃（1929 年生）：王长明、周保罗访谈，2016 年 5 月 28 日，温州市瓯海区景山街道将军桥村老人院。

花心东部的北垮山东端（今茶花园）、西山第三峰（今亚作所）距松台山和老城中心的直线距离分别不足 2 公里和 3 公里，这样短的距离即使在莲花心上架起迫击炮也能轰击温州老城（日军九二式 70 毫米迫击炮最大射程为 2800 米）。而根据《丽温战役散记》的记载，当时日军的重机枪能从温州西门打到西山一带（日军九二式 7.7 毫米重机枪最大射程为 4500米）。因莲花心的火力足以压制全城，攻取温州城如不能有效控制莲花心，即使攻入城中，亦无法立足。而对防守温州城来说，莲花心一旦失守，则城池亦难保。从西山第一峰上俯瞰温州城如图 2-24 所示。

图 2-24　从西山第一峰上俯瞰温州城（2017 年 1 月 8 日拍摄）

如果再以莲花心（外莲花心第四峰）为中心画一个 8 公里半径的圆，则东至瞿屿山（杨府山），南至吹台山，西南至华亭山，西北至岩门，东北到清水埠，凭抗战时期军用望远镜的倍率，站在莲花心上可将温州城及近远郊各方向之战略要点尽收眼底，对敌方动向可了如指掌。

另外，在温州城的西面从瓯江北岸起到温州瑞安边界止，由北往南依次有东山（福舟山）、翠微山、双坟山（黄龙山）、渚浦山、莲花心、横塘山（牛山）、鲤鱼山（平天镶山）、吹台山。这些山并不直接相连，而是隔以平原、河流，从而构成一道防卫温州城的山链，莲花心正处在这道山链的中部地带。同时，由温州城区往瞿溪、天长岭方向和桐岭、瑞安方向的道路（此时尚不是公路）通过莲花心的南面。莲花心东北面和东南面两三公里为温州城经岩门通往丽水、金华方向的道路与温州城经（南）白象通往瑞安、平阳的永瑞平公路。抗战全面爆发后公路被毁，前述两条通过莲花心的道路更成为温州对外交通重要陆路通道。在陆路交通不便的情况下，莲花心周边的会昌河、西山河等富有舟楫之利，西通瞿、雄、郭三溪，北达瓯江，东连温瑞塘河可达温州、瑞安城区，这使得莲花心区域的重要交通节点地位更加突出。

由此可见，莲花心不仅是俯瞰温州全城的重要制高点，更是控制整个温州战场的战略锁钥。正如《丽温战役详报》中指出：莲花心不仅瞰制永嘉西南郊，必须先行夺取此点，以行楔入，而后攻城部队方可保侧背之安全，而且莲花心居戴宅尖①之尾关，屹立于西门外，瞰制整个战场，为永嘉攻防战所必先争之地（见图 2－25）。

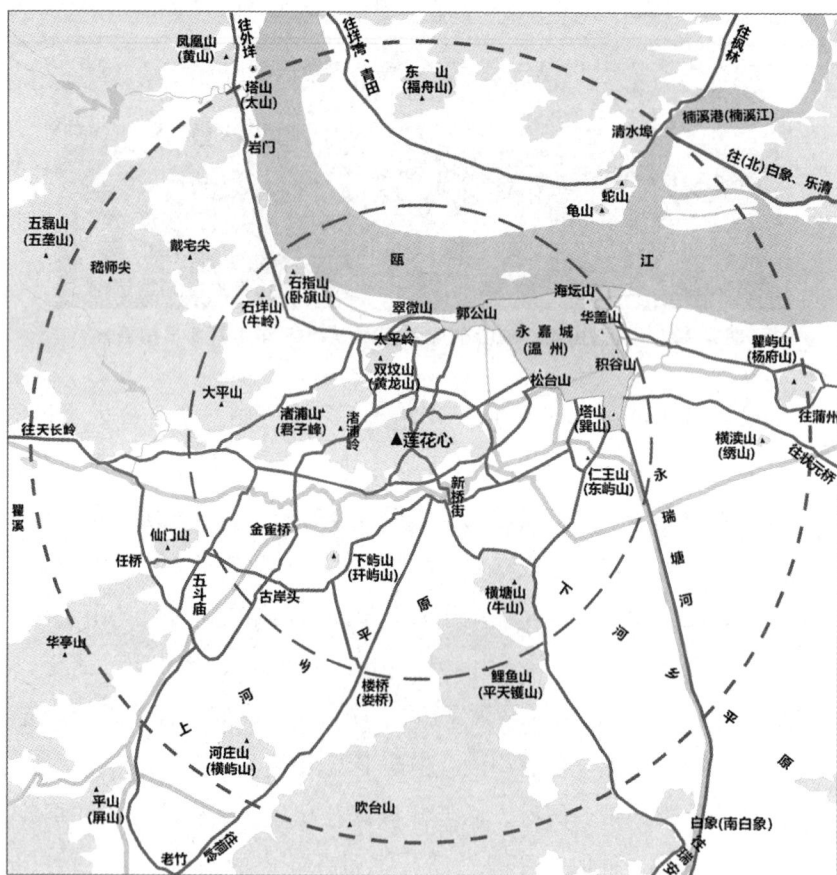

图 2－25　莲花心战略地位

资料来源：余康、王思思制作底图，王长明添加注记。

① 戴宅尖即戴宅山之主峰，在今温州市鹿城区双屿街道戴宅村。

四　历代战事与驻军

因独特的战略地位与军事价值，历史上莲花心一带战事频发。元末盗起，建营寨于此。清康熙十三年（1674）驻福建的靖南王耿精忠响应吴三桂叛清，其部将曾养性、吴长春等占据温州城，次年清廷派宁海将军、贝子傅喇塔率部进剿，进驻温州西山，屯营于君子峰上，前军屯扎万丈平山。史料指出：瓯浦岭东南角三峰连续，直达护国寺左，曰万丈平山，[①]　而按其相对位置关系可以推断这个万丈平山就是莲花心一带。傅喇塔常到万丈平山，直登山巅，相度形势，视郡城陈如指掌，即令各旗安营，每日用大炮攻城。贼兵惊扰，被伤者众。傅喇塔对温州城进行了长期围困和攻击，曾养性部于康熙十五年（1676）二月十七日夜，于西山相近之旸岙、净屿寺[②]诸山下埋伏，于二更时分潜师出三角门，水陆齐犯清军，投火烧着各处营盘。清军以大炮打沉贼船，死伤甚众，并令被烧下营移踞上营，谨守要隘，各整鞍马，饱食候令。逾时天明，传令兵马齐出。曾军大败，尸横遍野。追至将军桥、灰桥等处，扼其归路，贼不能过，尽堕水中，水为不流，斩首二万余。[③]　是年九月，耿精忠降清，十月，曾养性率众在温州降清，此战首尾三年。

抗战爆发之初，莲花心主峰下护国寺为浙江省第八区抗敌自卫团青年训练营营部驻地，该营于1938～1939年奉命招收爱国知识青年500余人，编为四连，开展短期军政集训，毕业后或分发至各县开展抗日政工工作，或保送至浙江省军管区军官队继续深造。[④]　此后，该处又是温州驻军暂编三十三师、浙江保安四团所属部队驻地，1942年暂编三十

---

① （清）梁章钜撰《浪迹丛谈·续谈·三谈》，吴蒙校点，上海古籍出版社，2012，第231页。

② 推测净屿寺可能为西山东麓之净社寺，"屿""社"在温州话中近音，具体情况待考。

③ 周声炯：《宁海将军固山贝子宗室福公平定三郡纪略》，陈光熙编《明清之际温州史料集》，上海社会科学院出版社，2005，第131页。

④ 叶舞：《温州抗日自卫青年营琐记》，浙江省第八区青年营旅台同学联谊会编《浙江省第八区青年营旅台同学纪念五十周年专辑》。

三师第二团曾作为该师总预备队于营盘山保持机动，1943 年该师第一、第二团曾在护国寺整训。① 据仙居籍抗战老兵、原浙江保安第四团第三大队第八中队第二分队第四班战士柯全富回忆，1944 年春他所在部队曾在温州护国寺驻防。②

　　1949 年，驻守温州的国民党军二〇〇师师长叶芳与中共方面的浙南游击纵队在商谈起义的过程中，也曾为莲花心的控制权问题发生过争执。5 月 1 日，在景德寺的首次正式谈判中，叶芳交代其谈判代表，莲花心阵地必须由起义部队控制。而按照双方原则同意的防区划分，以温瑞塘河和市区南北大街③为界，浙南游击纵队进驻该界线以西地区，起义部队退驻界线以东地区。若莲花心制高点由起义部队控制，则意味着浙南纵队进城部队处于起义部队的火力压制之下。从这一点可以看出，叶芳对中共的政策并不完全相信，仍心存戒备。浙南纵队代表不能接受，叶芳的代表则固执己见，谈判一度陷入僵局。经过不懈努力，在 5 月 4 日的第二次谈判中，叶芳的代表终于同意在浙南纵队到达前撤出莲花心阵地。7 日凌晨，浙南游击纵队在占领了莲花心、翠微山等制高点之后分路进城，温州宣告和平解放。④

　　中华人民共和国成立后，莲花心一带仍为军事要地。温州军分区教导大队曾在莲花心主峰下护国寺驻扎。直到 21 世纪初护国寺复建前，此处仍为军分区射击靶场，温州市区现在四十岁以上的民兵大多有在此军训、打靶的经历。而在景山公园东大门处、瓯海区将军桥村委会旁曾长期驻有温州军分区所属部队，直至 2017 年有关部队被裁撤。

---

① 《丽青温战役详报》《第八十八军浙江丽水等地整训日记》，中国第二历史档案馆，档案号：787 - 16286。
② 柯全富（1918 年生）：王赫、林华强访谈，2015 年 7 月 4 日，仙居县埠头镇三溪村。
③ 南北大街即今温州市区解放路。
④ 胡景城：《记争取叶芳起义和温州城解放》，中共温州市党史资料征集办公室编《浙南革命斗争史资料》，1984 年 12 月 30 日。作者胡景城，中国人民解放军浙南游击纵队政治部主任兼第一副政委，与叶芳部商谈时，为浙南游击纵队代表团首席代表，《温州和平解放和叶芳起义》作者吴文达，曾任中国人民解放军浙南游击纵队第八支队（由原二〇〇师新兵团改编而来）政治处主任（温州市鹿城区政协文史委编《鹿城文史资料》第 20 辑，2008，第 310～311 页）。

第三章 | 1941 年、1942 年、1945 年 莲花心抗日战斗考析

缘于莲花心重要的军事价值和战略地位，攻守双方均视此地为温州作战必先夺之要地，故而抗战时期每一次日军入侵与撤退（即 1941 年 4～5 月、1942 年 7～8 月、1944 年 9～10 月和 1945 年 6 月）莲花心一带皆有战事发生。以下先根据有关战斗详报和其他各类文字及口述史料，将 1941 年、1942 年及 1945 年的莲花心一带抗日战斗的历史背景、战斗经过及相关争议做简要考析。对于 1944 年的莲花心抗日战斗，因其时间长、规模大，则作为本书研究的重点，将在后文中做专题论述。

第一节　1941年的莲花心抗日战斗

1941 年的莲花心抗日战斗发生于日军第一次侵入温州期间，是浙东战役（或称宁绍战役）的一部分。具体可分为 4 月 19～20 日和 4 月 30 日至 5 月 2 日两个阶段。

一　历史背景

1937 年 12 月 24 日杭州沦陷后，浙江省政府初迁金华，次驻永康，又迁云和，均临近温州，温州与战时省会之间的交通能够保持基本畅通，因此，抗战期间温州始终是浙江战时省会对外海上交通的枢纽。而就全国来看，抗战全面爆发之初，中国沿海各港被日军封锁，同时国民

政府出于防范日军入侵登陆之目的，亦将其控制区内各港口加以堵塞、封锁，这两种封锁，温州均在其列。但是在 1937 年末沪、杭沦陷之后最初的两年间，浙江境内中、日两军隔钱塘江对峙，此时日军进攻重点尚在黄河、淮河及长江流域，其对中国东南沿海封锁并不严。更重要的是中日双方又都想打破对方的封锁，取得自己所需的物资，加之官商勾结、贿赂公行，故而为各种形式和目的之偷运、转运甚至走私提供了一定的存在空间，温沪之间人员经济往来频繁，明塞暗通。[①] 抗战时期曾任浙江省主席的黄绍竑曾回忆："在杭州失守之后，只有富阳、余杭以北至吴兴、长兴前线，和南边隔着一条钱塘江，是壁垒森严，交通不便的，其余如宁波、海门、温州，差不多每日都有轮船到上海，上海好像是杭州敌人的后方，又好像是我们的后方。"[②]

1937 年 10 月，温州航运商人为打破日军封锁，利用当时外国轮船可以进出港口这一有利条件，通过两艘英籍公司的轮船分别从上海、香港装载商品驶温，未受日寇阻挠。从此，航商群起仿效，1938 年春，在军政当局的默许下，航商们通过更改船名、雇用外籍船长、悬挂外国国旗的形式，借用第三国名义开展温沪等航线的运输，未受日军盘查，到温物资换小船后经由瓯江内河水运至温溪或丽水后转陆运至金华，再经由浙赣铁路源源不断运往大后方。[③] 至 1938 年 10 月，随着厦门、汕头、广州相继失守，温州作为转运枢纽的地位更加突出，温州此时虽未通铁路，但经由 200 余公里的公路、水路连通浙赣铁路，西南的锑、钨、铜、油、茶叶等农、矿产品由该处出口，以换取国外的军用品。[④] 除海运外，温州还有陆路通往杭州等沦陷区的物资交流输送渠道。因

① 吴杰：《抗战时期的温州工商业》，温州市政协文史委编《温州文史资料》第 2 辑，1985，第 132 页。

② 黄绍竑：《五十回忆》，第 522～523 页。

③ 俞光：《突破海上封锁线》，温州市政协文史委编《温州文史资料》第 20 辑，2006，第 190～192 页。

④ 敦汝瑰、黄玉章主编《中国抗日战争正面战场作战记》，第 218 页。一些文章称温州是抗战时期我国东南沿海唯一的通航港口与转运枢纽是不正确的。至少在 1941 年以前，还有宁波、福州等港口未被日军侵占而得以通航。

此，在抗战之初东南沿海各大港口相继沦陷的情况下，温州迅速成为浙、闽、赣、皖等省物资进出口的便捷港口，成为我国大后方与沦陷区进行工、农业产品及军需物资交流的重要枢纽，一时间客商云集，市场兴盛，各类物资堆积如山，港口吞吐量短期呈现数倍的增长，航运业、报关业、金融业、商贸业高度繁荣。[1] 正因为温州紧靠海口，作为内地与上海的交通孔道，再加上通航要道特有的繁荣，温州成为比战前更热闹的小都市，并在当时全国的经济生活中具有极其重要的作用。[2]

因为温州的上述优势，新四军在此设立各类办事处，前线急需的药品、医疗器械，海外华侨捐献的各类物资都通过温州转运至皖南新四军总部。温州亦是沦陷区流亡学生、青年奔赴抗日前线、革命根据地的重要中转站。国民政府亦通过温沪航线将在沦陷区秘密招收的失业、失学青年转运至大后方，并培训为抗日急需的军政人员。抗战老兵钱萃回忆其和一批热血青年 1939 年先是被以"后方工厂招工"的名义招收，再以"探亲"的名义乘意大利籍轮船由沪抵温，由专人点收并带领前往江西，进入国民政府军事委员会战时工作干部训练团第三团第二期受训（后并入黄埔三分校）。[3] 可见，温州在此时成为国、共、日三方都竞相利用的物资、人员中转要地。

温州的繁荣和它的枢纽地位当然为日军所不容，日军频繁对温州进行空袭，并劫掠海运物资，而当时的国际局势更让温州成为其封锁作战的重要目标。对此，曹聚仁、舒宗侨先生在《中国抗战画史》中写道：

（从 1940 年夏开始）法国崩溃、英国危殆，这情势所造成的"千载难逢"的争取西南太平洋群岛的机会千万不容失过，而中国并无软化的迹象，拖着他们（日本）的泥脚不肯轻放，美国的压力也一日加重一日，增加他们苦闷与烦躁，从这一角度来看当时敌

---

① 吴杰：《温州航运业概况》，温州市政协文史委编《温州文史资料》第 6 辑，1990，第 133 页。
② 唐海：《永嘉的失陷与收复》，《华商报》1941 年 5 月 30 日，第 2 版。
③ 钱萃：《我的黄埔从军经历》，2010，见于其子的新浪博客。

军在中国沿海的动态，我们可以明白其用意所在。（民国）二十九年（1940 年）冬天，敌军势力深入越南，其对我的海岸封锁便向南延伸，泰国早已变成了敌国的帮凶；唯一的缺口是缅甸，英国当局为了自己的苟全，也竟出卖中国，允许封锁滇缅路三个月，把中国的国际路线几乎全部切断了。不仅如此，敌海军在我浙、闽、粤沿海不时有窜扰攻击，他们想一石弹两鸟，攻占我沿海地区，用作对英美作战的根据地。所以，敌军在我沿海地区的战斗是零星的，而其在军事上的动机则是一贯的。[①]

应当说，曹、舒两先生对此时国际国内局势分析是基本确实的，但从日军在 1941 年入侵后又快速撤出大部分占领区来看，日军袭占闽浙沿海作为其对英美作战基地之说恐不能成立。日军最主要的目的还是在于强化对我国沿海的封锁。日军的《对华长期作战指导计划》提出要对中国"力求加强地面、海上及空中的封锁，切断法属印度支那通道，以海军封锁海面及以陆军兵力封锁海港作战并行，加强在经济上对中国进行压迫"，[②] 日军大本营据此于 2 月 26 日下达"大陆命"第 228 号，规定"中国派遣军总司令官应对浙江省以北的中国沿海、华南方面军应对福建省以南的中国沿海，自现在起分别以一部分兵力，随时进行以封锁为目的的作战"。为此，中国派遣军将封锁作战列为 1941 年各项任务之首。1941 年 2～4 月，日军在广东实施香韶公路、雷州、汕尾等方面切断作战。4 月 18～19 日，日军几乎同时在浙、闽沿海地区发起攻势，并迅速侵占绍兴、宁波、台州、温州、福州等地，其中浙江方面的战事被称为浙东作战，日军发动此战的目的是切断援蒋通道，夺取"利敌"物资，其浙东方面参战主力为中国派遣军第十三军第五师团，同时有二十二师团、十五师团在诸暨一带

① 曹聚仁、舒宗侨：《中国抗战画史》，中国书店出版社，1988 年影印，第 289 页。
② 日本防卫厅防卫研究所战史室著《中国事变陆军作战史》第 3 卷，田琪之、齐福霖译，中华书局，1983，第 101 页。

作战予以配合。① 可以说，1941 年成为日军对我国沿海实施封锁作战最为频繁的一年。

由于日军发动此次闽浙沿海作战距 1941 年 4 月 16 日《日苏中立条约》签订不过两三日，当时有论者认为日军意在借"外交成功"之机加紧努力以结束对华战事，而《申报》则刊发评论认为"二者绝不相干"。因为"苏日协议经苏联当局声明对华援助政策的不变之后，已根本丧失其为日本对华试作神经战争的工具之作用，遑论对华的其他作用。谓因苏日协议使日本北顾无忧而得调遣其北方驻军移作他用，则不但根本上殊多疑问，且订约不及旬日而遽得移兵用之浙闽，尤事理所不可能"，"日本能以此种登陆作战而结束战事、因参加之日军数目无多，且必系在苏日订约前已被派至该地作战者"，"因此据信日军之目的，系欲诱令中国有关之外国相信日本下一次之重要进攻，系对中国而非对南洋者"。但上述评论亦认为日本借此机会"悍然不顾一切，兹乃放手有为于浙闽，以求贯彻其以军事征服中国的初衷"，"任何人无从代日方加以否定"。②

二 战斗经过

根据《永瑞战役详报》记载，1941 年 4 月 19 日凌晨，日军第五师团二十一旅团之二十一、四十二联队各一部共三四千人③在军舰、飞机的配合下，由飞云江口突入。在袭取瑞安县城后，一路续沿永（嘉）瑞（安）公路、温（永）瑞塘河水陆并进北犯温州。另一路数百名便衣兵乘汽艇沿飞云江西溯至岩头村登陆，沿桐溪翻越桐岭至马桥，15 时在老竹一带与我前往堵截之浙江保安独立第八大队一个中队（连）

---

① 《中国事变陆军作战史》第 3 卷，第 115 页。

② 《浙闽战事的性质》，《申报》1941 年 4 月 22 日，第 3 版；《华军转进有利地区 浙闽沿海战事仍剧 永嘉福州近郊两军昼夜血战 诸暨南犯日军横山市遭阻遏》，《申报》1941 年 4 月 24 日，第 3 版。

③ 日军此次侵温部队番号及兵力据《桂林行营关于闽浙沿海及诸暨附近战斗检讨报告（1941 年 8 月）》记载，见中国第二历史档案馆编《中华民国史档案资料汇编：（第 5 辑第 2 编）军事》，江苏古籍出版社，1998，第 388 页。

及暂编三十三师军士队一个区队（排）各一部遭遇。由桐岭北窜之敌陆续增援达八九百人。我军堵截失利，17 时报告日军已窜至营盘山下之新桥。暂编三十三师第三团（欠第二营）附该师军士队、荣誉队、工兵连由第三团团长钟学栋（见图 3-1）率领在横塘山（今牛山）、营盘山、渚浦山（其主峰为君子峰）阵地拒敌，并派队向新桥附近之敌侧击。敌炮向我横塘山、新桥、营盘山等处猛烈射击。18 时 30

图 3-1 暂编三十三师第三团团长钟学栋，1932 年淞沪抗战时任第五军八十八师教育总队代队长

资料来源：第五军抗日画史编纂委员会编《第五军淞沪抗日画史》，国民革命军第五军司令部印行，1932。

分，横塘山被敌攻占，敌一股二百余向北疾进，有直窜城区模样；另一股三四百向西移动，对我行右翼迂回，故电饬我在城东南郊部队向右翼增加，利用既设工事及河川以行阻击，令暂编三十三师第二团抽派一部向娄桥侧击，以解当面之危。

19 时 40 分，渚浦山之右已发现敌人向我射击。正面之敌则强夺我新桥激战甚烈，敌有增无减，情况紧急，遂命渚浦山部队派出一部拒止右翼迂回之敌，第三团第一营当晚进入城区固守，以掩护城内人民之疏散，钟团长率部逐次掩护占领太平岭、大平山①之线，准备尔后之反攻。20 时，我军各以一部反守为攻，分向城西面之敌出击，敌以炮火猛射，双方遂呈对峙，使我军赢得时间逐次掩护向西转进。当夜至次日凌晨，新桥、营盘山、渚浦山一带被敌抢占。20 日 3 时，钟团长按计划率部占领石指山、石垟山②、大平山一带阵地，敌分两路

---

① 此处原文为"太平山"，据《永嘉县城南部地形图》和《温州市鹿城区地名志》改。大平山在今温瞿公路梅屿村，梅屿电厂即在此山下。大平山北与石指山、石垟山相对，因山顶地势平坦而得名，其东依次为梅屿岭、东岙山、渚浦山与莲花心，大平山常被人误写为太平山，温州抗战时期历次战斗详报及日本史料中多次出现此错误。

② 对照《永嘉县城北部地形图》（《民国浙江地形图》，第 580~581 页）与今地形地名，石指山、石垟山即今双屿之卧旗山、牛岭。

向我新阵地进犯，被击溃。次日拂晓，敌除对城西我军进行空袭炮轰之外，还集中兵力攻击城区，我城内仅有钟团第一营依城力拒。11 时，攻击永嘉城区之敌分向东、南、西三面围攻，我为策应城区作战，当饬钟团全力出击，唯苦于敌机低空袭击，活动困难，城区附近战斗支持至 12 时，城东被敌突入，钟团第一营与敌巷战，相持至 13 时由瓯江北撤，温州城区陷落。1941 年日军占领下的莲花心如图 3-2 所示。

图 3-2 1941 年日军占领下的莲花心

资料来源：日军拍摄，收录于杭州出版社 2005 年出版的《日寇入侵浙江旧影录》。

此后，莲花心一带无战事。至 4 月 30 日黄昏后，暂编三十三师第二、第三团开始奉命反攻温州城区。第三团第一营当夜 11 时占岭大平山，12 时攻占渚浦山面城高地，敌凭借工事及猛烈火力顽抗，而营盘山之敌炮复不断猛轰，激战将晓，我无法前进，与敌对峙。5 月 1 日，敌二百余在飞机四架掩护下，向瞿溪窜犯，被我第三团击退。2 日 3 时20 分，我二、三两团同时开始攻击渚浦山、双坟山。拂晓，第三团第二营攻占营盘山，第二团攻占双坟山，即向城区疾进。相持至 9 时，敌纷纷撤退。11 时，我第二团第三营一部由西门突入城区，温州（永嘉）遂完全克复。

时任暂编三十三师少校作战参谋李铁萧在《温丽之战片断·温州第一次沦陷》中写道："（1941 年 4 月 19 日）12 时左右，敌进至营盘山南与第六十五团①发生接触，军士队也在营盘山西南十华里处之某高地，与瑞安北窜之敌二百余人发生遭遇战。下午 3 时，敌进抵营盘山附近，集中炮火，向第六十五团阵地轰击，敌机数架助战，被该团击落敌机一架。此时，战火已逼近司令部附近，战况愈加激烈，惟营盘山一带工事坚固，地形有利，敌攻势无重大进展。黄昏时刻，敌陆续增援，另一股敌二百余人，向营盘山西南移动，企图包围第六十五团左翼。师部侧后受到严重威胁，暂编三十三师师长萧冀勉遂令温州守备区指挥部和师司令部仓促向永嘉西郊移动。永嘉城区居民、机关也同时纷纷沿城西仅有的一条石板路撤退。当晚，指挥部和司令部就在泥师村②西南山地过了一夜。午夜十二时，全线战事趋向沉寂，敌乘我第六十五团撤出营盘山阵地时，由永嘉城东并通过瓯江口在城北突入永嘉城区，于是永嘉第一次陷入敌手。"李的回忆除时间与部队番号等细节外，主要史实与详报相吻合。

柯逢春、汪人杰、陈于滨、黄瞿华、宋任夫、余毅夫口述，孙孟桓整理的《温州三次沦陷有关军事情况纪实》中，将国

八十八师二六二旅副旅长萧冀勉

图 3-3　暂编三十三师首任师长萧冀勉，1932 年淞沪抗战时任第五军八十八师二六二旅旅长

资料来源：第五军抗日画史编纂委员会编《第五军淞沪抗日画史》，国民革命军第五军司令部印行，1932。

---

① 对照战斗详报，1941 年日军入侵温州城时，负责守备温州城区的是暂编三十三师第三团。

② 泥师村，即今鹿城区双屿街道稽师村，有泥师尖高地，地近戴宅村之戴宅尖。

民党军在日军三次侵温中的表现描述为不战而逃，但亦提及 1941 年 4 月 19 日，日军入侵时驻军（暂编）三十三师独立营一个连在莲花心为掩护指挥所人员，曾凭险对向西门搜索前进的日军开火，双方相持至当夜，始撤离莲花心向仰义、羊山而去，是役该连有伤亡。[①]这是该篇口述记录中提及的国民党军在温州的唯一一次抗日战斗，这应当就是战斗详报中所提营盘山一带战斗。至于"三十三师独立营"应当是口述者误记，实为该师第三团（欠第二营）附该师军士队、荣誉队、工兵连。

三 战斗评述

抗战初期特殊的历史条件造成了温州的繁荣与偏安，温州不仅被称为"小上海"，更被称为"海滨的安乐窝"。时人指出："三年来的炮火反而将永嘉变得麻木了，战后日军一直未曾进攻过永嘉，永嘉的人们便有一种侥幸的心理，以为'日人不要永嘉'，于是因靠海口地理条件的优越，永嘉一天天繁荣起来，新房子不断地在建造，戏院、酒家、妓院也不断在新设，'天下太平'，'安居乐业'，这应该是永嘉最确切的写照。"[②] 这种风气导致军政当局的麻痹大意，给日军的突然来袭提供机会。战后我军方检讨时曾指出：闽浙沿海各部战备缺乏，战场准备不周，并无预期敌人登陆之准备，且警戒疏忽，因无制海权，对海上敌情完全不明，物资不及内运，致被奇袭后损失甚多。[③]

但是具体到温州，其实早已做了工事构筑、破坏道路、阻塞河川等必要的军事准备，其准备不周主要在于忽视侧翼防范，未料及日军在正面难以侵入的情势下，从瑞安迁回突袭温州。据《永瑞战役详报》：暂编三十三师当时的守备方针为从平阳镇下关（今苍南霞关）[④] 至乐清清

---

① 温州市政协文史委编《温州文史资料》第 2 辑，1985，第 3 页。

② 唐海：《永嘉的失陷与收复》，《华商报》1941 年 5 月 30 日，第 2 版。

③ 《桂林行营关于闽浙沿海及诸暨附近战斗检讨报告（1941 年 8 月）》，《中华民国史档案资料汇编：（第 5 辑第 2 编）军事》，第 390 页。

④ 浙江省地名委员会编《浙江地名简志》，浙江人民出版社，1988，第 262 页。

江渡、玉环楚门沿着 300 多公里的海岸线择要配置警戒，重点放置瓯江南北岸，战线成一字长蛇阵，对飞云江江防和温州城侧翼防备缺乏应有的重视，且温州城区及近郊各要点仅有第三团两个营及保安团队等把守，兵力严重不足。而日军曾于 1938 ~ 1940 年多次闯入瓯江口，以我戒备严密，且有瓯江炮台有效反击，未能得逞，乃于 1941 年 3 月以来多次对飞云江口做试探性闯入，而军事当局仍疏于防范，甚至 4 月 19 日零时以后的 3 个小时内，日军多次冲入我飞云江口封锁线，我方未能有效应对。3 ~ 7 时，日军先以百余人在飞云江南岸沙园登陆，续以重兵在飞云江北岸之东山、萧宅、瑞安南门分三路先后登陆围攻瑞安城，[①] 守备部队御敌不支，迅速溃退，日军除留部分兵力守瑞安城外，当日即以大部北犯温州。

　　日军为以奇袭方式登陆并占领输入抗战物资及输出内地物资的沿海各港口，没收或烧毁抗战物资，以致破坏其设施，[②] 采取寻找薄弱环节、侧击迂回的战术，由飞云江突入，占领瑞安，除沿永瑞公路、温（永）瑞塘河水陆并进外，另迂回桐岭直插温州莲花心（营盘山）南侧之新桥街。日军选择这一路线，说明其事先对温瑞一带地形做了认真的侦察与研究。温瑞之间群山绵延横亘，唯有两处最为狭窄薄弱：一在帆游一带，处两山之间，呈一宽约 400 米隘口之势，永瑞公路及温（永）瑞塘河经过此地；一在桐岭，其以东以西均为 400 ~ 600 米的高山，而桐岭岭背海拔仅 100 米，翻越此岭后山下即为上河乡平原，平原之上除几个小孤丘外，几无险可守，由此向东北可直取莲花心，攻略温州城。而日军西溯飞云江登陆之岩头村在今瑞安市桐浦乡澄头村岩下一带，此处正当桐溪汇入飞云江处，飞云江在此有一大拐弯，江边有若干山头地形险要，由此处沿桐溪往北约 8 公里即为桐岭，此为从水路由瑞安方向进取桐岭最佳路线。

　　19 日上午 9 时，当瑞安城岌岌可危之时，暂编三十三师才推测日军如

---

① 对本次日军登陆瑞安，一些史书只讲登陆沙园，实际上日军在瑞安城附近是分多处登陆，而沙园在飞云江南岸，在此处无法直接袭取飞云江北岸之瑞安城，日军登陆沙园之目的在于扫除此处水雷封锁线，并以佯攻迷惑对方，此外还可防范平阳方面之自卫大队从飞云江南岸攻击。

② 《中国事变陆军作战史》第 3 卷，第 111 页。

在正面攻击不逞，有西溯飞云江，在瑞安岩头村附近登陆，沿桐溪、马桥迂回攻击温州之可能，故而派出小股的保安队、军士队搜索前进，防敌北窜，此时日军早已翻越桐岭抵达马桥，[1] 且该股敌兵快速增至近千人，在阻击失利的情况下，暂编三十三师遂在新桥、营盘山一带布置阵地，预伏迎击。而此股日军又分为三路，一路强攻新桥，一路向东北取横塘山，一路攻渚浦山，对我新桥、营盘山、莲花心一带形成两翼包抄的态势，且位于翠微山太平寺的暂编三十三师师部亦受威胁。暂编三十三师不得不仓促令第三团第一营当夜入城掩护城区撤退，新桥、营盘山、渚浦山的部队和师部向西转进，至次日晨日军对城区已经形成东、南、西三面包围之势，城内仅有第一营在竭力抵抗后被迫撤至瓯江北岸，温州城遂告沦陷。

故而此次莲花心抗日战斗的形势于我方极其恶劣，因日军"利用我们横的散漫单弱之阵形，而出之纵的集中力量攻势，使我失却应变力量以制胜"，出其不意，迂回侧袭，"唾手而取，安然而退，如探囊取物，如入无人之境"，"我沿海布防部队前临大海，欲走无路，径受敌人威胁，接济断绝，只有向左右溃逃"。当时有论者指责温州驻军指挥官"坐使数千之兵力，置于无用武之地位，不善将兵之责，百喙难辞"，"应变无方，坐误军机，难辞其责"。[2]

新桥街、营盘山一战虽有暂编三十三师主动预伏迎击，但仍属于战略上的被动防守。此次战斗战况相当激烈，新桥上及沿河一带尸横累累。其战斗规模至多为团一级的对抗，日军投入兵力千余人，第三团在营盘山、新桥及渚浦山投入两个营及一些附属部队。但因仓促应战，又无援兵，暂编三十三师不得不主动弃守，持续六七个小时便告结束，过程相对简单。而4月底5月初第二阶段战斗，日军执行其"在敌人聚集之前即行撤出"的既定方针，先虚张声势，向我主动攻击，实则掩饰其即将撤退之企图。

---

① 据《永嘉的失陷与收复》："1941年4月19日上午的10点以后，在离城西南三十里与瑞安交界的桐岭，已经发现了日人。"参见《华商报》1941年5月30日。

② 《四一九敌寇窜扰温属永瑞平等县时各项政况调查报告》，《温州市抗战时期人口伤亡和财产损失调研资料汇编》，第65~69页。

　　关于李铁萧在回忆中提及在营盘山激战中击落日军飞机一架，以暂编三十三师窳劣的装备，能击落日军飞机的确是天大的战绩。对此事《永瑞战役详报》未见记载，倒是专门讲到该师第二团在瑞安以北山地接连击落日机两架，其中 4 月 19 日 16 时击落敌机一架于莲花山附近，当时五架敌机低空轰炸，被我第二团第二营击落一架，唯因战况紧急，搬运不及，除拆卸一部机件报缴外，并将该机全部焚毁等情，以电话报告第十集团军副总司令俞济时。另外又于 21 日晨在瑞安以北山地击落一架正在侦察的敌机。当时第二团负责抗击由永瑞路方向水陆并进北犯之日军，这一线上的确有一莲花山在仙岩穗丰村，李铁萧有可能是将穗丰村莲花山与温州城西营盘山混淆。

　　那么暂编三十三师在没有高射机枪和高射炮等防空武器的情况下，如何组织对空射击，并击落日机呢？答案是用步、机枪。在 1936 年出版的《淞沪抗日作战所得之经验与教训》① 第三章 "对敌作战应注意事项" 中专门介绍 "使用步枪、机关枪、步兵炮射击飞机法" （见图3－4）。该节称，以步枪、轻机枪（自动步枪）射击飞机通常于至飞机直距 600 米以下行之，常以 300 米之表尺，以仰角在 30 度以上为例直距 100 米以内，以飞机前端为瞄准点，200 ~ 400 米和 500 米以上时，分别以映于眼帘之飞机长度之 3 倍、6 倍之处为瞄准点。并可根据目视之景况判断飞机之距离，如仅能看见飞机之轮廓，不能识别其各部，距离约为 1000 米，能见飞机标识、翼柱并飞机之各部，距离约为 600 米，能算搭乘者之数，并识别其帽子，距离约为 200 米。

　　当时，中国防空力量极其薄弱，国民政府曾就 "步枪打飞机" 有过诸多宣传、推广。抗战中由保安、警察、自卫大队组成的温州城区守备队曾在温州城厢各山部署对空射击部队射击低空飞行敌机。② 1933 年至全面抗战时期，中央航空学校主办的《空军》周刊等专业杂志曾多

① 《淞沪抗日作战所得之经验与教训》，编辑出版单位不详，1936，第 143 ~ 148 页。1932 年淞沪抗日作战期间曾任第五军军长的张治中将军作序。
② 1942 年 6 月 17 日《永嘉县城区守备队作战计划及防务部署》，温州市档案馆，档案号：198－1－35。

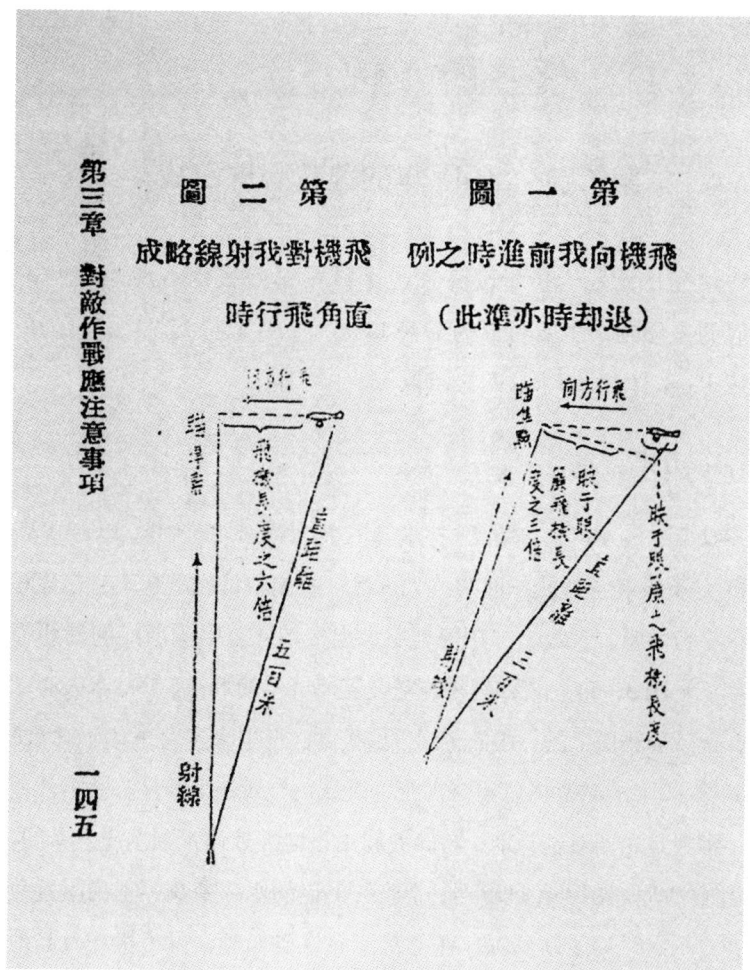

图 3-4　《淞沪抗日作战所得之经验与教训》中关于步枪打飞机的介绍

次刊载有关步枪、机关枪打飞机的文章。① 在尚处于螺旋桨发动机作为动力的时代，飞机航速有限，如日机飞行高度极低时是有可能被步兵常规轻武器击中的，甚至直接击中飞行员致飞机坠落。在抗日战争甚至朝鲜战争中不乏此类事例，但总体概率极低。原瑞安县国民兵团自卫大队老兵陈发源自述：日机轰炸瑞安时猖狂至极，在地面已可看见飞行员

---

① 谌旭彬：《当年，我们这样"打飞机"》，腾讯网《短史记》第 67 期，2014 年 1 月 6 日。

时，曾与战友数人用步枪击中超低空飞行日机一架，日机坠落于瑞安东山海涂，后日军另派飞机将此机炸毁。[①]

第二节　1942年的莲花心抗日战斗

1942年的莲花心抗日战斗发生于日军第二次侵占温州期间，是浙赣会战的一部分，主要可分为7月11日、7月15～17日、7月30日至8月1日、8月13～15日四个阶段。

一　历史背景

1942年4月18日，由杜立特率领的美国特别飞行中队16架B25中型轰炸机从第16特混舰队护航的"大黄蜂"号航空母舰上起飞，在轰炸了日本东京、名古屋、大阪、神户等地后，大多数飞至中国浙江的衢州等地机场降落（见图3－5）。突如其来的空袭震惊日本朝野，"予日本人心理上的震动，远过于物质上的打击"。[②] 4月30日，日本大本营下达了"大陆命"第621号："中国派遣军总司令官应尽快开始作战，主要是击溃浙江省方面之敌，摧毁其主要航空基地，粉碎敌利用该地区轰炸帝国本土之企图。"同时下达了"大陆指"第1139号："攻占上述丽水、衢州、玉山附近敌机场群后，在一定时期予以确保。在形势不允许确保时，可将机场及其他各种军事设施和主要交通线予以彻底破坏后，返回原驻地。"[③]

中国派遣军司令官畑俊六和第十三军司令官泽田茂认为破坏机场后又撤回，很快即可修复利用，且仅以击溃敌军为目的太过消极，故又对作战目的及部署做了改变，决定增加兵力，扩大作战规模，以歼灭中国第三战区部队为主要目的，以占领飞行基地为次要目的，作战名称也从

---

① 陈发源（1919年生）：王长明访谈，2015年3月3日，瑞安县梅屿乡马中村。
② 曹聚仁、舒宗侨：《中国抗战画史》，第333页；敦汝瑰、黄玉章主编《中国抗日战争正面战场作战记》，第977页。
③ 日本政府防卫厅防卫研究所战史室等著《昭和十七、八（1942、1943）年的中国派遣军》（上），贾玉芹译，中华书局，1984，第77页。

Photo # 80-G-41191 LtCol. Doolittle wires a Japanese medal to a bomb before the Japan raid, April 1942

图 3－5　空袭东京前，杜立特将日本战前授予他的勋章绑在炸弹上

原定的"浙江作战"改为"浙赣作战"。日军从 1942 年 5 月 14 日起正式发起进攻，至 7 月初，相继攻占金华、兰溪、衢州、上饶、鹰潭、樟树等重要城市和浙赣铁路沿线广大地区。

日军认为温州附近存在秘密运输线和英美潜艇的辅助设施，故而决定在攻占我东南沿海重要空军基地丽水之后，继续向温州进攻。攻击丽水与温州的部队是从日军华北方面军第三十七师团（驻运城）和第二十六师团（驻大同）中抽调组成的，包括独立步兵第十三联队、步兵第二二六联队、辎重兵第二十六联队及山炮兵 1 个大队、工兵 1 个中队，共五千人，由第二十六步兵团团长小薗江邦雄率领①。国内各类通

---

①　日军 1937 年开始组建的三联队师团，师团下设步兵团（日文写作"团"，读音"tuán"），有论者指出此步兵团并非一级部队建制，而是师团司令部的一个部门，所谓步兵团团长其实为师团的步兵指挥官，指挥师团下属的三个步兵联队，日军师团为多兵种合成部队，除步兵联队外还有炮兵、骑兵、工兵、辎重兵、通信兵、卫生兵等联队级、大队级或队级师团直属部队。黄力民：《日本帝国陆海军档案》，九州出版社，2012，第 3~4 页。

行的史料称该部为"小薗江旅团",而按当时日军的编制,这种战时抽调编组的临时建制应称为支队,① 且旅团作为日军正式建制,应以数字序号确定番号,而只有支队这种临时建制才会以长官姓氏命名。从小薗江邦雄的履历资料来看,1942 年其并未担任旅团长,而是第二十六步兵团团长,小薗江旅团只是不规范的俗称,该部应称为"小薗江支队"。

小薗江支队于 1942 年 5 月中旬到达杭州,23 日进至诸暨,30 日抵达永康、武义附近,拟向丽水进攻,因第十三军发现中国第三战区主力部队正向衢州集结,决定该部推迟攻击丽水,而将该部调至龙游附近,作为攻击衢州时日本第十三军预备队,以防中国第二十六军和七十四军侧击。日本第十三军占领上饶后,小薗江支队于 6 月 16 日受命从龙游附近出发,攻克丽水及该城机场,并击溃中国军队,24 日,攻克丽水。该部还在丽水作战期间接到密令,"攻克丽水后准备进攻温州"。

7 月 2 日,第十三军命令该部一举攻占温州附近,摧毁秘密运输线和英美潜艇辅助设施等之后,没收或销毁军用物资,完成任务后立即返回丽水附近,作战时间预定为三周左右,从温州附近返回日期另行下达命令。② 该部 7 日开始行动,9 日陷青田。

根据《丽青温平瑞乐战役详报》,小薗江支队攻占丽水后,第十三联队、第二二六联队兵力 3000 余及骑兵 300 余,炮十余门,南窜青田与我暂编三十三师第三团发生战斗。这意味着南侵温州的日军有 3000 余,这一点在日方史料中可以得到印证。小薗江支队"在丽水出发时,将一个步兵大队和一个山炮中队骨干留在丽水附近,由第七十师团指挥"。第七十师团分别以 3 个步兵大队和 1 个步兵大队固守丽水、永康附近,以保证小薗江支队的安全,并接替其破坏丽水机场的任务。

10 ~ 11 日,日寇之海军陆战队在瑞安县城附近东山村连续两次强行登陆,被我暂编三十三师第一团击退。10 日夜,日军先头部队开始

① 1944 年侵温的日军部队亦为临时编组的部队,称为甲支队,或以支队长姓氏称为梨冈支队,关于支队,后文将另有详述。

② 《昭和十七、八(1942、1943)年的中国派遣军》(上),第 146 ~ 150 页。

在永嘉桥头镇林福以东 6 公里处南渡瓯江，11 日侵占温州城。8 月 15 日，小菌江支队在第十三军主力撤退之前，从温州附近向丽水撤退，温州光复。此次莲花心战斗主要发生于温州第二次沦陷之后暂编三十三师力图夺回温州的过程中。

二 战斗经过

根据《丽青温战役详报》和《丽青温平瑞乐战役详报》，1942 年莲花心战斗经过概要如下。

1942 年 7 月 11 日，日军先头部队渡过瓯江后，经藤桥、天长岭向凤凰山、白塔地（殿）进犯（两地在郭溪镇以东，温瞿路以北），其主力两千余在今永嘉县桥下镇垟湾渡江，续经岩门、泥师村向渚浦山、东吞山一带进犯，直插莲花心西侧。同时，日海军陆战队百余人则在瓯江口以南登陆，击退守军暂编三十三师第一团第二营一部后，向温州疾进，温州城处于敌海陆空夹击与三面环攻之下，防守温州的仅有一营兵力，寡不敌众，被迫撤出转进至源口一带，温州城遂于当日下午 5 时沦陷。13 日，温州城之敌又南下侵占瑞安。

7 月 15 日午后 2 时，第一团搜索部队右翼在新桥，左翼在太平岭、渚浦山与敌激烈争夺，形成对峙。次日第一团先后将大平山、东吞山、渚浦山等处要点占领，并向营盘山压迫，当晚 12 时，该团一部突入营盘山，纷以手榴弹向莲花心猛掷，敌凭坚死守，火力炽盛，我突击部队竟无法立足，不得已仍退守渚浦山。由青田回援之第三团一部同时向双坟山攻袭，亦未奏功。17 日拂晓，第一团继续猛攻。第三团团长钟学栋亲率该团第二营（欠第六连）附山炮一门，向左翼增援，但收效极微。战至午后 5 时，敌机、炮配合向我反扑。敌一股 200 余，沿瓯江南岸出下垟①，迂回我左翼。钟团刘营阵地渐呈动摇，战况顿形不利，经第三团团长亲率预备队迎头堵击，始转稳定，入暮遂呈对峙状态。此后

---

① 按《永嘉县城北部地形图》，下垟即今下寅，在今翠微山西侧，当时此地濒临瓯江，今鞋都大道以北地区即中央涂、卧旗涂一带尚为瓯江中滩涂，未与瓯江南岸相连。

十余天，中日两军相继战于帆游、瞿溪、郭溪、宝昌岭、（南）白象、平阳、青田一带，莲花心地区无战事。

15～17 日这一场失利的莲花心战斗，在 1943 年军令部编《浙赣战役经过概况》[①] 中被说成是"温州克而复失"，实为夸大战斗规模与性质。从两份战斗详报看，暂编三十三师此阶段仅在温州城西外围各据点与敌作战，并未攻击城区。如果当时确有攻打并短暂收复温州城，参战部队岂有不将其写入战斗详报之理？这一错误说法影响直至如今，台湾1982 年出版的《抗日战争简史》、大陆 1995 年和 2005 年出版的《浙江抗日战争史》和《浙江通史》均照录此语。[②] 这份《浙赣战役经过概况》还称同一天克复瑞安，而据前述两详报，克复瑞安是在 18 日，17日只是发现瑞安之敌有北上增援永嘉之企图，令第一团程营在慈湖、（南）白象设伏痛击，令瑞安自卫队加紧攻袭，相机收复瑞安县城，并派一部兵力尾击敌军。次日，自卫队趁敌北窜之机，才将瑞安县城完全收复。

7 月底，因侦知敌军似有准备撤退模样，暂编三十三师再拟反攻。30 日拂晓，第一、第三团各以一部搜索前进，先后将大平山、东岙山等处敌之警戒部队驱逐。午后并进占渚浦山，乘势向营盘山猛攻，敌凭坚顽抗，激战至酉时，迄未得手。当晚令第一团以一部向新桥迂回，袭击敌之左侧，亦未奏功。31 日，敌仍固守营盘山、双坟山等处据点与我对峙。8 月 1 日 1 时，第三团第三营向营盘山、翠微山、双坟山等处之敌猛攻，激战约两小时。该团第八连一举攻占莲花心，第七连亦占领双坟山，分向城区突进。敌受我猛烈压迫，陆续增援。拂晓，敌分三路反攻：一路百余人，逆袭莲花心；一路二百余，骑兵四五十，炮一门，反攻双坟山；一路百余人，出新桥迂回渚浦山。该团七、八两连激战终

---

① 军令部编《浙赣战役经过概况》，见《中华民国史档案资料汇编：（第 5 辑第 2 编）军事》，第 607 页。

② 虞奇编著《抗日战争简史》下册，台北：黎明文化事业公司，1982，第 458 页；楼子芳主编，包晓峰等撰稿《浙江抗日战争史》，杭州大学出版社，1995，第 199 页；袁成毅：《浙江通史·民国卷》下册，浙江人民出版社，2005，第 285 页。

夜，逐次掩护退回原阵地。至 8 时左右，敌三路会合，兵力四百余，步炮配合，向我凤凰山、松岙底（今郭溪街道宋岙底）一带进扰，与我黄团激战。该师令第三团五磊山部队出而夹击，相持至 14 时，敌渐不支，窜回永嘉城。此后约十天，主要战斗发生于青田一带，莲花心地区无战事。

8 月 13 日，再令第一团副团长率兵一营附第三团之一部，推进于石指山、石垟山、渚浦山附近，向营盘山、双坟山等处之敌实施夜袭。次日 1 时，一鼓攻占营盘山、莲花心，敌退守西山顽抗。天将拂晓，城区敌炮向营盘山猛轰，西山之敌死力反扑，营盘山得而复失。5 时敌一部 200 余出新桥迂回营盘山，向渚浦东村出击。营盘山部队因遭敌猛力反攻，腹背受敌，伤亡过重，苦战至暮，终无法立足，逐次转进于凤凰山、白塔地一带。敌复跟踪进迫，入夜遂呈对峙状态。15 日拂晓，第一团将当面之敌击溃后，当向城区挺进，于 13 时完全克复永嘉城。

除了战斗详报外，著名的温州籍考古学家夏鼐同期的日记中[①]也留有几处关于莲花心一带（包括灰炉、上下河乡等）抗日战斗的简短记述。1942 年 7 月 17 日，"晚间锄非由西洋底[②]来，据云昨日有华军至慈湖，今日至霞坊，企图反攻；上河乡、灰炉等处，亦闻枪炮声"。7 月 30 日，"传闻华军数千人，由福建来，已渐集中温州，企图反攻，所确知者上、下河乡皆有华军，人数未详"。7 月 31 日，"晨间闻上河乡确有华军，但不知何时开始反攻，仍为一谜"。8 月 13 日，"（后来知道，是晚三十三师反攻，于次晨 2 时攻占莲花心，后由旸岙进攻灰炉，周庆龄副营长即于是役阵亡）"。8 月 14 日，"闻昨日南湖日军已撤退，福建三十三师军队或将于今由大罗山至茶山，实行反攻上（河）乡莲花心。今晨炮声不绝，或为日军掩护撤退欤？"[③]《夏鼐日记》中的上述记载虽为传闻，并非亲见，且将由浙江地方部队改编而来的暂编三十三师误为福建部队，但 1942 年 7 月 17 日、7 月 31 日、8 月 13~14 日这几个时

---

① 1942 年 2 月至 1943 年 4 月夏鼐在温州一年有余。
② 疑为西垟底之误，西垟底在温州城西南之水心，靠近西山。
③ 《夏鼐日记·温州篇》，华东师范大学出版社，2013，第 115、121、125 页。

间节点与《丽青温战役详报》中对 1942 年莲花心战斗的记载基本吻合，亦证明了这场战斗的真实性。

除上述三个时间节点外，当时已被日军报道部所控制的《申报》亦提及 7 月 11 日即温州城第二次沦陷当日莲花心地区（西山、营盘山）的激烈肉搏战。这篇报道援引同盟社上海方面的消息称："日军制压瓯江盆地以后，其进攻温州之部队，即于十一日正午突破大尖山东方之守军防线，从水陆两路继续向温州进击，于是日下午五时半，进抵温州西方七公里戴宅尖及东山之三角线上，并沿原有之军用路线从西北方直迫温州城，当在城外西方之西山、营盘山一带展开激烈之肉搏战后即进抵城下，日军先锋部队奋勇跃登城墙，突入城内，于是夜十时半即将温州城完全占领。"① 此段报道可补《丽青温战役详报》与《丽青温平瑞乐战役详报》之缺漏。两份详报及《第三战区浙赣战役作战经过概要》② 对 7 月 11 日沦陷当天的情况叙述极为简略，仅提及莲花心西北侧之渚浦山发生激战，当时温州地方媒体刊载《永嘉战役的壮烈事迹》亦用一段文字专门讲述此次渚浦山战斗，但均未提及当日的莲花心战斗。

三　英烈事迹

夏鼐在日记中所说 8 月 13～14 日暂编三十三师反攻莲花心，周庆龄副营长阵亡一事，原文外加括号，并注明为"后来知道"，极有可能是阅读同年 1942 年 9 月 20 日《温州日报》和《浙瓯日报》专题报道后的追记。当天《温州日报》第 2 版的《前锋》栏目、《浙瓯日报》第 2 版的《高楼》栏目同时刊载了专稿《永嘉战役的壮烈事迹》（见图 3-6）。该专稿报道：1942 年 8 月 13 日深夜，某团长下达最后反攻的命令，周庆龄代营长所部范连长所率奋勇队于（次日）晨 2 时许攻占莲花心，这个奋勇队就是为冒死反攻莲花心而组织的，全由各连士兵自愿

---

① 《日军沿瓯江南进　温州城又告陷落　察哈尔东南部有战事》，《申报》1942 年 7 月 13 日，第 2 版。
② 《第三战区浙赣战役作战经过概要》，《中华民国史档案资料汇编：（第 5 辑第 2 编）军事》，第 578 页。

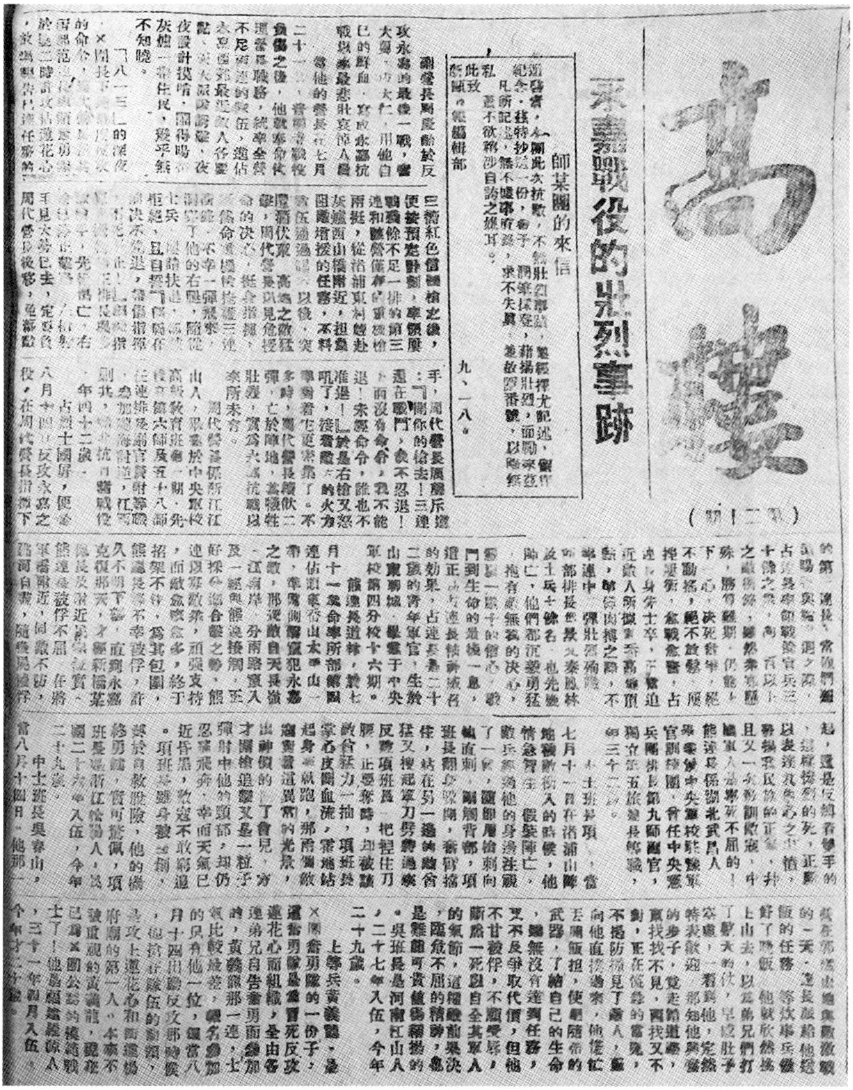
高樓
（第二期）
永嘉戰役的壯烈事跡
師某團的來信

图3－6　1942年9月20日《浙瓯日报》的《高楼》栏目刊载
《永嘉战役的壮烈事迹》

报名组成，其中年仅二十岁的上等兵黄义龙是“攻上莲花心和冲进杨府庙的第一人”。放过已达任务的三响红色信号枪后，周庆龄便按预定计划率领残余不足一排的第三连和该营仅存的重机枪两挺，赶赴灰炉、西山桥附近，担负阻敌增援任务。不料队伍通过旸岙后，突遭潜伏东岙高地之敌猛击。周庆龄命令重机枪连掩护三连冲锋，在自己右腿被敌弹洞穿的情况下，坚决拒绝随从士兵扶其下火线，带伤指挥，至死方止，"其牺牲壮烈，实为永嘉抗战以来所未有！"该营第三连连长占国屏率该连仅剩的30余人向200多名日寇发起冲锋，身先士卒，正当逼近东岙高地顶点，欲与敌肉搏时，身中两弹而殉国，所部排长叶景文、秦凤林及士兵10余名先后阵亡。

与《温州日报》稍有不同，《浙瓯日报》在刊发此文时，在文前加了一段"某师某团的来信"，全文如下："径启者：本团此次抗敌，不无壮烈事迹，业经择尤记述，留作纪念。兹特抄送一份，希予润笔采登，藉扬壮烈而励来兹。凡所记述，无不据事直录，求不失真，并故隐番号，以显无私，盖不欲稍涉自夸之嫌耳。此致《浙瓯日报》编辑部。"显然这篇报道是暂编三十三师第一团发给《温州日报》和《浙瓯日报》等媒体的新闻通稿，为显示报道真实性，并避免自夸之嫌而隐去番号。该报道在时、事上与战报相合，在经过上更详细、更有血有肉。

同在此战中捐躯的叶景文排长牺牲之惨烈，给他的黄埔同学张荣枝、刘子鄂留下刻骨铭心的记忆。50年后，他们在《黄埔》杂志上发表文章称誉"叶景文血气贯长虹"。该回忆文章介绍，1942年8月初，第一团奉令反攻温州永嘉城，令叶景文排为先遣排，在威力搜索中，多次歼灭小股敌人。8月13日夜，该团发起总反攻，叶景文率全排战士，身先士卒肉搏战一昼夜。14日拂晓，鉴于敌我兵力悬殊，为避免重大损失，该团奉令转移。令叶景文排为后卫掩护撤退，不幸陷入重围，该排战士与敌奋力拼杀，全部阵亡。此时，叶景文仍怒目圆睁，继续与敌拼刺，复格毙多名日寇。终因力竭失机，右眼被刺，不幸被俘。日军将其赤身捆于树上，用刺刀瓜割（凌迟），叶景文高呼抗日口号，直至流尽最后一滴血。①

我们于2015年多次与周庆龄家乡浙江江山史志部门联系，江山史

---

① 张荣枝、刘子鄂：《叶景文血气贯长虹》，《黄埔》1992年第1期，第23页。

志部门为此特地在当地报纸上登载报道寻找周庆龄的亲属，遗憾的是未能找到。但我们有幸与占国屏、叶景文两烈士的亲属取得了联系。占国屏亲属手中至今仍保存有当年拍摄的墓地照片（见图3－7），该照片显示这是一座建于山林之下、形制高大的砖块水泥砌筑的墓，碑文从右至左竖刻，其文字为"中华民国卅一年秋先后阵亡于反攻永嘉诸战役陆军暂编第三十三师第一团抗倭四将士（此处下方可能因拍摄角度问题漏拍"之墓"二字）：少校营长周庆龄，浙江江山人，年四二；上尉连长占国屏，山东聊城人，年二三；中尉排长王海山，浙江绍兴人，年二三；少尉排长叶景文，福建浦城人，年二三"。这是目前唯一发现历次莲花心抗日战斗中有相对完整图文资料的烈士墓葬。碑文记载信息与当年媒体通稿完全相符。经查阅《民国浙江阵亡将士名录》数据库①确认周庆龄、王海山两人的各项信息与碑文相符，四烈士中唯王海山牺牲于是年7月，而非8月13～14日的战斗中。

经与占国屏堂妹占小雪多次联系获知，此照片系其父即占国屏之大伯占聚民请人拍摄后寄回聊城老家的。占国屏投考军校、从戎抗日是占聚民带出来的。根据占聚民自己撰写的本人简历手稿，并对照张俊升（原第三战区江南挺进第五纵队司令，后任新四军浙东游击纵队副司令员兼第二旅旅长）和朱人俊（原浙东行政委员会委员和行政公署秘书处处长，后任新四军浙东游击纵队第二旅政治部主任）的回忆文章，②确定占聚民1943年以前曾在暂编三十三师任副团长，在嵊绍师管区任团长，1943年到挺五纵队，后担任该纵队下属团长，1945年随挺五纵队起义，加入新四军浙东游击纵队，任该纵队第二旅第七团团长。③ 是

---

① 《民国浙江阵亡将士名录》数据库由浙江省档案局根据国民政府国防部联合勤务总司令部抚恤处编《中华民国忠烈将士姓名录》浙江省卷（共73个县分册）制作。

② 张俊升：《我率部起义前后》，浙江省政协文史资料委员会编《浙江文史集粹》第2辑（政治军事卷下册），浙江人民出版社，1996，第206～207页；朱人俊：《争取"挺五"起义与北撤经过》，浙江省新四军研究会编《东南烽火》（缅怀朱人俊同志逝世一周年专辑），1994，第195、201页。

③ 《新四军浙东游击纵队序列表》（1945年9月）证明占聚民在起义后曾任该纵队二旅七团团长，见中共浙江省委党史研究室等合编《光荣的浙东：纪念浙东抗日根据地创建暨中共浙东区委成立60周年》，2000，第5页。

图 3 - 7　占国屏亲属保存的东岙抗倭阵亡四将士墓照片及墓碑特写

年 9 月，随浙东纵队北撤苏北。那么，可以初步推断此照片为占聚民请人在 1942 年 8 月温州第二次光复后到 1943 年期间拍摄的，甚至可以大

106

胆推测在当时物资极匮乏的情况下，能为占国屏等四位烈士建这样一个高规格的墓，也可能与占聚民有一定关系。

笔者于2015年带着墓地照片多次前往战斗发生地——今新桥街道的东岙底及旸岙一带访问当地老人。一位家住东岙底的八旬老者王家富不但知晓此墓的位置，而且能讲述当时的一位军官腿部受伤后坚持战斗的经过及战后安葬烈士的情形。王家富的父亲当年是此地保长，抗战时负有支前、收殓官兵遗体之责，时常在家中讲起抗战故事，被时年十二岁的王家富记住。王家富听父亲说，此次国民党军攻击不利，撤退到山下时被会昌河阻隔，会游泳的人侥幸游过河捡了条命，不谙水性的人大部分被山上日寇居高临下打死。当时河里、稻田里躺着许多中国军人的尸体，此时天气炎热，尸体很快腐烂，为此他父亲雇人用绳子扎住死者脖子拖到路边，用草席一裹，便就地埋葬；河里的尸体就用木板插到尸体下部，浮运回岸，草草埋葬。①

2016年清明时节，烈士叶景文的侄孙叶晓春等来到温州寻找先人墓地，在王家富带领下来到白泉山麓、地质桥畔，西山西路北侧的绿林里指认现已成为田地的四烈士墓旧址。王家富还说紧邻此墓之今白泉社区院内曾有一座72位抗日阵亡士兵的合葬墓，称作七十二烈士墓，它和四烈士墓一样都是1942年由民间慈善机构收殓和修建的，不过四位军官的墓建得规模宏大，七十二位士兵的墓则比较简单，仅为薄棺挖坑、覆土掩埋，未建成温州传统的椅子坟。经查本次战斗详报的官兵伤亡统计表，暂编三十三师第三团阵亡准尉与士兵正好是72人，我们推测此七十二烈士墓有可能埋葬着第三团的这72位烈士。此外，净水村黄碎兴老人及其他几位村民则称此四烈士墓及七十二烈士墓在西山西路原温州草席厂一带（即俗称拨浪鼓山），位于王家富指认地点以西约300米，于1950年代的厂房与公路建设中被平毁。但总体来说，此墓在东岙高地附近是可以确认的。

---

① 王家富（1930年生）：王长明、周保罗访谈，2015年7月19日、2016年4月6日，瓯海区新桥街道山前社区东岙底自然村。

四　战斗评述

1941 年 6 月，即温州第一次沦陷光复后不久，第十集团军制订作战计划对温州守备队（以暂编三十三师为主干）下达的任务为"应以一部占据瑞安、永嘉、乐清沿海各要点，阻止敌人上陆，以主力集结于永嘉城附近保持机动，如敌在该地区沿海某一方面登陆时，则迅以机动部队驰往将其击退，沿海各要点均应构筑强固据点工事"。根据逐次抵抗的方针，除沿海要点外，从东往西在瓯江与飞云江之间、温溪街以西、船寮以西构筑第一、第二、第三线阵地，要求守军无论敌之行动如何，务求在第二线阵地前方或侧方将敌击破。在敌兵特别有优势，且我后方之增援部队难以适时到达时，亦应节节抵抗、尾击、伏击，逐次消耗敌人，再到第三线阵地前与敌决战。其中营盘山、东岙山至永嘉县城之线属于第一线阵地。[①] 第三战区方面则认为：日军"或更以一部由温州登陆，出丽水威胁衢州右侧"，其应对方针为"如敌一部在温州登陆，应勿使穿过青田、丽水"。[②] 这意味着中国军方当时预判日军如再侵温州，极有可能继续沿袭第一次入侵的路线，因此将"阻敌上陆"作为温州方面守备的主要任务，坚持以沿海正面防御为主。到了1942 年 6 月 17 日，永嘉县在制订该县城区（即温州城区）作战计划及防守部署时，吸取了日军第一次从瑞安迂回入侵温州的教训，提出："（永嘉县城区）守备队除以一部配置于东门至状元桥沿江敌能登陆要点及扼守城区各要点外，控制有力部队于西郊营盘山一带以便适时应援及严密警戒"，"若敌由瑞安登陆直窜永嘉县城时，我配置于西郊营盘山一带之守备队应全力将敌击破"。[③] 但是，日军第二次来犯的主攻方向，既不是在温州沿海各要点登陆，然后西侵青田、

---

① 1941 年 6 月 28 日《陆军第十集团军作战计划》（复字第一号），中国第二历史档案馆，档案号：787 - 2981。
② 《第三战区浙赣会战部署概要》，转引自敦汝瑰、黄玉章主编《中国抗日战争正面战场作战记》，第 980 页。
③ 1942 年 6 月 17 日《永嘉县城区守备队作战计划及防务部署》，温州市档案馆，档案号：198 - 1 - 35。

丽水，也没有从瑞安迂回侧击，而是由丽水东侵温州。同时，日军虽于 1942 年 7 月 11 日在瓯江口登陆，[①] 又于 7 月 17 日在乐清黄华登陆，袭取七里、磐石，但从兵力规模与作战意图来看，均系配合由丽水东侵部队，为助攻而非主攻（见图 3 - 8）。

图 3 - 8 1942 年 7 月 17 日，日军侵占磐石卫城

注：日本昭和十七年（1942）10 月号《历史写真》画报刊登照片题为"有敌人，别大意！（攻入磐石卫城的海军陆战队）"，其左文字说明为"在浙江省肃清作战中，我（日）军于刚过去的七月十七日，兵不血刃进入瓯江下游要塞磐石卫城。同时，在同一条江入海口的黄华村敌前登陆的海军陆战队，也在瞬间夺取了七里（指乐清七里港）。而且其中一支部队也在同一天下午一点半快速抵达磐石卫城东门，然后本队也同时从南门踊跃进城。当天下午二时五十分，两队一并抵达西门，与攻克温州后东下的陆军某先遣部队激动地会师。此时海陆军联合会师已成功，对敌军（指中国军队）第三战区援蒋小道实现了完全封锁。图为刚在磐石卫城经过肉搏，并即将进城的无敌海军陆战队的勇士（海军省许可证第五七六号）"。（本文字说明由周诚翻译）

① 关于日军此次登陆人数有百余人和千余人两种说法，《丽青温战役详报》和《丽青温平瑞乐战役详报》称 1942 年 7 月 11 日，"同时敌海军陆战队一部在瓯江口登陆者百余人，亦向永嘉急进"。军令部编《浙赣战役经过概况》则称当天"温州洋面到敌舰十余艘，并有海军陆战队千余登陆"。见《中华民国史档案资料汇编：（第 5 辑第 2 编）军事》，第 607 页。

国民党军似有刻舟求剑思维，满以为日军会故伎重演，这一敌情研判上的重大失误导致其在后来战斗中陷于被动，加之浙东战起之后，为应对南侵之日军，暂编三十三师第二团开缙云，第三团开青田，永、瑞、乐地区守备任务仅由第一团单独担任。而小薗江支队由龙游出发至武义后，避开国民党军占有阵地的缙云至丽水公路正面，由可通行驮马的小路南下，经桐琴市、苦竹市直逼丽水，① 国民党军未能在缙云等地有效阻击小薗江支队，反因抽调兵力集中于此，致温州城区空虚，仅剩一营兵力驻守，从而迅速失陷。

温州第二次沦陷后，暂编三十三师一直力图尽快夺回温州，不断组织反攻，从西面进击，并多次攻占莲花心、营盘山，但始终未能固守，反而在日军反扑之下被迫撤出。日军不仅有火力优势和地形优势，而且擅长逆袭和侧翼迂回，暂编三十三师不善于集中兵力对敌进行有效打击，忽视侧翼防备的缺点又十分突出，故而多次攻入莲花心却不能固守。如在 7 月 15～17 日的战斗中，日军沿瓯江迂回我左翼；在 7 月 30 至 8 月 1 日的战斗中，敌分三路一路逆袭莲花心，一路反攻双坎山，一路出新桥迂回渚浦山；在 8 月 13～14 日敌出新桥迂回营盘山，向渚浦东村出击，均是在我方攻占莲花心、营盘山的情况下，被敌人逆袭、迂回，导致克而不守、得而复失，腹背受敌，屡屡受挫，伤亡惨重，甚至在日军撤出温州前一天依然遭敌重创。

忽视侧防，对敌反逆袭能力差，似乎是国民党部队的沉疴痼疾。1944 年第三十二集团军在总结丽温战役经验教训时亦称："我军攻击不顿挫于阵地前，多顿挫于阵地内，其原因为冲锋奏功后，第一线部队长不能掌握部队，且无应付敌人逆袭，故每功败垂成，因为缺乏（阵地）内（作）战之教育。"② 《民国纪事本末》指出："尽锐前敌，虚侧后供敌腰击，诸军各自为战，弱军或走或叛，精卒长驱疾进，深入绝地而全

---

① 《昭和十七、八（1942、1943）年的中国派遣军》（上），第 145 页。
② 《丽温战役专辑·总讲评·刘军长讲评》，《突击队》月刊第 1 卷第 8 期，第 49 页。

灭。"几成国民党军将领的传统，抗战、内战沿袭不改，[1] 由是观之，并非虚言。

第三节 1945年的莲花心抗日战斗

1945 年的莲花心抗日战斗发生在抗日战争的尾声，是日军在闽浙主动撤退、中国军队趁势展开追击作战的一部分，主要时间段为日军撤离温州前的 6 月 11 ~ 17 日。

一 历史背景

进入 1945 年春夏之交，世界反法西斯战争的胜利已成定局。3 月底，中国军队胜利完成滇西缅北反攻作战。4 月 1 日，美军登陆冲绳，迫近日本本土。4 月 7 日，苏联通知日本《苏日中立条约》不再延期，苏军开始不断向远东调动部队，向关东军发起进攻的迹象日渐明显，同时，苏军与美、英军队相继攻入德国腹地。5 月 8 日，德国投降。鉴于此种情势，日本大本营不得不实施战略收缩。

而日军在温州地区的战略收缩从本年 2 月即已开始计划。2 月 20 日，因预判美军在本年 4 ~ 5 月将有 4 ~ 10 个师来攻华中三角地带[2]，而第十三军出于决不放松确保上海的目的，认为其在温州及福州的部队势必成为被隔离的游兵，而且分派一部兵力于该方面没有大的价值，因此拟在适当时机撤回上述两地的部队。中国派遣军总司令部于 2 月 27 日做出指示：判断 4 ~ 5 月美军来攻三角地带的可能性很小，可以适时撤回福州部队，但温州部队的撤否与宁波附近的作战有密切关系，故在另行命令之前先不要撤回。[3]

4 月 18 日，日本大本营下达了"大陆命"第 1310 号："大本营考

① 刘仲敬：《民国纪事本末（1911~1949）》，广西师范大学出版社，2013，第27页。
② 此处所谓华中三角地带是指以上海为中心的长江三角洲地区。
③ 日本防卫厅防卫研究所战史研究室著《昭和二十（1945）年的中国派遣军》第2卷，天津市政协编译委员会译，中华书局，1983，第26~27页。

虑到对美苏形势演变，准备向华北、华中重要地区集结兵力。"此后大本营下达"大陆命"第1335号，决定中国派遣军应设法撤出湖南、广西、江西方面湘桂、粤汉铁路沿线的占领地区，将兵力转用于华中、华北方面。中国派遣军于6月10日在南京召开各方面军和军司令官会议，同时下达《对美作战计划大纲》，派遣军准备以主力控制华中、华北重要地区，对中苏采取持久战，同时挫败来攻沿海重要地区之美军，使本土决战容易进行。对美战备重点暂先放在华中三角地带，其次为山东半岛，即使情况已到了最后关头，也要确保南京周围、北京周围及武汉周围，计划中提及令第十三军迅速撤回驻在福州及温州的兵力，而以主力确保华中三角地带。①

另外，随着冲绳作战开始，日军认为温州一带的重要性因而降低，其从华北方面转用兵力的计划随之改变，集中兵力于上海周围的计划推迟，中国派遣军因而决定按照第十三军的要求撤回温州的兵力。该军决定在福州部队通过温州的同时，把温州的独立混成第八十九旅团②撤回上海方面。其后，为加强宁波附近的战备，将该旅团调到了奉化，③ 该旅团后改隶第六军，战争结束时在上海向中国投降。

而日军驻福州的独立混成六十二旅团，自本年5月初以来已主动开始撤退，国民党军趁势收复该城。该旅团由闽东之连江、宁德、霞浦、福鼎往温州方向窜逃。与此同时盘踞永嘉、乐清之敌，拆毁城郊据点设施，解散伪组织，搜括物资及强掳民夫、船只，并且为了接应闽敌而南侵瑞安、平阳，俟会合后经黄岩、临海、天台北逃，国民党军趁势收复温州。④ 本次莲花心战斗就发生在收复温州前夕。

二 战斗经过

根据《永乐黄追击战役详报》，1945年莲花心抗日战斗的经过如下。

---

① 《昭和二十（1945）年的中国派遣军》第2卷，第4～7页。
② 1945年2月侵占温州的日军甲支队改编为独立混成第八十九旅团。
③ 《昭和二十（1945）年的中国派遣军》第2卷，第12～13页。
④ 曹聚仁、舒宗侨：《中国抗战画史》，第392页。

为接应从福州北撤入浙之日军独立混成第六十二旅团，盘踞温州的独立混成第八十九旅团南侵，于1945年5月26日、27日连陷瑞安、平阳。6月9日两股日军会合后，渡飞云江向北回窜，驻温州地区的浙江保安第二纵队开始跟踪追击。6月11日晚，该纵队司令裘时杰派浙保四团加强一大队及浙保三团（欠一大队）分向平阳及瑞安城北高地前进，同时于岷岗方面抽调一个中队向莲花心进攻。此时，温州城内外为日军后藤学大队驻守，下辖一、二、三、四、五中队及特务队、电讯队，分布于大简巷及西门、铁井栏、莲花心等处，并在城郊之杨府山、宝塔山[①]、仁王山及梧埏、（南）白象、茅草山、莲花心、渚浦山等构筑据点工事，各据点均有二十至四五十不等之敌据守。

6月13日拂晓，瑞安城克复，敌即向永嘉溃退。次日浙保四团抵（南）白象、横塘山、莲花心、渚浦山各附近，即向敌攻击。激战二时许，敌凭工事顽抗，我除严密监视防其脱逃，并调保三团向（南）白象攻击前进，另以主力一部追击龙湾之敌。15日，我保三、四两团，复以全力进攻（南）白象，敌固守顽抗。同时敌百余，炮三门，窜至旸岙村、新桥西，向仙门村、东坑等地盲目射击。22时，敌在新桥集结四百余，炮数门，其一部分向楼（娄）桥、梅岙等地窜扰。16日拂晓，我全线复向敌攻击，敌以炮火向我猛轰，我无法接近，当晚无进展，形成胶着状态。17日16时，我再发起向敌各据点攻击，激战三小时，敌纷纷向永嘉溃退，我即占领（南）白象、横塘山两据点，后继续向永嘉追击，同时莲花心、渚浦山各据点亦为我攻占，敌黉夜向江北方向溃窜，我于18日4时进占温州城。

《中华民国史事纪要（初稿）》载：独立混成第八十九旅团于6月16日开始撤离温州时留下一个大队（番号、主官不明）以迟滞我追击行动，故推断此次在莲花心与浙保二纵队作战的为该大队下属之一部。该史料还记载，忠义救国军温台地区指挥官郭履洲买通日军翻译，在中山公园附近日军大队部内引爆炸弹，并以此为信号，率第九、第十、第

---

① 此处宝塔山应指温州城南之巽山，其巅有宝塔，《丽温战役详报》称之为塔山。

十一三个教导营分三路进攻温州城，并克复之，18 日凌晨打扫战场后，即渡过瓯江追击日军。这说明当时参加收复温州的不仅有浙保二纵队，还有中美合作所的三个教导营，只是因为分属不同系统（前者属于八十八军指挥，后者属忠义救国军温台地区指挥部指挥），各部队也许不清楚同一区域友邻部队的情形，故而在战斗详报中都只讲自己的作战经过。①

三　争议辨析

1945 年的莲花心战事，除《永乐黄追击战役详报》外，尚有谷擎一先生撰写的《莲花心观战追记》，称 1945 年 4～5 月新二十一师曾在莲花心与日军激战。但到了 2016 年，谷先生接受采访时，又将此战时间说成是"1944 年温州第三次沦陷时"，具体月份不详，且从叙事顺序来看，此事排在"这年冬天，我逃难至瞿溪林桥"之前。② 2017 年 10 月 28 日，我们专程登门拜访 90 多岁高龄的谷老，他确认他记忆中的莲花心战斗发生在 1944 年 9 月温州第三次沦陷之初。可见，谷先生对此事具体发生时间的记忆前后存在矛盾，尚不足以作为依据。

在浙江省保安第二纵队司令部 1945 年 4～6 月的当面敌军动态概见表③中记录了日军侵占温州最后三个月的动态，其中与莲花心相关的有三次。4 月 14 日，日军十余人由莲花心出发经新桥到楼桥（今作娄桥）抢掠物资，经我派队驱逐，即向新桥逸去。4 月 28 日，日军百余人由永嘉城经莲花心到新桥，旋即逸去。5 月 26 日，日军七十余人由莲花心经东岙底到下社，企图牵制我左翼部队，经我派队堵击后，循原迹窜回。6 月 14 日，日军百余人由莲花心出发到渚浦村流窜扰乱。该表所记既有日军攻陷我玉环县城战斗及敌我发生小规模军事冲突，也有日军

---

① 《中华民国史事纪要》编辑委员会编《中华民国史事纪要（初稿）》，1986，第 362 页。
② 谷擎一口述，施菲菲整理《谷擎一：七十多年　文心依旧》，《温州人》2016 年 5 月号，第 79 页。
③ 乐清市档案馆，档案号：221－5－10。

抢掠物资、强拉民夫民船、架设桥梁、烧毁民房等，都列明发生具体日期、日军参与的人数、起点、经路（途经）、终点及结果。如果当年4～5月，莲花心真的发生过如谷擎一所说那样规模较大的敌我战斗，不可能没有记载。上述表格1945年6月相关部分还记载："连日经我保三、四团反复向白象、横塘山、莲花心等据点猛攻，敌均有增加。17日永（嘉）敌全部被击退，向乐清退去，永（嘉）城被我收复。"这与《永乐黄追击战役详报》完全吻合，证明1945年的莲花心战斗发在日军大撤退前夕的6月中旬。

温州市档案馆保存了浙江省第八区专署情报组组长黄仲汉从1944年12月10日至1945年6月5日向浙江省第八区专员兼保安司令公署呈报温州城区及瑞安、乐清等处日伪动态的情报，[①] 从情报文字判断此情报组人员应有十几人，其中有人打入日伪军队及政府中，有相当长一段时间几乎每天都有报送，报送频率最高时为一天两至三次，细至敌军布防、城内汉奸、伪组织活动、敌我小规模交火、日军下乡抢掠等等均有记录，亦未发现中、日两军1945年4～5月在莲花心一带交战的记录。

黄仲汉等的情报中倒是记载了1945年5月上旬日军在莲花心以南上河乡的活动。5月1日，永城敌酋派分队长安兰尾等携带机枪、大炮占我郭溪乡辖之玕（下）屿山。于6日深夜适大雨倾盆之际，盘踞玕（下）屿山敌大小五十七名，大炮一尊，重机枪一架一并随带，窜入任桥与雄溪一带。至7日上午3时许，全股又回窜仙门。拂晓，敌则进窥岷岗，我防军当即迎头痛击。敌不支，电城敌求援。约8时许，城敌由马桥增到三十余名，窥岷岗之敌则退潘桥。是日至晚，敌我阵地无异动。8日晨，我防军在华亭山尖以机枪、大炮向敌阵扫射，敌也不还击。至下午3时许，敌则分股行动，一股窜陈庄（二十余人），一股则回窜上屿（二十余人），一股向娄桥进窥。是夜无异动。9日晨，敌窜娄桥。

---

① 《浙江省八区情报组长黄仲汉调查日伪动态情况报告》，温州市档案馆，档案号：198－5－71。

　　而从 1945 年 4 月至 6 月，新二十一师六十一团及暂编三十三师第一团奉第三十二集团军总司令李默庵之命，正在瓯江北岸永嘉、乐清地区清剿中共领导的游击队，其活动范围东至大荆、白溪，西至岩头、枫林。其间六十一团曾于 4 月 28 日前后在永嘉陡门与日军发生过激烈战斗，① 但并未到瓯江南岸开展对日作战，直至日军 6 月大撤退，才奉命从乐清出发追击日军。②

　　另外，从此前柯永波先生的调查来看，多位莲花心周边村民均不约而同地表示，他们对 1945 年 4 ~ 5 月的莲花心战斗毫无印象，且此时日军侵占温州已有七八个月，外出逃难的村民基本已经回到家中，如有战斗发生不可能大家都没有印象。③ 笔者亦就此问题采访过多位高龄村民，他们均表示，日军来侵，外出逃难时随身所带钱财衣物有限，大家多数不能长期在外寄居，所以短则一两个月，长则不超过半年，大多会返回家中。

　　综合各类史料，1945 年 4 ~ 5 月，温州莲花心并未发生新二十一师与驻守日军之间较大规模的战斗。而以温州的气候特点，4 ~ 5 月处春夏之交，9 ~ 10 月为夏秋之交，二者气温、衣着有一定的相似性，时隔多年之后，误将夏秋之交的战事记为发生在春夏之交亦不奇怪。

　　总体而言，1941 年、1942 年、1945 年的莲花心战斗规模均较小，一般在营级规模以下，最多不超过团一级的规模，且都不是旷日持久的连续作战，而是间断性、短时间的战斗，连续作战时间最多前后持续两三天。但历次莲花心战斗毫无疑问都是温州城抗日攻防战的关键性节点之战。其中不乏激烈的短时战斗，我爱国官兵作战勇敢，特别是 1942 年的反攻温州城前夕的莲花心战斗，涌现了以东呑抗日烈士为代表的可歌可泣的典型。

---

① 《70 年前永嘉陡门村战斗重挫日军》，《温州商报》2015 年 8 月 26 日，此事尚未找到档案资料，日本《战场之记录——墓标》中记载：1945 年 4 月 29 日清晨，中日两军在徐公田（即陡门村附近）交战一小时，中国军队暂时后退。

② 《中共温州党史》第 1 卷，第 203 页。

③ 《解读莲花心攻占战——莲花心攻占战之再查证》，《墨池》2012 年第 1 期，第 42 ~ 44 页。

中编　1944 年莲花心抗日战斗
史实考辨

第四章 | 作战时间与参战部队

在历次的莲花心抗日战事当中，目前被提及最多的是 1944 年的那一次。但因当前通行的表述多以亲历此战的将领陈章文、李文密等时隔多年的回忆为依据，缺乏档案文献等其他史料的佐证，故而错漏难免，争议质疑不断。本书即以 1944 年的莲花心战斗为重点，广泛搜罗、认真考辨大量文献，并同时进行多年的口述采访和实地踏勘，以求将本次战斗的诸多疑问做逐一厘清。

第一节 历史背景

一 日军欲阻止美军登陆温州并策应湘桂作战

1944 年的莲花心战斗发生在日军第三次侵占温州的丽（水）温（州）战役期间，日军发动此次战役的首要目的简而言之就是"阻敌上岸"，这里的"敌"指的是美军。1944 年夏天，英美联军成功实施诺曼底登陆，在欧洲开辟第二战场，并推进至法国腹地。同时，美军又在太平洋战场上攻占了塞班岛，其节节胜利，压倒性的制海、制空优势日益巩固。苏军将德军逐出国境，并攻入波兰。中国远征军于本年 5 月渡过怒江开展滇西反攻，中国驻印军则于 8 月攻占缅甸密支那，第二次世界大战的前景愈加明朗。

美军太平洋舰队司令尼米兹在美军即将完全攻占马绍尔群岛之时，

于 1944 年 2 月 9 日公开表达其有意在中国沿海登陆，并以此作为攻击日本前进基地的想法。根据当天中央社的报道，尼米兹表示，"美军志在横渡太平洋，在中国获得基地，以最后攻击日本，并与企图阻止美军前进之日舰作战"，"余信惟有中国之基地，方能击败日本。余之任务在以陆空军送至中国，庶可以顺利打击日本，此项战略甚为简单。余不信仅海上之战争可击败日本。吾人设法在中国任何可能之地点登陆，无庸保守秘密。日本舰队如欲出而干涉，实属无任欢迎"。① 1944 年 7 月，美军观察组曾赴延安，其间曾就中共领导的武装力量配合美军在中国沿海登陆等问题与毛泽东进行过商谈。② 国内外媒体亦纷纷为此造势，1944 年 6 月 10 日美国的《星期六晚报》刊登了斯诺《六千万被遗忘的同盟者》一文称："2 月间尼米兹宣布美海军拟在中国海岸建立基地，以便从那里攻击台湾和日本。香港或广州或许将首先被美军攻取，但是轰炸机由这些城市起飞到日本仍是遥远的距离，只有在更北面的中国地方，才最接近日本，因此，在那里的中国游击队对我们有很大的潜在重要性。"③

实际上当时美军最高统帅部是否真的有意在中国实施登陆作战，美军内部就此是否达成共识，后来未实施登陆作战，是因为战局发展过快无须实施此计划，还是意见不一，这些问题都还有待深入的专题研究。有资料表明 1944 年初，美国海军作战部部长欧内斯特·约瑟夫·金、美军太平洋舰队司令尼米兹与美国远东军司令麦克阿瑟等人在进攻路线上存在较大分歧，金和尼米兹主张先获得菲律宾的棉兰老岛空军基地，孤立吕宋岛，进攻中国台湾和中国大陆沿海，继而打击日本本土，并认为从菲律宾出发没有优势；麦克阿瑟主张迅速攻占菲律宾，并由此出发攻击日本，在罗斯福总统和美军参谋长联席会议的

---

① 《中华民国史史料长编》民国三十三年卷（第 1 册），第 291 页。
② 顾兴斌、邓建中：《美国治下国际法与中美关系》，江西人民出版社，2014，第196 页。
③ 胡越英：《"中国沿海登陆计划"与美军观察组》，转引自《百年潮》2008 年第 1 期。

支持下，最后选择了麦克阿瑟的方案。① 还有资料记载美国参谋长联席会议 1943 年 5 月 5 日《联合作战计划委员会关于 1943～1944 年全球形势的报告》指出："美国在 1944 年的总战略是避免在中国进行大的战役，而在中太平洋上发起对日最后进攻。"② 或云早在 1943 年的魁北克会议上，英美领导人就已经决定不在中国沿海实施登陆，但并没有通知中美合作所美方负责人梅乐斯，梅乐斯始终把迎接美军登陆作为最重要任务，故而设于玉壶的中美合作所第八训练班和忠义救国军温台指挥部积极准备接应美军在温州、台州沿海登陆，并且欧内斯特·约瑟夫·金在 1944 年 6 月曾令其为美军在中国东南沿海登陆做准备，并指定当年 12 月为"特殊时期"，美参谋长联席会议还令其搜集从上海到厦门沿海地区的情报，直到同年圣诞节梅乐斯才得到通知，美军登陆中国沿海计划取消。③ 甚至还有史料称直到 1945 年 6 月，冲绳战役结束，美军内部还在为是登陆中国，还是直接进攻日本本土发生争论，④ 也有论者认为声称将登陆中国是美军声东击西的策略。但不管真相究竟如何，至少当时国、共、日三方都坚定地相信美军会登陆中国沿海。

从各种史料来看，无论是中国共产党，还是国民政府，当时都在为迎接美军登陆做积极准备。1944 年 8～10 月，毛泽东曾三次致电新四军要求其配合美军在东南沿海登陆，美军人员为此与新四军、华南东江纵队都有过接触。⑤ 1944 年 10 月 9 日华中局致浙东、苏南、新四军第一师："敌寇占温州并积极加强沿海一带活动其目的在预防盟军登陆，我军为准备反攻及造成配合盟军条件，江浙工作已成为华中今后主要发

---

① 〔美〕乔西夫·米兹原：《尼米兹——永不言败的海上骑士》，高润浩编译，京华出版社，2004，第 341～360 页。

② 胡越英：《"中国沿海登陆计划"与美军观察组》，转引自《百年潮》2008 年第 1 期。

③ 孙丹年：《中美合作所与太平洋战争》，陕西人民出版社，2012，第 189～193 页。

④ 乔木：《从战争到和平：一九四五年的世界政治》，生活·读书·新知三联书店，2014，第 174 页。

⑤ 袁成毅：《抗战前后中共对浙江地缘价值的认知及相关政略》，《民国档案》2012 年第 4 期，第 58～64 页。

展方向。"① 1945 年 2 月 24 日中共中央向华中局发出《向皖南、浙东、苏南发展的战略方针的指示》，指出美军登陆是必然的。② 3 月 21 日，中共中央华中局发出《关于浙南工作的指示》："浙南为我党将来打通闽浙联络与配合盟军作战有重大战略意义的地区。浙南随我军在闽浙的发展和盟军在浙登陆日期的迫近而日益表现其特殊重要性。"③ 进入当年夏天，"二战"已将近结束，1945 年 6 月 20 日中共浙南特委仍认为："同盟军在沿海登陆的日期日益接近。根据最近太平洋的战局看来，冲绳岛的战事一经结束，同盟军就可能很快的在中国沿海登陆，而且首先必然是在宁（波）温（州）一带登陆。"④ 直到 1945 年 8 月 7 日，中共浙南特委还在文件中强调盟军快要在浙南沿海登陆了。⑤

　　国民政府方面亦将温州视为盟军登陆的可能地点之一，为防范中共方面在浙南、闽浙赣、闽赣粤边区等地力量不断发展，并与可能登陆的盟军发生联系，1944 年 12 月第三战区司令长官顾祝同制定《第三战区协同盟军登陆前后防制奸伪活动办法》呈报蒋介石。其中将温州及金山卫、镇海、象山、海门、福州、泉州、厦门、漳州列为盟军在本战区可能登陆之地点，拟在以上各处建立军政一元化之据点预与盟军联系。⑥ 此时驻防于温州郊区的暂编第三十三师制定了《建立军政一元化据点及策应盟军登陆准备事项实施腹案》，该腹案之方针为：由暂编第三十三师"统一指挥浙江第八行政区及其所属各县，齐一党政军步调，

① 《华中局致浙东、苏南、第一师》，中共浙江省委党史研究室等合编《浙西抗日根据地》，浙江人民出版社，1992，第 38 页。

② 《中国人民解放军通鉴》编辑委员会编《中国人民解放军通鉴（1927～1996）》，甘肃人民出版社，1997，第 1062 页。

③ 中共温州市委党史研究室等合编《浙南——新四军的策源地之一》，中共党史出版社，2012，第 228 页。

④ 《中共浙南特委给各县委的指示信》，《浙江革命历史档案选编：抗日战争时期》（上），第 404 页。

⑤ 《中共浙南特委对瓯北目前形势的估计和工作方针的指示（1945 年 8 月 7 日）》，中共乐清市委党史研究室编《乐清革命历史文献选编》，中共党史出版社，1995，第 84 页。

⑥ 《第三战区协同盟军登陆前后防制奸伪活动办法》，中国第二历史档案馆编《中华民国史档案资料汇编：（第 5 辑第 3 编）政治》，江苏古籍出版社，1994，第 279 页。

集中力量于（民国）卅四年元月底完成策应盟军登陆各项准备，以期配合作战，歼灭敌人"。[1] 1945 年 5 月 22 日，国民政府制订《东南战场作战计划》，明确其方针为"彻底建立以军事为主之党政军一元化据点，准备接应盟军之登陆"。[2] 温州地方政府则于 1944 年底在认真分析比较本区沿海可能登陆港湾如平阳镇下关、鳌江，瑞安飞云江口，乐清沿海，玉环坎门，瓯江口等处的地形水文情况之后，认为瓯江口之崎头（今作岐头）、磐石为本区内最适合盟军登陆之处。其原因为：

> 瓯江之崎头、磐石等处，水位较深，外有黄大岙、大小门山、乌生屿、大麦屿、小迭、鹿栖等处，均可停泊舰队，虽海上飓风也可稳避。占坎门以巡东海，占鹿栖山以扼门户，踞北龙、齿头以扼南面，则环成一大军港，进战退守运动自如，更置远射程炮于黄大岙山上，以制压磐石、崎头、盐盘等处，而以小部着陆于瑞安踞梅头，以扫清永强、宁村所城等处之敌，进而占领龙湾、茅竹岭等处，则可俯瞰瓯江，以火制截断敌寇之江中交通，乐清登陆，永嘉寇不得接济，盟军攻其前，我军蹑其后，则永乐残寇不难悉歼，由此以永嘉为根据，西出丽水、缙云，以规金华，北向宁海、天台，以窥象山、宁波，浙东局势，当大变矣。[3]

日军痛感对美军眼前的目标到底是拿下比岛（日本对菲律宾的称呼），还是随时登上中国大陆，抑或是攻击台湾、冲绳、小笠原各岛一无所知。日军随即按第一步小笠原，第二步冲绳，第三步台湾、吕宋、浙闽海岸，第四步本土的顺序，加紧备战。[4] 而从后来的各种表现看，

---

① 温州市档案馆，档案号：198 – 5 – 33。

② 《东南战场作战计划》，《中华民国史档案资料汇编：（第 5 辑第 3 编）政治》，第 281 页。

③ 《浙江省第八区沿海可能登陆港湾之地形水位情形》，温州市档案馆，档案号：198 – 5 – 33，本报告撰稿时间仅注明 1944 年底，且未注明撰稿单位，根据档案编排推断应为浙江省第八区行政督察专员兼保安司令公署或其下属部门撰稿。

④ 〔日〕饭田米秋、高桥定一编《战场之记录——墓标》，1971，第 545 页。

日军对美军在闽浙沿海的登陆似乎坚信不疑，而直至 1945 年 2 月，日军第十三军仍在为该年夏对美作战做准备，如美军在温州、福州及海州附近沿岸登陆时，要极力妨碍敌人建立航空基地等企图。①

显而易见，"倘盟军在中国登陆成功，则一方面可直接威胁日本本土，一方面又能截断敌在南洋及大陆交通线，使敌痛苦非常。敌人感到此一问题之严重性，故趁盟军尚未转移兵力以前，即先行占领我东南沿海要地"。② 出于对此巨大的担忧，日军早在 1943 年夏就已策划温州及福州方面作战，但因 1944 年春天开始的"1 号作战"（中方称豫湘桂战役）而告中断。日本大本营在 6 月下旬命令中国派遣军对来自中国东海方面的联合军（盟军）反攻计划提出研究报告。7 月 9 日，美军攻占塞班岛，日本大本营认为对盟军切断日本本土与南方圈（指南太平洋）联络的企图，迫切需要采取紧急对策。7 月 18 日经日本天皇批准，大本营发出浙东作战命令（"大陆命"第 1072 号）及指示（"大陆指"第 2073 号），决定 8 月上、中旬实施浙东作战，出于隐蔽企图称之为"节号作战"，确定"作战目的是确保浙东沿海要地，封锁敌美军在该方面登陆企图于未然……占领地点以温州及福州附近沿海要域为目标，对厦门附近增加一部兵力"，后因需要急速加强西南群岛、台湾、菲律宾方面的战备，因而将浙东作战的实行时机稍微推迟至 8 月下旬。③ 日军此次侵占温州之后，将司令部置于瓯江口附近的乐清磐石镇重石村，并将布防重点置于瓯江口一带就反映了其在此处"阻敌上岸"的明确企图，这与温州地方军政当局预判的最适宜盟军登陆的地点是一致的。而日军在本次入侵温州后亦于 1944 年 10 月初在七里村登陆增援温州，此前第二次入侵温州时，日军于黄华、崎头登陆后西进，与温州城东下之日军在磐石会合，这两次登陆均在瓯江口一带。

① 日本防卫厅防卫研究所战史研究室著《昭和二十（1945）年的中国派遣军》第 1 卷，天津市政协编译委员会译，中华书局，1982，第 25 页。

② 《丽温战役经过概要》，《突击队》月刊第 1 卷第 8 期，第 31 页。

③ 日本防卫厅战史室编纂《日本军国主义侵华资料长编》下册，天津市政协编译委员会译校，四川人民出版社，1987，第 273～274 页。

尼米兹并未公开明示登陆中国的具体地点，关于为何日军预判美军有可能登陆的三个地点为温州、福州及厦门，尚未查到相关史料。不过按照尼米兹等人计划的路线，美军如撇开吕宋岛，直接从南太平洋向中国台湾与中国大陆沿海挺进，那么紧邻台湾的闽浙沿海将首当其冲，而温州刚好位于闽浙沿海（上海至厦门海岸），即中国东南沿海面朝日本本土西南部、琉球群岛及日占台湾一线的中部，距离长崎、冲绳那霸及台北的直线距离分别为 1000 公里、720 公里及 340 公里左右。并且，除 1941 年和 1942 年两次被日军短暂入侵外，温州一直为国民政府控制区，因此，不但日军，国、共方面也认为美军极有可能在温州沿海登陆，并以此作为攻击日本本土的前进基地。另外，在当年的中国海岸线上，温州、福州是仅存的两个仍控制在中国手中的重要港口城市，一旦此两地被日军拿下，则中国沿海主要港口尽入其手，这对中国抗战无疑将是一个巨大的打击，故而侵占温、福也成为日军穷途末路之下做垂死挣扎的必然选择。

当时处于日军控制下的《申报》指出："敌人（指美军）恐惧日本利用南方资源增进战斗力，故为加以阻止计，除出动空军外，复于日本近海及中国东海南海密布潜艇，企图切断日军接济路线，以减弱日方战斗力。尤其是温州、福州更受敌美重视，积极防备。盖该两地为敌潜艇最好之接济基地，又美军在大陆登陆进击时，且可重用为立足点。此外敌人并在接近东海、南海之丽水、赣州、玉山、建瓯、龙岩等飞行基地，加强空军势力谋击溃日船队。又潜入日驻华舰队封锁线，在东海无人荒岛上设置监视哨、瞭望台等，企图与在渝美空军基地及敌潜艇取得连络。"[1] 日军侵占温州、福州等地，不仅要收紧中国东南沿海封锁网，并取得立足点，使美潜艇、飞机无活动余地，更要让尼米兹与麦克阿瑟知道大陆登陆作战之不易。

《战场之记录——墓标》中记载：因预想美军在浙东沿岸登陆，甲支队（即侵入温州的梨冈支队）计划组成一支名为"龙虎队"的敢死

① 《日军完成大陆纵横作战》，《申报》1944 年 10 月 10 日，第 1 版。

队，在敌（美）军试图登陆上岸、夺取桥头堡之前将其各个击破，又或者在其强行登陆之后摧毁其后勤。① 这只"龙虎队"首先在温州开展干部教育，开展从杀人到谍报活动等一系列严苛的训练。训练结束之后在各部队以参训者为核心各组建一支 30～40 人的敢死队。当然，后来由于美军没有实施登陆作战，这支敢死队并没有发挥作用。但是，甲支队总兵力不过五千人，② 而美军一旦实施登陆，出动兵力肯定动辄数以万计乃至十万计，相信日军高层也明白，要以这么少的兵力阻止美军登陆是完全不可能的。这样的兵力配备背后似乎又说明日军对美军将于何时何地登陆并无明确预判，这五千人只能算是派往美军可能登陆地点的先遣部队。一旦美军登陆动向明确，还会派大部队前往。③

正因为"防止盟军之登陆，此为敌人发动此次攻势之最大意义"，日军此次入侵温州与前两次大不相同，日军占领温州后不再是简单地进行短暂抢掠破坏后即行撤退，而是力图固守久踞，作战要求为"确保占领"，"死守防止敌军（美军）在本地区登陆的防线，同时谋求海上交通的安全，并使其成为船只中转基地"。而当日军快速窜占温州以后，国民党军第三战区司令长官顾祝同提出"应乘其立足未稳速行攻击"，故而第三十二集团军"以收复永嘉之目的，决加强攻击一举而扫荡残敌"，反复强调"彻底击溃盘踞温州之敌"，"一举歼尽而占领之"。敌我双方既然如此在意温州得失，意图明确，态度坚决，这就决定了此战的规模、时长、激烈程度均非前两次可比，而作为温州攻防关键之莲花心战斗则更是如此。

① 〔日〕饭田米秋、高桥定一编《战场之记录——墓标》，第 574 页。
② 关于梨冈支队（甲支队）的兵力及编成情况将在参战部队一节中详述。
③ 根据相关史料，中美合作所曾于 1944 年拟订了美军 20 万人在中国东南沿海登陆的计划（见《中美合作所与太平洋战争》，第 193 页）。梨冈支队占领温州后，亦不断补充兵力（《战场之记录——墓标》，第 575～577 页）。由梨冈支队改编的独立混成第八十九旅团到抗战末期时实有兵力 5951 人，加上原属该旅团此时已属十三军直辖的独立步兵第五二五大队的兵力，再考虑到该旅团其他三个大队总计缺编约 1200 人，可知该旅团在温州时兵力最多时将近万人。（亚洲历史资料中心网站：《独立混成第八十九旅团兵力现况表》，1945，档案号：C13071114300）

日军在制海、制空权基本丧失，海上交通难以为继的情况下，寄希望于打通中国大陆南北交通线，将侵华日军的各部分贯通起来，并联系被切断海上交通的南洋日军，以保护本土和东海海上交通安全。为此，1944 年 4 月起，日本集中兵力 40 余万发动"1 号作战"——大陆交通线战役（豫湘桂战役）。8 月 8 日，衡阳守军在苦战 47 天后放下武器，至此日军已在豫中、长衡等战场相继取胜，并于同月下旬开始沿湘桂线向广西进犯。此前，日军之中国派遣军在制订"1 号作战"计划时，曾拟 1943 年末将第十三军（侵占苏、浙、沪等地）和第十一军（侵占湘、鄂、赣等地）一并用于湖南方面作战，但鉴于上海地区的重要性而作罢。后中国派遣军命第十三军"在金华正面采取攻势策应第十一军初期的作战"，"6 月上旬从金华正面对衢州附近攻势，牵制敌第三战区军，以利于第十一军在长沙附近的作战"，故第十三军在本年 5 月底 6 月初就奉命进攻龙游、衢州，以配合"1 号作战"。① 而紧接着日军进击丽水、温州的作战"旨在策应湘桂会战。此次战役发动之初，适当湘桂战事进行最激烈之时，为牵制我方兵力西移增援，敌遂发动此次攻势，此为其进犯之第二个意义"。②

二 战前态势

针对日军自 1944 年 7 月底至 8 月中旬在金华、武义一带的陆续集结、准备南犯之迹象，担当浙东守备任务的第三十二集团军制定的方针可概括为逐次抵抗、尾追夹击，而后随着战局的发展又演变为合围夺回，即以该集团军下属之第八十八军新二十一师逐次抵抗当面之敌，确保丽水城及其外围各要点，以七十九师第一、第三突击队侧击敌人，并以暂编第三十三师截断敌之联络线。如丽水不保，则封锁断绝该敌，俟暂编第三十三师到来再行夹击。如侵丽水之敌于暂编第三十三师到来前分兵进犯温州，则以有力一部尾追，于青田夹击敌人。若继续向云和进犯，即于大港头附近三角地区与敌做主力决战。战役自 8 月 22 日正式

---

① 日本防卫厅防卫研究所战史室著《一号作战之二——湖南会战》下册，天津市政协编译委员会译，中华书局，1985，第 57～58 页。

② 《丽温战役经过概要》，《突击队》月刊第 1 卷第 8 期，第 31 页。

打响，至 27 日拂晓丽水城即告失陷，新二十一师六十三团几乎全团覆没，团长彭孝儒阵亡，确保丽水的计划落空。29 日，三十二集团军决定执行第二预案，以确保丽水之大港头、松阳各要点以待后续兵团到来展开决战。同日，批准温州守备区彻底疏散温州人口物资并对各县戒严，同时指示：敌在一个大队以下兵力则确保温州，相机与敌决战，若在一个大队以上，则行持久抵抗，掩护温州人口物资疏散，兵力部署须能应付两面作战。31 日，又指示温州守备区重点保持于丽水方面，以求得适时增援之余裕时间，以阻击向丽水进袭之敌。

9 月 3 日，确知二千余之敌自青田县海口镇沿江东下，并基于日来石帆方面敌之动向及种种征兆，确可判定敌已有略取温州之企图，东犯温州之敌其先头部队本晚可到达船寮，决定执行第三方案：着新二十一师副师长李文密率该师六十一团及八十八军搜索营，西南干部训练班集训大队少将大队长①龙云骧率第三突击队之第十一、第十二营对进犯温州之敌跟踪追击，令温州守备区主力迅速西进占领温溪、油竹一线，同时以一个营进击青田以西地区，着李、龙两部与温州守备区在青田堵击之部队，于船寮、青田间合力夹击该敌。但我尾追之部队虽于祯埠、海口等地予敌打击，击沉敌船筏多艘，但未能有效阻滞敌之前进，日军于 5 日占青田，其先头部队向温溪进犯。

其间，第三十二集团军总司令李默庵曾电令李、龙两部限于 5 日进击青田，觅敌主力猛击，不得为敌小股部队所抑留延误行动。但就在 6 日日军由晨至午后经小旦（今属鹿城区山福镇）、驿头（今属鹿城区山福镇）、外垟（今属鹿城区上戍乡）等处抢渡瓯江成功，当晚占山竹岭，其便衣队进袭藤桥，逼近温州外围。而龙、李两部次日才进抵油

---

① 根据《突击队》月刊第 1 卷第 4、第 5 期的所附 1944 年 7、8 月大事记，"7 月 14 日班部集训队学生、军士由大队长龙云骧率领向浦城行军，22 日到达浦城"，"8 月 24 日，班部集训大队长龙云骧奉令赴前方指挥××等部队对抗来犯之敌"。《丽水战役详报》则提及龙云骧为第三突击队少将副司令，由于同年 7 月 1 日第三突击队成立后不久又进行了部队扩编与官佐调整，刘建修于 9 月 24 日正式任该部司令（后文会有详述），推断龙云骧亦属同时任命担任副司令，此时丽温战役亦进入末期，故而《丽温战役详报》一直称其为龙云骧指挥官。

竹，相距尚有百里，在青田、船寮间夹击日军的计划落空，遂决定上述各部合力将敌压迫于瓯江畔时歼灭之。

但至 8 日黄昏后，温州守备区所属浙江保安四团在天长岭的主阵地被日军突破，该部自瞿溪后撤，当晚敌一部及便衣队迫抵温州城郊。其时我龙部甫抵源口（今属瓯海区泽雅镇），李部抵乌石坑（今属鹿城区藤桥镇）一线。温州城内兵力空虚，温州守备区各部如浙保四团、暂编三十三师第一团、浙保独立八大队均在此前奉命在青田至温州以西一带堵截日军，在被日军击败后，未能及时回防城区，故而温州城遂于 9 日晨 8 时许陷落。

9 月 9 日晨，日军窜占温州城区时，跟踪追击之龙部尚在天长岭一带与日军作战，此战在龙部与浙保四团协同之下获胜。当日，龙部经瞿溪进抵五斗庙附近，李部抵馒头驻（属今鹿城区仰义街道）。次日，龙、李两部分别向仙门山、大平山之敌攻击，将敌击退，同时龙部进抵营盘山、横塘山之线，与敌保持接触，并行威力搜索，主力集结西门村、大平山及其西北地区准备攻城。11 日，李部派一部向营盘山攻击前进，1944 年的莲花心战斗拉开帷幕。

第二节　作战时间

一　始于温州第三次沦陷之初、丽水光复前

今日通行说法以陈章文的回忆为依据，认为 1944 年 9 月与 11 月下旬莲花心皆有战事，但均无具体日期。陈章文称 1944 年 9 月 16 日丽水克复后，新二十一师在副师长李文密率领下与突击总队一起攻打温州。该先头部队五次攻击莲花心，两次得而复失。11 月下旬，陈章文奉命率六十二团增援温州，并担任主攻莲花心的任务。这导致有人误以 9 月 16 日作为 1944 年莲花心战斗发起的时间。如温州博物馆 2003 年新馆落成后首次布展的抗日战争与解放战争展板写道："1944 年 9 月 16 日，国民党第 88 军新 21 师在温州城西莲花心山与日军血战二天三夜，打击了日军的嚣张气焰。"而前文已经指明：在 9 月 3 日确定日军从青田海口出发向温州进犯的当天，新编二十

一师六十一团及突击总队第三突击队第十一、第十二营就奉命分别由李文密、龙云骧率领在后尾追。在日军侵占温州城的次日，两部已抵达了温州城郊，11日李部即进占莲花心、营盘山之线。

关于这一点除了《丽温战役详报》之外，其他各类史料均有记载。如《丽温战役经过概要》："敌侵入丽城后，于九月三日以梨冈支队沿瓯江两岸进犯温州，我即根据指导要领第三项除当饬温州守备区部队转移正面，占领油竹、温溪之线外，并派遣 B 军寅部之两个营及甲部之某团与 A 军之某营尾敌东追，期将该敌于青田东南地区夹击而歼灭之。"① 突击总队参谋长罗觉元在《四年来突击队作战概要暨经验与教训》中介绍："九月三日因敌以梨冈支队沿瓯江两岸进犯温州，该队（第三突击队）奉命由石塘镇（属云和县）出发，侧击敌于船寮、海口之间。海口一役毙敌三十余名，民船四十余只，并获敌所遗弃之辎重弹药甚多。旋又奉命阻敌于青田溪口，侧击窜扰青田之敌，后越小道堵击敌于天长岭之附近，惜乎友军阵地被敌突破，我即跟踪尾追。"②

此处所讲的"友军阵地被敌突破"，对照《丽温战役详报》当指浙保四团防守的天长岭阵地在 9 月 8 日被日军突破。次日，刚刚赶到的突十一、十二营即向天长岭之敌发起攻击，一举攻占之。对于此次天长岭之战及此后该部一路追击进抵营盘山下，《第三突击队的长成》（时任第三突击队司令刘建修撰）中有与《丽温战役详报》完全一致的记述："天长岭是永嘉城西的天然屏障，形势险隘，取之可以制胜，为敌我军事必争之地。当我部进出溪口附近寻敌尾击时，而强渡瓯江之敌，已一部突入渡头、天长之线以北，八日晚敌一部及便衣队迫抵永嘉城郊，我部以未及赶到，即向天长之敌攻击，抑留其向永嘉增援。九日，敌被迫向曼头渚（即馒头驻）及瞿溪方向溃退，我部遂乘机占领五斗庙、仙门山之线，准备乘敌于永嘉立足未稳，而迫城攻击。十日，协同廿一师向仙门山、大平山之敌合击，反复搏杀，迫敌后退，一部遂进抵营盘

① 《丽温战役经过概要》，《突击队》月刊第1卷第8期，第32页。
② 罗觉元：《四年来突击队作战概要暨经验与教训》，《突击队》月刊第2卷第5期，第21页。

山、横塘山之线，与敌保持接触。"

2016年，我们在平阳县南雁镇发现一位完整保存荣哀状、参加过丽温战役的第三突击队的"活烈士"陈敬士（见图4–1），这份颁发于1948年的荣哀状正文为："兹有陆军突击总队第三突击纵队一二营一连一等兵陈敬士，于民国三十三年九月六日在浙江青田抗战阵亡。忠贞为国，殊堪矜式，特颁此状，永志哀荣。此状。"对照《民国浙江阵亡将士名录》数据库、《平阳县出征抗敌阵亡员兵名录》（1946年4月平阳县政府据国民政府军事委员会所发恤金给予令编）、台北圆山忠烈祠忠烈将士查询系统，发现"陈敬士"的相关信息包括所属部队、职务、阵亡时间及地点与该荣哀状上的信息完全一致，两份名录分别注明其阵亡时年龄为21岁，阵亡具体地点为青田祯埠，其籍贯为平阳县雁山乡（今南雁镇），这与保存此状老人的身份证信息吻合（陈敬士，1923年11月生，住址为平阳县南雁镇溪南村）。①这意味着这位第三突击队的战士于1944年9月6日在青田祯埠作战后脱队，战后被视作阵亡处理。根据《平阳县出征抗敌阵亡员兵名录》记载，同一天在祯埠阵亡的还有4位平阳籍第三突击队战士。此战正当第三突击队追击日军途中，《丽温战役详报》中亦载："祯埠方面自5日以来时有激战，一度被敌占领。"这同样证明第三突击队自9月5日就开始追击行动，并在途中与日军发生过战斗。

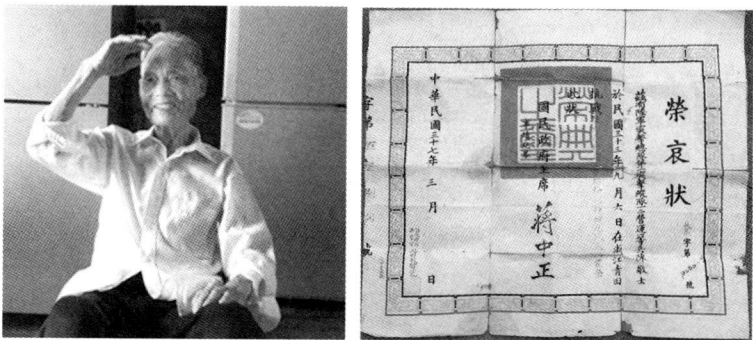

图4–1 "活烈士"陈敬士与他的荣哀状

---

① 陈敬士（1923年生）：王长明、周保罗、高志凯、管朝涛访谈，2016年7月30日，平阳县南雁镇溪南村。

在《战场之记录——墓标》中亦有同样记录，"西南突击第三队[①]收到命令，应于九日下午三点朝油竹村（青田东南四千米）前进"，"西南突击第三队九日向五斗庙（温州西南九千米）以及北部进击，接着被命令向营盘山（温州西南三千米）进攻。李文密率六十一团于九日到达温州西方十千米，接经大平山（温州西方六千米）向双坟山（温州西方二千米）前进等等……（中国军队）接二连三在温州周边集结"，"九月十日，对暂编三十三师一团、二团下令，用一部分兵力占领白楼附近（温州西方三千米），主力则经过马桥（温州西南九千米）以及楼桥（马桥东北四千米），向新桥街（温州西南三千米）前进"。[②]温州藤桥籍的金学兰当时刚从军校毕业，被派往新编二十一师服务。他后来在《军旅生活忆旧》中亦写道：日寇侵占温州城的翌日，该师即到达温州郊区，11日开始向莲花心发起攻击。[③]《丽温战役详报》亦载：11日，六十一团即已攻占莲花心、营盘山之线，此后到19日，莲花心一带每日均有战斗发生，阵地屡次易手。

如果按陈章文所说，着手夺回温州始于丽水光复后，那么从8月27日丽水沦陷到9月16日丽水光复这二十天当中，六十一团与第三突击队又在干什么？由于陈章文的《攻占温州莲花心纪实》是据其之前《丽温战役亲历记》的第三部分"攻占温州"略加修改而成，查阅《丽温战役亲历记》全文更能弄清陈章文的叙事逻辑。按《丽温战役亲历记》第二部分"克复丽水"的说法，当时六十一团是在丽水一带敌后游击，拟相机收复丽水。"克复丽水"首先称："日寇占领丽水后与在温州活动之敌会合，似有久踞之样。"陈章文《八十五年的历程》一文中亦写道："日军占领丽水后，与在温州之敌联合防守，似

---

① 西南突击第三队即陆军突击总队第三突击队，它与西南干训班有密切的关系，后文将会详述。

② 〔日〕饭田米秋、高桥定一编《战场之记录——墓标》，第589页。

③ 金学兰口述，林正华记录《军旅生活忆旧》，《瓯海文史资料》第3辑，第96页。其中提及六十一团、六十二团及师直属部队为同时到达温州，与史实不符，详见后文辨析。

有久据之势。"① 事实上，日军占领丽水之时温州尚是国民政府控制区，此后13天即9月9日日军才占领温州，在这之前丽、温两地日军会合又从何谈起？很显然，陈章文时隔多年之后，已记不清温州沦陷的时间。再看此文的第一部分"永康武义阻击战"中称：在日军进击永康、武义，发起丽温战役之前，"温州海面敌舰游弋频繁，其企图是向我进攻，扩大浙江南部敌占区，进窥闽北"。原来陈章文认为：早在丽温战役之前，温州乃至浙南已经被日寇所占。实际上此时温州一带海域虽经常有日舰袭扰窥视，但日军第三次侵占温州却是1944年9月9日的事，而且日军此次侵占是由金华、武义南下，而非从沿海登陆。

正是基于以上错误的记忆，陈章文的回忆中自然看不到丽水沦陷后我各部追击阻截日军向温州进犯的记述，第三十二集团军总司令李默庵下达给李文密的命令也被陈章文误记为：率六十一团在敌后游击，相机收复丽水，截断交通，向温州进击。简而言之，也就是先收复丽水，再收复温州，因为在陈的记忆中，温州早在丽水之先即已沦陷，自然不存在对企图窜犯温州之敌于中途前堵后追之事。

综合以上分析，1944年的莲花心之战起于丽水光复之前、温州沦陷之初的9月11日。陈章文关于此战起于丽水光复即9月16日以后的说法是错误的。

二 1944年11月莲花心无大战

鉴于包括莲花心在内的反攻温州作战旷日持久，进展不利，而丽水已于9月16日光复，调我方在丽水方面部队速来增援，以期尽快克复温州成为顺理成章的事。问题是史料记载的是六十二团于9月下旬增援温州，陈章文回忆称他是在11月下旬奉命率六十二团驰援温州，孰是孰非？

---

① 陈章文：《八十五年的历程》，自贡市大安区政协文史委编《大安文史资料选辑》第1辑，1991，第29页。

　　从情理上讲，既然丽水 9 月 16 日光复，此后第 4 天永康亦告光复，此前，青田亦于 9 月 6 日光复，丽水方面作战基本结束，战前态势恢复，日军在浙南仅据有温州部分地区，形势孤立，此时为何不集中全力尽快攻取温州，反而要再拖两个多月后才驰援呢？更何况，在此之前，丽温战役从当年 8 月下旬开始，已经打了近一个月。决策者难道不考虑以三十二集团军薄弱的兵力和落后的后勤补给、医疗救护，如何保障部队再进行两个多月的连续作战？

　　同时，如果驰援温州是在 11 月下旬，那么六十二团在收复丽水之后这长达两个多月的时间内又在干什么呢？陈章文在《丽温战役亲历记》中称这次战役从 1944 年 8 月 22 日起至 12 月下旬止，这意味着他记忆中的丽温战役有四个月，而抗战期间历次大会战中持续时间较长的徐州会战、武汉会战、浙赣会战也不过四五个月，并且这都是双方投入几十万，甚至百余万兵力进行的大会战，如果丽温战役也要持续四个月，仅仅一个不过三四万人的三十二集团军怎么能够担当如此重任呢？陈的说法显然不符合情理。

　　再揆诸史料，《丽温战役详报》记载：早在 1944 年 9 月 19 日，"以丽水之敌溃退，即决心转用（新编）二十一师于温州方面，当下达 1019 电令刘军长（八十八军军长刘嘉树）如次：集团军为彻底击溃盘踞温州之敌，以新二十一师全部转用攻取永嘉，候令开动"。22 日，"又电饬八十八军转令罗君彤师长（八十八军副军长兼新二十一师师长）率领六十二团及山炮二门，限二十五日以先头到达瞿溪，归陈副总司令指挥"。23 日，又向各部传达第三战区司令长官顾祝同的电令，"现丽水克复，敌势已孤，为彻底击灭敌人及克复温州计，再饬罗师长率该师主力兼程增援，望督励所部勠力同心破残敌，求得战果，各部队长应切实负责贯彻命令，达成任务，否则定予严惩"，并"转饬各部遵照，一俟罗师长到达及弹药补充与部署妥善后即行开始攻击"。"9 月 26 日，罗师长抵瞿溪，六十二团到达任桥集结。"27 日，开始战斗准备。30 日 4 时对莲花心及温州城各重要据点发起全线总攻，其中六十二团担任主攻莲花心的任务，至 10

月 2 日晚 22 时莲花心作战结束。此《丽温战役详报》系逐日汇总及时记录，在时间轴上极为连贯，不可能出现时间记载上两个月的误差。

《丽温战役经过概要》中亦记载："丽水方面恢复原有态势后，甲部之某团可抽调转用，并鉴于当时敌在温州之兵力并不十分强大，遂令罗师长率某团附山炮连及重迫击炮两门增援温州。某团于二十七日到达战场，二十九日经侦察部署完毕后，十月一日开始总攻击，是日天雨如注，步炮协同困难，攀登不行，暂行停止。二日四时天晴，继续总攻……不得已乃于日夜放弃该阵地（外莲花心），退回原阵地暂行停止攻势。"两份史料记录的到达、总攻的时间均有一天之差，但都证明六十二团受命增援温州是在 1944 年 9 月下旬，作战时间是在 9 月底 10 月初。由于《丽温战役详报》系逐日记录，对重大事件记错日期的可能性极小，故而我们采信《丽温战役详报》所记录的日期。

《丽温战役详报》的《作战人员功过奖惩一览表》中，作为本次莲花心作战后期主攻团团长的陈章文及下属营长石青云的大名均赫然在列，并注明受嘉奖原因之一与攻击温州莲花心的表现有关。该详报关于温州作战的时间迄于 10 月 5 日，莲花心作战迄于 10 月 2 日，且逐日记录，偌大一个三十二集团军的战斗详报总不至于把战斗时间弄错两个月吧？

再者，原第三十二集团军司令部机要秘书楼绛云、原军统浙东站站长章微寒等人的回忆都证实，1944 年的 10～11 月，此次反攻温州之战的前线总指挥陈沛早已不在温州，而是去了天台，负责"围剿"四明山地区中共领导的浙东游击纵队。

每当对日战局稍形缓解，浙江省国民党当局和蒋介石家乡的地主豪绅就叫嚣要突击队参加对四明山革命根据地的进攻。龙衢、丽温两战一告结束，这种叫嚣又来了。1944 年 11 月又在天台设立第三十二集团军前进指挥所，另派副总司令陈沛为指挥官，浙江省保安处长王云沛①为副指挥官。这是该集团军对四明山的第三次进攻。②

一九四四年十月，（第二次）浙赣战役③结束不久，浙江省参议会又重谈进犯四明山的滥调。李默庵改派三十二集团军副总司令官兼六十军军长陈沛接替竺鸣涛为前进指部指挥官。在国民党党、政配合下，再度纠集兵力，以六十军为主力，进犯四明山。④

而在浙东"剿共"前线作为陈沛副手的王云沛的回忆与其他史料都证实，1944 年 11 ~ 12 月，的确成立了这样一个指挥部。虽然这些回忆在细节上互有出入，但对陈沛当时去向的表述是一致的。

> 浙东天台国民党三十二集团军（李默庵任总司令）前进总指挥部（这个机构在 1944 年 12 月间成立，当时的目的不是抗日，而是企图消灭四明山区的共产党的浙东敌后抗日游击队）。⑤
>
> 1944 年 11 月，浙江省政府在奉化、嵊县、新昌、宁海、天台 5 县边区成立"剿匪"司令部，"围剿"中共领导的四明山抗日根据地。⑥

不但陈沛 1944 年 11 月间不在温州，而且史料还证明此时新二十一师亦不在温州。《第八十八军浙江丽水等地整训日记》显示：1944 年 11 月 1 日，新二十一师师部、师直属部队驻丽水碧湖及其附近，该师

---

① 王云沛此时职务应为浙江省保安处副处长。
② 楼绛云：《南浦征鸿》，福建省浦城县政协文史委编《浦城文史资料》第 9 辑，1988，第 48 页。
③ 1944 年发生的龙衢、丽温战役又被称为第二次浙赣战役。
④ 章微寒：《第三战区司令长官司令调查室的回忆》，江西省上饶市政协文史委编《上饶市文史资料》第 6 辑（《国民党第三战区司令长官司令部纪实》上册），1986，第 72 页。
⑤ 王云沛：《接收宁波的阴谋》，全国政协文史委编《文史资料存稿选编——抗日战争》下册，中国文史出版社，2002，第 800 页。
⑥ 《浙江省政府志》编纂委员会编《浙江省政府志》上册，浙江人民出版社，2014，第 104 页。

下辖三个团亦分驻碧湖周边，六十一团驻碧湖湾竹，六十二团驻沙岸，六十三团驻三峰村，均行整训。11 月 23 日晨，六十一团由碧湖出发向缙云县新建镇前进，接替暂编三十三师及七十九师在四路口、石柱村至白姆镇之线防务，主力准备移驻白云山附近整训。25 日，六十一团已抵新建接替防务，新二十一师主力仍驻碧湖准备移驻。28 日，六十一团已接替防务，任四路口亘白姆镇间警戒阵地守备。新二十一师其他各部仍驻碧湖，准备移动。12 月 3 日，六十一团驻地不变，六十二团移驻太平汛附近整训，六十三团移驻凤山前附近整训，师部驻三眼寺。8 口，新二十一师驻地同前。该史料证明 1944 年 11 月初，新二十一师全师均在丽水碧湖一带整训，至 11 月下旬，六十一团赴永康四路口、武义白姆镇一线接防。12 月初，六十二团、六十三团由碧湖附近分别移驻丽水太平汛、凤山前继续整训。这一个多月当中，新编二十一师全师各部均未到温州与日军作战。

此外，根据对浙江省内多位 1944 年莲花心战斗亲历老兵的询问，他们均表示参加此战时身着单衣，为夏日天气，且永康老兵施文钦（又名施金友）还强调撤离温州时太阳很大，战士们打着当地民众送的伞遮挡太阳，[①] 这与 11 月下旬温州的深秋天气不符。根据我们对多位莲花心周边村民的调查，他们虽不能记住莲花心战斗的准确时间，但能够确定战斗发生在当年中秋节前后，1944 年的中秋节是在公历的 10 月 1 日，对照《丽温战役详报》与《丽温战役经过概要》，正好是六十二团来援并总攻莲花心之时。曾担任莲花心村村干部、后迁居山下净水村的八旬老人黎陈聪（见图 4－2），原浙江省保安独立第八大队老兵黄德金均表示：1944 年莲花心战斗发生在晚稻快熟、尚未收割之时，当时天气还比较热，到深秋时节后未发生过战斗。[②] 温州山区适合种植单季

---

① 施金友（1924 年生）：王长明、周保罗、高志凯访谈，2015 年 6 月 21 日，永康市龙山镇溪田村。

② 黎陈聪（1930 年生）：王长明、周保罗访谈，2016 年 6 月 12 日，瓯海区景山街道净水村；黄德金（1924 年生），王长明、周保罗访谈，2017 年 2 月 8 日，鹿城区双屿街道正岙村。

晚稻，9 月底至 10 月初收割，而如果发生于陈章文所说的 11 月下旬以后，则莲花心一带晚稻早已收割。

图 4 - 2　原莲心村村民黎陈聪（2016 年 6 月 12 日摄于温州西山东路）

第三节　参战部队

新编二十一师、陆军突击总队第三突击队、温州守备区部队于 1944 年丽温战役中曾在温州对日作战，那么本节将厘清其中具体有哪些部队参加了本次的莲花心作战。

一　六十三团部分残兵、黄君殊团曾参战

根据《丽温战役详报》《丽温战役经过概要》，新编二十一师的六十一团、六十二团分别担任本次莲花心战斗前期与后期的主攻。但在陈章文的回忆中还提到了六十三团参战，而六十三团在 8 月 26 ~ 27

日的丽水守城战斗中已经几近全团覆没，如何还能到温州来参战呢？根据《丽温战役详报》和《丽水战役详报》，丽水守城战斗中六十三团团长彭孝儒阵亡，该团第二营营长赵楚皓、第三营营长朱恩施以擅离阵地之罪名奉令于9月8日被执行枪决。该团在丽水战前共1749人，在丽水守城战斗中共伤亡失踪损失1300人，尚存未受伤官兵449人。

对于生还官兵的去向，曾在八十八军干训班任军官队少校区队长的翁立初称：刘（嘉树）军长下令，所有六十三团生还官兵，必须去小顺军干训班报到，收容待命。[①] 陈章文在《丽温战役亲历记》中也提及罗君彤师长在丽水城战斗后收容六十三团散兵之事。[②] 我们在调查中发现有两位原六十三团的老兵均先后亲历了1944年丽水城和莲花心战斗。一位是临海籍的六十三团特务排班长冯米乾，自述在丽水城战斗中负伤，另一位是永嘉籍原六十三团五连士兵戴盛凯（见图4-3），自述在丽水城战斗中，因水性好在丽水小水门附近护城河中侥幸逃生，并脱离部队。不久前者伤愈归队，后者在返乡途中被新编二十一师抓住重新当兵，二人都随部队一起到温州攻打莲花心。[③] 而《丽温战役详报》和《丽水战役详报》中，自丽水城陷之后到丽温战役结束均未提及六十三团参加任何战斗。综合上述信息可以推断：六十三团丽水守城战斗部分生还官兵被收容以后，编入新编二十一师的其他部队到温州参加了莲花心战斗，而六十三团建制实际已不复存在。因为团长已死，三个营长毙了两个，逃了一个，官兵仅剩1/4。

这一点也可以从《丽温战役详报》9月24日的记录中得到印证，当天"为调整建制准备攻击，饬33D（师）黄团归还21D（师）建

---

① 翁立初：《丽水再度沦陷时63团朱赵营长之死》，丽水市政协文史委编《丽水文史资料》第8辑，1991，第52页。

② 陈章文：《丽温战役亲历记》，《丽水文史资料》第8辑，第14页。

③ 冯米乾（1921年生）：金扬、夜落空、百合、提拉米苏、习惯、南纬、老街访谈，2014年5月28日；王长明、周保罗访谈，2015年6月20日，临海市沿江镇西苓村。戴盛凯（1924年生）：王长明、高志凯访谈，2015年3月15日，永嘉县岩坦镇溪二村。（李淑丽整理）

图 4 - 3　原新编二十一师六十三团士兵戴盛凯

资料来源：2015 年 3 月 15 日，摄于永嘉县岩坦镇溪二村戴盛凯家中。

制"，"对李副师长、龙指挥官、33D（师）黄团长，2411 电奉总座申 2279 电开，周师黄团已改为 63 团，应饬归还罗师建制"。此处所谓周师黄团即为当时的暂编三十三师第二团，师长为周淘澉，团长为黄君殊。黄君殊本为新二十一师的老班底，曾任新编二十一师六十三团团长。[①] 多位老兵及亲历者的回忆都提及：黄君殊所在的新二十一师六十三团曾与暂编三十三师第二团隶属关系及番号同时对调，即原暂编三十三师第二团改为新二十一师六十三团，由彭孝儒任团长；原新编二十一师六十三团改为暂编三十三师第二团，仍以黄君殊

---

① 四川省档案馆编《川魂：四川抗战档案史料选编》，西南交通大学出版社，2005，第 211 页。

为团长。① 而从《丽温战役详报》中"周师黄团归还罗师建制"一语来看，此事的确存在，但具体时间尚未查到明确史料。根据有关史料，1943 年彭孝儒接任六十三团团长，② 1942 年丽青温战役期间暂编三十三师第二团团长为湛廷辉，暂编三十三师抗敌阵亡将士纪念碑（即松台山抗战纪念碑）1943 年 11 月 1 日第一次筹备会议纪录显示参会人员中有湛廷辉，而无黄君殊，③ 以及 1944 年 3 月湛廷辉已任浙江省第八区保安副司令，④ 这两个团对调时间应是在 1943 年末到 1944 年初。而 1944 年 9 月这一次建制调整与番号变动，等于是让黄君殊团重回新二十一师，并复名六十三团。

陈章文在回忆中说黄君殊病故，⑤ 而黄岩乡贤朱劫成先生的日记中则记载了 1944 年 2～8 月，黄君殊驻军当地与朱交往，甚至朱还为其筹借经费五万元的过程，该日记还记载："八月廿七日，卅三师兵驻我家在今日赴温，计驻我家三天。君殊团长明日行。"⑥ 这可再次证明黄君殊到暂编三十三师第二团任团长的时间是在 1943 年末到 1944 年初。丽温战役开始时，黄君殊仍然健在，并未亡故。此外，日军战记《战场之记录——墓标》中亦记载："（暂编三十三师）二团从黄岩出发，长驱直入，进入青田。"⑦

《丽温战役详报》对黄君殊团参加丽温战役的情况有详细记载：9 月 3 日"以 0320 电令 33 师第二团团长黄君殊饬将该团所有新兵编队另行控置外，其余战斗兵编组数队速开青田西北瓯江左岸地区与右岸

---

① 翁立初：《丽水再度沦陷时的内情》，丽水县政协文史委编《丽水文史资料》第 2 辑，1985，第 131 页。

② 《丽水地区人物志》编辑部编《丽水地区人物志》，浙江人民出版社，1995，第 153 页。

③ 永嘉县商会 1943 年 11 月 3 日收文（编号第 722 号），温州市档案馆，档案号：205 - 1 - 102。

④ 周干、王志斌：《平阳大刀会始末》，温州市政协文史委编《温州文史资料》第 16 辑，2002，第 287 页。

⑤ 陈章文：《丽温战役亲历记》，《丽水文史资料》第 8 辑，第 13 页。

⑥ 尤伯翔选注《朱劫成先生日记选》，黄岩县政协文史委编《黄岩文史资料》第 11 辑，1989，第 77、85、86、103 页。

⑦ 〔日〕饭田米秋、高桥定一编《战场之记录——墓标》，第 589 页。

保四团之一营扼要占领阵地阻击敌人。盖举全力以参与战斗，虽一兵一械亦必招致于战场，期无遗憾，故该团接兵之干部及战斗兵综合不过 200 余人，亦予抽集使用"。当时黄团总人数约为 1500 人，这意味着该团大部分为新兵，其战斗经验与能力可想而知，而丽温战役中参战的黄团实为"黄团干部队"。9 月 6 日，该团克复青田。此后，该团先后配属李文密部、龙云骧部一路到达温州，直接参与了莲花心作战。14 日黄昏，黄团主力向营盘山南移，与李部攻击莲花心西山。16 日，黄团干部队协同李部攻营盘山。19 日，黄团精选一部任潜袭外莲花心。21 日，令龙部（附黄团）确占岙上村、西堡，积极攻击灰炉村、西山、营盘山、内莲花心之敌。

9 月 24 日黄团归还新二十一师建制，改为新二十一师六十三团当天，其作战境地奉令改为"仙门山、后庄、东岙山南端 1778 高地（不含），一部占领任桥、渚浦西村，暂由新二十一师副师长李文密指挥，其西堡、旸岙村、下屿山、庄济庙、下屿村原阵线由龙部接替。但就在本日拂晓前莲花心之敌犯我六十一团渚浦山、双坟山阵地，一度陷落，黄团受命策应右翼龙部攻敌右侧，夺回渚浦山阵地。9 月 25 日，以作命第 15 号于前进指挥所再令"黄团应即归 21 师建制，暂由李副师长指挥"。此后，《丽温战役详报》再未提及此事，推断黄团归建已经完成。9 月 30 日，全线总攻莲花心及温州各要点时，下达命令"以 63R（团）控制于仙门山为预备队，未经于许可不能使用"，此处六十三团显然指黄君殊团，此后至 10 月 2 日，莲花心作战结束，黄团未再投入战斗。

由此，我们只能说六十三团丽水城战斗部分生还官兵被收容以后，编入新编二十一师其他部队到温州参加了莲花心战斗，而不能说六十三团成建制地参加了莲花心战斗，因为从 8 月 26 日后至 9 月 24 日六十三团建制并不存在。在这期间黄君殊团虽然参加了莲花心战斗，但此时它的番号是暂编三十三师第二团。自 9 月 24 日起黄团复为新编二十一师六十三团后，就再未参加莲花心战斗。当然，因为陈章文与黄君殊同为新二十一师老班底，亦是老相识，习惯称黄团为六十三团亦不足为怪。

黄君殊团在陈章文团来援主攻莲花心时并未配合其作战，其原因可能与黄团几乎全为新兵有关。《第八十八军浙江丽水等地整训日记》记载黄君殊团在丽温战役打响前，"一面整训，一面接兵"。此外还要指出黄团在归建新编二十一师之前，并非直接由暂编三十三师指挥，而是配属温州守备区指挥。同时配属温州守备区的部队还有暂编三十三师第一团、浙江保安四团、浙江保安独立第八大队等。根据该整训日记1944 年 11～12 月的记录，黄团归建新二十一师以后，暂编三十三师第二团亦旋即开始重建，并"赴闽接兵"。

二　前期：突十一、十二营协助六十一团攻打

在陈章文的回忆中提及突击总队与李文密率领的六十一团一道抵温参战，后文又提到突击一、二总队，但对突击总队是否参加过莲花心作战，陈章文的回忆中语焉不详。《丽温战役详报》提到龙云骧率突击第三队之第十一、第十二营与李文密所率新二十一师六十一团一道追击东窜温州的日军（详报中还使用过第三突击队的称谓），暂编三十三师第一团团长李昊在《反攻温州未遂纪实》中提到"龙云骧率两个突击队赶来温州"，日军战记《战场之记录——墓标》中提到"西南突击队"来温参战，我们在采访中又常听老兵提及三十二集团军突击队或突击营，这支部队正式的名称究竟叫什么，有没有参加莲花心作战呢？

查阅《突击队》月刊，可以确认该部队正式番号全称为陆军突击总队，其下辖部队称为第一、第二、第三突击队。这个突击总队并不是那种作战时临时组织的攻坚克难、开展突袭性质的小分队、突击队，而是一支正式、成建制的军级作战部队。陆军突击总队是抗战时期中、英军事合作的产物，其创建初衷是训练中国部队开赴缅甸对日作战，同时国民政府方面亦有借此编练兼具正规作战与敌后游击能力的新军之意图。陆军突击总队由时任湘鄂赣边区挺进军总指挥、西南干部训练班教育长，后任第三十二集团军总司令的李默庵负责创办，因其与西南干训

143

班、三十二集团军的密切关系，故而被称为西南部队或西南突击队、三十二集团军突击总队。而西南干训班又与抗战初期著名的南岳游干班有一定的关系。

1938 年 11 月，蒋介石根据中共方面的建议在南岳军事会议上决定举办游击干部训练班，并请中共派遣干部教授游击战法。1939 年 2 月国民政府军事委员会军训部游击干部训练班在南岳衡山正式开学，蒋介石自兼主任，汤恩伯任教育长，负实际责任，并商请中共方面派叶剑英任副教育长，共同主持。1939 年 5 月，李默庵继任教育长。因同时在西北地区又举办了同样性质的训练班，该班遂于同年 8 月更名为军事委员会军训部游击干部训练班西南班（通称西南游击干部训练班）。1940 年春，第三期学员结业后中共代表团从该班撤出。因日机轰炸，西南游干班从 1939 年 10 月起至次年先后在湖南零陵、祁阳与江西修水县漫江镇辗转迁移。① 1941 年 11 月，西南游击干部训练班从漫江迁回祁阳，同年底该班改为西南干部训练班（简称西南干训班），李默庵仍兼任教育长。②

李默庵在 1940 年冬，深感作战必须正奇互用，前后夹击，在敌人后方，深入有力部队，方可制胜。唯当时一般国民党军部队，武器既属窳劣，纪律尤为废弛，不独不能成理想之效果，反益增民众之痛苦。乃建议编组一种装备齐全、训练精良、纪律严肃、信仰坚定，并且有灵活、能独立作战诸性能之特种部队，适逢英军代表团亦有同样意见，向国民政府建议，故而有突击部队之诞生。③

此时，太平洋战争尚未爆发，但日军南进态势已经十分明显，英国

---

① 湖南省地方志编纂委员会编《湖南通鉴》（上），湖南人民出版社，2007，第 612 页；李默庵：《我在南岳干训班和浙境受降经过》，《抗日战争研究》编辑部编《抗日战争胜利五十周年纪念集》，近代史研究杂志社，1995，第 56～57 页；李默庵：《忆南岳游击干部训练班》，全国政协文史和学习委员会编《文史资料选辑》合订本第 43 卷总第 126 辑，中国文史出版社，2011，第 226～229 页。

② 薛庆淳：《突击队四年来之经理概况》，《突击队》月刊第 2 卷第 5 期，第 28 页。

③ 罗觉元：《四年来突击队作战概要暨经验与教训》，《突击队》月刊第 2 卷第 5 期，第 16 页。

窘于德军的猛攻无暇东顾，不敢对日贸然宣战，便希图与中国秘密谈判，借重中国的人力合作创办一支部队去缅甸作战，既保卫中国西南，又维护英国的利益。1941 年 5 月，英国驻中国武官丹尼斯少将与国民政府军事委员会办公厅主任贺耀组就英国派遣教官、提供武器帮助中国编练突击部队入缅作战达成初步协议，具体事务由李默庵负责组织实施。① 至此该干训班的办班目的由国共合作培养游击干部变为中英合作培训突击部队。所以，蒋介石之后亦明确指出：西南干训班的"创设主旨乃在造就高度力行精神之突击战士，授以目前工作实际需用之知识技能，以为我国建立新型战斗部队之基础"。② 陆军突击总队队标如图 4 - 4 所示。

图 4 - 4　陆军突击总队队标

注：其中"突"字上部、"击"字下部系英文"C""B"，即中、英两国英文名首字变体，寓意突击队为中英合作产物。

资料来源：《突击队》月刊第 1 卷第 2 期，第 23 页。

该突击部队以"既能正面打击敌人，又能在陷区摧毁敌力，奇正相辅、独立作战"为定位，也就是既能打正规战，也能打游击战。它以营为独立作战单位，以队为战术指挥单位。根据突击总队校阅报告，每个突击营下辖四个步兵连、一个迫击炮连、一个重机枪连，另编配通信排、

① 楼绛云：《抗日战争中的英军代表团》，《烽火余烬》，第 195 页。
② 《兼主任蒋对本班第九期毕业学生训词》，《突击队》月刊第 1 卷第 2、第 3 期合刊，第 1 页。

担架排、特务排各一个（有的营还配有输送排）。各种史料及该部健在老兵均称全营编制有 1000 余人，① 其编制小于同期国民党军普通的步兵团，相当于 2～3 个普通步兵营，而其迫击炮连、重机枪连及其他营属部队的配置已相当于同一时期国民党军步兵团的规格。突击营以上为突击队，每个突击队下辖五个突击营，另编有队属特务连、通信连、输送连、工兵连及行动队、卫生队，第二突击队还设有野战医院，全队总编制五六千人，已相当于当时国民党军一个师的实有兵力，② 各突击队主官称司令，为少将衔，下属各突击营主官为营长，为中校或上校衔。也有一些文章误称该突击部队为全副美械装备，③ 实际这支部队为中英合作的产物，而英方承诺的武器大多未能到位，装备仍以国产为主。④

1941 年 5 月，第一、第二突击营在江西修水漫江镇初创，随着西南干训班迁回祁阳，第三、第四、第五营相继成立。次年 5 月，正式以此五营为基础成立突击队司令部，并按原计划调第三、第四、第五营由祁阳开赴缅甸，后因腊戍失陷，缅甸战局恶化，先头部队行至广西鹿寨中途折返。6 月，突击队开赴江西南浔线对日作战，同时第六至第十营亦陆续编成。同年 10 月，李默庵调任第三十二集团军总司令，第一至第十突击营、西南干训班及英军代表团亦于 1942 年冬至 1943 年春随李全部开赴浙江，并在浙江将原突击队改为第一突击队，1943 年以第六至第十营组建第二突击队。⑤

1944 年 3 月，陆军突击总队司令部正式成立，相当于军级单位，突击队从创立之初一直由西南干训班指挥，改而直隶于第三十二集团军，由李

---

① 洪省三：《突击营、西南干训班和英国军事代表团》，丽水市政协文史委编《丽水文史资料》第 3 辑，1986，第 115 页；李昊、熊壮猷：《西南干部训练班及突击队》，湖南省政协文史委编《湖南文史资料选辑》（修订合编本）第 2 辑，湖南人民出版社，1981，第 78 页。

② 陆军突击总队第一、第二、第三突击队及直属营《（民国）三十四年度第一期校阅报告书》及《成绩一览表》，《突击队》月刊第 2 卷第 4 期，第 65～80 页。

③ 见徐充《天目山战役中的卓越指挥的深远意义》注解 1，浙江省新四军研究会浙西分会编《纪念粟裕将军逝世二十周年资料文集》，2004，第 30 页。

④ 据《陆军突击总队整训会议提案审查书》："查英方供应武器因空运困难，迄未到达，现由代表团移交本部接收者仅冲锋枪 80 挺、战防枪 12 挺、6 公分迫炮 6 门。"（《突击队》月刊第 2 卷第 3 期，第 34 页）

⑤ 薛庆淳：《突击队四年来之经理概况》，《突击队》月刊第 2 卷第 5 期，第 28 页。

默庵兼任总队司令。第一、第二突击队司令分别为周淘濑（后由罗觉元、胡旭盱继任）、魏人鉴（魏人鉴为蔡桂光题写的"为国成仁"锦旗见图4-5），其代字分别为"雷波"（后改"唱凯"和"雷霆"）、"歌凯"，两个突击队自1943年开始转战浙东，在新昌、嵊县、东阳、义乌、天台、鄞县等地抗击日军，同时也进攻过位于四明山的新四军浙东游击纵队，1944年参加龙衢等抗日战役。① 1945年6月，第一突击队在进攻天目山区的新四军苏浙军区部队时于浙江孝丰全军覆没，司令胡旭盱阵亡。此后，陆军突击总队在抗战末期改编为国民革命军第九十八军。这里还要指出：1944年初创于昆明的国民党军伞兵部队，曾于1945年4月定名为陆军突击总队，1946年3月16日该总队改隶航空委员会，更名为伞兵总队。②

而1944年来温参战的第三突击队组建时间最迟，其前身是1943年伪军十三师二十五旅（师长丁锡山、旅长李启蒙）反正改编而来的暂编十一旅，归第三十二集团军节制。1944年7月1日，暂编十一旅改编为第三突击队，并经整补成立第十一至第十五营，由刘建绪之弟刘建修任司令，代字"新猷"。第三突击队于同年8月9日即丽温战役爆发前奉命在三十二集团军总部之后从丽水碧湖移驻福建浦城，并在途中演习行军、宿营、防空等课目。20日，抵浦城。25日，正在浦城整训的第三突击队奉令由龙云骧率十一、十二两营由汽车输送，是晚抵达规溪亭，参加丽温战役。26日

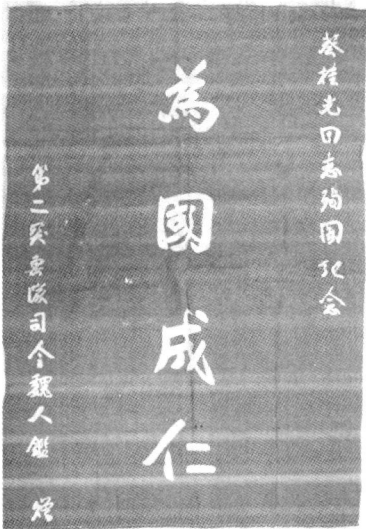

图4-5 第二突击队司令魏人鉴为瑞安籍抗日烈士、第二突击队第十营一连代理排长、瑞安籍蔡桂光题写的"为国成仁"锦旗（现存于瑞安博物馆）

① 胡旭盱：《四年来之第一突击队》、魏人鉴：《第二突击队教战纪略》，《突击队》月刊第2卷第5期，第6~11页。

② 戚厚杰、刘顺发、王楠编著《国民革命军沿革实录》，河北人民出版社，2001，第823页。

抵大港头占领阵地。8月29日，第三十二集团军副总司令陈沛电令"第三突击队龙指挥官云骧所部集结于石塘（属云和县），归余直辖"。因丽水在其到达前沦陷，该部遂与新编二十一师六十一团共同担负追击由丽水窜犯温州之敌的任务。①《丽温战役散记》称这是第三突击队组建后的"出阁之战"（即第一战），称其以汽车输送兵力参加丽温战役为"机械化部队出动"，这也足见当时现代交通工具在国民党部队行军中的鲜见。对此，龙云骧将军的夫人、瑞安籍孙嘉玲（见图4-6）女士曾有一段鲜活的回忆，她说："可能是最后一次去温州打仗，是我送他上汽车。（具体到哪里）他不会跟我讲，他有任务。那一次走了回来以后，我第二年正月初六生的（儿子）龙达闽。（他走的时候）我肚皮里头已经有（怀孕）几个月了。他回来以后，守着生的。"②

根据《丽温战役详报》，第三突击队第十一、第十二营在历经温州外围天长岭、仙门山、横塘山、鲤鱼山等处战斗后，从12日起开始担任从南面进攻温州城的任务，曾攻入小南门内，后因莲花心吃紧，开始分兵协攻莲花心。至17日该部从城内撤出，全部秘密集结，配合六十一团全力协攻莲花心。18日，任西山、营盘山之强攻，并阻敌西门增援。19日龙部攻占西山、营盘山后以莲花心未克，不能久守退出。此后又再战于鲤鱼山。9月30日，总攻莲花心开始，龙部担任助攻任务，负责攻击西山。10月2日，"龙部攻击西山，其恶斗状况几与罗部（新二十一师）相近，经数度之肉搏始克占领"。

《突击队》月刊刊发的战地通讯《丽温战役散记》，记述了1944年第三突击队第十一、第十二营参加丽温战役的过程。全文分为七个部分，其后四部分"（天长岭）吃马肉"、"二进小南门"、"东西交响"

---

① 胡琪三：《第三突击队编训纪略》，《突击队》月刊第1卷第6期，第8页；刘建修：《第三突击队的长成》，《突击队》月刊第2卷第5期，第12~15页。

② 孙嘉玲（1931年生）：王长明访谈，2015年10月31日，瑞安市塘下镇肇平垟村。孙嘉玲自述为孙衣言之胞弟孙锵鸣之后裔，而根据瑞安学者王兴雨先生的考证，孙嘉玲为孙衣言之玄孙女、孙锵鸣之玄侄孙女、孙诒让的曾侄孙女，孙衣言长子为孙诒榖、次子为孙诒让，孙莘农（名延晫）为孙诒榖之嫡嗣子。孙宰万名经权（一名师权）为孙莘农之嫡嗣子，孙宰万生孙嘉玲。

图 4 - 6　龙云骧将军遗孀、孙诒让胞兄孙诒榖曾孙女孙嘉玲

资料来源：2015 年 9 月 12 日摄于瑞安孙嘉玲家中。

和"血染西山"都是介绍该部在温州参战的情况。"东西交响""血染西山"中生动记述：第三突击队正在二进小南门之时，接到协攻莲花心命令，彭贻昌、成孝忠两位营长分别率部在营盘山、西山与敌血战，配合友军攻击莲花心，营盘山很快攻占，而攻西山则一时受阻，龙云骧指挥官亲自到西山阵地查看形势、部署作战。[1] 与《丽温战役详报》对照可知该通讯描述的是该部 9 月 18～19 日对西山、营盘山的攻击情形。

三　后期：六十一、六十二团与突十一、十二营总攻

9 月下旬，六十二团奉命增援，抵达温州之后，承担主攻莲花心进而攻取温州城的任务。但因莲花心与营盘山、西山呈鼎足之势，且周边有渚浦、

---

[1]　丹保：《丽温战役散记》，《突击队》月刊第 1 卷第 8 期，第 56～60 页。

双坟、翠微等山，必须同步攻击其他诸山，才能收速占并固守之效。《丽温战役详报》显示，整个莲花心地区的作战绝非六十二团一个团所能承担，而是由六十二团与六十一团，第三突击队十一、十二营共同承担的。

9月27日，第三十二集团军下达作战命令：温州各部29日夜接近敌阵，30日3时30分前完成攻击准备，4时发起总攻。其中，新编二十一师（欠六十三团）向内外莲花心、营盘山、翠微山开始攻击，俟确占后乘势迫进大西门，攻击郭公山、海坛山，并以一部协同赵、龙两部攻击华盖山、松台山。龙部攻击松台山之敌，并派一部协力新编二十一师攻击营盘山。29日，新编二十一师汇报其具体部署：右翼队六十二团向莲花心、营盘山之敌攻击，左翼队六十一团以一部攻击翠微山，其余确保原阵地，尔后乘势攻击郭公山、海坛山并占领之，本师搜（索）、特（务）、工（兵）三连为预备队，位置于任桥。

9月30日4时总攻开始，至10月2日晚结束。在总攻阶段，最初拟定的战斗部署在实际执行时有较大变化，最终实际作战境地划分为：六十二团攻内外莲花心，六十一团攻营盘山，第三突击队第十一、第十二营攻西山。而陈章文回忆所谓六十一团任主攻，六十二、六十三团进入鲤鱼山，从右翼佯攻，至少从空间距离上就完全不合史实。因为鲤鱼山即今平天镬山，属吹台山系，地处温州远郊，并不紧邻莲花心，而是距其有八九里之遥，且中间还隔着横塘山（今称牛山）及上河乡平原。李昊在《反攻温州未遂纪实》中说，新二十一师两个团在发起攻击后，一度占领莲花山（李误将莲花心写作莲花山）西面两个高地（应当是指外莲花心），两个突击队攻击莲花心南侧高地（当指西山），相对而言更接近于史实。

四　浙保八大队一小部配合攻击

原浙江保安独立第八大队机枪手、鹿城区正岙村老兵黄德金回忆称：自己曾和几十位八大队士兵一起配合新编二十一师攻击莲花心。

　　我们先到官岭山，连长说像这样打我们打不过他，在官岭山被他们包围，退路没有，看到一大群日本人，就朝这群人打过去。我打了四个弹夹，就往外面退，退到馒头驻，后来就到茶山去了。后来，我们大概半个连给他们带路配合（新编）二十一师打莲花心，在护国寺的旁边田坎上把重机枪架起来，准备打了，人还没散开，日军大炮从松台山打过来，打到重机枪阵地，一下子死了很多二十一师的士兵，我在田坎下面幸运没有受伤，那些二十一师士兵血肉、头发都溅到我身上。莲花心被二十一师打下来了，我也到莲花心上去过。后来部队又命令我们去防守桐岭，守桐岭没多长时间，叫我们往桐溪走，桐岭这个地方给三十三师守了。①

浙保八大队阵亡将士公墓如图4-7所示。

图4-7　浙江省保安独立第八大队阵亡将士公墓

注：公墓原址位于今温州华盖山工农兵塑像处，1951年拆毁。
资料来源：《温州老照片（1877—1978）》。

---

① 黄德金（1924年生），王长明、周保罗访谈，2017年2月8日，温州市鹿城区双屿街道正岙村。

对于浙保八大队，《丽温战役详报》仅有两处提及：9 月 4 日，浙保八大队维持城厢治安外，9 月 7 日，受命在钟山、管岭（今官岭）、大横岭、支山之线阻拒敌人，这与黄德金老兵所讲的管岭（官岭）战斗相吻合。但《丽温战役详报》未提及该大队参加莲花心战斗，估计与该部只是抽调少数兵力配合作战，未成建制参战有关。

第四节　双方兵力投入

一　日军的兵力投入估算

要弄清莲花心上日军有多少兵力，首先要弄清侵入温州的日军的番号建制与编制。一些史籍将日军的师团等同于中国的师，将联队等于中国军队的团，将大队等同于中国军队的营，认为第三次侵入温州的日军数量很少，总数约 1000 人，最多不会超过 2000 人，驻温州城的日军只有一个大队也就是一个营，不过三四百人。还有的将此次侵温部队称为梨冈旅团，或将联队与大队等同，将其下辖的驻温州城区的部队称为后藤联队，这些误解其实由来已久，皆因不了解日军编制的实情与变化。① 如在"一·二八"淞沪抗战四年之后编成的第五军《淞沪抗日作战所得之经验与教训》中仍认为：日军编制"概为每师团（师）辖步兵两旅团（旅），每旅团辖两联队（团），每联队辖三大队（营），每大队有步兵三连，重机枪一连（机枪八挺），步兵炮一连（平射曲射炮八门）。步兵每连分三排（有时分四排），每排六班"，② 其原文括注的日、中两军对应建制就能反映时人对日军编制的不了解。

实际上日军的"师团长由天皇亲自任命，师团是战略单位，相当

---

① 柯逢春、汪人杰、陈于滨、黄瞿华、宋任夫、余毅夫口述《温州三次沦陷有关军事情况纪实》，孙孟桓整理，温州市政协文史委编《温州文史资料》第 2 辑，1985，第 6 页；《日军侵温背景》《莲花心之战》，洪水平著《轶史随录》，第 185、189 页。

② 《淞沪抗日作战所得之经验与教训》，第 1 页。

于外国一个军"，师团长军衔为中将，而国民党军师长的军衔为少将，一个日军师团兵力相当于中国一个师的好几倍。以 1937 年全面侵华战争爆发前夕日军常设师团及国民党军整理师（即双方甲种部队）为例，日军常设师团 17 个，现役总兵力 38 万人，平均每师团 2.2 万余人，达到定员标准，而国民党军的整理师定员平均不足 1.1 万人，二者之比为 2:1。而且日军每个师团都配属相当数量的补充兵员，以便在作战损失后及时补充，特别是战时主攻师团配备野战重炮旅团或野战重炮联队及其他特种兵，可达 3 万多人。而抗战爆发前国民党军共 182 个步兵师再加上步兵独立旅、骑兵师、骑兵旅及其他部队，共折合 230 个师级单位，共 180 万人，每师不过七八千人。到抗战中后期国民党军陆军师的实有兵力普遍不过五六千人，日军常设师团与中国绝大多数师的兵力对比远不止三到四倍。除了最小战斗单位"班"与"分队"人数均为十一二人之外，两军的其他各级编制均存在相应的倍比关系，而且差距很大。例如日军一个小队 70 余人，一个中队 200 余人，分别为中国军队排、连的约 2 倍。[①] 此外，日军设有军的编制，其早期的"军"，仅朝鲜军下辖师团，其他军的兵力则并不一定比师团大。全面侵华战争爆发后，大量设置"军"，军辖师团，此时日军一个军的兵力堪比中国一个集团军，甚至一个方面军（或战区），[②] 如第三次侵入温州的日军属于十三军，该军在侵华战争结束时尚有五个师团与若干混成旅团及其他部队，著名的第十一军最多时光师团就有七个，这两个军人数多时都有一二十万之众。1944 年第四次南岳军事会议上，蒋介石说："敌人在我国境内的不过六个军，而我们用以抗战的有一百二十个军，以二十个军来对敌人一个军，还打不过敌人，还要常常受敌人的打击。"[③] 拿日军的"军"与国民党军的"军"来做兵力对比，可见连当时国民党军最高统

① 赵延庆：《从中日军队实力对比看日本军制部分用语的译名问题》，《抗日战争研究》1995 年第 2 期，第 187~190 页。
② 周启乾：《也谈日军编制的译名问题》，《抗日战争研究》1995 年第 2 期，第 186 页。
③ 蒋介石 1944 年 2 月 10 日《第四次南岳军事会议开会训词》，《总统蒋公思想言论集》第 19 卷，第 263 页，转引自黄自进《蒋介石与日本：一部近代中日关系史的缩影》，中研院近代史研究所，2012。

帅也不了解日军的编制。

至于日军师团以下旅团、联队、大队的关系，实际上有多种编制，并在不断演化。简而言之，有四单位制师团、三单位制师团和两旅团制师团三种主要类型。日军 17 个常设师团早期为四单位制，一师团下辖两旅团，一旅团下辖两联队，这样一师团就辖有四联队，一联队下辖三个步兵大队。此类联队、大队标准编制为 3800 人和 1100 人。1936 年后开始组建的三单位制师团为一师团下辖一个步兵团，一步兵团下辖三个步兵联队。两旅团制师团则组建于太平洋战争爆发后，一师团下辖两旅团，旅团以下取消了联队一级编制，由旅团直辖 4 个独立步兵大队，独立步兵大队一般由 4 个步兵中队、1 个机枪中队、1 个步兵炮中队组成，定额为 1274 名。①

1944 年侵占温州的日军称为甲支队，支队属日军战时临时编组，任务完成后一般归还建制，并取消临时番号。支队的编成基干是步兵联队或几个大队，其番号以主官或地名命名。② 不过 1944 年侵入闽浙沿海的日军支队命名相对特殊，根据日军《节号作战要领》，侵入丽温的部队称甲支队，侵入福州的称乙支队，侵入金门的称丙支队。甲支队支队长为十三军六十师团五十五旅团旅团长梨冈寿男少将，支队司令部亦由十三军六十师团五十五旅团司令部要员构成。甲支队下辖四个步兵大队：后藤大队（大队长后藤学少佐）、林大队（大队长林茂一郎大佐）、小野大队（大队长小野厚省大尉）、野村大队（大队长野村懋大佐）。这是从十三军六十师团所属五十五旅团、五十六旅团，六十一师团所属一五七联队和七十师团等各部中抽调，于 1944 年 7～8 月编成的（六十师团、七十师团就属于前文所讲的两旅团制师团）。各大队均有四到五个步兵中队，另有 1 个炮兵中队、2 个机枪中队，加上支队司令部，全支队总人数约 5000 人。

以下为《战场之记录——墓标》记载的甲支队编成之初的情况：

---

① 徐平主编《侵华日军通览（1931～1945）》，解放军出版社，2012，第 77 页。
② 黄力民：《日本帝国陆海军档案》，第 109 页。

梨冈支队（甲支队）　　支队长　　　　　　　梨冈寿男少将

支队司令部由六十师团五十五旅团司令部要员构成。

后藤大队　　　　　　　大队长　　　　　　　后藤学少佐

六十师团五十五旅团独步四十七大队（大队长后藤学）本部、步兵二中队、机关枪一中队、联队炮一中队，约九百名后藤部队主力军加上独步一〇四、一一二大队步兵各一中队。

林大队　　　　　　　　大队长　　　　　　　林茂一郎大佐

六十师团五十六旅团独步五〇大队（大队长林茂一郎大佐）本部、步兵三中队、机关枪一中队、联队炮一中队及七十师团独步一一二大队的步兵一中队。

小野大队　　　　　　　大队长　　　　　　　小野厚省大尉

六十一师团一五七联队一大队（大队长小野厚省大尉）本部、步兵二中队、机关枪一中队为骨干，同一〇一联队步兵一中队、加上一四九联队步兵一中队、联队炮一中队。

野村大队　　　　　　　大队长　　　　　　　野村懋大佐

独立步兵第一〇四大队（大队长野村懋大佐）本部、一至五步兵中队、机关枪一中队、步兵炮一中队。①

《丽温战役详报》记载在前期作战中参战部队（包括六十师团、七十师团各部）在永康、武义、丽水各地区由七十师团师团长内田孝行负责指挥，至一部窜扰温州方面由甲支队支队长、原六十师团五十五旅团旅团长梨冈少将负责指挥。《战场之记录——墓标》亦载：梨冈支队在丽水作战期间受内田师团长指挥，攻陷丽水后，甲支队"凭着一己之力开始了进攻夺取温州的作战"，有史籍误将战时临时配属指挥与正式建制隶属关系混同，误称梨冈寿男为第七十师团五十五旅团旅团长。②

① 〔日〕饭田米秋、高桥定一编《战场之记录——墓标》，第554～556页。
② 胡珠生：《温州近代史》，第459页。

在向温州进犯途中，七十师团的河野大队（独立步兵一二四大队）和松原大队（独立步兵一二一大队）负责掩护甲支队，但未进入温州辖境。甲支队占领温州之后的 9 月 14 日，由十三军直辖。[①] 1945 年 2 月 25 日，甲支队改编为独立混成第八十九旅团。[②] 独立混成旅团与师团处同一指挥层级，同受军司令部指挥或直属方面军，小型师团应当是独立混成旅团的最佳称谓，其旅团长为少将军衔，个别老资格的为中将军衔。[③]

根据《战场之记录——墓标》记载：甲支队占领温州之初，驻扎于营盘山的为后藤大队的贯井（中）队。[④] 日军步兵中队编制结构较稳定，辖三个步兵小队，至"二战"后期由最初的 250 人降到 190 人。[⑤]《丽温战役详报》载：9 月 26 日，莲花心与城中之敌、西门与南门之敌似有换防模样。9 月 27 日，西山约 60 人，营盘山、莲花心约 200 人。10 月 2 日晨攻占外莲花心时，就其遗尸 20 余具及其他迹象判断，据守之敌当于昨日增援，其总数当在 200 余人。再结合《丽温战役详报》提及 9 月 24 日拂晓前莲花心之敌纠合 400 余，附炮 2 门，分两路猛犯我六十一团渚浦山阵地，可以推断日军在莲花心一带的兵力应为 1～2 个中队，一般情况下 200 余人，其间一度达到 400 余人。因本次战斗持续时间长达 20 多天，其间因作战伤亡及调防，到最后总攻前，山上仍有 260 余人。但是当到 10 月 2 日下午，瓯江口两岸之敌已集结大部兵力，乘汽船十几艘向莲花心方面来援，最终夺回莲花心。这意味着在本次战斗的最后阶段（9 月 30 日至 10 月 2 日），莲花心上原有防守加上赶来增援日军之兵力将是一个较大的数字，至少应当超过 400 人。

从一些亲历此战官兵的口述中，亦能窥见当时莲花心上日军的兵力

① 〔日〕饭田米秋、高桥定一编《战场之记录——墓标》，第 565、568 页。

② "攻下温州的梨冈支队于昭和二十年二月一日发布陆甲第十八号以及第十三军参动第六十号军令，二月二十五日临时编成独立混成第八九旅团。"日本防卫厅防卫研究所战史室著《昭和二十（1945）年的中国派遣军》第 1 卷，天津市政协编译委员会译，中华书局，1982，第 102 页。

③ 黄力民：《日本帝国陆海军档案》，第 90 页。

④ 〔日〕饭田米秋、高桥定一编《战场之记录——墓标》，第 590 页。

⑤ 黄力民：《日本帝国陆海军档案》，第 83 页。

概数。如暂编三十三师第一团团长李昊在《反攻温州未遂纪实》中回忆日军"以一个中队防守"。原八十八军野战医院准尉医生袁毅（浙江嵊州人）则说："莲花心在西门外，日本佬大概一百多人在山上。"[①] 如新编二十一师老兵邵振翰回忆，"1944 年在温州的莲花心山顶上日军驻扎一个营"。[②] 他们的记忆不一定准确，但反映出日军在莲花心的人数最多不超过一个营（约合日军两个中队）。《浙江省保安第二纵队司令部（1945 年）四月份当面敌军番号代字主官姓名、兵力位置概见表》显示，当月日军在莲花心、三角门等地驻有第五十大队特工队（队长元木）共 120 人。在黄仲汉给浙江省第八区专署的情报中曾多次报告此次战斗结束后日军在莲花心的兵力。如 1945 年 5 月 15 日，"里外莲花心，约仍驻有敌兵百人之谱"，24 日，"莲花心一带尚留有敌兵四五十名"，"6 月 5 日，里外莲花心敌依今日所在，仅五十余人，但敌刁乖不堪，倏忽间会增至百外，甚至增到二百多。唯其通常驻防兵，最多不过四五十，电话通后藤部及供应队"。[③] 1945 年的 5~6 月正当日军撤离温州前夕，日军在莲花心上驻军仍有一两百人，这印证了 1944 年 9~10 月双方鏖战时，莲花心上日军兵力有两百余甚至更多是可信的。

二　国民党军的兵力投入估算

本次莲花心战斗中国民党军参战部队从最初的六十一团一个团，到随后第三突击队两个营及黄君殊团干部队的加入，直至最后六十二团的来援及黄团改作预备队，兵力投入有一个逐步增加的过程，其具体参战兵力的数量可以根据有关史料做一大致匡算。

《丽温战役详报》中没有列明我各参战部队的兵力明细，而《丽水战役详报》中则有 1944 年 8 月中旬战事爆发时八十八军各部兵力数据的统计表。统计表显示：新编二十一师在 1944 年 8 月中旬丽水战役

---

① 袁毅（1920 年生）：马姗、施辅东访谈，2012 年 10 月 22 日，嵊州市城关镇北门新村。
② 邵振翰（1922 年生）：林啸、余姐、二嫂访谈，2012 年 12 月 1 日，临安市洲头乡邵家村。
③ 《浙江省八区情报组长黄仲汉调查日伪动态情况报告》，温州市档案馆，档案号：198-5-71。

前总兵力为 6495 人，其中师司令部及直属部队 565 人，六十一团 1999 人，六十二团 2182 人，六十三团 1749 人（见表 4-1）。在丽水战役（包括丽水守城战斗、丽水以北战斗、反攻丽水及丽水追击战斗）中新二十一师阵亡、受伤及失踪总计 2091 人，其中师司令部及直属部队 55 人，六十一团 303 人，六十二团 433 人，六十三团 1300 人（见表 4-2），这意味着在丽水战役中六十一和六十二团保持基本相对完整建制，这两个团进入温州战场的时候每团仍各有未受伤官兵 1700 人左右（1696 人和 1749 人）。根据《丽温战役详报》所称丽水收复后新二十一师"全部转用攻取永嘉"的提法，新二十一师直属部队仍有未受伤官兵 510 人，再加上六十三团残存的 449 人一并来到温州，总计仍有兵力 4404 人，考虑到轻伤官兵仍可参战，实有总兵力应在 4500 人以上。

表 4-1　新编二十一师丽温战役参战兵力统计

单位：人

师司令部及直属部队	六十一团				六十二团				六十三团			
	团本部	第一营	第二营	第三营	团本部	第一营	第二营	第三营	团本部	第一营	第二营	第三营
师长 罗君彤	副师长 李文密 团长	营长 谢荣卿	营长 阮介高	营长 陈舜年	团长 陈章文	营长 张守铭	营长 石青云	营长 丁蜀川	团长 彭孝儒	营长 陈希	营长 赵楚皓	营长 朱恩施
	徐有成											
军官	65	34	23	23	25	42	26	26	26	35	26	26	26
士兵	500	578	436	452	428	494	520	524	524	519	380	380	357
合计	565	612	459	475	453	536	546	550	550	554	406	406	383

注：本表所称士兵含准尉。

资料来源：本表据 1944 年《丽水战役详报》附表制作。

而突击总队编制如前所述，其各突击队下辖各营每营 1000 人左右。第三突击队十一、十二营在进入温州前有小战斗发生，总体建制亦完整。再加上暂编三十三师第一团有兵力 2125 人及浙保四团、浙保独立八大队（营级单位）等参战部队，温州城区及周边国民党军参战总兵力最多时有 1 万人左右。《战场之记录——墓标》一书在讲到后藤大队在温州城周边战斗时，亦指出"敌军"兵力是其十多倍（日军一个独立大队编制在 1200 人左右）。①

由此，可以推断莲花心战斗我方的兵力投入情况。莲花心作战前半段，以六十一团（进入温州地区时为 1700 人左右）作为主攻，但该部最初同时又在分兵进攻西门与翠微山，实际上不可能将全部兵力投入莲花心。随后因莲花心局势吃紧，调黄君殊团干部队 200 余人及龙云骧所部（满编 2000 余人）前来协攻，六十一团也转而全力攻莲花心，上述各部进入温州作战时总兵力共计约 4000 人，但因在温州地区其他各战场作战造成的伤亡，特别是激烈的翠微山、西门街战斗，估算莲花心前期作战各参战部队的兵力最多时当在 3500 人左右。

随着罗君彤师长率新编二十一师直属部队、六十二团及六十三团残部增援温州（进入温州地区时总共 2708 人），并由六十二团担任主攻莲花心任务，六十一团攻营盘山，龙云骧所部突击三队十一、十二营攻西山，上述各部队进入温州总兵力约 6500 人，但是由于前期在温州各地作战的减员，各部队参加莲花心战斗的时间不一，估算各部在莲花心战斗中先后投入的总兵力在 6000 人左右，其中 9 月 30 日总攻之时，在莲花心投入的兵力应当在 5000 人左右。

表 4 - 2　新编二十一师丽水战役兵力损失统计

单位：人

部别	阵亡		受伤		失踪		伤亡失踪合计
	军官	士兵	军官	士兵	军官	士兵	
师司令部及直属部队	0	17	0	12	0	26	55
六十一团	0	116	1	103	0	83	303
六十二团	1	122	4	110	7	189	433
六十三团	37	531	14	325	19	374	1300
合计	38	786	19	550	26	672	2091

注：该表附记称本军派归温州方面指挥之作战部队未列入本表，表中所称士兵含准尉。

资料来源：本表据 1944 年《丽水战役详报》附表《陆军第八十八军民国卅三年自八月十九日起至九月二十日止丽水战役人马伤亡统计表》制作。

① 〔日〕饭田米秋、高桥定一编《战场之记录——墓标》，第 592 页。

第五章 | 战斗进程

第一节　战斗阶段

根据《丽温战役详报》和《丽温战役经过概要》，1944 年莲花心抗日战斗始于 9 月 11 日，结束于 10 月 2 日。从具体战斗进程的特点可细分为以下四个阶段。

一　第一阶段：得而复失

1944 年 9 月 11 日，李文密所部攻占梅屿、仙门山、五斗庙之线后，并派一部向营盘山攻击前进，并于当日进占营盘山、莲花心之线。这是本次莲花心战斗中国民党军队首次攻占该地。12 日，李部展开于营盘山、莲花心亘太平寺之线，迄午进展至西山及西关，开始向城区发起进攻。13 日，李部攻占双坎山后于 10 时迫进西门，一部突入西门街与翠微山之敌激烈交火，敌数度反扑为我击退。14 日黄昏，龙云骧所部之黄君殊团主力奉命赴营盘山，与李部协同攻击莲花心、西山附近之日军。是夜敌攻我莲花心甚烈。李部主力则重点攻击翠微山与西门街之敌，入夜未休。15 日，龙部奉命全部秘密集结，拟于次日向营盘山、莲花心附近之敌猛攻，并以一部夹击松台山之敌，协力李部围攻翠微山及西山之敌。这一天，龙部主力在攻入小南门大街，占电灯厂，向松台山、双莲桥攻击的同时，派一部攻击西山及莲花心东端之敌。就在当夜,敌200余分三路向莲花心、营盘山李部阵地强袭,守备部队第二营拼死抵抗,迄晚该地陷于敌手。

二　第二阶段:反攻未果

随着莲花心失陷,国民党军调整部署,积极准备夺回。16日拂晓我反攻受挫。当天,令李部确占西岙以北高地至双坟山、下垟山之线,令龙部确占吴桥(不含)、灰炉村、新桥村、旸岙村、下屿村之线,拟于17日起两部各精选一部协力攻击莲花心、营盘山。17日,加强对莲花心、营盘山之攻击,着龙部以主力参加攻击内外莲花心、营盘山、西山、翠微山,该部所遗阵地着赵部(温州守备区部队,指挥官赵复汉)接替。本日,李部续向营盘山之敌猛攻,经奋力冲杀往复争夺,终以敌火优势瞰制未能奏效。18日,各部继续向营盘山、莲花心之敌围攻,第三十二集团军副总司令陈沛亲赴莲花心东侧附近观察,当面部署各部次日拂晓攻击莲花心方案。黄团精选一部任潜袭外莲花心,并以突十一营之一连支援李部以五连并集中炮火自渚浦山分两路由西、北任强攻内莲花心,应俟黄团行动后始开始炮击,免敌警觉。龙部任西山、营盘山之强攻,并阻敌西门增援,赵部任西门之佯攻。19日晨3时,黄团潜袭部队偷过敌警戒线,迫入敌据点内即被敌发觉,遭压迫退出,李部强攻部队以迫炮弹多不触发,掩护火力稀弱,进展甚缓,迄午仍在敌工事前对峙。龙部攻占西山、营盘山后以莲花心未克,不能久守而退出。20日,未见莲花心一带战斗记载。21日前线虽时有小战斗,敌我均无进展。

三　第三阶段:转入防守

反攻不成,中国军队在莲花心地区被迫转入防守。22~23日,莲花心之敌连续两天出扰,均被李部击退。24日,拂晓前莲花心之敌纠合400余人附炮2门,分两路猛犯六十一团渚浦山、双坟山阵地。战斗激烈,迄午敌炮火集中于该两据点,反复争夺,伤亡互重,一度陷落。

当即严饬黄团策应右翼，龙部攻敌右侧，敌势不支，遂将渚浦山克复，唯双坟山受营盘山炮火支援迄夕尚在争夺中。次日拂晓前，六十一团一营乘夜暗反攻双坟山，敌凭工事顽抗，激战至 3 时 10 分，我复增援，分路乘大风雨交作之际突入，敌始不支，纷向翠微山撤退，即于 4 时顷克复。

四 第四阶段：总攻失利

鉴于丽水已于 16 日光复，温州久攻不下，第三十二集团军从 19 日起就决心将新二十一师全部转用于温州方面。25 日，派八十八军搜索营占领大横岭、石钟山一带掩护新二十一师直属部队及六十二团通过藤桥，26 日，罗君彤师长抵瞿溪，六十二团到达任桥集结。27 日，下达作战指令，定于 30 日 3 时 30 分完成攻击准备，4 时向内外莲花心，营盘山，西山，翠微山及温州城东、南、西各外围据点发起全线总攻。28 ~ 29 日，各部绵密之准备中。

9 月 30 日 4 时，全线开始总攻，是时大雨如淫，步炮无法协同，且山路泞滑，运动攀登极感困难，为避免无益之攻击，即饬暂停攻击，待机续举。当日，六十二团攻至渚浦岭东端第三峰，六十一团迫近翠微山、西山，敌凭工事顽抗。10 月 1 日，六十二团攻外莲花心，黄昏夺占第四峰，深夜曾向最后第五峰夜袭，仅毙敌 30 余，未获成功。六十一团攻营盘山，初以炮火摧毁敌工事，乘势迫近敌阵白刃搏杀，黄昏时遂占有该山。龙部攻西山，经整日恶战，夺该山三分之一，其后遵令夜袭无进展。

10 月 2 日，天气晴朗，举力作最后决战。晨曦甫见，激战复起。六十二团第三营（营长丁蜀川）在山炮、重迫击炮掩护下续向外莲花心第五峰发起攻击，7 时倾全力梯次迫近至三四十米前，即于死角内就冲锋准备位置。8 时 30 分，残敌 70 余人于我枪声刀影之下狂奔逃命，我遂完全攻占外莲花心。《丽温战役详报》形容此次我战士攻击第五峰为"齐举白刃，如狂飙骤起冲入敌阵，往复肉搏，三进三出，宛如怒涛相推"。龙部攻击西山的恶斗状况几与罗部相近，经数度之肉搏始克占领。

外莲花心攻占后，奉令以六十二团一营第二连守营盘山，第二营（营长石青云）守莲花心迤西之线阵地。此时，瓯江口两岸敌已集结大部兵力，乘汽船十几艘向莲花心方面来援。14时30分，敌得援以猛烈炮火全力向我营盘山、外莲花心及双坟山阵地反攻，激战至17时30分第二连伤亡重大，营盘山复陷敌手，双坟山反复争夺失而复得两次。敌攻下营盘山后，即合力继续向我外莲花心猛攻，先以火炮猛击，旋又集中机枪火力掩护，不断猛冲，石营反复争夺，牺牲殆尽，外莲花心遂于22时复陷敌手。此后，三十二集团军未再组织反攻，1944年的莲花心战斗就此结束。10月6日夜，新编二十一师启程经青田开回丽水整训，温州近郊防务交由温州守备区负责，10月11日，陈沛率原部人员返浦城，丽温战役至此画上句号。

第二节　前敌指挥机构

一　陈沛统率各部，以暂编三十三师师部组建指挥所

丽温战役爆发前一个月即1944年7~8月，第三十二集团军总司令部、西南干训班、陆军突击总队部及第三突击队等相继从丽水碧湖移驻福建浦城，[①] 与此同时设第三十二集团军前进指挥所于浙江云和。而1944年来温对日作战的各部或隶属于第三十二集团军或配属该集团军指挥，但毕竟属于不同的类型，也有不同的直接领导机关。第八十八军及所辖的新编二十一师，还有在瓯江北岸活动的第八十八军搜索营（该军直属部队）、突击总队下辖的第三突击队为正规野战部队，直隶于第三十二集团军。第八十八军下辖暂编三十三师自1940年成立后一直兼温州守备区部队。在丽温战役前，该师第一、第二团仍归温州守备区指挥，只有第一团直属暂编三十三师师部指挥

---

① 1944年《七月份大事记》，《突击队》月刊第1卷第4期，第90页；楼绛云：《南浦征鸿——随李默庵驻浦杂记》，《浦城文史资料》第9辑，第46~47页。

（该团未到温参战）。此外，还有浙江省保安第四团、浙江省保安独立第八大队及温属各县自卫大队等地方保安、自卫团队隶属于温州守备区，归三十二集团军指挥。

当判明日军确将侵袭温州，决定以新二十一师、第三突击队各一部尾追，温州守备区各部堵截，拟聚歼日军于青田、船寮之间时，要有统一的前敌指挥机构来指挥作战。为此，9月4日，三十二集团军"基于当前态势及应付两面作战之需要，遂将统一温州、青田间作战部队由陈（沛）副总司令统一指挥"，以暂编三十三师师部为基础组建前敌指挥机构。当天以申0409云代电向陈副总司令、刘（嘉树）军长、赵（复汉）指挥官、龙（云骧）指挥官、周（淘漉）师长、罗（君彤）师长下达此命令，同时以0419云电呈报第三战区司令长官部，陈沛被任命为反攻温州作战的前敌总指挥。

李昊在《反攻温州未遂纪实》中回忆：由集团军副总司令陈沛统率新二十一师、龙云骧率两个突击队赶来温州，调暂编三十三师副师长陈达为这次攻城的参谋长，亦与前文利用暂编三十三师师部为指挥机构的记载相合。只是陈沛所统率的不只是新二十一师，还有第三突击队十一、十二营，第八十八军搜索营，温州守备区各部（暂编第三十三师第一、第二团，浙保四团，浙保独立八大队等）。陈章文《攻占温州莲花心纪实》中将第三十二集团军副总司令误为"陈铁"，其《丽温战役亲历记》中则为"陈沛"，不知是排版印刷错误，还是其撰稿时手误。

二　前进指挥所推进的时间与路线

根据《丽温战役详报》可以梳理出陈沛率前进指挥所向温州推进和指挥莲花心战斗的时间与路线。9月7日，当龙、李两部已到达油竹，正向泽雅前进时，陈沛到达青田大岭阜。8日，李默庵着陈沛即日进驻泽雅，迅速并备通信网，统一指挥温州方面作战。10日，李默庵根据第三战区司令长官顾祝同电话要旨，要求应乘侵入温州之敌立足未稳速行攻击，陈沛副总司令应跟随部队行动，切实掌握部队，并明确指示各部队长以适合之任务。11日，陈沛抵泽雅源口西端，并在电报中表示必要时将推进至仙门山附近。13日夜21时，陈沛在五斗庙西北端即仙门山以南地区，向各部下达作战命令。此处是莲花心前期作战的前进指挥所驻地。根据《永嘉县城南部地形图》，五斗庙在今瓯海区潘桥街道河西村，笔者曾到河西村调查，发现五斗庙已不存，其旧址（见图5-1）临近高（殿）桐（岭）公路，濒临小河，后靠华亭山，北对仙门山，东北到莲花心主峰直线距离约6.5公里。当地村民反映第三次沦陷打莲花心时，国民党军队的确曾到达过此地，但对有无前进指挥所之事不了解。

图5-1 瓯海区潘桥街道河西村老人协会（两棵榕树之间的二层建筑），当地村民称此处为五斗庙旧址（2017年2月5日拍摄）

9月18日，陈沛亲赴莲花心东侧附近观察，当面部署各部明拂晓攻击莲花心。暂编三十三师第一团团长李昊也曾回忆陈沛亲至这个地区（莲花心）督战。① 从地望来推断，此处所谓"莲花心东侧"当指今景山茶花园至亚热带作物研究所一带，陈沛作为中将衔的高级将领直接到达前沿观察形势、部署作战，这也说明莲花心在整个温州反攻作战中的重要性。26日，发起全线总攻前，陈沛在平山（亦作屏

---

① 李昊：《反攻温州未遂纪实》，《闽浙赣抗战亲历记》，第372页。

山，今属瓯海区潘桥街道），尔后随战况推进至鲤鱼山。10 月 11 日，陈沛奉令返回福建浦城，前进指挥所撤销，暂编三十三师师部归还建制。

至于莲花心战斗主攻部队新二十一师的指挥所，《丽温战役详报》亦有提及。总攻前的 9 月 29 日罗师 2918 电报称：战斗指挥所位置在仙门山。仙门山西南紧邻任桥村，此山高 109.8 米，东北距莲花心主峰直线距离约为 5.7 公里，仙门山地处瞿溪、雄溪、郭溪三溪之汇合口，历为上河乡军事要地，与莲花心诸山之间为上河乡平原，无山岭遮挡，适合远望观察。《仙门村志》记载：仙门山上尚有古城寨遗址。太平军攻温州城时，仙门山亦为其驻所之一，抗战时驻于此的暂编三十三师、新编二十一师在山上开挖壕沟。1944 年 9 月，暂编三十三师曾在此炮击莲花心之日军。① 笔者于 2017 年 2 月 2 日赴仙门山实地调查，并在仙门村村民引导下登上仙门山顶。据当地老人协会负责人介绍，仙门山上原有新二十一师所建战壕工事已在近年的仙门山公园建设中被破坏，难寻残迹。该负责人还称仙门山下当年曾建粮库，也曾引来日军飞机轰炸。

那么战斗前半段由李文密副师长率六十一团为主攻时，新二十一师的指挥所又在何处？详报中无明确记载，原第三突击队老兵、新昌籍章焕生（见图 5-2）的口述称该师指挥所在双坟山可作为参考。

1944 年 8 月，丽温战役打响，刚从西南干训班毕业的我以见习参谋的身份担任联络员。兵力部署是：突击部队攻南门，21师攻西门，保安团攻东门。北门靠海（江）。我们突击队孤军深入，在小南门不利，退出来，派我到二十一师跟李文密联系，他比较负责任，驻在温州双坟山，当时我从小南门到指挥部，整整走了三天。因为温州地势平阔，水路交错，方向难辨，又是秋季大雨时节，又要躲日寇攻击，所以只能选择晚间行走，趁着日军

① 林伟昭编著《仙门村志》，《温州市场报》编辑部，1996，第 118~119 页。

的探照灯明暗间隙前行，一路在当地老乡带领下好不容易才走到双坟山。[①]

**图 5 - 2　丽温战役时任陆军突击总队第三突击队见习参谋、后任
第三突击队第十四营二连指导员的新昌老兵章焕生
（2015 年 6 月 20 日摄于新昌章焕生之子家中）**

结合前文所述莲花心作战进程，可知此次章焕生受命到双坟山联系李文密发生于 9 月 11 ~ 17 日，第三突击队由小南门攻入城中与敌巷战，后又奉命全部撤出协攻莲花心期间。他所说的双坟山即今黄龙山。双坟山东北以太平岭与翠微山相连，扼温州城西门往青田道路（今为鹿城路一段）之要冲，西南隔风门坳（大致在今中梁棕榈湾一带）与渚浦山相邻，其东南正对莲花心主峰。在双坟山的南面，白楼经瓯浦垟翻越渚浦岭至温瞿路的道路，与瓯浦垟经上下桥村、将军桥往温州小西门道路在此交会。1944 年莲花心战斗的前半段，李文密部 9 月 13 日攻占双坟山后，此处成为其夺占翠微山、进取大西门的前进根据地，是我方左翼进攻的重要基地，此后双方在此发生多次战斗，并于 24 ~ 25 日一度

---

① 章焕生（1922 年生）：灵融访谈，2011 年 12 月 4 日，新昌县大市聚镇白石村。

失而复得。双坟山距莲花心主峰直线距离只有 1.8 公里，距温州大小西门均不足 3 公里，距前沿如此近，在敌炮射程之内。李文密在此指挥战斗，足见其负责与勇敢。

第三节　人员伤亡

一　日军的伤亡估算

《丽温战役详报》中记载：10 月 2 日，我方攻占外莲花心，歼敌过半，当天莲花心得而复失。歼敌的概念一般包括击毙、击伤以及俘虏。由于受"武士道精神"和法西斯思想的毒害，日军官兵多数会顽抗到底，面临被俘时多会选择自杀，要活捉日军官兵相当困难。抗战期间正面战场俘虏的日军官兵极少，国民政府建立了两个主要战俘收容所，前后收容日军俘虏各不过几百人。[①]

1944 年 8 月 5 日出版的《突击队》月刊称："在此次浙东战事中，我军在武义前线俘获一个日兵的消息，早已像风一样的传遍了浙东每个角落。"[②] 俘虏一个日本兵就能成为传遍浙东的重大新闻，可见当时俘虏日军之难、之少。整个丽温战役仅俘虏日军 7 人，[③] 具体到本次莲花心战斗中尚未发现俘虏日军的确切文献史料，现仅有临海籍老兵冯米乾回忆称在莲花心战斗中曾抓获日军 12 人，[④] 因数字比丽温战役俘虏日军总数还多，故暂录于此待考。因此，可将此处的歼敌理解为毙伤，俘虏人数暂可忽略不计。9 月 11 日以来日军在莲花心投入的兵力一般为 200 余人，最多时约为 400 人，按伤亡过半来估算，日军在莲花心战斗

---

① 《镇远抑留所视察报告》和《宝鸡抑留所视察报告》，日本外务省外交史料馆，编号：B02032534600、B02032535100，转引自袁灿兴《国际人道法在华传播与实践研究（1874 ~ 1949）》，合肥工业大学出版社，2015，第 149 ~ 150 页。

② 王鲁：《记一个日本俘虏》，《突击队》月刊第 1 卷第 4 期，第 23 页。

③ 聂央：《战俘访问记》，《突击队》月刊第 1 卷第 8 期，第 60 页。

④ 冯米乾（1921 年生）：金扬、夜落空、百合、提拉米苏、习惯、南纬、老街访谈，2014 年 5 月 28 日，临海市沿江镇西苓村。

中的伤亡人数应当在 150～200 人。最后总攻决战之 10 月 2 日，莲花心一带日本守军与增援部队远不止 400 人，故 1944 年 9～10 月，日军在莲花心一带的作战伤亡应当多于 200 人。

二　国民党军的伤亡估算

目前没有发现关于 1944 年莲花心战斗单独的战斗详报及伤亡统计表，但由于本次莲花心战斗是丽温战役温州方面作战中持续时间最长、投入兵力最大的一仗，在正常情况下，可以根据本次莲花心战斗主要参战部队新编二十一师、第三突击队 1944 年在温州作战伤亡的总数乘以适当的百分比，从而对本次莲花心战斗的国民党军伤亡做出相对可信的估算，但前提是掌握丽温战役温州方面作战比较准确可信的数据。

由于丽温战役包括丽水、温州两方面的作战（分别又称丽水战役和温州战役），新编二十一师参加了丽、温两个子战役，第三突击队仅参加温州战役。目前温州战役的单独战斗详报及伤亡统计表亦未找到，但丽温战役和丽水战役的战斗详报及其所附伤亡统计表《第三十二集团军丽温战役伤亡失踪统计表》（以下简称《丽温战役伤亡失踪统计表》）、《陆军第八十八军民国卅三年自八月十日至九月二十日丽水战役人马伤亡统计表》（以下简称《丽水战役伤亡失踪统计表》）均已找到，其中均有新编二十一师的相关数据，将新编二十一师丽温战役伤亡失踪总数减去该师丽水战役伤亡失踪数，得出其温州战役的伤亡失踪数，再加上《丽温战役详报》中第三突击队的伤亡失踪数，就可以得出这两支部队在温州战役中伤亡失踪总数。但在这之前，应当对上述两表格中数据的真实性、准确性先做出研判。

细览这两个表格中的数据发现：新编二十一师在丽温与丽水战役中军官受伤数（38∶19）、官兵失踪数（52∶26，1344∶672）、士兵阵亡数（1572∶786）居然都是 2∶1 的比例关系，再比较两表中的第七十九师、暂编第三十三师（指该师直属部队及第三团，附浙保一团，该师第一、第二团属温州守备指挥区指挥，伤亡数据列入温守区内）的对应数据，发现居然也全都是 2∶1 的比例关系。而新编二十一师的士兵受伤数据，丽温战役只比丽水战役的 2 倍算出的 1100 人这个整数少 1 人（1099∶550），似乎存在刻意改为非整数之嫌。至于新编二十一师军官阵亡数，两表显示丽温战役只比丽水战役多了 1 人，这也就是说新编二十一师在温州也只阵亡 1 位军官，而《丽温战役详报》正文记载仅 9 月 24 日，温州渚浦山战斗该师就伤亡连排长数员（见表 5 - 1、表 5 - 2、表 5 - 3）。

表 5 - 1   丽温、丽水两战役详报中新编第二十一师兵力损失数据对比

单位：人

数据来源	受伤		阵亡		失踪		小计
	军官	士兵	军官	士兵	军官	士兵	
《丽温战役伤亡失踪统计表》	38	1099	39	1572	52	1344	4144
《丽水战役伤亡失踪统计表》	19	550	38	786	26	672	2091

表 5 - 2   丽温、丽水两战役详报中第七十九师兵力损失数据对比

单位：人

数据来源	受伤	阵亡	失踪	小计
《丽温战役伤亡失踪统计表》	516	544	98	1158
《丽水战役伤亡失踪统计表》	258	272	49	579

表 5 - 3   丽温、丽水两战役详报中暂编第三十三师兵力损失数据对比

单位：人

数据来源	受伤	阵亡	失踪	小计
《丽温战役伤亡失踪统计表》	214	492	346	1052
《丽水战役伤亡失踪统计表》	107	246	173	526

如果真是统计口径或时段上存在差别，两表格的数据也不可能有这么多如此整齐划一的比例关系。这说明《丽温战役伤亡失踪统计表》中上述部队的伤亡数据基本是以《丽水战役伤亡失踪统计表》对应数据乘以 2 得出的，《丽温战役伤亡失踪统计表》中数据填报的原则是丽水、温州两个方面作战伤亡及失踪人数大致相当。

而各类文献及口述史料都证明，温州战役的伤亡要远甚于丽水战

役。《丽温战役兵站补给概况》的第二部分"伤患收疗概况"亦提及丽温战役初期，对缙云、丽水伤患尚能应付。战斗进展至永嘉附近后，该方面因战斗惨烈，伤患激增，难以应付。丽温战役亲历者、缙云籍新二十一师老兵陶悟青亦称温州莲花心战斗比丽水战斗更为惨烈。原八十八军野战医院担架兵、台州籍老兵张贤得回忆：在温州打莲花心的时候，前线抬下来的伤员多得根本无法想象。屋里屋外、走廊、天井、操场上都是伤员，缺一只手的，缺半只手的，缺一条腿的，缺半条腿的，一只眼珠没有的，两只眼珠都没有的，什么样的伤员都有，而且都是重伤员。①

再来比较丽水和丽温两份战役详报所附的相关表格，发现《丽水战役详报》所附的参战兵力与伤亡统计表格要详细得多，既有整个丽水作战的总表格，又有各阶段作战（包括丽水以北战斗、丽水守城战斗、反攻丽水及追击作战）的分表格，其参战兵力数据具体到营一级，表中八十八军各个团的兵力多不过两千人，少则仅一千五六百人，一个营少则三百余人，多则为五六百人，虽不能完全排除有少量虚报的可能，但是与当时国民党军一般部队的实有人数（一个师一般实有五千人上下②）吻合，其数据是基本可信的。该详报中还另附有专门从事军事运输的代马输卒（服交通役的壮丁）的数据，而战斗伤亡数据则具体到团一级，不仅有官兵参战、伤亡、失踪的数据，还有马匹参战及损

---

① 陶悟青（1928 年生）：王长明、周保罗、高志凯访谈，2015 年 6 月 21 日，缙云县五云镇雅施村。张贤得（1920 年生）：老刘、金扬、冰、习惯、南纬访谈，2014 年 6 月 10 日；王长明、周保罗、高志凯访谈，2015 年 6 月 20 日，台州市椒江区前所下西村。

② 1943 年戴笠在给蒋介石的电报中披露，驻云南的中央军各师长都自称"现有战斗士兵八九千人"，但实际上"师士兵缺额均甚巨大，如三十六师现在腾北一带游击，实数仅约四千人，八十八师现任怒江西面防务，实数仅约四千五百人，八十七师现任怒江正面防务，其战斗士兵有五千人，尚较其他各师为多"。《戴笠呈蒋中正请严查各师缺额并严格取缔官兵走私》，1943 年 7 月 17 日发电，台湾"国史馆"典藏号：002080102038007，收录于台湾"国史馆"编《戴笠先生与抗战史料汇编·经济作战》，转引自谌旭彬《戴笠披露国军令人发指的贪腐》，腾讯网《短史记》第 139 期，2014 年 4 月 24 日发布。黄仁宇曾说："我带着三十六个兵，已感觉难以应付……则他（阙师长）带着四五千这样的兵，守着横宽五十里，纵长百余里地带的国防……仍然安枕而卧，谈笑风生。"（黄仁宇：《地北天南叙古今》，生活·读书·新知三联书店，2015，第 121 页）

失的数据。而《丽温战役详报》在伤亡失踪数据方面仅附一张总表格，无具体按地域或战斗细分的分表格，数据仅具体到师一级，且无各部参战兵力的表格。由此，我们认为《丽水战役伤亡失踪统计表》是基本可信的，《丽温战役伤亡失踪统计表》则是不可信的。

莲花心战场旧址周边村民的口述也能反映当时参战部队医疗救护状况之恶劣，导致一部分本可存活的伤兵丧命。如林永腊老人说，一些伤员来不及撤走，留在村民房子里，有的因得不到医治而自杀。曹长森老人说，有的伤兵并没有死，但就被草率地给埋葬了，原因是那些经办人怕日军追上来，自己来不及逃走。①

确认了温州（永嘉）战役要远比丽水战役惨烈，也确认了《丽水战役伤亡失踪统计表》基本可信，如果再弄清第一突击队的伤亡数据，就能够对温州战役伤亡数字做初步估算。因为《丽水战役伤亡失踪统计表》只有八十八军的统计数据，而参加丽温战役丽水方面作战的不仅有八十八军还有第一突击队，《丽温战役伤亡失踪统计表》中第一突击队的兵力损失数据是受伤军官 1 人，受伤士兵数据缺损，死亡军官为零，死亡士兵 2 人，失踪官兵为零。对照《四年来突击队作战概要暨经验教训》可知这个缺损的士兵受伤数为 10 人，而该队在丽温战役中毙伤日寇 120 人，② 敌我伤亡比居然是 9∶1，基于抗战时期中日之间国力、军力的悬殊和突击队本身并不强的战斗力，出现这样的伤亡比是不可能的。可资对照的历次战役中日两军伤亡比有：1937 年淞沪会战双方伤亡比约为 4.76∶1，武汉会战为 7∶1，长城抗战为 15.3∶1，中条山会战为 20∶1。③ 根据丽温、丽水战役两份战斗详报，第一突击队以

① 柯永波：《莲花心攻占战之初步查证》，《墨池》2011 年第 1 期，第 50 页
② 罗觉元：《四年来突击队作战概要暨经验教训》，《突击队》月刊第 2 卷第 5 期，第 21 页。
③ 郭岱君主编《重探抗战史（一）：从抗日大战略的形成到武汉会战（1931～1938）》，联经出版事业股份有限公司，2015，第 341 页；谢本书：《民国劲旅：滇军风云》，云南出版集团有限责任公司、云南人民出版社有限责任公司，2013，第 209 页；敦汝瑰、黄玉章主编《中国抗日战争正面战场作战记》，第 217 页；王纪卿编著《血肉长城：血战十四年（1931～1945）》，德宏民族出版社，2006，第 324 页。

两个营（约2000人）参加丽水方面作战，比照第八十八军各师丽水作战的损失，估算其伤亡约为150人。

这样丽水战役第三十二集团军的总伤亡约为2500人，其中第八十八军3个师受伤934人（258＋107＋569）、阵亡1342人（272＋246＋824），总计2276人，第一突击队估算的伤亡约为150人。更惨烈的温州战役的伤亡之下限不会少于2500人，那么其上限是多少呢？

这里有几个问题必须考虑。

第一是作战中官兵失踪的问题。由于抗战时期国民党军基层官兵逃亡现象十分严重，除了在新兵入营服务途中或新兵训练中大量逃亡外，战时逃亡亦非常普遍。因此失踪数据不能简单地视为被俘、受伤、阵亡后未及发现或官兵掉队等情况。从中日双方的史料看，未发现国民党军官兵在丽温战役中大量被俘的记载。而根据《丽水战役伤亡失踪统计表》，此役中新编二十一师失踪官兵数量竟多出23%（698∶569），比阵亡官兵只少15%（698∶824），其中六十二团失踪人数更是比受伤、阵亡人数分别高出72%（196∶114）和59%（196∶123），暂编三十三师失踪人数比受伤人数高出62%（173∶107）。新编二十一师、暂编三十三师的失踪人数均相当于伤亡人数的近一半（698∶1393，173∶353），而第七十九师失踪人数仅相当于伤亡人数的1/10（49∶530），从一定程度上反映了这支中央系部队在军纪上要远强于原属川系与浙系的部队。在1942年丽青温战役中，暂编三十三师失踪人数是受伤人数的近三倍（487∶186），与阵亡人数相当（494）。刘嘉树曾在丽温战役检讨会上指出：“各级干部对部属未能确实掌握与收容，致士兵失踪者较死亡者为甚。”① 这意味着丽温、丽水两战役伤亡统计表中包含了相当高比例的逃亡。

第二是战斗兵的占比问题。一般所说兵力投入，多就成建制投入部队官兵总体数量而言，实际上从连以上各级部队中都有一定数量的非战

---

① 《丽温战役专辑·总讲评·敌我优劣及所得之经验与教训》，《突击队》月刊第1卷第8期，第48页。

斗人员及后勤人员。据估计，抗战时期国民党军五百万部队中，有三百万后勤人员，另外还有军医、军需、文书及勤务人员等，也就是说真正的战斗人员仅有四成。也有资料称国民党军杂役兵相当于战斗兵的1/2，即战斗兵占总兵力的2/3。而当时国民党军部队的训练多偏重于战斗兵，甚至战斗兵亦只能训练1/2，至于杂兵及佐属人员的战斗训练均置之不顾，虽间有训练，但多流于形式，无法在战况紧急时迅速转变为战斗兵。①

如果按战斗兵占比2/3计算，以整个温州战役第三十二集团军1万人的兵力投入，实有战斗兵6000~7000人，如果伤亡达到3500人，再加上相当于伤亡一半的失踪，其兵力损失会达5200人，这意味着战斗兵损失近八成；如果伤亡达到4000人，再加上失踪，兵力损失会达到6000人以上，则战斗兵损失殆尽。故而按温州战役比丽水战役伤亡要惨烈，初步推算该集团军温州作战伤亡上限应在3500~4000人，加上逃亡为5000~6000人。考虑到温州战役除了莲花心战斗以外，还包括温州近郊其他各要点，温州大小西门、大小南门等处攻城战斗和攻入城内的巷战，追击窜犯温州之敌途中于青田、温州远郊（如天长岭、仙门山等）的战斗，且其中有些战斗时间较长，伤亡较惨（如翠微山、双坟山及大西门、小南门战斗等），② 故而推断莲花心战斗虽为温州战役中投入兵力最多、持续时间最长的战斗，其伤亡人数占比不大可能超过三十二集团军温州战役总伤亡的六成。那么按1/2至2/3的占比，初步推算本次莲花心战斗的伤亡为1800~2400人，取整数为2000人（也基于前文所述《丽水战

① 张瑞德：《山河动——抗战时期国民政府的军队战力》，社会科学文献出版社，2015，第120页；《陆军第十军守备衡阳战斗要报》（1944年5月29日~8月8日），湖南省档案馆、中国第二历史档案馆编《抗日战争湖南战场史料4》，湖南人民出版社，2012，第674页。

② 如《丽温战役详报》载："9月24日，莲花心之敌纠合400余攻我渚浦山、双坟山阵地，战斗极烈，反复争夺，伤亡互重，该处守军第五连之一排冒敌弹雨，四面包围，仍复据庙坚守，卒致全部壮烈殉职……9月14日，龙部一部由小西门攻入，敌藉积谷山、华盖山顽抗，我奋勇冲杀伤亡惨重，迄夕仍在猛烈争夺。"

役详报》中参战兵力数据不能完全排除少量虚报的可能），加上失踪则共约 3000 人。

对于上述估算数据还应当再从其他角度加以初步验证。根据永瑞、丽青温等战役的详报，温州守备区在第一、第二次抗击日寇入侵中每次伤亡失踪均接近 1200 人，该守备区在本次更惨烈的丽温战役中兵力损失应当不少于 1200 人，很可能达到 1500 人以上。再加上新编二十一师、第三突击队莲花心战斗的兵力损失约 3000 人，以及这两支部队在温州战役其他各战斗中的损失，与前面所推算整个温州战役 5000～6000 人的兵力损失是基本相当的。

再对照《丽温战役详报》对伤亡的具体记载：9 月 15 日夜，日军猛攻莲花心、营盘山，第六十一团第二营拼死抵抗，第五连仅剩 20 余人。10 月 2 日，外莲花心攻占后奉令以六十二团第一营第二连守营盘山、第二营守莲花心迤西之线阵地，当天在日军反扑之下，第一营、第二连伤亡重大，第二营牺牲殆尽。据《丽水战役详报》附表，第二营在丽温战役前共有军官 26 人，士兵 524 人。一天之内，一个营基本打光，说明伤亡的确惨重。另据战地通讯《丽温战役散记》所载：第三突击队的周浩连长在西山阵亡前曾提及："我连上的官兵伤亡快尽了。"此外，仙居籍老兵王相留回忆莲花心战斗其所在连队仅剩 12 人生还，另一连队剩 6 人。永嘉籍老兵戴盛凯则回忆他所在的连伤亡达到 2/3 以上。

（莲花心得而复失，他们侥幸撤回来后）这时天也亮了，到了山下面点人数一个连一共只有 52 人了，连长没有了，排长没有了，就剩下一个司务长了。后来经过温溪、青田撤到丽水碧湖，又到云和接了 600 个壮丁。我这个连队补充到 160 人，还有剩余的给其他连队编了。[1]

---

[1] 戴盛凯（1924 年生）：王长明、高志凯访谈，2015 年 3 月 15 日，永嘉县岩坦镇溪二村。

　　如按本章所推算的伤亡数据，中、日双方在 1944 年莲花心战斗的伤亡对比约为 10∶1（2000∶200），这个伤亡比是否过高？在本次莲花心战斗之前，中国军队在滇西战场历时三月拿下松山。松山战役与莲花心战斗规模有别（二者分别为军一级与师一级的兵力投入），结局不同（前者攻占，后者得而复失），但在时间上接近（松山战役 9 月 7 日结束，莲花心战斗 9 月 11 日打响），性质与过程类似（均为大的战役中关键节点的山地作战，中方在兵力上占有绝对优势，作战过程艰苦，代价惨重），具有一定的可参照性。松山战役中中国远征军第十一集团军以绝对优势兵力（19∶1），① 并在大量配备美制冲锋枪，拥有火箭筒、火焰喷射器等当时最先进武器，拥有强大炮兵和空军火力支援，弹药后勤补给充足的情况下攻击松山，并且还使用 TNT 炸药开展坑道爆破作业，最终中日两军各伤亡 7763 人、1250 人，伤亡比达 6.2∶1。相较之下，第三十二集团军装备、补给和战斗力皆不如第十一集团军（如新二十一师常规武器为七九步枪和轻机枪，重武器只有少量迫击炮、小山炮），在温州莲花心与日军伤亡对比约为 10∶1，也是经得起推敲的。

　　这里再分析一下《丽温战役伤亡失踪统计表》数据造假的问题。前文已经指出，《丽温战役伤亡失踪统计表》和《丽水战役伤亡失踪统计表》中第七十九师、暂编第三十三师的对应数据为 2∶1 的关系（1158∶579、1052∶526），实际上这两支部队在丽温战役中仅参加过丽水方面作战，如实填报的话，两表中这两支部队的伤亡失踪数据应当是相同的，这也就是说《丽温战役伤亡失踪统计表》中第七十九师、暂编第三十三师的数据多报 579 人和 526 人。

　　《丽温战役伤亡失踪统计表》不仅将第一突击队的伤亡失踪数缩小到只有数人，还将第三突击队参加温州作战的伤亡失踪数据填报为阵亡官兵只有 57 人，其中军官 1 人，士兵 56 人。而《丽温战役散记》中记载的有名有姓的阵亡于丽温战役的第三突击队军官就

① 余戈：《1944：松山战役笔记》，生活·读书·新知三联书店，2015，第 234 页。

有3人（其中谭若林阵亡于青田海口，吕玉提、周浩阵亡于温州西山）。至于士兵伤亡数据，综合《民国浙江阵亡将士名录》数据库、《平阳县出征抗敌阵亡员兵名录》发现，1944年9～10月第三突击队阵亡于浙江，且有姓名可查的浙江籍士兵共47位，由于这段时间第三突击队除派出第十一、第十二营参加丽温战役外，其直属部队及其他各营均驻于福建浦城，那么可以确认这47位浙籍士兵（其中平阳籍46位、永嘉籍1位）均阵亡于丽温战役，这意味着截至1947年已经完成抚恤手续的突三队阵亡于丽温战役的浙江籍士兵就有47位。由于已知完成抚恤手续抗战阵亡官兵尚不足国民政府公布抗战阵亡官兵总数的两成，[①] 由此推算实际阵亡于丽温战役的突三队士兵的数量极可能数倍于47人，而不大可能是表格中所记载区区56人。而根据第三突击队"活烈士"陈敬士的口述，他所亲历的丽温战役青田一带作战的伤亡是非常惨重的。而且派出两个突击营约两千人血战一个多月，不大可能仅伤亡五六十人。再者该表格中第三突击队的失踪数字为零，也是绝不可信的。李默庵曾说："我们突击队新兵补充数字之大，可以说是骇人听闻，但是现在实有数字，还只是及迭次补充数字之半，那一半人到哪里去了？虽然有几度参加战斗，我们伤亡的数字，总不及逃亡病殁的数字之大罢。"[②] 再以陈敬士为例，明明应列入失踪之列，却成为阵亡的"忠烈将士"。而据陈章文的回忆，新二十一师在向温州进军途中亦曾于青田一带遇到"三五成群、状颇狼狈"的散兵，侦察后始悉为第二突击总队（原文如此，应为第三突击队）士兵，其在芝溪头、船寮的公路上遭敌人袭击（被打散）。[③] 故此，《丽温战役伤亡失踪

---

① 根据国民政府公布的数据，全面抗战时期国民党军阵亡官兵有1324271人，而目前作为我国民国档案收藏的重镇——位于南京的中国第二历史档案馆内仅能查询到约15%总计不过192363位国民党军阵亡官兵的信息，见《20万抗日阵亡将士名录近日上线历经30多年寻找》，《现代快报》2015年5月17日。

② 李默庵：《总司令对整训会议业务报告之指示》，《突击队》月刊第2卷第3期，第27页。

③ 陈章文：《丽温战役亲历记》，《丽水文史资料》第8辑，第15～16页。

统计表》中第三突击队的失踪数为零，这是绝对不可信的（见表
5－4）。

表5－4　第三十二集团军丽温战役伤亡失踪统计

单位：人

番号 / 数量	受伤		阵亡		失踪	
	官	兵	官	兵	官	兵
直属部队	—	10	—	4	—	—
第七十九师	—	516	2	542	—	98
新二十一师	38	1099	39	1572	52	1344
暂三十三师	12	202	16	476	10	346
温州守备区	346		266		—	—
第一突击队	1	（原文缺损）	—	2		
第三突击队	6	（原文缺损）	1	56		
总计	57	2173	58	2918	62	1788

原表附注：温州守备区伤亡官兵不分，故此将总数列入兵内。
资料来源：《丽温战役伤亡失踪统计表》。

　　再检视《丽温战役伤亡失踪统计表》中新编二十一师的数据，
该表显示丽温战役中该师伤亡加失踪总计4144人，包括受伤1137
人，阵亡1611人，失踪1396人，如果减去该师丽水战役伤亡失踪
2091人，包括受伤569人、阵亡824人、失踪698人，则该师温州
战役伤亡失踪为2053人，其中受伤568人、阵亡787人、失踪698
人。再加上温州守备区部队伤亡失踪总计612人，第三突击队伤亡
失踪63人，则第三十二集团军温州战役伤亡失踪总数为2728人。
此表格填报数只相当于估算数（伤亡失踪5000～6000人）的一半。
其中特别是温州守备区部队官兵失踪数均为零，这也是明显的造假。
根据永瑞、丽青温战役的详报，温州守备区在1941年、1942年两
次抗击日寇入侵中的失踪人数分别为494人、484人，怎么到了第
三次时居然无人失踪？更何况，我们2016年在乐清发现多位隶属温

守区指挥的浙保四团的老兵均不讳言在 1944 年丽温战役杨府山战斗后脱离部队。

总体看，第三十二集团军在上报丽温战役伤亡失踪数据时，以少报为主，因此，罔顾温州方面伤亡远比丽水方面惨重的事实，按照丽、温两地兵力损失 1∶1 的比例来编造数据，有意缩小兵力损失，至于同时出现的对第七十九、暂编三十三师数据的多报，推测为填报者不知这两支部队仅在丽水方面作战，盲目套用以丽水数据乘以 2 得出丽温数据而造成的"无心之失"。不过即便是这样明显的破绽，在当年各级各类战斗详报多如牛毛，且虚报兵力和长官"吃空额"成风的大环境下，上级不大会有人去较真。

那么，第三十二集团军故意少报，其动机则可能为以下两点。

第一，通过少报伤亡失踪人数来骗取经费，侵吞军饷。蒋介石在1941 年 12 月曾说："我前方部队兵额之空虚，已为全国尽知之缺点。各级层层蒙蔽，至有一师之中缺额至 3000 人以上者亦相率视为故常。平时领一师之饷，临时不能作半师之用，及至事后申报战役经过则又任意浮报，动称一师死伤五六千人。"① 但实际上多报少报都各有用处，也是各有讲究的。在平时多报兵力数字，在战时少报兵力损失，均为"吃空饷"的一种办法；而平时少报兵力数字，则可免予安排急难险重任务，战时多报兵力损失，则可"消化"兵力账面空额。据宋希濂回忆，1942 年远征军中"有许多空缺，入缅时各级部队长就已冒领了许多钱。后来战争失败，许多下级干部和士兵都病死、饿死或被敌人打死以及逃散了。正当入缅军丧师辱国，举国震动，士兵的亲属得到噩耗，悲痛万分的时候，入缅军的许多部队长和军需人员却是充满了愉快和欢笑，因为他们可以大捞一把，领来的大批外汇再也无须发给那些死人了。死的逃的愈多，对他们就愈有利，他们就愈高兴"。张发奎则透露："军、师级单位上报长官部的兵力数字比实有数字少，因为他们害

① 李良志、李隆基主编《中国新民主主义革命史长编：同盟抗战 赢得胜利 1941~1945》，上海人民出版社，1995，第 366 页。

怕再被指派担负艰难的任务。上报长官部的人数与上报中央不同，他们上报中央则是多报。"①

根据 1945 年春的校阅结果，突击总队所属各部均有相互借（兵）点（名）及强拉顶补之事实，"讯问时（一些士兵）对连内官佐与邻兵茫然不知"。如第一营三连章时新（535 号）系由二营机连借来黄兆树顶名，该营四连新兵林永优系二营机连王焕田顶替。第二营营部胡再传（126 号）系由一营通信排上等兵徐樟标顶点，胡水（127 号）系一营通信排吕去官顶点。而次日到第二营点验时黄兆树（992 号）、王焕田（1036 号）两人却被报告已开除。但从第一突击队点验时除直属连（队）、第一营实到点名人数为 78%、86% 以外，其他四个营都能达到九成的实到率来看，第一突击队似乎又强于那些动辄有半数空额的国民党军部队。但第三突击队第十一营第四连点验时仅到 54 名，且新兵占25 名，可操班教练者，只 29 名，以此观之该连仅有兵一排，故校阅报告书说："深望对于兵员数字及教练程度，务须配合，以充实战斗力量。"其具体空额数量未见详细数据，但是亦说明该部空额缺编问题相当严重。②

第二，兵力损失数据上的造假有利于保障突击总队在该集团军中的特殊地位，维护其在国民党军中的形象。因为突击总队是总司令李默庵本人一手创建和发展起来的，被李默庵从湖南、江西一路带到浙江，可以视为他个人资本或班底，并且该部队一向被视为国民党军编练新军的典型，若如实上报该部的惨重损失，对李默庵个人前途和这支部队的未来，都是极为不利的。

---

① 宋希濂：《远征军在滇西的整训和反攻》，《远征印缅抗战》，中国文史出版社，1990，第 41～42 页；《张发奎回忆录》，当代中国出版社，2012，第 278 页，转引自杨津涛《国军抗战时的真实兵力是多少？》，腾讯网《短史记》第 179 期，2014年 6 月 20 日。

② 《陆军突击总队三十四年度第一期校阅第一突击队报告书》、《陆军突击总队三十四年度第一期校阅直属营及第三突击队报告书》，《突击队》月刊第 2 卷第 4 期，第 66～67、75 页。

第四节　烈士英名及遗体埋葬

一　有名可查的烈士寥寥无几

惨重的伤亡意味着众多年轻而鲜活的生命的消逝，在初步弄清伤亡数字的同时，更应掌握这些烈士的姓名、籍贯、所属部队、职务、军衔、牺牲时的年龄等基本信息，这是对他们，更是对历史应有的铭记。但遗憾的是，由于战时相关记录的尽付阙如，加以交通、通信不便，基层政府官吏执行不力甚至借抚恤渔利，更兼各有国统区、解放区之分，抗战结束后烈士认定、抚恤工作未能完成即陷入全面内战，此后数十年来相关查证、研究工作的缺失，上百万抗战烈士中留下姓名的占比不足两成。由国民政府国防部联合勤务总司令部抚恤处编纂的《中华民国忠烈将士姓名录》被视为最权威、最完整的关于抗战烈士的文献，亦只收录截至1947年申请抚恤获得国民政府批准的阵亡官兵信息，该姓名录按阵亡官兵籍贯分县编排，凡有阵亡将士的县，每县一册，总计千余册。但存世极少且极为分散，尚无一家收藏单位有完整的收藏，且该姓名录收录的量亦少，以四川省为例，抗战期间出川官兵阵亡263991人，但《中华民国忠烈将士姓名录》统计的人数仅为64479人，[①] 名录收录占比仅为1/4。因此，对1944年莲花心抗日战斗烈士名录的查证只能依据目前极有限的史料来进行。

由于《中华民国忠烈将士姓名录》大多数未能数字化，此次我们只能通过浙江省档案馆官网《民国浙江阵亡将士名录》数据库查询1944年莲花心战斗中阵亡的浙江籍官兵信息。而该名录中官兵阵亡地点多只载明省份，而未到县，更未到某个具体战场（比如莲花心），其阵亡时间多数亦只到月，而未到日，故而给查询带来极大困难。以新编二十一师为例，名录所收该师1944年9～10月阵亡浙籍官兵中仅28

---

① 李强、任震辑《抗战阵亡将士资料汇编》，国家图书馆出版社，2012。

人，无 1 人载明具体牺牲日期，仅有 4 人载明阵亡地点为浙江永嘉，其中仅有该师六十二团 4 名官兵因阵亡时间为 1944 年 10 月，且该团本月仅参加莲花心战斗，之后返回丽水整训，本月内再未参战，可断定其牺牲于温州莲花心。其他 24 名阵亡官兵只能说是牺牲于丽温战役当中，其牺牲的具体时间、地点则只能暂时存疑。

相对幸运的是该名录对这一时期阵亡的突击三队官兵 42 位都载明具体的死亡时间，这样我们可以根据《丽温战役详报》逐日记载的各部队战斗地域来推断有哪些官兵牺牲于莲花心。同时《平阳县出征抗敌阵亡员兵名录》（见图 5-3）则收录了 28 位平阳籍突击总队第三突击队十二营阵亡官兵的原籍乡镇（如平阳县鸣山乡）和具体牺牲地点（如永嘉小南门），将两份名录对照并结合《丽温战役详报》，发现有 47 位在丽温战役中阵亡于青田、永嘉辖境的第三突击队官兵留下的相关信息，但未见一位死于永嘉莲花心、营盘山、西山等地，却发现有 3 位注明死于永嘉"云盆山"。在温州方言中，"云盆山"与"营盘山"读音相同，再结合其死亡时间，可推断这三位是莲花心战斗中的烈士，只是牺牲地点被误记了。另有一位死亡地点载明为"永嘉六盆山"，推测为"六"系"云"之误，且该烈士的所属部队信息亦出现"第十一突击队十二营一连"这样的明显错误，实际并不存在这样的部队番号，显系第三突击队之误，亦应视为此次莲花心战斗烈士。另有 10 位突击三队阵亡官兵均阵亡于 1944 年 9 月 19 日，此时该部从营盘山、西山退出后正在鲤鱼山一带战斗，故难以辨明他们是否为莲花心战斗烈士。

同时，《丽温战役散记》的"血染西山"部分亦记载第三突击队吕玉提排长、周浩连长阵亡于攻击西山、营盘山的战斗中。另有某班长和祝锦源连长、陈谟排长受伤。另外，陈章文在其回忆中提及的六十二团一营三连连长龙海曙、三营十连连长邓子惠、三营十一连连长瞿良牺牲于莲花心。而台北圆山忠烈祠忠烈将士查询系统显示邓子惠殉难日期为 1946 年 12 月 1 日，应当是阵亡于国共内战。瞿良殉难日期为 1944 年 6 月 1 日，应为当年龙衢战役中牺牲，而非

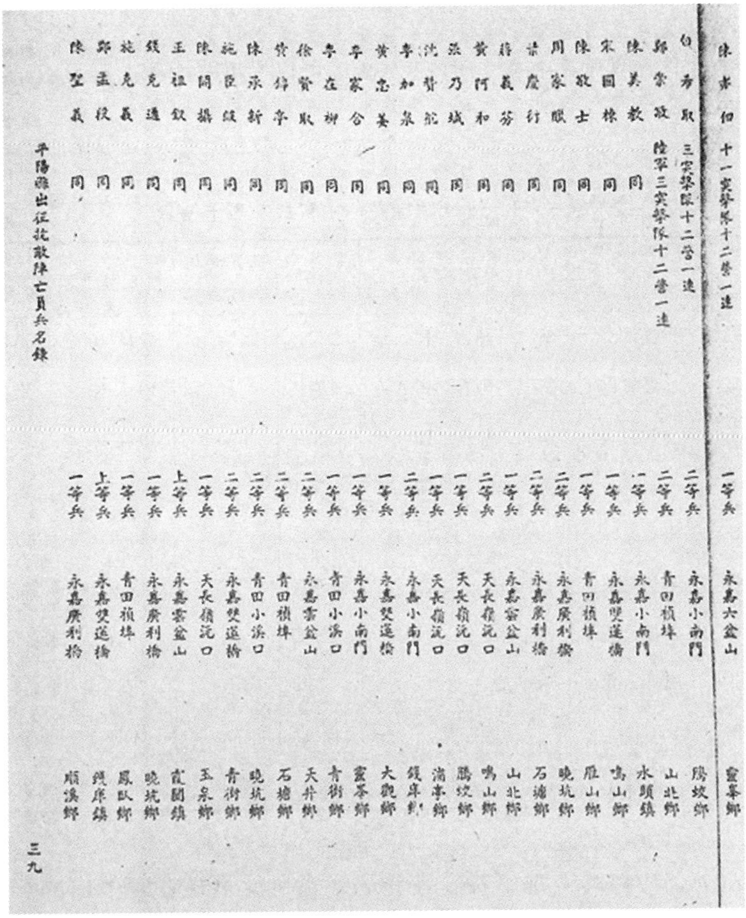

平陽縣出征抗敵陣亡員兵名錄

陳忠仰	十一突擊隊十二營一連	一等兵	永嘉六盆山	靈峯鄉
白秀取	三突擊隊十二營一連	二等兵	永嘉小南門	騰蛟鄉
鄭崇駁	陸軍三突擊隊十二營一連	二等兵	青田嶺埠	山北鄉
陳美敎	同	一等兵	永嘉小南門	水頭鎮
宋國棟	同	一等兵	永嘉雙蓮橋	鳴山鄉
陳敬士	同	一等兵	青田嶺埠	雁山鄉
周家賦	同	二等兵	永嘉廣利橋	曉坑鄉
黃慶行	同	二等兵	永嘉廣利橋	石塘鄉
薛義芬	同	一等兵	永嘉雲盆山	山北鄉
黃阿和	同	二等兵	天長嶺沉口	鳴山鄉
張乃斌	同	一等兵	天長嶺沉口	騰蛟鄉
沈賢龍	同	一等兵	天長嶺沉口	蒲亭鄉
李加泉	同	二等兵	永嘉小南門	錢庫鎮
黃忠姜	同	一等兵	永嘉雙蓮橋	大觀鄉
李家合	同	一等兵	永嘉小南門	靈峯鄉
李在柳	同	一等兵	青田小溪口	青街鄉
徐賢取	同	二等兵	永嘉雲盆山	天井鄉
黃銲亭	同	二等兵	青田嶺埠	石塘鄉
陳承新	同	二等兵	青田小溪口	曉坑鄉
施臣綏	同	二等兵	永嘉雙蓮橋	青街鄉
陳開攝	同	一等兵	天長嶺沉口	玉泉鄉
王祖欽	同	上等兵	永嘉雲盆山	宜閩鎮
錢克通	同	一等兵	永嘉廣利橋	曉坑鄉
施克義	同	一等兵	青田嶺埠	鳳臥鄉
鄭孟役	同	上等兵	永嘉雙蓮橋	錢庫鎮
陳聖義	同	一等兵	永嘉廣利橋	順溪鄉

三九

图 5－3　《平阳县出征抗敌阵亡员兵名录》（1946 年 4 月平阳县政府据国民政府军事委员会所发恤金给予令编）收录第三突击队第十二营丽温战役阵亡将士的信息，其中包括“活烈士”陈敬士（右起第六位）

丽温战役之莲花心战斗烈士，龙海曙则未查询到相关信息。可见陈章文对莲花心战斗阵亡军官的记忆有误，极有可能是记错姓名。其中陈章文提及龙连长在与敌肉搏时，腹部被敌军刀刺伤，肠子流出，于夜间牺牲于医院。而据任桥村村民龚岩生于 2010 年的回忆，有几小批伤员被担架抬经该村路亭，然后转送到雄溪万年寺部队医院抢救，其中有位伤员——好像是位连长，连肚肠挂在外面都能看到，十分凄惨。此人是否为陈章文所讲的龙连长还有待新史料发现来验证。①

由此，目前有名可查、有史为据或可以认定为 1944 年莲花心的抗战烈士共有以下 10 位（见表 5 - 5）。

表 5 - 5　1944 年莲花心抗日战斗烈士信息

姓名	籍贯	所属部队	职别	阵亡时年龄（岁）	阵亡时间	阵亡地点
李友发	温岭	新二一师六二团六连	二等兵	24	1944.10	浙江
徐安贵	温岭	新二一师六二团八连	二等兵	22	1944.10	浙江
赵阿玉	黄岩	新二一师六二团九连	一等兵	20	1944.10	浙江
吴阿坤	余姚	新二一师六二团九连	一等兵	32	1944.10	浙江
陈亦佃	平阳县灵峰乡	突三队一二营一连	一等兵	25	1944.9.19	永嘉营盘山
王祖钗	平阳县霞关镇	突三队一二营一连	上等兵	25	1944.9.29	永嘉营盘山
徐贤取	平阳县天井乡	突三队一二营一连	二等兵	不详	不详	永嘉营盘山
蒋义芬	平阳县山北乡	突三队一二营一连	一等兵	不详	不详	永嘉营盘山
吕玉提	不详	突三队	排长	不详	不详	永嘉西山
周浩	不详	突三队	连长	不详	不详	永嘉西山

另外，1944 年可能牺牲在莲花心，也可能牺牲在鲤鱼山的有名可查的烈士有以下 10 位（见表 5 - 6）。

表 5 - 6　1944 年可能牺牲在莲花心，也可能牺牲在
鲤鱼山的烈士信息

姓名	籍贯	所属部队	职别	阵亡时年龄（岁）	阵亡时间	阵亡地点
高生儿	丽水	突击总队三队三连	一等兵	27	1944.9.19	浙江
郑宗林	平阳	突击总队三队三连	上等兵	32	1944.9.19	浙江
黄加忠	平阳	突击总队三队三连	二等兵	21	1944.9.19	浙江
金加表	平阳	突击总队三队三连	上等兵	21	1944.9.19	浙江

---

①　据柯永波《莲花心攻占战之初步查证》，为柯永波 2010 年 9～10 月的采访记录。

姓名	籍贯	所属部队	职别	阵亡时年龄（岁）	阵亡时间	阵亡地点
林振播	平阳县莒溪	突击总队三队二连	二等兵	21	1944.9.19	浙江
黄加惠	平阳	突击总队三队二连	二等兵	21	1944.9.19	浙江
王孝布	平阳县山南乡	突击总队三队二连	二等兵	25	1944.9.19	浙江
陈锡珍	平阳	突击总队三队二连	二等兵	23	1944.9.19	浙江
许永从	平阳	突击总队三队二连	下士	25	1944.9.19	浙江
姚开来	平阳县江屿乡	突击总队三队二连	二等兵	22	1944.9.19	浙江

二　护国寺烈士陵园的有无

既然有约两千人的伤亡，那么按其中至少一半牺牲来算，此战有烈士不下一千人，他们的遗体安葬于何处呢？陈章文在回忆中提及温州各界曾派代表来碧湖慰劳部队，并邀请六十二团派出代表，出席温州护国寺抗战烈士陵园落成典礼，时间为1945年1月。而1945年1月，温州城及近郊各要点包括莲花心、护国寺在内尚处于日军占领之下，直至本年6月18日温州才光复。在温州光复之前，温州人民建设护国寺烈士陵园，并邀请国民党军代表出席陵园落成典礼，自然是不可能的，所以陈的回忆至少存在时间上误记的可能性。那么是否因此完全否认护国寺烈士公墓存在的真实性呢？根据多渠道获得的口述史料，目前可以确认护国寺一带在丽温战役前就建有简易烈士公墓。

仙居籍抗战老兵、原浙江保安第四团第三大队第八中队第二分队第四班战士柯全富回忆，1944年3月25日训练结束，部队开拔到温州府，住在护国寺。护国寺里有十二三座插满小竹签的烈士墓，这些墓都很简单，把战死者的尸体埋在下面，盖上土，然后在土上插个小竹签，一个名字一个小竹签。因柯全福已经于2016年11月30日过世，无法再做进一步核实，而根据对莲花心周边村民的走访，在环景东路青莲寺对面、杨府庙山坡上曾有为数不少的阵亡烈士墓，墓地上插有木牌，但后被平毁。

那么，这些公墓有没有在日军的第三次入侵中遭到破坏，日军撤退后有没有修复和扩建，并将1944年莲花心之役的烈士遗骸葬入呢？据

温州市档案馆馆藏档案，1946 年 10 月 12 日永嘉县商会为筹募浙江保
安第四团抗敌剿匪阵亡官兵公墓建设费用曾召开永嘉县各行业公会
（协会）理事长会议和理监事联席会议，建设该公墓需资金两百万元，
决定"每业酌募最高为八万元，最低为一万"，档案中还附有数十个行
业分担募集款项的配额列表。[①] 至于该公墓是否就在护国寺，最终是否
建成，尚未发现更详细的相关史料。

三　暴尸荒野与民间收葬者更多

烈士公墓要等战事结束、敌军撤走后才可修建，在战斗进行当中烈
士遗体如何处理呢？原八十八军野战医院担架兵、台州籍老兵张贤得回
忆，牺牲的战士，埋葬在山上，用四块木板钉成一个简易棺材，就地埋
葬。[②] 而实际上，由于人手紧张、战事激烈等，相当一部分烈士遗体无
法及时安葬，要么任其腐烂，要么战后被当地民众或慈善机构安葬，这
在莲花心战斗乃至整个抗战中都是一个普遍现象。

柯永波通过采访将军桥村、净水村、山前社区的沈阿汉、李邦
栋、李木弟、吴加恩、金胡林、金胡弟、郭森球、黄碎兴等多位八
旬以上高龄老人获知，他们或亲眼看到，或听父辈诉说，战后在邻
近莲花心的各战略要地及战斗激烈之处，包括番薯园、山坡、战壕
里都曾发现许多成堆或散落各地的人体遗骸。还有退休工人回忆，
白泉一带修建公路时有成堆白骨。据任桥村村民龚岩生介绍，新编
二十一师三四十名将士遗体就埋葬在该村老虎山西垟坦。该村龚阿
桃称：1949 年后这里被辟为番薯地，在耕种时曾挖掘出许多人体骨
骸，开始几年大家都不敢吃番薯，只能作为饲料喂猪。渚浦西村林
永强老人回忆，在后坑底能仁寺后新编二十一师就有数十人被打死，
血流遍地，后来由村民挖土坑将尸体埋葬。林永腊老人说，在附近

---

① 1946 年 10 月 11 日《永嘉县商会通知（为筹建抗敌阵亡官兵公墓由）》，温州市档案
馆，档案号：205 - 1 - 753。

② 张贤得（1920 年生）：王长明、周保罗、高志凯访谈，2015 年 6 月 20 日，台州市椒
江区前所下西村。

山头垅、白岩底也曾发现许多人体遗骨。莲花心山上一度白骨很多，一些"兑糖客"上山捡拾人体遗骨冒充猪头骨出售。瓯浦垟村杨文弟老人介绍：1944年莲花心之战的时候，士兵的尸体没人掩埋，腐烂在山野上，不仅腐臭难闻，而且引来狼狗野狗觅食。①

净水村村民黄碎兴（见图5-4）时年17岁，他说他父亲见到士兵的尸骨暴露山野的惨状，便叫二哥黄永唐同村民黄田楷二人上山收拾尸骨，其中光在白泉山后老鹰岩就收拾了29具遗体埋葬。大哥黄永清又将战死在护国寺周边的烈士遗骨收集起来，装了30个钵盂，埋葬在老柏山顶的壕沟中。根据这些老人的讲述，上述莲花心抗战烈士的埋骨之处，在后来的经济建设、道路修建和政治运动中被平毁，烈士遗骨最终去向已无从知晓。

图5-4　黄碎兴老人（右）在龙盘山（老柏山）现场指认莲花心
抗日阵亡将士埋骨处（2016年5月8日摄）

第五节　同期温州其他区域的战斗

必须指出的是历史上的莲花心战斗均非孤立战事，它历来都是温州

---

① 柯永波：《莲花心攻占战之初步查证》，《墨池》2011年第1期，第50~51页。

城攻防战的一部分，争夺莲花心的最终目的不在于拿下和固守这一城郊山头本身，而是要把该战略要点控制在自己手中，以达成夺占或守卫温州城的目标。1944 年的莲花心抗日战事，中国参战部队已经达到师级规模（最多时投入两个团加两个突击营），并由集团军副总司令直接指挥，前后持续的时间达到三个星期，但它依然只是中国军队反攻温州作战一个关键节点，而非本次温州作战的全部。近年来，媒体报道中出现了"莲花心战役"① 的提法，而所谓战役是在战争的一定区域或方向，在一定时间内按照一个总的作战企图和计划所进行的一系列战斗的总和。因此，从严格的军事学定义上讲，以莲花心的抗日战事的实际性质、规模，称其为战役是极不妥当的。

按国民党军当时的提法，1944 年的莲花心战斗是丽（水）温（州）战役的一部分，但因国民党军对"战役"概念的使用比较随意，一些小的战事也被称为战役（如称 1945 年乐清营级规模战事为"虹桥战役"②），加上亦有汇报丽温战役丽水方面作战情况的《丽水战役详报》，还可说本次莲花心战斗为温州战役的一部分（如原新编二十一师副师长李文密即称其为"温州攻坚战役"）。而按日军的提法，它就是温州战役的一部分。日军直接将 1944 年攻略丽水、温州的战事统称为"温州战役"，并指出温州战役分为温州、丽水两个作战。因其发动此役的终极目标是攻占温州，阻止美军上岸，日军从金华、武义出发一路占丽水、青田等地，只是为了打通袭占温州的通道，而并无久驻这些地方的目的。按照其作战计划，"甲支队占领温州所需军用物资等补给完成后，以甲支队为直辖，（七十）师团主力适时从丽水一带撤至金华一带，回归原先的状态"。③ 所以到

---

① 《艰苦卓绝四大战役　鲜血书写峥嵘岁月》（副题为"莲花心一役惨重代价击退日军，石马印山战役拔除日军据点"），王馨馨、傅芳芳、朱相宜整理，《温州晚报》2015 年 8 月 15 日，第 4 版；戚祥浩：《景山莲花芯，埋着多少抗战英烈忠骨》（副题为"这里曾发生温州抗战期间规模最大、伤亡人数最多的战役"），《温州商报》2015 年 8 月 17 日，第 8~9 版。

② 《浙江省保安独立第七大队三十四年三月十五日虹桥战役战斗详报》，乐清市档案馆，档案号：223－10－428。

③ 〔日〕饭田米秋、高桥定一编《战场之记录——墓标》，第 545、553、554 页。

了 9 月下旬，除了温州城区及近郊、瓯江口两岸要点还控制在日军手中外，丽水、永康、青田等处都相继回到了战前的态势，由国民党军控制。

出于尽快收复温州城的初衷，第三十二集团军在鏖战莲花心的同时，从多个方向同时攻击温州城（见图5－5、图5－6、图5－7），在相继攻占了一些外围要点之后，一度攻入城内，并与日军展开激烈巷战，终因莲花心等外围关键要点未能确占，入城部队被迫撤出。此后，到 9 月底 10 月初全线总攻时，国民党军虽制订了"举全力继续猛攻，先摧破其外围据点，乘势于市区一举歼尽而占领之"的计划，但实际直到本次丽温战役结束，未能再度攻入城内，战斗基本局限于城区外围要点。同时，第八十八军搜索营在瓯江北岸一带活动，但实际未能完成阻击日军水陆增援温州的任务。中国海军则在瓯江右岸藤桥下岸村布雷，但直到 12 月才发挥效力。

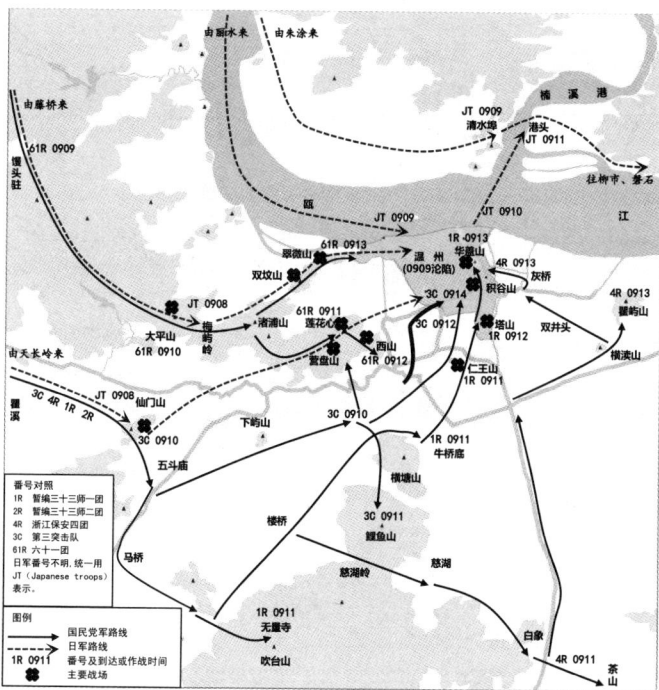

图 5－5　丽温战役温州方面作战第一阶段经过示意
（1944 年 9 月 8～14 日）

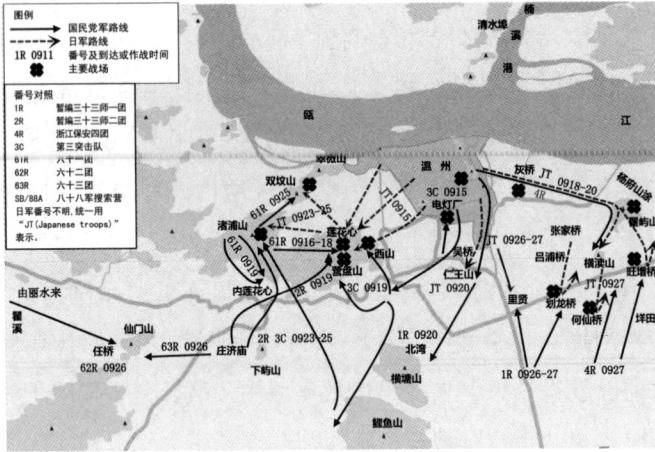

图 5-6　丽温战役温州方面作战第二阶段经过示意
（1944 年 9 月 15 ~ 28 日）

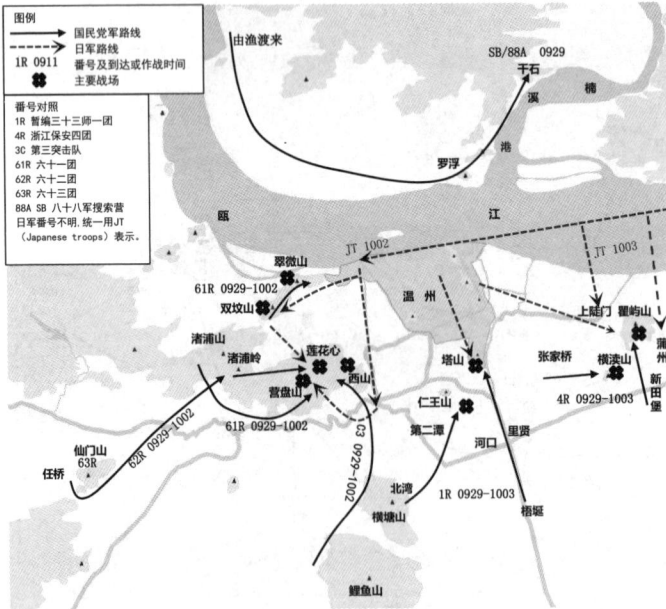

图 5-7　丽温战役温州方面作战第三阶段经过示意
（1944 年 9 月 29 至 10 月 3 日）

一 西北向：双坟山、翠微山、西门街

新编二十一师自始至终担任从西向先占城外要点，再从西门攻入城内的任务。西向诸要点中，除莲花心外，还有双坟山、太平岭、翠微山等。在开战之初，李部（六十一团）分兵两处，一部攻莲花心，一部攻莲花心以北之双坟山、太平岭、翠微山一线，直抵西门。11 日，李部开始向双坟山发起攻击，13 日，李部攻占双坟山后于 10 时进迫西门，一部突入西门街与翠微山敌冲突甚烈。同日，着龙（云骧）部迅向营盘山，占领灰炉村、西山、莲花心之线，由南向北与李部猛力夹歼翠微山之敌。14 日，李部一部迫近西郊与翠微山之敌激战。15 日，李部一部攻西门，敌凭工事顽抗，迄夕仍与敌猛烈冲杀。为协力李部围攻翠微山及西山之敌，逐步进逼市区，调龙部全部于 16 日向营盘山、莲花心附近之敌猛攻，并以一部夹击松台山之敌主力。令李部猛力攻占营盘山、莲花心后，迅速于渚浦山、双坟山附近构筑工事，防敌反攻。17 日，令李部确占西吞及以北高地至双坟山、下垟山之线，构筑强固工事，迫困城郊之敌，并集中该部迫炮强攻营盘山、莲花心、翠微山，进迫西门，与城内友军协歼该敌，并派小部掩护侧背。此后对翠微山战斗《丽温战役详报》再未做提及，这说明在对莲花心始终未能确实占领的情况下，李部实际上无力向莲花心与双坟山两处同时展开攻击，只能集中兵力攻击莲花心，17 日的命令应当没有得到切实执行，此后一直未能确实占领翠微山。

这一阶段的翠微山战斗，日军战记《战场之记录——墓标》的记载更细致：

矢部（中）队将本部设在西门外，一个小队设在西方一千米的翠微山与反攻的敌人对峙。九月十一日傍晚，后藤部队长命令：十二日天亮之前，攻下双坟山。作为翠微山小哨警备担当的矢部队小村小队在十二日上午三点左右行动，从西南方一千米的同一高地向西面迂回，在拂晓时进行攻击。在这里发现敌人的猛烈射击。并

且在敌人阵地的前面有急下的斜坡，前进十分困难。随着接近敌人阵地，岩木民男兵长（广岛县庄原市庄原人）、冲田增登兵长（广岛县加计町泷本人）、玉上茂兵长（山口县下松市柿之滨市人）因为敌人投的手榴弹壮烈战死了。在阵前指挥的小村逸郎少尉也因为敌人的手榴弹左半身受到了重大的创伤。拂晓之时，敌人渐渐向大平山方向败走。之后，敌人也渐渐在温州周边集结，连日向我方攻击。①

在 9 月 27 日，部署接下来的总攻计划时，《丽温战役详报》再次指出翠微山仍被日军占据，并要求新编二十一师在确占莲花心后，由大西门攻击郭公山、海坛山，并以一部协同赵、龙两部攻击华盖山、松台山。29 日，新二十一师在汇报该师部署时则明确由六十一团以一部攻击翠微山，其余确保原阵地，尔后乘势攻击郭公山、海坛山并占领之，随着莲花心战斗的失利，其最终结果是得而复失，还是根本就未攻下，后文未再做说明。《战场之记录——墓标》则明确记载："九月二十四日，由于双坟山敌人的攻击，栗下七十六伍长（广岛县庄原市新庄町人）、原川又一兵长（山口县大津郡三隅町人）战死。九月二十九日，沿着南方的山地翠微小哨有敌人来袭，加上枪炮攻击，中本博贵兵长（广岛县安芸郡蒲刈岛町人）、米田武夫兵长（广岛市大须贺町人）、市木芳男兵长（滨田市唐钟人）战死。""九月末，在翠微山的白狼、倍处岭（梅屿，即温州西南六千米）收获巨大战果，给予新二十一师以打击。"②

二 西南向：水心村、将军桥村、松台山、小西门

莲花心战场北侧有双坟山及翠微山、南有横塘山、西有渚浦山，均为我前进攻击之依托，唯独东北侧直面温州城，山与城之间为一马平川的水心村、将军桥村，无险可据，而温州城小西门（三角门）旁的松

---

① 〔日〕饭田米秋、高桥定一编《战场之记录——墓标》，第 590 页。
② 〔日〕饭田米秋、高桥定一编《战场之记录——墓标》，第 592 页。

台山至莲花心主峰直线距离仅为 2.5 公里，为温州旧城垣内距莲花心最近之制高点，松台山之日军炮火能轰击我攻击莲花心部队，还能掩护城内日军出城增援莲花心。故而攻击水心村、松台山、小西门是攻占并固守莲花心、防敌逆袭反扑的重要侧翼战场。国民党军在这一带作战的主力为龙云骧所部。

日军占据温州之初即在松台山构筑工事，并将主力集结于水心庙附近。12 日，龙、李两部在旸岙村、灰炉村、水心村之线。14 日，龙部之一部攻入小西门，敌顽抗，我伤亡惨重迄夕仍在激烈争夺。15 日，在城南方向作战的龙部主力攻入小南门后续向松台山发起攻击，并派一部攻击西山及莲花心东端之敌。当天，龙部受命于 16 日 4 时向营盘山、莲花心附近之敌猛攻同时，以一部夹击松台山之敌主力，协力李部围攻翠微山及西山之敌，逐步进逼市区。16 日，严令龙部攻击松台山，务克复不得迟误。但从实际情况看，并未克复，所以当天再次电令龙部自明日起精选一部协同围攻松台山，协力李部攻击莲花心、营盘山。17 日，复电令龙部（附黄团）在确占王李桥村、灰炉村河南岸、新桥街、垟中村、旸岙村之线，协攻营盘山、莲花心的同时，协同城内部队围攻松台山。18 日，续向松台山之敌围攻。9 月 27 日，下达总攻部署时，龙部领受的任务为在主攻西山的同时，协攻营盘山，另派一部于水心村截敌增援，确占后乘势进逼小西门，并攻击松台山之敌。此后，《丽温战役详报》再未有关于水心村、松台山、小西门战斗的记载。从 10 月 2 日国民党军攻下莲花心、营盘山、西山之后，日军全力反扑重新夺回上述要点来看，此时龙部应当是在水心村阻敌增援失败，日军一部极有可能由小西门经水心村迂回灰炉、新桥街夺回西山、营盘山，让龙部失去再攻至松台山、小西门一带的机会。

三 南向：横塘山、仁王山、塔山、大小南门、电灯厂

9 月 11 日，浙保四团攻占茶山、白象（南白象）、茅草岭、慈湖村之线，同日，龙部进占横塘山（牛山），主力进占鲤鱼山，暂编三十三师第一团到达吹台山无量寺，其一线部队于当天中午占横塘山附近牛桥

底村、岙上村。吹台、鲤鱼、横塘三山在整个反攻温州作战期间，始终控制在我军手中。但其北面更靠近城区的仁王山（东屿山）、塔山（巽山）却在敌我之间反复易手，成为我军从南向攻城的掣肘。11 日下午，第一团又将仁王山占领，12 日晨一时许攻至大南门，另一部攻至小南门之对河。15 时该部约一营由大南门攻入城内与敌巷战，成为我首先入城部队。敌伤亡甚重，似有向北门移动模样。同时龙部向小南门进攻。13 日，拂晓稍过，第一团主力由蒋副营长率领续入大南门与敌发生激烈巷战。14 日，第一团主力仍在城内与敌巷战中，除当天中午在城内南北大街以设施阻塞贯断敌之联络外，一面严密监视当面之敌，一面则在调整阵线，以期续攻。

15 日，第一团仍在大南门内与敌巷战，龙部主力攻入小南门，占领电灯厂（见图 5－8）①，向松台山、双莲桥等处攻击。16 日，我城内诸部虽断续与敌发生战斗，唯无任何进展。17 日以后，《丽温战役详报》未再记载城内战事。《丽温战役经过概要》"第三时期"（9 月 3 日至 25 日）云："惟城中华盖山与城外莲花心尚未攻克，所处态势极为不利，为避免无谓牺牲，乃将城内部队抽出。"

第三突击队司令刘建修在《第三突击队的长成》中记述："嗣一部突入南门，占领电灯厂，发生惨烈之巷战，斩获甚众。"《中华民国忠烈将士姓名录》和《平阳县出征抗敌阵亡员兵名录》记载白希取、陈美教、李家合、李加泉、黄忠姜、宋国栋、倪裕奎等 7 位平阳籍第三突击队十二营一连士兵 1944 年 9 月 12～15 日在永嘉小南门、双莲桥殉国，亦能印证第三突击队从南向攻击温州城的史实。

9 月 20 日，日军由大南门冲出敌兵百余，附炮二门向第一团阵地攻击，辰刻冲破仁王山、吴桥，该团被迫退守横塘山、北垟之线，除即饬严督部队反攻恢复原阵地外，并令龙部支援该部。一份流传于网上的 1944 年 9 月

① 指普华兴记电气股份有限公司，温州最早的发电厂，旧址在今小南路双莲桥附近之电业局。

图 5 - 8 位于温州双莲桥的普华兴记电气股份有限公司

资料来源:《温州老照片 (1877—1978)》。

23 日油印的《中央日报》亦可证明此事,"永嘉敌于二十日拂晓向我进击部队反扑,至午我与敌仍在西、南两门附近激战"。[①]

30 日,全线总攻时,温州守备区部队在南向承担的任务为攻占塔山、仁王山后直捣大南门,攻击积谷山、华盖山。其中暂编三十三师第一团二、三营于 4 时开始攻击里贤、河口、第二潭,经奋勇搏斗遂占领河口及第二潭。次日,该团攻塔山、仁王山,敌凭坚顽抗。入晚仍猛争夺中,深夜向仁王山施行夜袭,毙敌数十名,但未获成功。10 月 2 日,经终日苦战占领仁王山、塔山。3 日,两地复陷敌手,该部在最后总攻中未能再次攻入城中。

暂编三十三师第一团团长李昊在回忆中称此时该团攻西门,但在后文中又说日军"以部分骑兵突击占领第六十四团右侧据点小宝塔山,随后又由右向左侧攻,以步兵炮猛攻六十四团团部及二线据点"。而按《第三十二集团军丽温战役作战经过要图》,塔山在城南,而不是在城

---

① 《抗战〈中央日报〉收复浙江丽水》,http://blog.sina.com.cn/s/blog _ 67046f590100iob8.html。

西，且当时温州城内外诸山中建有宝塔的只有大南门外的巽山，小西门边松台山上此时尚无宝塔，可见是李昊记错了方向。他所称小宝塔山应为经过要图中之塔山也就是巽山。①

参加过此次战斗的该团军官毛嵩岳在《永嘉战斗》中生动描述了其在温州城南双屿山②、塔山一带从南向攻击温州城的亲身经历，虽然将大南门误为小南门，总算大方向未错。

我营到达城南双屿山集结，察敌已进驻永嘉城。双屿山下有一小河护城，北岸塔山无敌据守，我即命九连占领塔山，掩护七连进攻小南门，并报请团部炮火支援，已知团部命一营攻打东门。我七连进攻小南门外街巷，直捣南门，城门敞开，但为敌火网封锁，不能进入，团里只有迫击炮，火力不足，压不住敌人火网。相持到中午，两架敌机盘旋上空。我几挺重机枪对准射击，敌机不敢低飞，胡乱投下十数枚炸弹，炸死的鱼漂满河面。这时，城里的敌人大举冲击，炮火疯狂向我轰来，我左脚跟被弹片剥去一块皮，血流如注；接着我身边重机枪手中弹牺牲。全体官兵见我负伤不下火线，士气大振。忽见一营营长满头紧裹纱布气喘吁吁地跑来说："东门失守，敌人向我包围来了！"我即命九连派一排人守我右侧小石桥，阻击由东门来犯之敌。同时，我七连由城脚退下，命其死守我左侧石桥，待敌散开在稻田时，我重机枪猛烈扫射，四五亩面积的稻田，几乎被我打翻了，却不见一兵来犯（后闻田里有敌尸四五具），间闻呼呼炮弹从我头上飞过，轰我团部。团（部）来电话已

① 李昊：《反攻温州未遂纪实》，《闽浙赣抗战亲历记》，第373页。
② 此处双屿山与今人熟知的鹿城区双屿街道无关，它是温州城南的东屿（仁王山）、西屿（灵官山）两山的合称。双屿山属温州城的所谓"九山"之列，东屿山在1959年建发电厂时已夷平，西屿山在今吴桥路温州电业局职工活动中心内仍存残迹，双屿山附近之双屿山大队至1982年才更名为东屿大队（今称东屿村）。而双屿街道的前身为双屿乡（后改双屿镇），1956年始设双屿乡，取双岭、屿头之合称（据清光绪《永嘉县志》卷二、卷三十八，《温州市鹿城区地名志》第52页，《中国城市发展丛书·温州》第53页）。

转移桐岭，命我即撤。我命九连会同重机枪连一起后撤，命七连一个班指挥所掩护营部后撤，又即命通讯兵收拾电话线。事毕，仍未见敌行动，我才由卫士背扶撤回团部。团长当面奖慰，并上报晋升为副团长。①

要指出的是，毛嵩岳这段回忆没有明确的时间节点，似乎整个战斗都在一天之内发生一样，对照相关史料，这应当是发生于当年9月11～20日连续十天的战斗情况，这恰恰是回忆、口述类史料常见的毛病。另外，毛嵩岳自称时任三营营长，因此次作战有功升任副团长。而在《丽温战役详报》的《功过奖惩表》中记载了暂编三十三师有一位名叫毛羽的少校团副、代三营营长率部攻入城内，后率部掩护入城部队撤退，作战勇敢、歼敌甚多，给予记功一次，并调任第三营营长。将此记载与此回忆比对，可以确认毛羽与毛嵩岳为同一个人。只是毛在回忆中把史实颠倒了过来，把自己因立功由少校团附代营长调任三营营长，说成是由三营营长升任副团长。实际上他混淆了"团附"与"副团长"的概念，团附为团部附员，用今天的话就是团部工作人员，并非团长的副手，当时暂编三十三师团附一般为少校衔，而副团长为中校衔，由团附调任营长，军衔虽未变，仍为少校，但由非领导职务转任领导职务，也算是一种晋升与奖赏。与之相对应，由少校营长转任少校团附则是一种惩处，如1942年的丽青温战役中，暂编第三十三师第一团第一营少校营长程尚荣，因7月21日在永嘉尖山部署失当，戒备疏忽，被记过一次，调为第三团少校团附。②

四 东向及东南向：瞿屿山、灰桥、华盖山、积谷山

瞿屿山今通称杨府山，为温州城外东向制高点，海拔139.8米，西可

---

① 毛嵩岳：《永嘉战斗》，贵州盘县特区政协文史委编《盘县特区文史资料》第11辑，1989，第83～84页。
② 《丽青温平瑞乐战役详报》，中国第二历史档案馆，档案号：787-10556。

瞰温州城区，北可控瓯江，并截断温州城区与乐清之日军的水上联系。而在温州城东南角的积谷山、华盖山一直是浙保四团从东向攻击温州城必须夺占的要点。温州古城垣系连接郭公、松台、积谷、华盖、海坛五山而成，五山之中以华盖山为最高，为古城垣之制高点，海拔 56.8 米，比其他四山均高 20 米以上，故华盖、瞿屿二山在丽温战役中争夺十分激烈，国民党军始终无法确占并固守，与莲花心一道成为攻占温州城的掣肘。

国民党军在这一方向的战斗就在瞿屿山经双井头、灰桥至华盖山、积谷山之线展开。温州守备区（赵复汉部）各部担任这一方向的进攻，其中暂编三十三师第一团由大南门攻入城中之后即转向积谷山、华盖山进攻，浙保四团则在城外由东向西进攻，配合城内部队攻击积谷山、华盖山。14 日，浙保四团主力仍在东南门①，同时以一部于瞿屿山各附近构筑据点工事，防敌反攻。15 日，浙保四团一部在灰桥、双井头之线，主力在东南门外与敌战斗。16 日，第一团续向积谷山、华盖山进攻。17～18 日，续向积谷山、华盖山之敌围攻。

而根据黄德金的回忆，浙江省保安独立第八大队亦参加了华盖山的战斗，只是他们不是主攻。但《丽温战役详报》对此未做记载，这可能与八大队此时配属浙保四团指挥有关。

> 打温州城，我们曾经在东门矮凳桥、光明火柴厂待了好几天，火柴厂的人都跑光了，华盖山上日本人我们看得很清楚。上面命令我们守光明火柴厂，派了一个班去，没守住。班长被连长一枪毙了。我们被日本人包围在光明火柴厂，当时伙食是从茶山运过来，被包围了三天三夜没有什么东西吃，最后派一个搜索兵，看看有哪条路通，最后找了一条路，退到茶山。②

19 日晚，浙保四团又被敌百余反攻，杨府山涂、瞿屿山诸点激战

---

① 有关温州城东南门的简析详见后文。
② 黄德金（1924 年生），王长明、周保罗访谈，2017 年 2 月 8 日，温州市鹿城区双屿街道正岙村。

迄夜，迄 20 日辰时敌炮火更烈，该团被迫撤至旺增桥、张家桥亘吕望村之线。继莲花心、营盘山失守后兹以杨府山涂、瞿屿山又被敌攻夺，城内之各部东面复受截断，遂不得不撤回续图后举。

时任浙保四团三大队七中队上士文书的乐清虹桥籍老兵倪丕银对此次瞿屿山的失陷记忆刻骨铭心，因为其胞弟——浙保四团三大队七中队上等兵倪丕兴就是在此战中殉国的。老兵倪丕银 2015 年手书的他与弟弟倪丕兴的抗战经历如图 5-9 所示。

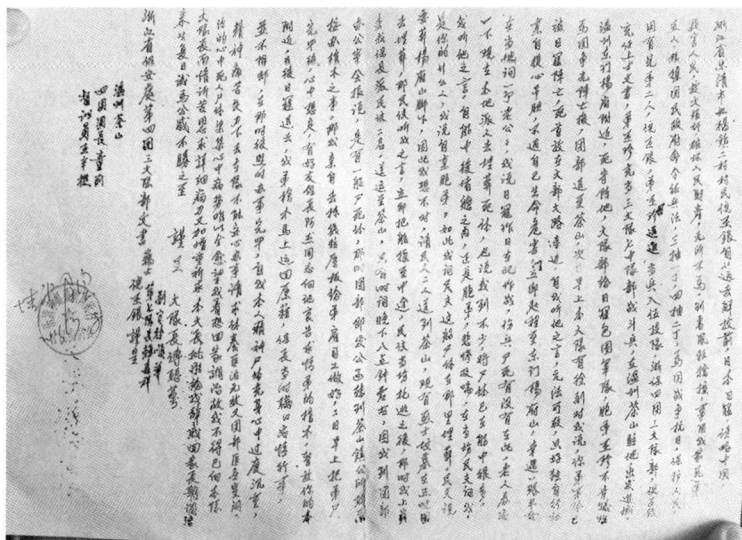

图 5-9　老兵倪丕银 2015 年手书的他与弟弟倪丕兴的抗战
经历，仍保持着民国期间公文书写的习惯

1944 年阴历八月初四（公历 9 月 20 日），日军突袭攻占杨府山，我们部队撤退回到茶山，撤退时见城西莲花心火光冲天，可能是日本人在纵火焚烧。这一场战斗中有 25 名中国兵死了，丕兴也阵亡了。当时我并不知道，第二天不见丕兴回来，听人说丕兴战死。我雇了一只船，把弟弟尸首运回茶山，丕兴胸前有刺刀伤，一只手臂被打断。丕兴的尸体没有与其他战士一起合葬在公墓，我找到当地一位保长帮忙，弄了一个棺木，单独安葬在茶山南柳村。过了四五年之后，也就是

1949 年后才从茶山起运回乡，安葬在龙泽山上。①

瞿屿山失陷后，21 日再令赵部应确占下蒲州、汤家桥、旺增桥、何仙桥、蛟尾底村、横塘山之线，并构筑强固工事，严密封锁，积极恢复 17 日前阵线，进击城内之敌，并派一部断敌水上增援。此后至总攻前仍未看到关于瞿屿山战斗的记载，说明此命令未得到有效执行。26 日，日军数十人攻里贤（今丽田），被赵部击退。27 日拂晓前敌分路向我浙保四团进攻，一自吕浦桥攻划龙桥，一自横渎山、马垟村攻何仙桥，一自旺增桥攻垟田，各路战斗均激烈，旺增桥、何仙桥曾被突破，经饬暂编三十三师第一团向划龙桥侧击，严限浙保四团恢复原阵地，始得恢复原阵地，并毙敌 70 余。30 日，全线总攻时，浙保四团任务为以一部攻占瞿屿山、杨府山涂，切实遮断敌之水上增援，并积极向东北活动，牵制茅竹岭、状元桥之敌。当天，浙保四团一、二大队奋力猛攻横渎山、瞿屿山之敌，激战甚烈，嗣以奉令暂停攻击，各部遂据所占原阵待命。10 月 1 日，浙保四团攻杨府山涂、瞿屿山，20 时许攻占瞿屿山第四峰，深夜遵令向瞿屿山之最后一峰夜袭未获成功。10 月 2 日，苦战占领瞿屿山。3 日，敌自江上增援上陡门及上、中蒲州，复倾其城厢内外全力反扑，我虽一再冲杀，战至本日午后又相继失陷，凡此诸地战斗敌我伤亡均极惨重。据《永嘉县城南部地形图》，此处横渎山即今绣山公园内之绣山，民间谓之大球山，据横渎村村民回忆，1944 年国民党军曾在此修筑工事与瞿屿山日军对垒。

70 多年后，对于浙保四团在丽温战役中的表现，原第三突击队老兵章焕生仍表示不能认可。他说："浙江保安第四团这些部队没有认真打，都是敷衍，而且也没有战斗力。"而另一位亲历丽温战役的原浙保四团健在老兵——该团第三营第二连士兵、乐清籍赵尧青的讲述亦可作为参考。

---

① 倪丕银（1918 年生）：王长明、周保罗、倪旭明访谈，2016 年 12 月 24 日，乐清市虹桥镇。另《中华民国忠烈将士姓名录》（浙江省乐清县分册）显示倪丕兴阵亡时间为 1944 年 9 月，未具体到日。乐清市档案馆还保存有 1945 年 11 月《乐清县政府为据呈送故兵倪丕兴恤金具领结及户籍调查表格式不符发还更正具根凭转由指令》（档案号：223 - 83 - 68），也就是在办理倪丕兴抚恤手续过程中，因其同胞兄弟依法不得领取恤金及遗族因填报户籍表格式不符被发回重填等问题，乐清县政府下达的公文。

　　1944 年阴历七月十七（即公历 9 月 4 日）我们被骗到青田小口，说是去挖壕沟，还没有开始，结果日本人戴着树叶伪装就上来了，我们没有准备，一接触死了几个人，就退回温州。退到蒲州、上陡门一带打杨府山，跟日本人对峙了个把月。到蒲州的时候，我脚肿起来了，在水心庙①、蒲州那一带都是泡在水田里。杨府山八九点钟攻上去，结果中午日本人反攻了，日本炮打来，看到形势不对，赶快躲开，不然早没有命了。后来，守不住了，打散了，我就回家了，也不知道打死了多少人。②

　　关于灰桥、双井头一带的战斗，《丽温战役详报》无明确记载，而根据日本战记《战场之记录——墓标》一书对 9 月 18～19 日灰桥战斗的详细记录，可以推断这是日军攻取瞿屿山中途的一战。

　　九月十八日傍晚，后藤部队长发命令说："岛谷队和矢部队共同将温州东方的敌人歼灭。"矢部队长以一个小队的兵力半夜行动了。大约 300 的敌人在灰桥（温州东方一千米）东方一带的村落布阵，在敌阵前方有相当大的河，河上方架有通向敌阵的桥宽约两米，桥的东面有很坚固的鹿砦防守。河的宽度很大，而且也很深，不撤去鹿砦的话，无法攻击敌营。于是决定用手榴弹把障碍爆破强行突破。敢死队过桥，敌人的射击更加激烈，手榴弹被爆破，士兵受了重伤，无法动弹。十九日天亮后，第二次又派敢死队前往，但还是以失败告终。这真是做了无谓的牺牲。

　　十九日晚上，矢部队长让全员排成一队，不顾一切向前突击。先头的几个人各自握紧手榴弹，向着鹿砦或其附近投掷。也有敌方设置的手榴弹的诱导，只产生了一点裂缝。由于敌方的手榴弹和射击，我方出现了负伤者，没有闲暇顾及他们，全员向敌阵突进。桥

---

① 指横渎村之水心庙，至今仍存，非温州城西南之水心。
② 赵尧青（1926 年生）：王长明、周保罗、倪旭明访谈，2016 年 12 月 24 日，乐清市北白象镇瑞里村。

头堡的一角崩坏，敌人一下子乱了阵脚，向后方高地（适处山）①
退去。矢部队长挥舞军刀，站在前头，追着敌人爬上山，但山上还
是有敌人的阵地而进行了抵抗。矢部队乘机想把敌人歼灭，但这个
时候左前方又忽然有机枪的射击，其中一枪射中了矢部队长，穿透
左肩胛部左锁骨上窝而倒地。因为还处于敌前，先让队长躺在凹地
上。前田静夫曹长代为指挥，继续进攻。前田曹长也大腿部负伤，
于是桥本益人军曹代为指挥，追击败走的敌人。在双井头（灰桥
南方一千米）附近藤井治郎兵长（广岛县福山市手成町人）战
死。②

我们还有幸找到一位当年灰桥战斗的知情人——邓显姆老人（见
图 5 - 10），他在日军第三次入侵温州之初被抓到灰桥，给驻防于此的
日军当伙夫。他在那里干了一天后逃了出来，之后听人说灰桥一带中、
日两军发生了激战，其所听闻虽在具体细节上与《战场之记录——墓
标》所记有差异，但从参战的是国民党非正规部队（浙保四团属于地
方团队）、打了败仗等基本信息来看，很可能是同一场战斗。

我家当时住在十八家一带，日本人第三次来温州的时候，没有
逃走，因为我父母亲年纪大了。大概是 1944 年下半年的一天我在
外面被日本人抓去了，那些体力好的壮年做苦力为日本人做防御工
事。我当时年纪小，虚岁只有十五六岁，被抓到日本人在灰桥的岗
哨当伙夫。这个岗哨大约三米高，一共有八个日本兵，吃饭的时
候，等其他七个人吃好了，那个人放哨的人才下来吃饭。他们的武
器有一挺轻机枪，其他是步枪，这些日本兵主要是看守这座桥，叫
中国人不要从桥上过，为此还杀了好几个中国老百姓。我在那里做
了一天，当天晚上就跑了，大家都跑了。

---

① 按《战场之记录——墓标》所附地图，适处山即瞿屿山（今通称杨府山）。
② 〔日〕饭田米秋、高桥定一编《战场之记录——墓标》，第 590 ~ 591 页。

图 5-10　两位温州抗战历史的见证人邓显姆（左）、韩永龙
（2015 年 12 月 8 日摄于华盖山）

　　我从那里逃出来以后听别人说，后来国民党有一连人——说是一连人实际只有几十人——到了对面有个地方叫上村。先是用步枪跟他打，把他火力引出来，再用重机枪架在河对岸一个叫阿春的人的房子那里打日本人的哨所。日本人大炮从华盖山打来，把国民党兵的重机枪打掉。到了晚上，日本人从小路插过去，绕道双井头把国民党的兵消灭了。这些国民党的兵也不是正式的部队，也不是（暂编）三十三师，很多跑得慢的人被打死了，这一连人只有连长跑回去了。他跑到帆游，被师部枪毙了，我是听人讲，不是我亲眼看见。[①]

五　北向：瓯江北岸、清水埠

　　由于日军甲支队的任务是阻止美军登陆，故在其于 9 月 9 日侵占温州城之后，除留后藤大队担当守备温州城的任务，并同时尽力确保占领瓯江河口的黄石山以及瓯江南岸一带之外，其主力在北岸挺进，占领乐

[①]　邓显姆（1930 年生）：王长明访谈，2015 年 12 月 8 日、2017 年 5 月 22 日，温州市鹿城区华盖山。

清的瓯江北岸以及海岸地带。9月10日，刚侵入温州城仅一天的甲支队司令部和一支步兵中队（安田中队）首先一起往瓯江北岸渡河，11日，该支队主力从港头出发，沿重石—七里—崎头村道前进，命令小野部队从磐石向东占领瓯江左岸一带。之后，除了守备温州的后藤大队外，在温州的各个部队在濑尾浩大佐的指挥下，直到14日左右一直在追赶主力，尔后占领了乐清柳市镇及其东部高地。① 《中共温州党史》亦记载：日军于是年9月11日占领乐清西乡。②

在这种情况下，国民党军如不能有效阻遏敌军从瓯江江面来援，或在攻城得手后不能阻止敌人从水路窜逃，则无法有效达成收复温州的目的。为此，八十八军的搜索营承担这一任务。八十八军搜索营营长为汪斌，故《丽温战役详报》中一直称该营为汪营。8月29日，汪营奉命与七十九师一起分别进出丽水以北地区，积极破坏交通，遮断其补给线，并以小部队行广正面袭扰、疲困敌人。9月4日，当三十二集团军决定由陈沛副总司令统一指挥各部追击堵截东窜温州日军时，汪营即承担了与龙、李两部一同追击窜犯温州之敌的任务，并配属李部指挥。8日，着该营即攻占永嘉桥头村，向林福下村进击，索敌而攻击。9日，敌一部百余窜桥头村与八十八军搜索营发生激战，敌向任田（今作壬田村，属永嘉县桥头镇）溃退，该营一部跟踪进击至任田，敌复增援反扑，双方激战。汪营自在任田、桥头村予敌打击后，因与陈沛前进指挥所电台一直不通，奉八十八军部令在任田村至温溪一带断敌水陆交通，直至14日才联系上。陈沛复电告知现赵、龙、李各一部已突入永嘉城，请该部除酌留一部于瓯江沿岸加紧严密对西北警戒并袭击瓯江敌船外，限铣午（16日中午）到达。15日，电令李部另以一部于瓯江北岸马军桥、塔山附近截击敌水上交通，这个"一部"当指配属李部指挥的汪营。22日，汪营任瓯江北岸江陆两面封锁，23日，令汪营于次日拂晓出发，经瞿溪、澄沙桥，即日占领大横岭、石钟山一带，掩护新

---

① 〔日〕饭田米秋、高桥定一编《战场之记录——墓标》，第567～568页。
② 《中共温州党史》第1卷，第193页。

编二十一师直属部队及六十二团通过藤桥后，26 日由吴渡村（渔渡村）过瓯江，27 日到达罗浮村西北，占领千石村、双龙山各要点，任瓯江北岸江陆全部封锁，并断敌水陆运输，借此于南岸部队攻永嘉时向敌夹击。实际上，汪营 25 日才到达指定地点掩护新二十一师通过，并经 29 日再次电令催促之后，才于当天到达千石村一带。

9 月 30 日全线总攻因雨暂停，电令汪营应仍在原地履行原任务。10 月 1 日，电令汪营"务严确防截敌之江陆增援，并注意随时进出江边夹攻永城，以扰其背后"。10 月 6 日，丽温战役基本结束，电令"该营着仍于瓯江北岸并阻援敌军，截断敌之江面之联络，候令开回"。从战役末期日军从海上来援温州的记载来看，汪营实际未能完成防截敌之江陆增援的任务。

黄埔 18 期毕业的廖国擎此时刚刚被分配到八十八军，并在丽温战役中跟随搜索营行动。他回忆搜索营在温州久攻不下之时，受命到瓯江北岸枫林至大荆、乐清一带执行侦察和作战任务，可弥补《丽温战役详报》之缺漏。

> 一九四四年九月底，（八十八军）军部鉴于丽水守城失利，攻打温州激战十余天未能奏效，决定派搜索营营长汪斌率部到温州对岸之沿海一带打游击，袭击敌人汽艇，并监视敌军在海边的活动：这时我因干训班停办，军部派我随搜索营行动，协助营长，掌握敌情，随时电报联系，并配备了二部电台，一本密码。经过三四天的行军，到达枫林至大荆、乐清等地开展游击活动。五十多天的游击战争，大小战斗十余次，击沉敌军汽艇二艘，击坏小炮艇一艘。在船寮的一仗较为激烈，敌军死伤三十多人，我军牺牲一人，负伤三人。后来敌军侦察到我们部队到了大荆，便派大部队包围。我军得知情报后，立即远走高飞，敌军扑了个空。十一月中旬，搜索营才撤回军部整训。①

---

① 廖国擎：《立志从戎报效祖国——黄埔军校生活的回顾》，湖北省鄂州市政协文史委编《鄂州文史资料》第 2 辑，1987，第 90 页。

六　城内巷战

从前文的分析中可以看出，长时间激烈的攻城战斗与攻入城内后的巷战是本次反攻温州作战的突出特点。1944 年 9 月 16 日的《中央日报》对此次温州（永嘉）城内巷战曾有专题报道（见图 5 - 11），2007 年时已逾八旬的黄肇金老人回忆：1944 年 9 月，中日两军在府前街激烈交火，今瑞祥大厦、鸿瑛大厦、万里桥大厦等地段一片火海。[①] 此外有史料记载温州第三次沦陷期间，日寇曾在虞师里一带与国民党军作战，有黄源利、宝华、大陆义记等纱线织衫商店遭炮火焚毁，损失达 8000 万元。[②]

在《丽温战役散记》中则以"二进小南门"为小标题，对 1944 年第三突击队在温州小南门、双莲桥、永宁桥、小南门大街一带的战斗做了生动的描述：

> （一进小南门的）攻击部署相当周密，行动尤其秘密，所以当突击部队进抵小南门附近，敌人才发觉。本来一举可以进占预期的目的地——（小）南门大街，但受友军的牵制，只得快快而返……二进小南门的计划，就在第三天决定下来……两千四五百公尺的平原，尽是些青禾水田，而又池沼纵横，经过架便桥、架电线，花费的时间在一小时以上，并未遭受敌人的顽抗。但一到小南门口，敌人就作困兽斗——激烈的巷战开始了。
>
> 拥有一团烈火的突击战士，对于敌人的炮火已经相当习惯。敌人的炮火像倾盆大雨似的集中于小南门，突击战士们前赴后继，向第一目的地——双莲桥前进。双莲桥是小南门到南大街的桥梁，当突击战士攻克该地时，桥那边的民房已被鬼子放火焚烧了。但突击

---

① 2007 年 9 月 14 日，徐受芳采访黄肇金的记录。中共温州市鹿城区委党史研究室编《日军入侵鹿城暴行纪实》，中共党史出版社，2011，第 339 页。

② 徐定水：《温州三次沦陷期间工商经济之损失》，温州市政协文史委编《温州文史资料》第 2 辑，1985，第 146 页。

战士的攻击精神，反而给这寨情大火烧得更旺盛，更坚强。出乎鬼子意料，突击战士敏巧地进占了永宁桥。①

图 5－11　1944 年 9 月 16 日《中央日报》对温州（永嘉）
城内巷战的报道

资料来源：台湾政治大学剪报。

　　细看这一记述，再对照新旧地图，发现写作者似乎对温州地名不熟，将小南门大街先是写成南门大街，后面又写成南大街，其实南大街即今解放南路，不在小南门，而在大南门。更重要的是文中几个主要地点的相对位置关系也有问题：从南面攻温州城小南门，应是由南至北依次经过双莲桥、永宁桥（在小南门以南，今称小南门桥）、小南门再到小南门大街（今为府前街南段），而不是先占小南门，再占双莲桥，最后占永宁桥。又如《丽温战役详报》9 月 15

---

　　①　丹保：《丽温战役散记》，《突击队》月刊第 1 卷第 8 期，第 58 页。

日的记载，"龙部主力攻入小南门，刻已占领电灯厂，正向松台山、双莲桥等处攻击中"。此处电灯厂即普华电气公司，在双莲桥以南，双莲桥再往北才是小南门，从南面都已经攻入小南门了，为何只占领了小南门以南的电灯厂（普华电气公司），电灯厂以北、小南门以南的双莲桥却都还在攻击中呢？再看西面，《丽温战役详报》载："李部攻占双坟山后 10 时进迫西门，一部突入西门街与翠微山敌激烈冲突。"习惯所称温州西门与西门街在今郭公山以南、百里西路西端一带，并非紧邻其西面的双坟山、翠微山，而是距两山分别有 1 公里和 2 公里的直线距离，怎么突入西门街后会直接与翠微山之敌发生激烈冲突呢？

难道仅仅是战斗详报撰写者方位不熟造成的错误？查考温州城垣的变迁史特别是 1928～1945 年绘制的温州城区地图，可以确认从 1927 年拆积谷山城墙建中山公园起，至 1944 年日军第三次侵占前，温州古城垣除华盖山、海坛山上尚残存一小段外，其余部分均已拆除。[①] 而温州城市建成区此时也早已突破古城垣的限制向外扩展，小南门以南的建成区到了电灯厂以南的坦前一带，大南门以南发展到了巽山附近，西门以西到了翠微山下，东北方向到了株柏一带。出于防守需要，军队势必在建成区外缘之主要路口建立街垒工事。据 1938 年出生的老者韩永龙回忆：温州城第三次沦陷时，他已开始记事，当时父母带着他从大南门、锦春坊到巽山出城，转向东逃往永强，此时城墙早已不存，记得路口设有木栅栏。

综合上述线索，我们推断：《丽温战役详报》和《丽温战役散记》中所讲的温州城各门并不是温州古城垣的各个城门旧址所在地，而是指在当时温州城市建成区外缘主要路口建立的街垒工事据点。那么其所称"小南门"的位置实际是在今马鞍池路与小南路交会处一带（坦前），其所称"西门"则指今翠微山东端五仑头地方。唯有如此才能理解为

---

① 《永嘉县城区全图》（1933 年黄聘珍制）、《永嘉县城市全图》（永嘉县政府建设科 1934 年制）、《实测永嘉县城厢街巷详图》（1937 年永嘉县地政处制）、《永嘉县城区统计地图》（1944 年永嘉县政府统计室编制）、美军《永嘉地图》（1944 年航测，1945 年制图），钟翀编《温州古旧地图集》，第 76～85 页。

何这些史料所说的"小南门"在电灯厂、双莲桥、永宁桥以南，也才能理解国民党军在西门街与翠微山之敌交战。

至于《丽温战役详报》说浙保四团攻"东南门"，按温州古城各门位置和民间习惯称谓，并不存在"东南门"的叫法，温州城的东门处于华盖、海坛两山之间，已偏于东北。而从浙保四团从灰桥方向攻城及浙保八大队在垟儿路光明柴厂监视华盖山之敌等信息推断，此东南门当在今公园路东口（民国时亦称县城隍殿巷、中山东路）华盖山与积谷山之间。1927～1930 年建中山公园时已将此处城墙拆除，并在这一带修建著名的中山桥跨于护城河上，此处两山相夹，又有河有桥，为温州老城区东南向重要隘口。

七　中国海军瓯江布雷

除了各个方向的陆军作战外，就在全线总攻、莲花心进入最后总决战的时刻，中国海军布雷队正在藤桥下岸村进行布雷，这一次布雷虽直到两个月后才产生效果，未对反攻温州城及莲花心产生直接作用，但抗战时期极端弱小的中国海军在舰船丧失殆尽、无力与日军进行一定规模的海上正面作战的情况下，能坚持进行布雷游击战并取得一定战果，仍然是值得肯定的。[①]

1944 年 1 月，中国海军布雷队在瓯江布雷 4 枚，6 月 6 日在瓯江南水道布雷 21 枚，17 日，又在飞云江布雷 12 枚。9 月 9 日，温州第三次沦陷后，海军瓯江炮台后路被袭，无法扼守，该台系配属温州守备区指挥作战，该台奉令将各炮秘密掩埋，员兵依指定地点转进，该处布雷队亦遵令后移。由瓯江后移之布雷队则以游击形式，于 10 月 2 日在瓯江右岸藤桥下岸村布漂雷 20 枚，以遏阻敌势。[②] 11 月，海军瓯江炮台员兵奉令随带轻装武器往温州守备区指挥部参加作战，并留一部在茅竹岭

①　左立平：《中国海军史（晚清民国卷）》，华中科技大学出版社，2015，第 286～288 页。

②　《丽温战役详报》载：9 月 28 日，赵部（即温州守备区部队）于下园村（即下岸村）布放漂雷。此与 10 月 2 日之布雷究竟是否为同一次，有待考证。

监视日舰。而下岸村所布漂雷因潮流往返阻滞，于 12 月 10 日才产生效果，是日有敌运输舰一艘在瓯江口黄大澳附近触雷沉没，此时距布放时间已逾两月。①

到了次年，中国海军方面仍在计划等待温州光复后，继续发挥布放漂雷和瓯江炮台的作用。1945 年初，《海军总司令部中心工作计划》提出："浙省瓯江及温州失陷，暂时无法执行任务，派在该处之布雷队已经奉令撤离原防。如情况许可，将改取游击态势，从事布放漂雷，以资阻塞敌舰。如陆军反攻得手，克复温州，即将进入原防，将瓯江水道重新布雷阻塞。月来敌以全力骚扰闽浙沿海各地，企图争取据点，挽救危局，各布雷队切须扼守最前线。本年度对于各该方面之工作势将益感困难，任务亦将益见繁重。"② 至 1945 年 4 月，开始勘察鳌江，并派员会同美军侦察温、台沿海各地，6 月，温州收复，瓯江炮台员兵恢复原防，继续监视敌舰，布雷队亦将原雷区详加勘察整理，并开赴海门（今台州椒江）泛桥敌舰集结处施放漂雷，敌舰随即逃逸。至日寇投降，布雷任务方告结束。

---

① 海军司令部编《海军战史续集（1941 年 10 月～1945 年 12 月）》，中国第二历史档案馆编《抗日战争正面战场》下册，凤凰出版传媒集团、凤凰出版社，2005，第 1801～1802 页。

② 高晓星编《陈绍宽文集》，海潮出版社，1994，第 363～364 页。陈绍宽曾在抗战时期任海军总司令。

第六章 | 战斗结局

第一节　撤退真相

对此次莲花心争夺战的大结局，无论是根据战斗详报，或是李文密、陈章文、李昊等将领的回忆，还是健在老兵以及战场旧址周边村民的口述，都是以撤退而告终。但对撤退的原因，陈章文的说法与其他人截然不同，却流传较广，那么陈章文是不是掌握着真相的少数人呢？

一　为避免内部冲突主动撤退之说不可信

陈章文回忆称，占领莲花心的当夜，正当欢庆胜利之时，三十二集团军总司令李默庵电令：攻击温州的任务已经完成，着六十二团立即停止攻击，新二十一师立即开赴碧湖整补待命。尽管不能理解上级意图，但也只能忍痛撤军。后来八十八军军长刘嘉树告知：六十二团正攻上莲花心与敌血战时，友邻部队却电告已攻占温州，六十二团的捷报在后。为避内部摩擦，刘与李商定撤军。

因为友邻部队争功，就主动放弃两千位将士用鲜血和生命换来的战果，这样的解释实在无法自圆其说。如前文所述：参加反攻温州的部队均统归当时进驻温州的三十二集团军副总司令陈沛指挥，并无其他集团军所属部队参与此战。如有所部谎报军情、争功邀赏，陈沛、李默庵完全可以在自身权限内调查处置。如果为这点事情就要前功尽弃，陈沛、李默庵又该如何向上峰如第三战区司令长官部、国民政府军事委员会解释呢？

按陈章文的说法，六十二团不但拿下了莲花心，而且打退了城内日军的增援，迫使日军溃逃入城。他说："我军趁胜追至西关，因地形不熟，语言不通，恐中敌埋伏，妨碍军纪，即行停止攻击，向上级发出了捷电。"收复温州城的最终任务并没完成，何来捷电？如果温州城已经是唾手可得了，即使有内部争功，何不一鼓作气收复温州？既然"为了团结抗日，不计较这些，相信功过自有公论"，那就更要趁势续攻，以竟全功才对！

在回忆材料中，李文密、陈章文称此战为"克复丽水 攻占温州"，其文中说丽温战役到 1944 年 12 月中旬攻占温州，[①] 这也就意味着按照陈的说法，六十二团打下莲花心后又主动撤退，但是温州还是很快克复了，只不过非他们六十二团克复的，此说其不知所据为何？日军第三次对温州城的侵占从 1944 年 9 月 9 日一直延续到 1945 年的 6 月 18日，其间并无中途撤退后再来侵占，这是人所共知的史实，也是有各类史料如黄仲汉给第八区专员张宝琛从 1944 年 12 月到 1945 年 6 月长达半年多的情报、日军侵温部队战记《战场之记录——墓标》以及众多亲历者的回忆可资证明。

二 真相：得而复失、粮弹告罄、敌军来援

综合各种史料，实际上本次国民党军最终并未能切实占领莲花心，而是在刚刚攻占莲花心不久，便因日军大举反扑得而复失，并在自身已无力再战的情况下被迫撤退。除了陈章文之外，各亲历将领及老兵对本次莲花心战斗具体细节的回忆虽互有出入，但是对国民党军最终撤出战斗原因却表述一致，都是得而复失、兵力枯竭、粮弹不济、敌军来援。

> 温州城外有两个据点：鲤鱼山和莲花心。要攻克温州，必须首先夺取这两个据点。而这两个据点的争夺战，一直打了一个多星期，得而

---

① 李文密、陈章文：《第八十八军出川抗战的回忆》，《川军抗战亲历记》，第 244 页。

复失，失而复得，形成拉锯战，敌我伤亡都重。后得知情报，敌军从海上增援。见此情况，上级命令停止进攻，把部队有计划地撤下来。[1]

新二十一师的两个团发动进攻后，一度占领莲花山（心）西面高地。两个突击队攻击莲花山南面高地，几次进展到山腰，都被日军步兵炮侧射，终于退了下来。暂编三十三师六十四团发动进攻后，一度攻下城西几个据点。突击西门，但为河道所阻，无法继续前进。浙保四团一直未攻到南门。当天晚上，日军向我阵地进行夜袭，将新二十一师占领的莲花山（心）高地又夺了回去。这样相持了三天，我军没有积极反攻，日军获得时间，日夜加强阵地，同时抽调一个中队的兵力，攻击突入西门的暂编三十三师六十四团据点，拂晓以部分骑兵突击占领第六十四团右侧据点小宝塔山，随后又由右向左侧攻，以步兵炮猛攻六十四团团部及二线据点，第六十四团受创颇重，退出受创据点。至此，我总部暂停反攻温州的计划，新二十一师及两个突击队仍调回丽水。[2]

我军人少装备差，主要选择夜间出击，夺几个小阵地，但是白天日寇一番炮弹轰炸又抢了回去。如此拉锯战前后持续一段时间，因我方兵力枯竭，而日寇增援部队已登陆，最后只好放弃。[3]

"我们在温州弹药打完了，撤退回丽水。"[4]

当时属于日伪控制的《申报》于是年10月4日报道日海军陆战队

① 廖国擎：《立志从戎报效祖国——黄埔军校生活的回顾》，《鄂州文史资料》第2辑，第89~90页。

② 李昊：《反攻温州未遂纪实》，《闽浙赣抗战亲历记》，第373页。

③ 章焕生（1922年生）：王长明、周保罗、高志凯访谈，2015年6月20日，新昌县大市聚镇梅林山村。

④ 陶悟青（1928年生）：王长明、周保罗、高志凯访谈，2015年6月21日，缙云县五云镇雅施村。

在位于瓯江口的七里（今乐清市七里港镇七里村）一带登陆，可以作为日军增援部队到达的一条旁证（见图6-1）。

（日军前线三日中央社①电）日陆军精锐自九月七日②占领温州后，渝第三战区司令长官顾祝同企图夺回，日海军察知此情，即于某日晚，由一部陆战队于温州东方七里地带登陆，其后渝军③夺回温州之企图日渐暴露，故日陆、海军部队之联络亦积极进行，海军部队敢于打通该水路，终于一日完成，由是乃与温州方面所在之日军取得联络，而制压渝军之蠢动。

图6-1 《申报》报道日海军陆战队在温州东方之七里登陆

资料来源：《申报》1944年10月4日，第1张第1版。

---

① 此中央社指汪伪政权的中央社，非此时在重庆的国民党中央社。

② 原文如此，实为九日，应为排版错误。此报道中前一段明示日军占领温州为9月9日（《申报》1944年10月4日，第1张第1版）。

③ "渝军"系日伪方面对西迁重庆之国民政府所领导军队的称谓。

此段文字报道的主题（大标题）为"日陆海两军协力在福州东北登陆"，副题为"温州方面日陆海军获联络"。该报道第一、第二段介绍日军9月27日在福州东北登陆成功，续向福州城区侵袭，并指出"福州一带经日军攻略成功，则东南沿海之要冲，全入日军掌握，美军企图遮断中国沿海与日本本土之联络，此种企图因日军此次先发制人之作战而全被粉碎"。而日军的这一行动实际按其入侵中国闽浙沿海所谓"节号作战"的既定计划在行事，"九月下旬第十三军司令官率乙支队登陆福州一带，确保攻占福州"，日军在登陆后一个星期，即10月4日侵占福州，而日军在此前后于温州附近登陆很显然是其为保证浙闽作战战略实现而采取的行动。

关于本次撤退原因在《丽温战役经过概要》中亦有印证："惟我炮弹亦已用尽，旋因敌由瓯江增援部队到达，向我反攻，战斗最为激烈，不得已乃于是日之夜放弃该阵地（莲花心），退回原阵地，暂行停止攻势。"《丽温战役详报》中亦有关于弹药告罄、敌军来援的记载："此时（指10月2日攻下外莲花心后），方拟乘势进攻内莲花心，而炮弹只余28发，但仍饬整顿队势再图续攻，而瓯江口两岸敌已集结大部兵力，乘汽船十几艘向莲花心方面来援，以极猛烈炮火向莲花心集中射击，虽以拼命冲锋，陈团以伤亡过多，无力坚守该山，遂重沦敌手。"

除得而复失、粮弹不济与敌军增援之外，《丽温战役详报》还指出了不再组织进攻，并主动撤退的深层次原因——再行攻击无获胜把握，万一失利原有阵地恐不保，还有可能造成溃退。

（1）就瓯江口两岸之敌部与外莲花心工事（孤穴式工事足对轰炸轰击有相当抗力）之强固程度，已可确断敌人久占温州应付盟军登陆之企图，且时海上增援容易，易益辅以附城地形之险固，就我现有兵力估量，若再攻击似少有胜算之十分把握。

（2）若续行猛攻，志在必得，万一失利则有三项问题须预解：（子）此时剩余兵力能固守原阵地阻敌扩展否。（丑）若不得已而行退却时，倾其余力足以维持战场退却之秩序否。（寅）举乾坤而一掷孤注，则尔后对确保浙赣路东段之指针是否相悖。

三 从暂停攻击到撤退整训

从《丽温战役详报》中可以看出：这是一次有计划的撤退，撤退当中没有发生溃散等失控状况，而从暂停攻击到决定撤退仍然经历了一个短暂的决策过程。在 10 月 3 日暂停攻击的同时，下达命令明确各部应确占区域，"赵部应确占汤家桥、何仙桥、牛桥底村亘横塘山东北之线各要点，龙部应确占广利桥、前王村亘横塘山东北端之线各要点，罗部应确占西堡、旸岙村、下屿山、金雀桥、渚浦山、双坟山亘白楼之线，以小部于石指山堵敌西窜"，从这一部署看，各部队被命令要确保全线总攻前的形势。同时，强调各部均应加强工事，严密封锁当面之敌，并确与友军联络，准备随时出击。可见这时仍然没有最终决定撤退，只是暂停攻击。

到了次日，李默庵电令陈沛："集团军以封锁永嘉之敌不断扰袭，使敌疲困，相机攻占。"这意味着三十二集团军的策略发生重大调整，不再坚持以前的一举夺回。新编二十一师着先于瞿溪西北地区集结，于虞日出发经黄田①回丽水整训。龙云骧、汪斌两部候令开回。罗、龙、汪部撤退后留下的阵地由温州守备区接替防务，同时该守备区还应阻止敌军南犯瑞安、西犯青田及其海面之联络，并以小部队不断袭击当面之敌，使其陷于疲困。10 月 6 日，电令罗君彤师长"着该师（新编二十一师）即夜出发，务于拂晓前全部通过天长岭，经青田开回丽水整训"。龙部则于 10 月 13 日开始撤退，经丽水、龙泉，30 日返抵浦城。

对此，李昊回忆："我总部暂停反攻温州的计划，新二十一师及两个突击队仍调回丽水，暂编三十三师及浙保四团负责保卫温州郊区安宁。"廖国擎回忆则是新二十一师撤离后，暂编三十三师留一个营的兵力，在瑞安前线（距温州三四里的地方）构筑工事，监视温州方向的敌军活动，另留两个营的兵力，作为预备队，并就地整训。② 廖在丽温

---

① 此黄田非今瓯北之黄田，具体位置不详。

② 李昊：《反攻温州未遂纪实》，《闽浙赣抗战亲历记》，第 373 页；廖国擎：《立志从戎报效祖国——黄埔军校生活的回顾》，《鄂州文史资料》第 2 辑，第 90 页。

战役后被分配至暂编三十三师第一团，其所回忆的情况当是指第一团的部署情况，这恰与《丽温战役详报》所记载的一段小插曲大致吻合。新编二十一师等部撤离时，三十二集团军命令第一团占领河庄村、仙门村、大平山、石垟山各要点，以有力一部占领渚浦东村、渚浦山，主力及团部驻瞿溪附近。到了6日，陈沛发电责备赵部配备完全违背作战要旨及另定要旨，应照原令修正，着迅即派队占领渚浦山、双坟山、下屿山并固守之。7日赵部复电称李团（即第一团，团长李昊）第二营占领渚浦山、双坟山、罗田、大平山之点线，营部驻塘下[①]，一、三两营无异动，而双坟山、渚浦山刚好距离温州城西门4里左右。

在中国军队全线暂停攻击后，日军并未继续反击，在中国军队主力撤退的进程中，日军也并未跟踪追击，歼灭其于归途中。4日，全线还时有小接触，敌我均在极力调整阵地加强工事。5日，当面敌无动静，我各部均各准备防务及移动。6日，即新编二十一师撤退当天，有敌少数向我行威力搜索，当被我击退。次日，温州日军一部开回乐清，余无动作，但瓯江敌舰活动则极频繁，当面之敌仍在加强工事。日军的这一反应恰恰说明其发动此役的目的在于久踞温州，阻止美军登陆，并不在于大量消灭国民党军，故而一旦国民党军停止反攻温州，日军亦不再追击。

四 撤退后：日军久踞温州、国民党军徐图规复

1944年攻击莲花心、收复温州城的战斗以国民党军主动撤退而告终，日军自本年9月9日以来对温州城及瓯江口两岸的占领得以巩固，温州从此进入抗战历史上最长的沦陷期，总计9个多月。随着9月16～20日丽水、缙云相继收复，丽水方面作战结束，日军在浙东南的占领区仅限永嘉、乐清两县部分地区，虽然次年日军又占领了温州的海岛县玉环，但其与周边其他日占区之间始终处于陆上隔断的状态（从温州沦陷区到周边最近日占区的武义、象山等地，也有200公里之

---

① 　按第二营所占领之地点，此塘下当指瞿溪之塘下。

遥）。此后，日军一面为阻止美军登陆做准备，构筑工事，修建机场，加强训练，从外地增调部队；一面强化统治，掠夺资源，建立伪组织、伪政权，甚至妄图筹组"华南特区政府"①。

1945 年 3 月 19 日和 27 日，黄仲汉在给浙江省第八区行政督察专员兼保安司令公署的情报中汇报：

> 敌寇将在永嘉组织伪政府，其名称曰华南政府，隶属敌伪浙江省府，由省府派联络官来主持华南政府的（主）席，管理永乐两县施政、税率、警卫、财政、文化、教育、粮食、治安及一切。总之，敌（人）的华南政府等与我们行政督察专员兼保安司令相仿。整个敌政府，正在敌政务班内筹备中，闻主席一（职）缺，人选由敌省（府）派，组织就绪后，现有政务班责权，俱划归华南（政府）办理，据云万一这个华南（政府）确实成立，则敌人在短时间内难好驱逐了。

> 永嘉伪组织及各部门，现奉敌令改衔如下：华南政府特别行政区温州地区永嘉县，例如自治会、经济调节委员会、某镇公所等，永嘉伪自治委员协会，现改为自治会。谢逆醒吾充代理会长，夏逆葆罗充秘书长，原充会长吴逆江冷，新任敌华南政府特别行政区温州地区伪永嘉县司法院院长。②

丽温战役结束时第三十二集团军提出"封锁永嘉之敌不断扰袭，使敌疲困、相机攻占"的方针，该集团军司令部机要秘书楼绛云在其回忆中称之为"徐图规复"。③ 但此后该部无意再次主动发起对莲花心和温州城的攻击，而从已经掌握的史料来看，对侵温日军刺探情报、实施爆破袭扰则在不断进行，但其主体并非第三十二集团军，而是军统序

---

① 这个华南政府究竟何时正式成立，其与敌伪欲成立于广州的华南政府是何关系，还有待更多新史料的发现。
② 引自《浙江省八区情报组长黄仲汉调查日伪动态情况报告》。
③ 楼绛云：《南浦征鸿》，《浦城文史资料》第 9 辑，第 48 页。

列的忠义救国军。根据黄仲汉给第八区专署的情报，侵踞温州的日军虽形同孤军，不过仍能通过海路保持对外联系，并未被周边国民党军封锁隔绝，相反还曾通过海上调入部队，运出物资。在此期间，国民党军在温州守备的前沿也从近郊的渚浦山、双垟山一线，退缩到了远郊的岷岗、桐岭等处。日军能够实际长时间有效控制的亦只有永嘉（温州）、乐清两县城区、近郊及两县的瓯江沿岸部分地区，譬如其在温州城区及近郊的控制范围尚只及今鹿城区的东半部及龙湾区的一小部。日军不时派兵向温州郊区窜扰劫掠，中日两军之间虽时有冲突，包括1945年发生的岷岗、陡门等战斗，但交战的总体规模小、时间短，且多为遭遇战，双方极少相互追击，多不主动扩大战事，一直保持着对峙相持的总体态势。直至1945年6月日军主动撤离温州时，浙江保安第二纵队才发动对莲花心的攻击，并趁势收复温州城。

第二节　战场遗迹与纪念设施

一　战场遗迹毁坏殆尽

1945年6月最后一次莲花心抗日战斗结束，日军撤离温州以后，国、共军队先后驻守莲花心。1949年5月温州和平解放时，浙南游击纵队曾要求起义的叶芳部队将莲花心与松台山一线之防地与碉堡让出交其接防，这说明此时莲花心一带尚有碉堡等军事设施。[①] 但时至今日，莲花心一带军事设施已毁坏殆尽，难寻遗迹。如营盘山杨府庙近年来的大规模扩建，致使这一极重要的阵地已经完全看不出当年的战场痕迹，仅有庙旁的一颗老樟树（见图6-2）是多位高龄老人口述中此处仅存的抗日战斗的历史见证。据称此树在1944年的莲花心争夺战中被炸得仅剩下树干，且树干上遍布弹孔，如今此树已长成枝繁叶茂的参天大

① 《浙南游击纵队关于和叶芳将军配合解放温州的具体任务、作战步骤和联系办法》，浙江省邮电管理局编著《华东战时交通通信史料汇编（浙南卷）》，人民邮电出版社，2001，第132页。

树，弹孔亦已消弭无迹。① 温州本土画家郎天行介绍他曾于 20 世纪 60 年代在杨府庙一带见过石头垒筑的炮台遗迹。②

图 6-2　营盘山杨府庙旁的老樟树（2015 年 3 月 21 日拍摄）

在周边高龄村民和景山公园管理处工作人员带领下，我们在莲花心战场旧地发现了一些残存的疑似军事设施遗迹。如 2015 年 5 月 8 日、2017 年 8 月 24 日，景山管理处党支部书记冯亮和两次带领我们实地查看在动物园西北部配电房附近山坡上一处长约 30 米的战壕遗迹（见图 6-3），此处正当外莲花心第四峰东南，面向莲花心谷地。

同时多位高龄村民如净水村村民黄碎兴、乔姆弟，原莲花心村村民黎陈聪等多人均告知在老柏山（即龙盘山）曾见过日军留下的防空洞及壕沟，但因后来的建设已经被填埋，2016 年 5 月 8 日，黄碎兴老人还带我们实地指认壕沟遗址。2017 年 10 月 31 日，景山公园管理处综合科科长林华、温州动物园副园长陈继肖带我们到龙盘山顶附近实地指认坑道遗址。他们称坑道口原直径约 2 米，垂直向下。坑道口已经在四五年前的登山游步道建设中被填埋。陈继肖称自己年少时曾与五六个伙伴攀绳而下，下至洞内五六米深处地方，发现左右各有一个洞，左边的

---

① 黄碎兴（1926 年生），王长明访谈，2015 年 4 月 4 日，杨府庙。
② 郎天行（1950 年生）：王长明、周保罗访谈，2017 年 11 月 3 日，鹿城区丰收新村。

图 6-3　温州动物园配电房附近战壕遗迹（2017 年 12 月 31 日拍摄）

洞深两三米，右边的洞很深，据说可通山下，但他们没有爬进去。他们还曾听老人们说坑道内曾死过不少日本人，还发现过子弹、刺刀等。我们在现场看到，原已填平的坑道口位置出现了深约 30 厘米、直径不足 1 米的小坑，很可能是填土发生了沉降。而林、陈两先生所指认的坑道口与黄碎兴老人所指认的壕沟位置相距不过约三米，二者极有可能属于同一工事系统，且相互连通。与此相类似的案例是遗迹尚存的温州市区杨府山上的日军工事。根据原温州市鹿城区党史研究室副主任李岳松的考证，杨府山上遗留有日军修建的环山工事、山顶露天碉堡，并从碉堡下方开挖防空洞折向东北，通往一百余米下方山坳中的日军食堂。[①]

　　2015 年 4 月 4 日，黄碎兴老人在外莲花心第四峰上指认了一处坑道遗迹，具体位置在 1951 年设立的"营盘山"三角点标志东侧，长约 10 米，宽约 5 米，深约 2 米。同年 6 月 13 日，我们在温州植物园内西山第一峰东南侧发现一处工事遗迹，残长约 5 米，工事内除面向山下的掩体外，还有数条横向沟状遗迹。此处位于陡峻山崖上的一块巨石边，地势十分险要，因前无林木遮挡，可俯瞰温州城区，视野十分开阔。

　　2017 年 11 月 5 日在莲花心第二峰（礼贤广场东北侧、环景北路南

---

① 李岳松：《鹿城革命遗址图志》，中国民族摄影艺术出版社，2013，第 190~191 页。

侧）的山坡上，我们又发现了一处残长约 30 米、深不足 1 米、宽约
1.7 米的沟状遗迹（见图 6-4），此沟大致呈南北走向，其两端似在修
建环景南北路时被挖断。经向景山管理处求证，排除此沟为其在景山公
园建设中开挖，初步可确认为军用壕沟遗迹。总体而言，莲花心抗日战
场旧址残存的疑似军事设施遗迹极少，且现状不佳，亟待考古部门做专
业调查、鉴定与研究，并积极加以保护。

图 6-4　外莲花心第二峰密林中的军用壕沟遗迹
（2017 年 11 月 5 日拍摄）

二　松台山抗战纪念碑与1944年莲花心战斗无关

温州知名历史学者胡珠生先生在《温州近代史》一书中写道："抗
战胜利不久，温州在松台山顶坪兴筑'陆军暂编卅三师暨地方团队抗
敌阵亡将士纪念碑'，梅冷生氏曾应卅三师师长萧冀勉之请撰作碑文，
对莲花心、岷岗等役牺牲将士致以崇高敬意。"因胡先生在该书仅提到
1944 年的莲花心抗日战斗，未涉及其他三次，故而此后一些文章便以
为 1944 年"这次悲壮未捷的反攻战役牺牲的战士英名"曾铭刻于松台
山抗敌阵亡将士纪念碑（以下简称"松台山抗战纪念碑"，已拆毁）
上。我们经过认真比对历史照片、调阅档案、采访知情人，撰写《松

台山抗敌阵亡将士纪念碑考述》对此碑的建毁原委做了严谨、详细考辨，确认此碑并非建于抗战胜利后，而是建于1943年11～12月，且与1944年的莲花心抗日战斗亦无直接关联。[①]

1943年9月，暂编三十三师首任师长萧冀勉升任第八十八军副军长，并移驻台州。他在调任之际提议修建抗敌阵亡将士公墓，并汇入1941年、1942年两次抗击日军入侵后民众慰劳金余款四万元，但此款用于建公墓"殊感不敷"，故改建纪念碑。预计建碑耗资十一万元，除以萧氏所汇四万元为基金外，另由永嘉、瑞安、平阳、乐清各县募款，利用该师山炮连已有升旗平台为基址，并由山炮连负责施工，从动议到完工仅五十余天。同年12月26日的《温州日报》刊载报道《松台山一带开辟中正公园》，介绍时任浙江省第八区行政督察专员兼保安司令的张宝琛视察了建设中的中正公园，并对山炮连周连长（周亚障）率部从事公园建设大加赞美。其文后附有一则"又讯"，全文为："松台山树立抗敌阵亡将士纪念碑经周连长率全体官兵从事建筑，落成有日。××师萧师长以该连官兵能于训练之暇，从事兵工，完成伟大工程，深为嘉许，当已电汇五千元及每人布袜一双以资犒赏云。"该讯证明此时松台山抗战纪念碑已完工有一段时间了，所以才有萧冀勉汇款赠袜以示犒赏。原暂编三十三师师部通信连士兵计洪光回忆：1943年底至1944年初他随部驻守于松台山下时，曾见过此纪念碑。[②]故而此碑建成于抗战胜利后之说不能成立。

并且，抗战全面爆发后国民政府为鼓舞士气、振奋民心，多次明令全国各县建抗战阵亡将士纪念碑、忠烈祠。正因为如此，全国各地有相当多的抗战纪念碑是建于抗战期间，而非抗战胜利以后。温属各县如泰顺、永嘉、平阳、乐清第一批抗战纪念碑就分别于1938～1939年建成，其中保存至今的泰顺抗战阵亡将士纪念碑就建于1938年的"七七"事

---

① 王长明、周保罗：《松台山抗敌阵亡将士纪念碑考述》，《温州通史编纂通讯》2016年第2期，第20～23页。

② 计洪光（1925生）：王长明、周保罗访谈，2018年2月3日，瓯海区茶山街道睦州垟村。

变一周年纪念日，永嘉抗战阵亡将士纪念碑则于 1939 年 3 月 21 日落成于当时的永嘉县政府门前（今人民广场处）。

松台山抗战纪念碑第一次筹备会议于 1943 年 11 月 1 日下午在温州守备区指挥部召开，本次筹备会议记录①与次日《温州日报》刊发《松台山最高峰建纪念碑》的报道均谓：松台山抗战纪念碑名称为"陆军暂编第三十三师暨地方团队抗敌阵亡将士纪念碑"。而经对照邵度先生拍摄此碑的照片（见图 6-5）反复辨认，确认其建成时碑身所刻全称为"陆军暂编第三十三师暨温属各县地方团队四一九七一一之役抗敌阵亡将士纪念碑"。"四一九之役"和"七一一之役"是对 1941 年和 1942 年第一、第二次抗击日军入侵温州战斗的称谓，而 1944 年第三次抗击日军入侵温州的战事包括莲花心等处战斗在内被称为"九九之役"，参与此役的中国部队除了暂编三十三师外，还有新编二十一师、第三突击队等，后两者还承担了莲花心及温州城内外诸要点的主攻任务，并且九九之役的规模、时长、伤亡要远超前两次。由此可见，松台山抗战纪念碑既非温州第三次沦陷光复以后所建，更与 1944 年的莲花心战斗无关。否则，纪念碑名称中不可能没有"新编二十一师"、"第三突击队"和"九九之役"等字样。此纪念碑上只写"暂编第三十三师"和"四一九七一一之役"则证明它纪念的是前两次（1941年、1942 年）温州抗日战斗中阵亡的所有将士，其中当然也包括那两次战役中在莲花心殉国的将士。②

因莲花心大部当时属永嘉县郭溪区管辖，郭溪抗敌阵亡将士纪念碑

---

① 永嘉县商会 1943 年 11 月 3 日收文（编号第 722 号），温州市档案馆，档案号：205-1-102。

② 松台山抗战纪念碑于 1943 年底建成，次年温州城区被日军第三次侵占，时间长达九个多月，在此期间日军有没有拆毁纪念碑呢？如果日军拆了纪念碑，日军撤离后又是何时重建的呢？根据众多市民的回忆，此碑最晚到 1960 年代仍矗立于松台山巅，且有邵度先生 1961年拍摄的照片为证。而目前在民国时期温州报刊与官方档案中，均未发现重建该碑的记载。我们推测侵华日军虽烧杀抢掠成性，但缘于其神道教宗教信仰与武士道精神，对在与其作战中阵亡的中国将士的纪念设施、公墓之类并不是一味地破坏拆毁，甚至出于对中国军人忠勇精神的敬佩，抗战中不乏日军为中国抗日烈士建墓树碑的事例，一些城市遭日军侵占后抗战纪念碑并未拆除的情况亦有其事。如乐清抗战阵亡将士纪念碑于 1939 年建成，后乐清遭日军侵占，并未拆毁，也是直到 1960 年代才被拆毁（王长明、周保罗：《松台山抗敌阵亡将士纪念碑考述》）。

**图 6 - 5　邵度拍摄的松台山抗战纪念碑照片局部放大，
"四一九七一一之役"字样清晰可见**

与莲花心的抗日战斗关系更加密切一些。在 1943 年 1 月 23 日《浙瓯日报》的《纪念抗敌阵亡将士 郭溪建筑纪念碑》报道中称："查本县'四一九'及'七一一'两次事变，郭溪区首当其冲，焚如灰炉。白塔地、莲花心、普明寺、天长岭一带皆为我××师用命之所，该区全体乡镇长，为纪念抗敌阵亡将士起见，经该区区政会议议决，集款五万元，在区署门前操场上兴造足资永久纪念之建筑物三起，计大操场戏台一座、招待所一处，阵亡纪念碑一座，已积极动工。"可见，此碑是纪念 1941 年与 1942 年郭溪各处包括莲花心在内的抗日战斗中我阵亡将士的，但此碑之照片及落成、拆毁等详细资料尚未发现。

而根据 1946 年 10 月 27 日的《夏鼐日记》，"西山之麓赴镇国寺之路左，立有植树纪念碑及三十二年抗战阵亡将士纪念碑"，当天他到瓯海医院（今温州医科大学附属第一医院公园路院区）与张景飞、周邦基及叶昌荫诸君，同赴西山寻觅西山窑址，在这两座纪念碑附近发现碎片甚多。[①] 此处

---

① 《夏鼐日记·温州篇》，第 230 页。

"镇国寺"当为"护国寺"之误，民间至今亦有人称其为"卫国寺"。当时由瓯海医院到西山护国寺最近便的道路就是从小西门（三角门）出城沿今雪山路方向抵达西山（具体为西山第二、第三山峰）之麓的景山公园东大门处，再沿小道上山。八旬老人韩永龙则回忆称：抗战胜利后，他曾在今景山公园东大门、将军桥村委会一带见过一座抗战纪念碑，面朝将军桥方向，碑高约十米，碑上具体文字内容因为年幼未注意，他的姐姐因抗战时期日军在温投放的鼠疫而早亡，死后就葬在此碑附近，直到 1948 年其姐之墓迁走时仍见过此碑，此碑何时被拆除，则不得而知。①《夏鼐日记》与韩永龙的口述均证明在西山之麓的确曾建有一座抗战纪念碑，但该碑之详情，其与莲花心战斗的关系还待继续研究。

乐清抗战纪念碑 1960 年代被拆毁后仅存的部分基座如图 6 - 6 所示。

图 6 - 6　建于 1939 年的乐清抗战纪念碑 1960 年代被拆毁后仅存的部分基座

资料来源：陈绍鲁撰文并拍摄《乐清抗战阵亡将士纪念碑寻踪记》，《乐清日报》2015 年 9 月 5 日。

---

①　韩永龙（1938 年生）：王长明电话、微信访谈，2015 年 4 月 14 日、2018 年 2 月 8 日。

第三节　战斗评述

一　温州抗战史上最大最惨一仗、丽温战役中最光荣一页

对比温州地区抗战史上一些著名战斗，如岷岗、普明寺、陡门等战事，中方兵力投入少则一连，多则一团，时间多则一天，短则一个小时，伤亡人数少只有十余人，多不过一两百人。1944 年的莲花心战斗从 9 月 11 日起持续至 10 月 2 日结束，历时三个星期，中方兵力投入最多时达两个团加两个突击营，伤亡约两千人。由此，可以说 1944 年的莲花心之战确为温州抗战史上规模最大、持续时间最长、伤亡最惨重的一场抗日战斗。

对本次温州莲花心战斗中新编二十一师的攻击精神及取得的战果，李默庵在丽温战役检讨会议上亦给予高度肯定。他说："这次反攻的阶段当中，如莲花心、营盘山等据点的攻取，我们可以证明，只要我们有攻击的精神和决心，不怕牺牲，不怕艰苦，好像刚刚陈（章文）团长和丁（蜀川）营长报告一样，敌人的据点，并不是铜墙铁壁，一样的可以攻取，所以这一次攻击的精神，是值得宣扬的。"新编二十一师"在（温州）最后一次攻击战（主要是总攻莲花心）当中，流血流汗，造成本次战役当中最光荣的一页"。同时，他又承认未能守住莲花心据点，"在全期作战当中，以反攻永嘉一段，尤其是攻夺莲花心之战斗，收得战果极大，不过我们因为当时实力不足，没有坚守据点，这是可惜的地方"。[①] 甚至连日军亦认为第三十二集团军对本次"温州夺还作战"非常执着，投入相当于日军十多倍的兵力（实际没有这么多，后文将详述），"一定要夺回温州"，虽然后藤部队每次都把他们击退了，但日军的损失也越来越大。[②]

---

① 《丽温战役专辑·分段讲评·第五阶段·总司令讲评》、《丽温战役专辑·总讲评·总司令总讲评》，《突击队》月刊第 1 卷第 8 期，第 42、43、44 页。

② 〔日〕饭田米秋、高桥定一编《战场之记录——墓标》，第 589、591、592 页。

二 抗战末期闽浙沿海作战关键节点之一

常见史籍对抗战末期正面作战大多只讲缅北滇西、豫湘桂、豫西鄂北、湘西四大战役，而对 1944 年的闽浙沿海抗战如丽温战役及稍后的福州作战常一笔带过，甚至只字不提。虽然后者的规模远小于前四者，但其仍具有不容忽略的重要意义。对日军来讲，此时侵占温州及福州等闽浙沿海要点，不但要策应湘桂作战，更为阻止美军登陆，并保障日本到台湾及东南亚等日据地区海上交通线的安全，甚至为其"万不得已"进行所谓"大陆决战"做准备。此次侵占温州与稍后侵占福州一样，对于日军与其说是"进攻"，不如说是防御，与其说是"入侵"，不如说是"自救"。① 日军此次侵占温州之后，已被日本控制的上海《申报》站在日伪立场上发表的言论就能说明这一问题。这篇题为《渡瓯江实行奇袭　日军占领温州　完全粉碎敌美企图》的新闻稿称："按温州系渝军第三战区及第七战区之连络基地，为渝军之重要军事据点，同时亦系敌美所垂涎之地带。盖最近敌美显系欲以该地作为遮断日军南方运输路之基地，乃至桥头堡之策源地，以期响应大陆作战。但由于日军此次先发制人攻略该地，故敌美此项企图被粉碎于未然矣。"②

就在温州作战的末期，日军开始展开入侵福建的军事行动，日军将温州、福州、厦门作战分别用暗号"番薯"、"海胆"和"虾夷"表示。③ 9 月 27 日，日军第十三军乙支队（共 4 个大队）在连江等地沿海登陆后，向福州进犯。9 月 30 日至 10 月 3 日，即温州莲花心战斗最后总攻阶段的同时，国民党军第八十师二三八团二营与二三九团一营在福州城北约 7 公里的制高点莲花心主峰上抗击日军，最后亦主动撤离。不

---

① 徐天胎编著《福建民国史稿》，福建人民出版社，2009，第 252 页。

② 《申报》1944 年 9 月 12 日，第 1 版。

③ 〔日〕饭田米秋、高桥定一编《战场之记录——墓标》，第 553 页。

过那是一场敌攻我守的战斗，其规模与时长远不如同期的温州莲花心战斗。[1] 10 月 4 日，福州沦陷。10 月 15 日，日军丙支队（1 个独立步兵大队加 1 个野炮大队）登陆厦门，强化其自 1938 年侵占此地以来的控制。[2] 至此，日军"节号作战"计划全部完成。

尽管由于后来美军并没有在温州、福州登陆，两地战略地位下降，日军主动撤兵。但在当时一旦莲花心被中国军队牢牢掌控，温州被快速夺回，同一时期日军在福州作战也势必会受到影响，那么日军在中国东南沿海至琉球、日本本土西部将受到更大的威胁，日军在闽浙沿海可能又会采取更大的动作来做垂死挣扎。因此，我们可以说此次莲花心战斗是抗战末期闽浙沿海作战的关键节点之一。

三 全国抗战中城市近郊山地攻坚战之典型

在抗战当中，山地攻坚战不乏其例，如攻取昆仑关、松山之役，规模宏大，声名卓著。但昆仑关、松山之役均发生于远离城市的山地上（昆仑关到南宁市区约 50 公里，松山距龙陵县城约 100 公里），为相对独立的山地攻坚战。在城市近郊山地攻坚战方面，如 1944 年 7～9 月，中国远征军先攻占腾冲城南约两公里的制高点来凤山，此后又成功夺取并固守腾冲城，堪称抗战时期国民党军城市近郊山地攻坚与城市攻夺的成功战例。不过由于它是滇缅反攻作战的组成部分，滇缅反攻的发动又与英美的敦促特别是美国的深度参与密切相关，具有局部战略反攻的性质，这跟本次莲花心战斗和抗战相持阶段国内其他战事在战略层面被动应战的性质、特点都截然不同，不具备可比性。

这里要指出，抗战当中，基于国力、军力的悬殊，国民党军秉持"苦撑待变"的战略，主动发起的城市攻坚作战并不多，取胜的就更

---

① 许祖义：《大、小北岭战役》、尤汉辉：《莲花峰上的战斗》，全国政协文史和学习委员会编《闽浙赣抗战亲历记》，中国文史出版社，2015，第 67～70 页。

② 《昭和二十（1945）年的中国派遣军》第 1 卷，第 117 页。

少，很多失陷城市也是在日军撤退或弃守后才被国民党军趁势收复。就浙江省内而言，1941 年 10 月，即绍兴沦陷半年后，第三战区令第四十六军以二十六师、一〇五师发起反攻绍兴城的战斗，其间城外制高点香炉峰战斗亦相当激烈，但整个绍兴反攻战持续时间不过数日，伤亡 200 余人。[①] 像第三十二集团军 1944 年反攻温州这样，在重要城市沦陷之初即调集重兵，向城区与城外山地要点同时发起长时间大规模反攻（在温州城各方向同时开攻），并一度攻下城外要点及攻入城内的战例是比较少的。由此，作为其组成部分的本次莲花心战斗之突出特点便是发生于城市近郊（距温州城不到 3 公里）、时间长（22 天）、规模大（中方参战兵力约六千人），伤亡惨（中方伤亡约两千人），对攻取邻近城市具有决定性意义的山地攻坚战，并且在全国抗日战斗中都具有一定典型意义。

而且攻取莲花心乃至夺回整个温州城，难度大、代价惨是必然的。仅就地形地势而论，不仅有莲花心瞰制整个战场、陡峻险要、四面环水，而且温州城外"南方则河流错综，形成极大障碍，茶山、吹台山、华亭山、戴宅尖诸峰雄峙环抱，综揽形势，则攻者近接困难，而利于防守"，更有城内"积谷、松台、华盖、海坛诸山犄踞四角，河流绕贯，对攻者之街市争夺战殆极端困难"。[②] 当时温州城区面积不足 5 平方公里，就有河流 66 条，水面面积 468 亩，桥梁 185 座。[③] 虽然当时温州城垣已基本拆除，但因为有这样特殊的自然地理环境，其攻城难度比那些还保有城垣的城市可能还要大。更何况像中国远征军那样的半美式装备、强大的火力配备、美国空军持续有力空中支援都非一般国民党军部队所敢奢望。所以，在这种情势下，第三十二集团军作为一支非精锐部队敢于主动向日军发起城市夺攻与山

① 李永鑫主编《绍兴通史》第 5 卷，浙江人民出版社，2012，第 369~371 页。

② 《丽温战投详报》。

③ 《浙江省城市图鉴》编纂委员会编《浙江省城市图鉴》，方志出版社，2003，第 166 页；温州市温瑞塘河文化与发展促进会出品，翁锦武主编《中外河流科学治污范例精编》，浙江工商大学出版社，2015，第 6 页。

地攻坚作战，这在抗战中特别是在战略相持阶段是不多见的，其勇气与决心是值得嘉许的。

四 这是一场值得铭记与研究的败仗

判断一场战斗或战役的胜败，应当以是否达成作战目的为关键，在达成作战目的的情况下，还要考虑作战的代价（人员伤亡、武器弹药消耗等）。国民党军 1944 年发起温州莲花心战斗的目的，在于掌控战场的锁钥，为进而克复温州城、荡平丽温地区日军扫清障碍。国民党军为此在这块 3.7 平方公里的狭小区域内血战三个星期，在该区域兵力对比最高超过 10∶1 的情况下，付出约两千人的伤亡，虽几次攻下却一直未能确实占领，最终不得不主动撤退，收复温州的目标未能达成，称其为败仗并不过分。

而从整个丽温战役的最终结局来讲，更是败仗。第三十二集团军逐次抵抗的方针——先确保丽水，丽水如不保，则在丽水与来援部队围歼该敌，在日军企图窜犯温州时，调温州守备区部队与追击部队于青田夹击之等均未能得到有效贯彻，丽水、青田相继陷落，日军长驱直入。至日军渡瓯江进逼温州时，将敌压迫于江畔歼灭的计划又未能实现，反因阻击失利后未能及时回防温州，致城内兵力空虚而陷于敌手。日军侵占温州后，该集团军作战目标从守卫温州变为收复温州，在战术上从防御转向进攻，拟一举而扫荡残敌、迅速收复，环攻二十余日却不能得手。后调六十二团从丽水来援，决举全力继续猛攻，最终依然是未能达成目标，而以伤亡惨重、主动撤离结束。

陈章文在回忆中称：当时重庆报纸通栏大标题为《八十八军迭克名城，克复丽水，攻占温州》，浙江《东南日报》称其为"中国东战场的'斯大林格勒战役'"，此话真不知是从何说起？无论从性质、规模和结局来说，此次温州作战与斯大林格勒这种战略大会战不可相提并论，若此战可称作中国东战场的'斯大林格勒战役'，那么投入数十万兵力，并取得全胜的滇缅作战又当如何来称谓？而且，整个第三十二集团军的丽温战役作战预案是按"逐次抵抗"的原则来设计的，其中根本没有主动向当面日军发起反攻的意图，更没有预计到日军会这么轻易窜占温州，它只将最坏的战局预想为日军由丽水分兵东窜温州或以主力西窜云和，其对策为将其聚歼于青田以西，或在大港头、松阳、云和间的三角地带与敌决战，所以事先也就不会有发动反攻温州作战的计划。

《丽温战役详报》中明示会战指导与命令要旨之核心是"以确保丽松要地并相机击灭入侵敌军之目的，即以八十八军主力并转用突一队、突三队之一部与暂三十三师之一部、浙保一团于丽水大港头、松阳间地区与敌决战"。后文说明是在敌继续向云和进犯时行此主力决战，而且是秉承顾祝同之意图与策定作战方针，该集团军"为期准备绵密周到，则亦已于大港头、松阳间三角地带为预设工事地带，俾于必要时得诱致敌人于此而击灭之"。所以，本次对温州的反攻实为对东窜日军围追堵截均告失利，温州被快速袭占之后进行的战术层面的夺还作战，其直接目的只是恢复战前态势，绝非战略层面有计划的，有区域性、先导性意义的大反攻之开端。9月20日永康收复，丽水方面恢复原态势，着八十八军即停止追击，战事即局限于温州方面，便能证明此点。就整个抗日正面战场而言，勉强可称之为战略大反攻前奏的亦只有1943年开始的滇缅作战。至于东部战场，直到1945年8月日军投降，国民党军并未发动战略反攻，只是在1945年5～6月，日军主动撤退之际，才趁势予以追击。陈章文将1944年温州之战称为中国东战场转守为攻的开端，实为夸大拔高。

对此次丽温战役的成败得失，国民党军曾在战后召开专题会议进行了检讨。在丽温战役检讨会议上，因故未能出席的第三战区司令长官顾祝同发来书面训词，由李默庵宣读，该训词总计500余字，专讲该战役中第三十二集团军之"一般之缺点及今后应有之努力"，其中明确指出反攻永嘉未能奏功。[①] 而李默庵在本次会议讲评中亦明确指出：反攻

---

① 《丽温战役专辑·长官顾训词》，《突击队》月刊第1卷第8期，第27页。

永嘉城战斗未能达成目的，但"倘使没有这次的攻势，敌人早下瑞安、平阳，似乎不会到现在还在我们的手中，所以这不能不说是我们这次所收到的效果"，并且攻夺莲花心之战斗，没有坚守住据点。①参加过此战的暂三十三师第一团团长李昊更是直接将其定性为"反攻温州未遂"。简而言之，反攻温州之战未达到一举收复的既定目标，莲花心虽然攻占了，却未能固守，陈章文称"攻占温州"为子虚乌有之事。

根据《第八十八军浙江丽水等地整训日记》、《突击队》月刊所载：丽温战役检讨会议于 1944 年 12 月 28 日上午 7 点半开幕，至 12 月 31 日下午 4 点结束（见表 6 - 1）。虽然"检讨"在当年的汉语乃至如今台湾地区的习惯用法中均有"总结研讨"的义项，但是本次丽温战役检讨会议的"检讨"却更接近当代大陆地区常用义项：找出缺点错误，并进行自我批评。李默庵在丽温战役检讨会议的开幕词中已经明确强调指出，"所谓检讨，就是反省"，并强调"此次我们开会最大的目的就是要在这一次作战当中，各级指挥官从总部起，直到连、排止，各部所有的行动，对于得和失，我们要坦白和充分的来检讨"。②他还引用蒋介石在第二次南岳军事会议上的训词，"我们今天开会，对于自己已有的长处和优点，可不必说，而对自己的缺点和错处，必须虚心反省，尽量检讨，坦白承认，彻底改革，更要时刻警惕，努力自强，如此才能够获得抗战的最后胜利，才能对得起一般已死的将士和民众，来安慰他们在天之灵！也必须如此，我们这次会议才有真正的意义和价值"。会议材料显示：李默庵、曹耀祖、刘嘉树等人对丽温战役中自己部队所显露出的各类问题不留情面地做了批评甚至是斥责，有不少甚至是直接点名到具体的师、团、营及其主官，可见这的确是一次以讲缺点、找问题为主题的会

---

① 《丽温战役专辑·分段讲评·第五阶段·总司令讲评》、《丽温战役专辑·总讲评·总司令总讲评》，《突击队》月刊第 1 卷第 8 期，第 42、44 页。

② 《丽温战役检讨会议开幕词》（总司令民国三十三年十二月廿八日在丽水大港头××军军部会议室讲），《突击队》月刊第 1 卷第 8 期，第 28 页。

议，并非总结表彰大会。

而陈章文回忆中称他在 1945 年 1 月的丽温战役总结会议上汇报作战详情，六十二团受到军委会、三战区的表彰奖励。首先这是时间上的误记：1944 年 12 月 28～31 日与 1945 年 1 月接近。那么有没有可能是时间上接近的两次会议？题为《丽温战役检讨会》的报道称：会议结束后，"大家都带着会议的果实赶返部队"。① 陈则回忆称：出席总结会议的有三战区长官部副长官黄绍竑及参谋长张少杰，三十二集团军总司令李默庵及参谋长汤尧，以及各军、师、团长以上军官 200 余人，可见陈记忆中的总结会议是一次大型会议。而当时第三战区副司令长官黄绍竑驻浙江临时省会云和，第三十二集团军总部、西南干训班班部、突击总队部及第三突击队驻福建浦城，第一、第二突击队及八十八军各师、团、营则分驻浙江各地，交通通信不便，还随时要承担作战任务，不可能在这么短的时间内把各级主官又叫来再开一次大会。可以断定，陈所谓丽温战役总结会议实际就是丽温战役检讨会议。

这里顺便还要指出抗战末期的第三十二集团军仅辖第八十八军、陆军突击总队两个军级单位及第三战区江南挺进第三、第四、第五纵队三个师级单位，不可能有 200 多个团长以上军官。根据李默庵在总讲评时所说，本次会议到场官长"都是校官以上，负实际指挥作战的各级部队长"，② 当然亦不大可能有 200 多个校级（营长）以上前线部队指挥官。至于汤尧此时早已经不再担任该集团军的参谋长，而是由曹耀祖续任。而第三战区副司令长官兼浙江省主席黄绍竑则因故未能参加本次会议，派副长官、办公室主任张少杰（不是参谋长）出席，并代表其转致训词。

---

① 《突击队》月刊记者（未署名）：《丽温战役检讨会》，《突击队》月刊第 1 卷第 8 期，第 49 页。
② 《丽温战役专辑·总讲评·总司令总讲评》，《突击队》月刊第 1 卷第 8 期，第 44 页。

表6-1　丽温战役检讨会议日程地点

日期	午前 7:30~11:30	午后 12:30~16:00	晚间 19:30~21:00	地点	附记
28日	开幕式	第一阶段报告及讲评	第二阶段报告及讲评	丽水大港头××军军部大礼堂	进餐时间：早餐7时 中餐12时 晚餐16时30分
29日	第三阶段报告及讲评	第四阶段报告及讲评	晚会		
30日	第五阶段报告及讲评	军政联席会议	晚会		
31日	总讲评	作战座谈	—		

资料来源：《突击队》月刊第1卷第8期，第33页。

　　至于陈章文称自己在会上汇报丽温战役详细情况，易让人误以为是与会人员听取他一个人的专题汇报或典型发言。根据《突击队》月刊所载《丽温战役专辑》，实际情况是先由参会的校级以上军官按照战斗进程分五个阶段对各自部队参加丽温战役的情况逐一进行汇报，并由李默庵、曹耀祖、刘嘉树进行分阶段讲评，最后再由此三人分别做总讲评。陈章文作为六十二团团长所汇报的也只能是本部参加丽温战役的情况，而不可能是丽温战役的整体情况。

　　在总讲评阶段，李默庵宣布了营长以上官长的奖惩名单，《突击队》月刊在发表总讲评记录时，将这份名单略去，而在《丽温战役详报》附录中却保存了《作战人员功过奖惩一览表》，其中的确有陈章文及六十二团第二、第三营营长石青云、丁蜀川等人因攻击莲花心、营盘山及丽水各处战斗而立功受奖记录（因档案文字模糊，具体奖励情形不详），但这种对官兵个人的英勇作战、不惧牺牲的奖励，并不意味着承认战斗与战役的胜利，这二者不可混为一谈。

　　承认是败仗并不意味着否定其历史意义。如果因为其是败仗，就认为不值得宣传和研究，那么整个抗战史上能拿出来讲的战事就没有几次了。以国民党军方面所宣传的抗战正面战场22次大会战为例，几乎都是我方兵力占绝对优势，却至少有一半以上的会战以我方失败、撤退且伤亡惨重而落幕，极少数取得胜利者或是日军主动撤退、国民党军趁势

235

收复追击，或是国民党军代价高昂之惨胜。著名的松山战役被称为抗战时期"中国军队第一次真正意义上的取得全胜的攻坚战"，[①] 国民党军投入兵力 2.7 万余人且大量配备美式武器，虽夺占松山，击毙日军1300 余人，但历时三个月、历经十战，自身伤亡七千余人，被称为屈辱的胜利。[②] 以当时中日国力、军力的差距，抗战之艰苦卓绝、历程漫长、代价惨重，其间胜少败多，这是历史的真实与必然！中国抗战的胜利赢在持久抗击、苦撑待变的战略，赢在"死中求生，亡中求存"的不屈不挠，而不是每一场战役、战斗的必胜。诚如章东磐先生所言："我坚决地认为抗战对于中国最大的价值在于不屈，而不在于胜利。如果我们只陶醉于最终的胜局，甚至几个局部惨胜的所谓'大捷'，那几百万军队的血就算白流了。"[③]

在温州莲花心这个只有 3.7 平方公里的山地上，从 1941 年到 1945年五年间四度发生抗日激战，却没有哪一场是以中国军队真正的攻坚或防守而取得了胜利，攻而不克、守而难固、得而复失、入侵者主动撤离时趁势收复，才是其实情。铭记与景仰抗日将士的忠勇无惧、慷慨赴死，与反思和检讨我方军力孱弱、指挥失当，是并行不悖的理性与求实，也是我们开展抗日正面作战研究的应有价值取向。

---

① 余戈：《1944：松山战役笔记》，生活·读书·新知三联书店，2015，第 234 页。

② 林天宏：《松山战役——一场屈辱的胜利》，《中国青年报》2010 年 3 月 31 日。

③ 章东磐：《父亲的战场——中国远征军滇西抗战田野调查笔记》，山西人民出版社，2009。

下编　1944 年莲花心抗日战斗
　　　检讨与参战部队战力评析

第七章 指挥失当 敌情不明

第一节 从分兵冒进到逐次增兵

在肯定第三十二集团军主动攻夺温州之勇气的同时，也必须承认国民党军将领们从一开始就在战术上犯了重大错误。反攻温州之战初期，第三十二集团军取分进合击、以攻城为先之势，就很清晰地反映他们对夺占并固守莲花心的重要性和难度认识不足，从而未能及时找准锁钥，把握好主攻方向，稳扎稳打，先扫荡外围残敌，再从容攻城，反而显得急躁忙乱。其攻城之初兵力配置是将第三突击队的两个营附暂编三十三师第二团干部队、暂编三十三师第一团都投入从南面攻城的战斗中，于莲花心所在的西向只投入一个团——新二十一师六十一团，这说明其初期是以南向作为进攻的重点。并且因收复温州心情急切，在对莲花心的控制尚不巩固的情况下，即发动攻城作战，六十一团不得不分兵两处，既要向翠微山、西门不断突进，又要应付莲花心残敌与城内增援莲花心部队的反攻，兵力分散，造成两处的既有战果都无法确保。而由于城西莲花心、城东瞿屿山两制高点阵地不稳、得而复失，攻入城中部队受到极大压制，难以在城中立足。而为了拿下城外要点，又让攻入城中部队分兵去支援，使城内战况更趋恶化，最终致使已有攻城战果亦化为乌有。

细览这一阶段战斗详报，明明在前面记述我军已经占领莲花心一带，紧接着后面又强调要攻击莲花心、西山，要占领莲花心，要"确实占领"营盘山，要"占领并确保之"。这说明六十一团从11日开始对莲花心、营盘山之线以及从12日开始对西山的占领既不完全，也不稳固，他们所占领的很可能只是其中的一部分或主阵地，未能彻底扫荡残敌，日军在该地区的其他要点仍有相当的力量存在。那么日军龟缩于部分不易发现之工事隐蔽部中，时而向我军攻击偷袭是完全有可能的，这种情形在松山战役中就表现得非常典型。① 在这种残敌未清、侧后不靖的情况下，贸然向城内猛攻，其代价惨重、成效不彰是必然的。

1944年9月14日，李默庵电令陈沛："查营盘山对于永嘉攻城关系至为重要，应即派队确实占领之，防敌之反攻或对我采取包围。"16日，陈沛电复李默庵："莲花心为阵地锁钥，本部必须夺回。"18日，陈沛亲赴莲花心东侧观察部署，这说明经过数日的激战，国民党军的指挥官们已经认识到莲花心在整个温州作战中的关键地位，但是在战术上仍出现重大偏差：在六十一团难以应付两线作战的情势下，先调参加攻城作战的黄团来援，让正攻入城内的龙部又分兵攻击莲花心、西山，结果莲花心还是失守。复将血战攻至城中的龙部全部抽出前来协攻，却依然无法收复莲花心。李、黄、龙三部攻击不力，又从丽水调六十二团前来再攻，依然不能夺占。在战斗力敌强我弱的大背景下，不注意集中优势兵力，一鼓作气，而是逐次增兵，一次作战不力，第二次再补一点兵力，二次作战不力又再增补一点，如此投入兵力，不但不能达成作战目的，反而加重伤亡，消耗有生力量。在松山战役中国民党军亦采用此类"添油式"的逐次增兵法，结果不能对日军形成绝对优势，反造成我方大量伤亡。这种逐次增兵的方法适用于在较小的阵地上进行的防御战，可以减少敌密集炮火下的伤亡，但是要攻击莲花心这种散布式的据点阵地，则必须保证充足的攻击兵力，使敌分散应对，无法各个击破。

---

① "松山战役之艰苦，自然首先是日军堡垒之难攻克，然而攻克了堡垒，远征军仍然不断面临着巨大的困境，那些似乎剿杀不尽的日军零星残兵，总能潜伏在某个隐蔽的暗角，以高度精确的射击技术，不断狙杀刚刚松了一口气的远征军士兵。"《1944：松山战役笔记》中称之为顽抗到底、剿杀不尽的"鼹鼠"，见该书第340、423页。

另外，在攻击温州城及莲花心等外围要点时，第三十二集团军各部既不能攻克松台山、小西门，消除日军对我攻击莲花心部队侧面火力压制，又不能在水心村截断温州城内增援莲花心日军的通道，更未能在瓯江上阻挡乐清方面日军从水路增援温州。国民党军在防范与阻止日军侧袭、逆袭与增援方面，指挥上不重视，作战上不得力的老毛病暴露得十分突出，致使国民党军在本次温州作战中始终处于或饱受夹击或克而不固的被动状态。

同时史料反映：对窜犯温州之日军，无论是先追击堵截于半途，还是后猛攻其于永嘉城内外，国民党军将领都认为侵温日军兵力少，不难将其击败。例如在 1944 年底的丽温战役检讨会议上，李默庵亦称："我们见到敌人占据永嘉后，兵力不多，并考虑政治上的需要，和使敌人感觉到温州并不怎样容易唾手可得，我们都有攻击的必要。"① 顾祝同在其书面训词中认为："敌由丽水东侵之兵力不大，倘能把握战机，伏击侧击，进而猛力进击，不难将敌歼灭于青田以西地区，决不能任其从容攻占永嘉。"② 1944 年 9 月 19 日反攻温州作战处于胶着状态时，正在浦城视察第三十二集团军总部的顾祝同曾说："现在我军已经冲入（温州）城内与敌巷战，如果敌人后援兵力不继续增加，即有被我击溃之可能。"③ 当时第三十二集团军在温州一带动员了超过万人的兵力（新二十一师六十一、六十二团，突击三队十一、十二营，暂编三十三师第一、二团，浙保四团，浙保八大队），两倍于日军五千人的甲支队，第三十二集团军的这些兵力集中于永嘉（温州）城区及近郊，而甲支队以瓯江口北岸及乐清湾沿海为驻防重点，在温州城区仅常驻一个大队，双方兵力比约为 8∶1。

比反攻温州作战稍早，国民党军在滇西取得了腾冲攻坚的胜利

① 《丽温战役专辑·分段讲评·第五阶段·总司令讲评》，《突击队》月刊第 1 卷第 8 期，第 42 页。
② 《丽温战役专辑·长官顾训词》，《突击队》月刊第 1 卷第 8 期，第 27 页。
③ 《坚定信念 转移社会风气——长官顾于三十三年九月十九日对总部等五单位官佐训词》，《突击队》月刊第 1 卷第 6 期，第 2 页。

（包括攻取腾冲外围及城区），这是在以 22 倍于日军兵力，并配备部分美式装备，且有强大空军与炮兵支援的情况下，以血战 80 余天，伤亡失踪 2 万余人为代价才换来的惨胜。[①] 相较之下第三十二集团军在温州城附近兵力优势并非绝对压倒性的，更何况温州作战后期甲支队不但从乐清调兵增援温州，而且从海路调兵增援，由此国民党军在兵力上的优势恐已大打折扣。而以当时该部之战斗力，这样的兵力投入想夺回温州，其实是严重不足的。由此，有理由认为，国民党军将领们对攻取莲花心、夺回温州城的难度大、代价惨的必然性缺乏清醒的认识，甚至存在相当程度的轻敌。

再看对敌方兵力的掌握，《丽温战役详报》载：日军发起丽温战役之初投入一万五千余人的兵力由武义南犯，其中到达丽水约五千人，续由丽水侵入温州的兵力仅两千余人。这两千余人还要分驻永嘉、乐清各处。而根据《战场之记录——墓标》，侵入温州的日军甲支队四个大队共约 5000 人，在入侵途中虽有伤亡但并不惨重，如果到温州时只剩 2000 余人，那意味着此前已损失了 3000 人，而以当年国民党军一般部队的战斗力，如果真要毙伤日军 3000 人，一个约两万人的八十八军恐怕自己也是伤亡殆尽了。而《丽温战役详报》所附的本次战役敌、我双方伤亡统计表格，日军伤亡居然达到了 3853 人，而第三十二集团军自身伤亡仅 5206 人，加上失踪也只有 7056 人。故而，此次国民党军在温州的轻敌冒进、指挥失当背后是极恶劣造假之风所导致的敌情不明。

当 9 月底 10 月初的总攻失利之后，第三十二集团军虽然遭受惨重伤亡，但并非全无可调之兵，仅李默庵手头就有七十九师、暂编三十三师第三团、突击总队等，更不用说第三战区总共有三个集团军的兵力（其他两个为第二十五、第二十三集团军），虽然他们分驻各地，各有任务，但从中抽调一师、一团，再请求中、美空军全力配合，并增调炮

---

① 1944 年据守腾冲一带的日军有 2025 人，中国方面投入腾冲战役之第二十集团军总兵力 46000 人，伤亡官兵 21178 人。见余戈《1944：腾冲之围》，生活·读书·新知三联书店，2014，第 583、826 页。

兵，从而集中优势兵力续行攻击，并非没有可能取胜。而该部以续攻少有胜算把握，万一失利能否确保原阵地，甚或会引起溃退等为由，决定停止攻击、撤兵整训，并相机续图后举。但是直至1945年夏日军闽浙大撤退前，该部并未再主动发起对温州的攻击，致使温州及乐清等地作为一个孤立的日军占领区可支撑九个多月之久，这实际上意味着1944年的反攻温州作战在决定撤兵的那一刻就已经前功尽弃。当然，增兵续攻也很有可能还是拿不下莲花心与温州城。但从战役决策来讲，如果真无胜算把握，当初就不该仓促发起这样一场攻坚作战，而不是等到损兵折将、久攻不下之时才意识到并无胜算，由此也反映国民党军高级指挥官们存在决策轻率、不爱惜兵力，且无通盘战略考量的问题。

由此，则又回到一个更重要的基本问题：1944年的反攻温州作战是在全无预案与计划情势下发动的。《丽温战役详报》在《作战得失检讨与所得经验教训》中明示："集团军秉承长官顾之意图与策定作战方针，原拟在丽水附近以行决战，即以一部坚守丽水城，围攻来犯之敌，乘其疲竭困顿之际而调集有力兵团从侧翼包围而击灭之。"当日军出乎意料地迅速窜占温州，让国民党军所有抗敌预案均告落空时，出于温州在军事、经济上的重要价值，上峰一再要求趁敌立足未稳，一举夺回，于是这场"计划外"的反攻温州作战仓促打响，由此出现重大战术失误，冒进轻敌，对作战难度和攻坚代价心中无数也就再正常不过。这也再次证明了陈章文将1944年温州之战称为中国东战场转守为攻的开端是不符合史实的。

第二节　总司令到后方接待上级耽误指挥作战13日

当反攻温州作战进入胶着状态，莲花心一带反复拉锯之时，第三战区司令长官顾祝同，副司令长官、浙江省主席黄绍竑，副司令长官、福建省主席刘建绪等抵达位于福建浦城的第三十二集团军总部。第三十二集团军总司令李默庵从位于浙江云和的前进指挥所返回浦城迎接上级长官的到来。

《突击队》月刊中 1944 年《九月份大事记》记录了这期间李默庵与顾祝同、黄绍竑、刘建绪的行踪：

> 9 月 15 日，总座（指李默庵）于本日自云和前进指挥所返部。
>
> 17 日，顾长官、浙省黄主席、闽省刘主席于下午 4 时抵本部会商要公。
>
> 19 日，顾长官于上午 7 时召集总部及班部、总队部、突三队、绥靖指挥部全体官长在本部大礼堂训话。顾长官于下午 4 时抵突总部检阅该队直属部队及突三队全体官兵。
>
> 本晚为招待长官在本部大礼堂举行同乐晚会，余兴公演平剧。
>
> 21 日，长官及黄、刘两主席，在本部公毕，于本日上午 8 时，率同随员，分返任所。①

从云和到浦城有近三百里的路程，李默庵提前两天于 9 月 15 日从云和前进指挥所出发赶回浦城准备迎接上官视察，就在这一天我在莲花心的阵地陷落。上级官长到来自然要检阅部队，召集官兵训话，晚上为招待上官还要举办"同乐晚会"，这样下来自然要牵扯李默庵及第三十二集团军总部人员很大的精力与时间。顾祝同一行在浦城前后共五天时间，再加上前期准备这样一共就耗费了七天宝贵的时间。这七天当中，第三突击队攻入温州小南门大街后，被紧急西调，协攻莲花心，陈沛副总司令亲赴莲花心前沿部署反攻。第三突击队虽攻占西山、营盘山，但因六十一团、暂编三十三师第二团攻击内外莲花心不力，孤军不能久守而只得退出。

顾祝同等一行走后，李默庵并没有立即返回云和前进指挥所，而是继续在浦城待了六天，直到 27 日才返回云和指挥作战，这后面六天当中李默庵主要做了三件事。

第一，24 日召集总部、班部、突击总队部及突三队之全体官兵举

---

① 《九月份大事记》，《突击队》月刊第 1 卷第 6 期，第 57 页。

行联合扩大纪念周，所谓"纪念周"是国民党为纪念孙中山先生而设立的于每周一举办的例行活动，一般都会有长官训示。此次联合扩大纪念周上李默庵对在浦城的各部官兵发表讲话，题为"今后努力的方向"，强调了"黎明前夕，要加倍努力"，"把握时机，加紧训练"，"爱惜荣誉，严守纪律"，"生活改善，奋勉从公"和"振作精神，紧张工作"。总之，是要为身处后方的官兵们宣讲形势，提振士气。但凡事皆有轻重缓急，在此战事紧张之际，总司令丢下前线戎机要事，专门在后方为官兵加油鼓劲，实在不合常理。

第二，25 日完成了突击总队部和第三突击队官佐的调整。由西南干训班副教育长胡琪三专任突击总队副司令，亦即由其实际主持突击总队部的日常工作，遗缺由范继陶代理。当时陆军突击总队司令由西南干训班教育长、第三十二集团军总司令李默庵兼任，他身兼三职，对突击队的事务实难全力投入，如果没有一位专任副手来主持日常工作也的确不行，但有必要在此紧急时刻来做此项人事调整吗？也是在 25 日，西南干训班办公厅主任刘建修调任第三突击队司令并正式就职。此前，第三突击队成立暨各级官佐就职典礼已于本年 7 月 1 日举行，改编之初该队主官不详，推断仍可能为其前身暂编十一旅原任旅长李启蒙。7 月 18 日，李默庵主持召开第三突击队扩编会议。[1] 经过扩编，第三突击队由原来的两个团（十八个步兵连、两个迫击炮连、两个团部）[2] 最终达到了五个突击营的额定编制。对当时的第三突击队来说，前方第十一、第十二营正在血战，后方却要一面更换主官，一面进行扩编，的确令人不解。

第三，26 日应邀出席浦城各机关团体首长及当地士绅举办的公宴，第三十二集团军总部、突击总队部、西南干训班班部课长以上人员作陪，其目的是融洽军民情感。李默庵率所部官佐、士卒、学员及家眷逾万人迁驻浦城，给这座偏居闽浙赣边界的贫穷山区小城

---

① 《七月份大事记》，《突击队》月刊第 1 卷第 4 期，第 30 页。
② 胡琪三：《第三突击队编训纪略》，《突击队》月刊第 1 卷第 6 期，第 8 页。

带来极大的压力。初来乍到，未及与地方官绅商民联络熟识，即要率部出战，后方确有不靖之虞，但有必要在战局最紧张之时去融洽与地方的关系吗？

顾祝同作为第三战区的最高指挥官，一再电令第三十二集团军要将温州一举收复，为何却在战局最关键之时，带着两个副司令长官跑到第三十二集团军的后方总部去办理公务并视察部队，而不是到前方去督战呢？他们这一去，导致李默庵无法专注于前方指挥，要到后方去接待迎送。而待上级官长走后，李又不急于返回前进指挥所，而是继续在后方逗留数日，特别是完成几项重要的人事调整。种种迹象表明，这应当不是一般官场应酬式的迎来送往，很可能不是《突击队》月刊所讲的来浦"公办"那么简单，其中隐情尚待新的史料发现。再者，温州方面当时虽成立了以副总司令陈沛为首的前进指挥所，统一指挥该区域的参战部队，但陈对温州以外的部队调动、战斗部署、后勤保障等并无权限，还必须由李默庵来定夺。毫无疑问，这令人费解的顾、黄、刘三人视察后方总部和李默庵中途离开，且一去就是十几天，在相当程度上影响了丽温战役战局和莲花心战斗结果。

第三节　电讯、侦察、联络俱差

无论是对攻击莲花心的重要性与难度缺乏足够的重视，兵力投入的逐次增加，还是在丽温战役之初对日军的作战意图与主攻方向不能快速准确辨明，其重要原因之一就在于对敌情的不了解，而电讯与侦察能力薄弱是对敌情判断不准的直接原因。电讯与侦察是抗战时期国民党军的软肋，这一点在丽温战役中表现得极为明显。《丽温战役详报》中也坦承："温州作战初期通讯至多缺憾，致作战指导难期适切，今后作战间应于后方另行控制无线电专任侦察（监听各级电台互相呼应工作情形）与必要时使任转收转递，俾各部队于运动间免至常有互不相知之憾。"又如1941年日军登陆时，瑞安与温州的电话线已被敌方截断，致使不能及时通知温州专署与驻军，造成极端被动。

如将日军《战场之记录——墓标》与国民党军《丽温战役详报》对照，会发现日军对中国军队的动向、命令、部署了如指掌，其情报工作的准确程度让人吃惊，其原因除了间谍、内奸，以及在战斗中被俘的中国军人透露信息以外，便是国民党军密电遭日军破译。

> 《战场之记录——墓标》：六十三团在丽水一带镇守，八十八军军长命令六十三团自日军攻击之日起至少固守 7 天。
>
> 《丽温战役详报》：新廿一师应逐次抵抗侵入之敌，六十三团应确保丽水城（固守七日）及其外围要地，使集团军作战有利。
>
> 《战场之记录——墓标》：西南突击第三队收到命令，应于（9月）6 日下午 3 点朝油竹村（青田东南 4 千米）前进。
>
> 《丽温战役详报》：(9 月 6 日命令）龙指挥官：到达仁宫后随即渡小溪向油竹南急进，索敌夹击，左翼与李部协取联络。

有史料表明，整个抗战期间日军可以破解高达 70% ~ 80% 的国民党军密电。在电讯保密方面，国民政府军政系统除少数外（如军统），普遍做得不好。其原因在于电报内容有时不免涉及各机关或部队主官、主管的私人事务，因此译电部门的主管均为首长亲信，译电人员也大多为首长亲信，这些人多不了解军电保密的重要性。尤其是地方部队的军电保密，中央更是鞭长莫及，军委会所颁布的军电保密措施无法贯彻。直至抗战末期，仍有军、师长以为电文加密后即是"无字天书"，不存在保密问题。所以，英美直至第二次世界大战结束，始终无法推心置腹与中国进行情报的交换，中国方面也未能经由中美合作所或中英情报合作计划，取得任何英美的电讯情报。[①]

上述问题在第三十二集团军中亦表现得十分突出。该集团军总

---

① 《国民革命军的制度与战力·情报》，载王建朗、黄克武主编《两岸新编中国近代史》（民国卷上册），社会科学文献出版社，2016，第 242 页。

司令部机要室译电课、西南干训班电务室、突击总队司令部译电组在 1944 年 10 月 5 日集中办公成立联合译电组以后，便发现有不少私人的电报拿来拍发，这说明此现象在集中办公以前可能就已经存在，① 这不但是假公济私行为，更有可能导致泄密。丽温战役结束后不久，又发生了第二突击队竟使用明码报告该队 1944 年 11 月中旬官兵人数，② 第二突击队司令魏人鉴因此事"显违拍发军电须知规定，妨碍军机防护，至非浅鲜"，在突击总队内被点名通报批评。李默庵认为：这都是参谋人员与部队长平常对于电讯太疏忽的缘故，使作战时增加很大的障碍。故而在同年 12 月李默庵签发命令"整饬通讯及电务"，并制定了严禁无关人员出入译电室、禁止使用明码、禁止译发私电等规定。③

1945 年 1 月 14 日，第三十二集团军总司令部、西南干训班班部、突击总队司令部电务电讯检讨会议召开，前来视察的第三战区司令长官部电务督察丁于正在会上指出该部电讯工作存在诸多问题，包括：1944 年 11 月至 1945 年 1 月所发电报使用明码甚多，且有对军事机关使用者；所用之密本有沿用行政机关者；翻译电文时，有直接译于原稿上者，倘若原稿遗失，密本即失其效用；电台本身所用密本过于简单，易于泄密，保管密本尚欠妥善，电稿随便置挂等。④ 上述三部代表则反映如下问题：译电人员物色艰难，本室及各部队之译电人员学术未能达到水准，致优劣不齐。本室发电以有线为主，无线为副，加码未

---

① 《知耻、负责、自强，完成军人使命！——总司令兼教育长兼司令李于卅三年十一月廿日在联合纪念周上对全体官佐讲》，《突击队》月刊第 1 卷第 8 期，第 4 页；《联合译电组工作调整办法》，《突击队》月刊第 2 卷第 1 期，第 78 页。

② 《丽温战役专辑·分段讲评·第二阶段·总司令讲评》，《突击队》月刊第 1 卷第 8 期，第 39 页。

③ 《关于整饬通讯及电务之命令、文电及法规》，《突击队》月刊第 2 卷第 1 期，第 76 页。

④ 《西南干训班、三十二集团军司令部、突击总队司令部电务电讯检讨会议记录》，《突击队》月刊第 2 卷第 1 期，第 79～81 页。此会议记录刊印时将会议时间记为"（民国）卅二年（1943）一月十四日"，但从其所记参会人员职务如陆军突击总队副司令胡琪三（1944 年 9 月任此职），可确认系卅四年（1945）之误。

能多用，致译电人员对加码及特种密码之运用有欠纯熟。译电人员学历欠缺，平均在初中一、二年肄业者为多，收发组对来去电文分解不清。现有译电人员出身普通学校，不习军事、不谙军语，毕业于军委会译电班者少，且对密码研究精神差。一般部队长对译电业务重要性认识欠缺等，并要求加大电务人员的培养，提高其待遇。① 这些可以说都是影响电讯保密和作战胜败乃至部队存亡的严重问题，且由来已久、积弊甚深，显然不是一次督导、一次会议就能解决得了的。

特别是该部"发电以有线为上，无线为副，加码未能多用，致译电人员对加码及特种密码之运用有欠纯熟"，其实并非孤例，而是国民党军长期未能解决的老大难问题。国民党军因为电讯业务水平落后，保密意识差，早在抗战前就屡屡发生无线电密码泄露，蒋介石不得不要求"以后对后方不准用收发无线电，就是前方也是非万不得已，不可用无线电通消息，应当一概用有线电，至于不重要的事，根本不要用电报通讯"。② 但在现代战争中，完全不用无线电通信，实际上是做不到的。前线部队基于现实便利，多倾向于使用自制的密电码。这些自制密电码，较之军委会下发的密电码，保密能力往往相差甚多。而三十二集团军方面坚持"以有线为主，无线为副"，看似遵守上级要求，提高了保密性，但同样会贻误军机。因为有线通信需要架设线路，而大规模野外作战时，地形、水文、气象条件复杂，部队位置不断变换，架设线路成本高、难度大，造成战时通信难以保障，而如果同时无线电通信水平又低劣，将带来致命危害。在丽温战役中，第一突击队的两个营9月16日走了四十多里路赶到乌门扑了一个空，第二天走了很多路，到达库头又没有遇到敌人，后来知道是无线电联络不确实，第二天行动的命令未

① 《西南干部训练班、第卅二集团军总司令部、陆军突击总队司令部联合办公厅译电组电务工作检讨案》，《突击队》月刊第2卷第1期，第82页。

② 《统军作战制胜之道——中华民国二十二年五月八日在崇仁总指挥部对各军团长以上官长讲》，载秦孝仪主编《先总统蒋公思想言论总集》第11卷，转引自谌旭彬《面对日军，国军长期"不敢"用无线电》，"短史记"微信公众号，2018年1月23日。

接到，致追击行动错误。因为暂编三十三师的译电人员不能翻译加码，恐怕泄露机密，第三十二集团军总部在下达命令时不敢把全部的情形告诉他们，以致受了很大的影响。①

抗战老兵的回忆则显示，当年八十八军军部通信排（按档案应为通信营）中竟然有不识字的报务员。临安籍老兵汪献良当年并不识字，但因为其大姨夫八十八军军部通信排排长张吉光的关系，进了当时八十八军军部举办的无线电训练班，后来与另一位不识字者成为该军军部的报务员。② 二人虽不识字，但通过短期培训可以学会十个阿拉伯数字，而出于保密需要译电（将汉字译成数字电码和将数字电码译成汉字）、收发电（接收或发送数字电码）常由不同的人来操作，故而不识汉字但只要识阿拉伯数字者经训练后亦可进行收发电操作。

这些事例反映了当时相当一部分国民党军部队在电讯方面的常态。对此，蒋介石曾痛陈："我们军官有一个共同的缺点，就是缺乏保守秘密的习惯。凡是无线有线电密码，随便泄密，或被敌人偷去。这是我军每次失败的最大原因，我们一般官佐士兵，缺乏保守机密的精神，对于通讯的知识和技能，平时缺少训练，战时尤不去研究，以致发生各种大的毛病。"并就此提出了"团长以上官长妥善保存军电密码，加强对通讯官兵、电务人员训练监督，停用已用过多次且易译密码"等对策，③但从抗战中的实践来看，并未真正取得实效。

一方面是己方动向被日军所掌握，另一方面对日军的电报破译能力又极差。直至抗战结束，国民政府各电讯情报机构仅能破译日本的低级外交密码及航空密码，对其陆军密码，始终未能破译。相较之下，日军电讯保密程度之高令英美等先进国家亦颇费周章。日本海军密码虽在珍

---

① 《丽温战役专辑·分段讲评·第三阶段·总司令讲评》、《丽温战役专辑·分段讲评·第四阶段·总司令讲评》，《突击队》月刊第1卷第8期，第39、41页。

② 汪献良（1922年生）："雨伞"（网名）访谈，2013年2月22日，临安板桥乡花戏台村。

③ 蒋介石：《抗战检讨与必胜要诀》（上），《突击队》月刊第2卷第1期，第61页。

珠港事变前被英、澳、荷、美等国联手破解，但经过改良后直到 1942 年 5 月才被美国海军情报单位破译，而日本陆军的作战密码则迟至 1944 年 1 月才被同盟国联手破译。①

第三十二集团军"通讯设施不良，使联络与指挥均难确实"，而比这更严重的是联络意识的缺乏。李默庵强调："在作战时期对上要时时刻刻的报告，对下要时时刻刻的指导，对友军要时时刻刻的通报，由于联络确实才可应付裕如。"根据陈章文的回忆，新编二十一师在从油竹向温州搜索运动中，与前方行动的突击队忽然失去联络，电台、侦察人员都联系不上。《丽温战役详报》中的《作战指导与命令要旨摘录》亦载：9 月 6 日，电令"龙指挥官：到达仁宫后随即渡小溪向油竹急进，左翼与李部协取联络"，在其后追击东窜温州日军的过程中，两支部队间联络不确实，则夹击歼灭敌军于半途的计划自然难以落实。战事发展至温州，特别是莲花心战斗打响之后，联络仍是参战诸部队的一大短板，这从电文、命令中反复强调各部要加强联络可以获知。9 月 11 日，令李部"与现在仙门山及营盘山之龙云骧部之攻击部队切取联络"。9 月 24 日，"龙部应即向左伸延，接替黄团原阵地，并与黄团确取联络，以一部占领辰□桥、渚浦西村为前进据点，左与李部确取联络，对五斗庙及笔架山亘华亭山应构筑形成纵深阵地"。次日，再令龙部左翼与黄团切取联络。而八十八军搜索汪营自 9 月 9 日在任田、桥头村予敌打击后，有 5 天时间与陈沛前进指挥所电台一直失去联系，搜索营之搜索功能骤然丧失。

战斗中失去联络也许还不是最可怕的，最可怕的是失去联络之后，不去积极地设法恢复联络。在丽温战役检讨会议上，某团副团长报告说他们曾有一天"通讯中断失了联络"，李默庵问他这个时候应该想什么办法补救，他的答复是："准备牺牲，不离开阵地！"李默庵说："当一个军人倘使死了没有达成任务，还是不行，为着自己一个人的牺牲，而

---

① 张瑞德：《山河动——抗战时期国民政府的军队战力》，社会科学文献出版社，2015，第 283 页。

使几千个人都蒙受了损失，这更有愧于职责，所以不能一死就算，通讯断了，我们要想种种方法来补救。譬如无线电坏了，我们要设法来修，修不起来，我们要找乡村电话来利用，或派官长徒步连络。总之，要用各种手段来求得连络的确实。""知道倘使无线电断了就不想办法与各方连络，这便有逃避责任的嫌疑。"此战中该团有六个连失了联络，差不多有半个团不能掌握，如何能够发挥力量？①

第三十二集团军搜索侦察的意识与能力同样极差。刘嘉树在丽温战役总讲评中指出此次因"通信不灵，情报不确，影响指挥作战者颇大"，"各部队攻击开始前，多未能绵密搜索敌情，影响战斗甚大"，且"搜索警戒不严，尤以夜间为甚，因此对敌企图常不明了"，"搜索部队报告敌情多不确，致贻误战机"。②顾祝同在《丽温战役检讨会议训词》中指出"搜索不确实，故意夸大敌情，希图卸责"为参战部队的首要缺点，并以"敌犯青溪口时，不明敌兵力兵种及主攻与助攻"为例说明此点。③李默庵则举例：在管渡遭遇战中，暂编三十三师行军间搜索警戒疏忽，造成营、连长及士兵多数的牺牲。④李默庵还指出此次跟踪追击窜犯温州之敌，新编二十一师和突击十一、十二营时受敌人少数部队的滞留，一方面是自己行动不敏捷，另一方面是不明了敌情的缘故。这证明本次莲花心战斗的两大参战部队在掌握敌情方面的欠缺亦非常明显。⑤新编二十一师追击至莲花心山下次日便发起了进攻，这么短的时间内不可能对日军工事、武器、兵力、分布进行细致全面侦察，这成为此战国民党军久攻不下、伤亡惨重的一个重要原因。在同年的松山战役中，面对日军在松山历时两年多构筑的坚固完善的准要塞式堡垒防御阵地体系，国民党

---

① 《丽温战役专辑·分段讲评·第二阶段·总司令讲评》，《突击队》月刊第1卷第8期，第38页。
② 《丽温战役专辑·总讲评·敌我优劣及所得经验与教训》，《突击队》月刊第1卷第8期，第48~49页。
③ 《丽温战役专辑·长官顾训词》，《突击队》月刊第1卷第8期，第27页。
④ 《丽温战役专辑·长官顾训词》，《突击队》月刊第1卷第8期，第27页。
⑤ 《丽温战役专辑·分段讲评·第三阶段·总司令讲评》，《突击队》月刊第1卷第8期，第40页。

军同时未做认真深入侦察便发起进攻，故而在兵力 19 倍于日军，拥有半美式装备，并有强大炮兵与空军助战的情况下，仍耗时 90 余天，伤亡 7000 余人才攻克此山。由此可见，不重视侦察在当时的国民党军中颇具普遍性。

在自身不善于搜索侦察的同时，又不能很好地利用各地方的情报。比如暂编三十三师从乌门、管渡转到新建方面的时候，就因不知道敌人撤退的路线，十八日到了新建附近才明了敌人的状况，但是敌人已经大部分通过，如果在缙云时即明了敌情，利用当地险要的情形，便可收到很好的战果。故而李默庵认为："情报的收集，可尽量利用地方机构和当地民众，或抓获俘虏，来求其明了敌情。"① 对此，《丽温战役详报》提出更具体的两点建议："1. 敌后工作人员于敌来犯时应即予帮助之办法。2. 预留工作人员于敌后或其经路之办法均应加强并严切□□，又传递情报方法应利用防空监视哨组织及民众行政诸谍报组织，并于平时取得联系。"并指出"温州方面专员公署、永嘉县府及三青团情报组织尚颇敏活周密"。我们在温州市档案馆中找到了 1944 年 12 月至 1945 年 6 月，浙江省保安处第八区情报组组长黄仲汉向浙江省第八区行政督察专员兼保安司令公署汇报温州方面敌伪情报的档案，情报非常详细、完整，且据其他相关档案，该情报组实际从 1941 年起就在开展工作，可惜的是其成果未能与军方共享，为对日作战提供支持。

李默庵表示，"在这一次战役当中，敌情始终不明"，"由于敌情的不明了，所以大家打的都是糊涂仗"，② 这的确是当时国民党军对日作战中的常态。时人在《八年抗战小史》中指出：虽"我主敌客，理应我灵敌滞。事实上，我军战斗序列、军队部署、师长以上主官姓名及性格等，敌人都调查得非常详尽且又相当正确，我们对之不得不惊奇而敬佩。反观我军情报，且多为推测判断之词，良堪痛惜"。③ 如八十八军在丽温战役中对日军动向难以准确研判，多以"似"字来模糊表达，

---

① 《丽温战役专辑·分段讲评·第二阶段·总司令讲评》，《突击队》月刊第 1 卷第 8 期，第 41 页。
② 《丽温战役专辑·总讲评·总司令总讲评》，《突击队》月刊第 1 卷第 8 期，第 45 页。
③ 方诚：《八年抗战小史》，第 104 页，转引自余戈《1944：松山战役笔记》。

如"后藤大队约一千余人似开温州"、"林茂大队约一千余人似开温州"或"四七大队六百余人似开杭州",其他日军各部动向均为"似回杭州"、"似开温州"或"似开金华"。[①]

第四节　主要将领军事素质简评

战术上的失误,是将领指挥能力的主要表征。客观地说,国民党军指挥 1944 年莲花心战斗的主要将领——第三十二集团军总司令李默庵、副总司令陈沛、第八十八军副军长兼新编二十一师师长罗君彤、新编二十一师副师长李文密、陆军突击总队第三突击队少将指挥官龙云骧等均是经验丰富、作战勇猛、战功卓著的高级指挥官(见图 7 - 1)。

图 7 - 1　李默庵肖像与陈沛、罗君彤、龙云骧资料照片(从左至右)

资料来源:李默庵肖像出自《突击队》月刊第 2 卷第 5 期,第 1 页;其他为资料照片。

上述将领在丽温战役之前都有近 20 年甚至更长的带兵打仗经历,其间都是从排长、连长、营长、团长逐级晋升到将官,除李文密外都经历过东征、北伐、国民党新军阀混战、"剿共"等各类战事,并且都因作战英勇而屡立战功,可谓履历完整,经验丰富。如李默庵在黄埔一期生中名气颇大,人称"文有贺衷寒,武有胡宗南,又文又武李默庵"。他在二次北伐中于 1928 年 4 月率部首先攻入济南城,因此升任少将旅长,后曾在国民党新军阀中原大战中负重伤。抗战初期的忻口会战中,

---

① 《丽水战役详报》,中国第二历史档案馆,档案号:787 - 12269。

李任左翼兵团指挥官，指挥五个师与日军激战，后又转战中条山区，灵活运用游击战术，一度占领侯马车站，彻底破坏车站及数十公里铁路线，东坞岭一仗夺取并烧毁日军大量汽车。[①] 正因为他是国民党军将领中少有的游击战专家，此后才被选中接任西南游击干部训练班的教育长，并具体负责与英国方面合作创办兼具游击战与正规战能力的突击队。陈沛在淞沪会战之杨泾河、罗店主动迭次乘夜出击，杀敌甚多，大挫敌寇嚣张气焰。在苏皖战场之金鸡岭、流洞桥突出重围，转而反包围日军，并将其击溃。在第一、第二、第三次长沙会战中，所部先后担当增援和正面防守任务，予敌重创，被第九战区司令长官部授予"无敌军"称号。[②] 再如龙云骧在晋北忻口会战中的英勇无惧，1937 年 10 月 24 日，在第十四军第十师三十旅五十九团团长王声溢身负重伤的情况下，该团团附龙云骧临危受命代理团长。时值盟腾村阵地一部被敌突破，龙云骧率该团跑步增援，与敌血肉拼杀，将敌全数击退，日军遗弃阵地尸首达 200 余具，五十九团亦伤亡 400 余人。战至 31 日，该团兵力已不足 1/3，仍坚持到援军到达才撤出战斗。时任十四军军长的李默庵到该团慰问时，见该团士兵个个身上虽血迹斑斑、泥土蒙面、衣衫褴褛，却依然士气旺盛，颇为感动，遂称之为"铁团"。[③] 在莲花心战斗中，陈沛、龙云骧作为高级将领不畏易被敌军发现而遭袭击的危险，都曾分别到莲花心东侧和西山观察形势，部署作战。李文密历任见习官、副排长、少校参谋、中校参谋、后勤科代理科长、团长、副师长，服务处所从川军部队到军事委员会南昌行营侍从室、西安绥靖主任公署，又到川军部队，他与范绍增、罗君彤等人出川抗战，在张渚、余杭等战斗中奋勇杀敌，不惧牺牲。[④] 李文密作为副师长还曾在双坟山这种处于敌

---

① 李默庵口述，刘育钢、高建中编写《世纪之履——李默庵回忆录》，中国文史出版社，1995，第 212、213 页。
② 《抗日名将陈沛长沙会战威震敌胆》，《茂名晚报》2014 年 8 月 15 日，第 6 版。
③ 李默庵口述，刘育钢、高建中编写《世纪之履——李默庵回忆录》，第 164、176 页。
④ 陈沛、龙云骧简历见陈予欢编著《黄埔军校将帅录》，广州出版社，1998，第 534、185 页；李文密简历见陈予欢编著《陆军大学将帅录》，广州出版社，2009，第 420 页。

炮射程内的前沿指挥战斗。罗君彤北洋时期即在川军中任职，为后来的八十八军及新二十一师创办人范绍增的副手，素以治军严格而闻名。总体来说这些将领是忠勇爱国的，并非像中国战区的美国籍参谋长史迪威所说的那种"认为只要自距离前线 50 英里处发一命令，即已尽到责任"的国民党军将领。

从专业出身来，李默庵、陈沛为黄埔军校①一期毕业，龙云骧、李文密分别为该校四期、八期毕业，且均为步兵科专业。李默庵与陈沛后曾分别在陆军大学将官班和中央训练团将官班学习，李文密则有部队学校、中央军校和陆军大学等完整的专业学习与深造经历，相对来说，算是国民党军将领中接受在职继续教育系统训练时间较长者，只有罗君彤无军校背景，他念过私塾，中过秀才。②

这里必须指出：黄埔在当代似有被神话之感，实则从创办之初就一直存在诸多严重缺陷。例如由于黄埔军校的早期学制过短，其中一期生在校不过半年，后面的二期至六期也只有一年左右的时间，第七期以后到抗战全面爆发前才基本保持三年左右的在校时间。加之国民革命军建军以后，一直战争频仍，部队急需干部，且建军之初职衔晋升极不规范，黄埔系出身的军官升迁较快。第一期生毕业不到两年，就有多人充任上校团长，任少将者也有数人。有资料可查的 1944 年国民党军 111 位军长平均年龄为 46.6 岁，281位师长平均年龄为 41.6 岁，而日军将官一般年龄都在 50 岁以上。③李默庵 1924 年底从黄埔一期毕业至 1928 年升任少将旅长，时间不到 4 年，至 1935 年升任中将师长，仅 11 年时间。相对来说，陈沛、龙云骧、李文密三人的晋升速度在当时的国民党军中并不算特别快，如陈沛黄埔一期毕业后，从排长干起到 1930 年任第九师二十五旅少

① 本文中所称黄埔军校是 1924 年创办于广州黄埔的中国国民党陆军军官学校，及其后由其更名或改制延续至 1949 年的中央军事政治学校、军官学校、中央陆军军官学校、中华民国陆军军官学校等。
② 王新生、孙启泰主编《中国军阀史词典》，国防大学出版社，1992，第 460 页。
③ 张瑞德：《抗战时期陆军的人事管理》，《中研院近代史研究所集刊》第 21 期，1992，第 653、654 页。

将旅长，用了六年时间从一个军校毕业生跻身于高级将领行列。龙云骧、李文密升迁速度相对较慢，从军校毕业到担任少将衔军职，历时十四五年。至于教学内容与教材质量，早在抗战爆发前就有人指出，黄埔及其他初级军官学校（军士队及速成者不在此列）所用军事书籍，其编纂体系、内容材料多属清朝旧著，虽稍增有机关枪、步兵炮、坦克车、飞机等，也不过是就科增纂，无大改革，不但不合于用，且体系不清，材料又重复，甚至应有者不有，不应有者反以充其篇幅。①

虽然不能唯学历、资历来简单论断将领的能力，但军校学习时间过短，升迁过快，势必带来专业训练粗浅、军事素养不扎实、基层历练不够、实践经验不足等诸多问题，从而影响高级指挥官的总体能力。对此问题当时很多人均有深切认识。1938 年，蒋介石即指出国民党军军官的学问与技能，远逊于西方国家与日本的军官，他说："我们做总司令的，只比得上人家一个团长，我们的军长、师长，只当得人家一个营长和连长。"② 蒋介石的德国顾问佛采尔在 1933 年提出"中国军官之进级方式"令人担忧，并多次向蒋介石进言，军官必须"由下至上，历任各级长官"，"苟不先任下级官长遍充排、连、营、团长各职多年，断不能于短期之内具有高级指挥官经验"，否则"无论如何勇敢，亦无济于事"。③ 在跟踪追击窜犯温州之敌的过程中，无论是李文密所部，还是龙云骧所部，时受敌人少数部队滞留，使敌人能顺利前进，亦能反映这两位莲花心战斗参战部队将领在准确判明敌情、有效部署指挥作战方面存在明显欠缺。④ 类似的还有暂编三十三师在新建方面，明明得到情

① 赵主一：《改革军学教程刍议》，《军事杂志》1931 年第 34 期，第 112 页，转引自张瑞德《山河动——抗战时期国民政府的军队战力》，第 111 页。
② 蒋介石：《抗战检讨与必胜要诀》（下），载秦孝仪主编《先总统蒋公思想言论总集》第 15 卷，第 28 页，转引自王建朗、黄克武主编《两岸新编中国近代史》（民国卷上册），第 222 页。
③ 中国第二历史档案馆编《中德外交密档（1927～1947）》，广西师范大学出版社，1994，第 148 页。
④ 《丽温战役专辑·分段讲评·第三阶段·总司令讲评》，《突击队》月刊第 1 卷第 8 期，第 40 页。

报，知道敌人要撤退下来，照理不应该为敌掩护部队所牵制，结果一样没有给敌人以痛击。①

这里还要指出当时普通的军校教育，均属于养成教育，培养的都是初级军官，在作战指挥方面最多学至团一级战术，即使担负深造教育的陆军大学，也以师战术为核心，对大军战术以课堂理论讲授为原则。课程方面未能与时俱进，教育内容过分偏重介绍西方的理论和经验，而忽略了中国的实际情况，存在重视理论、忽略实践、与军校课程缺乏联系等弊端。② 一些早期毕业于军校的将领，在内战时期有过指挥作战的实践经验，但由于对战争的认识仍停留在甚至还低于第一次世界大战的水平（通常是一线堑壕式的攻防作战），所以大多数将领缺乏对抗现代化装备强敌的理论与实践。③ 毕业于黄埔十二期的郝柏村在几十年后说："黄埔一期仅受训六个月，完成一个排长的教育……蒋公深感黄埔先期教育，不够担任高级将领，故于抗战末期，特于陆军大学召训中、少将级军官，做四个月的教育，但成效不彰。故以黄埔一期生为主的高级将领，对于战略、战术素养，尤其大军指挥能力，普遍不足。"④ 至于行伍出身的将领，经验丰富、作战勇敢，但对现代战争的性质与技术亦往往缺乏必要的认识。

有一个细节颇能反映丽温战役参战各部将领的综合素质。在丽温战役检讨会议上，"在报告的时候，言词简单明了，而能作有系统条理的陈述者只有三人，即罗参谋长、陈团长、李副团长等三位"。李默庵在总讲评中说："我认为当一个军人，都负有统兵教兵用兵的责任，必须头脑要有条理，讲话要有层次，有了这种修养后，处事才会井然不乱，

---

① 《丽温战役专辑·分段讲评·第四阶段·总司令讲评》，《突击队》月刊第1卷第8期，第41页。

② 张瑞德：《山河动——抗战时期国民政府的军队战力》，第150~151、157~161页。

③ 敦汝瑰、黄玉章主编《中国抗日战争正面战场作战记》下册，第1230~1231页。

④ 郝柏村：《郝柏村解读蒋公日记：1945~1949》，天下远见出版有限公司，2011，第470~471页。

有报告含糊不清者，此后要力求改进。"① 李默庵还对与会军官（均为校官以上）在战术方面提出三点希望。一是要研究战术，告诫其在科学发达的现在，只凭一腔热血和勇气来作战是不够的。每个人必须要有战术的头脑，懂得战术的运用。丽水方面一些战斗未能遵守上峰指示，不解上官意图，表现出各部官长平时对于战术的研究过于缺乏。二是要提高指挥的技能。亦即要懂得时间、空间的计算和运用。打仗是打时间，在此次作战当中，永（康）武（义）正面的战斗、丽北追击战和永嘉追击战等，大多因时间的耽误，而未能达成战斗任务。所谓空间，包括地形、敌情、部署等，倘使一个指挥官对于时间能计算得很精确，地形亦很熟悉，部署非常适当，一定可以达成打击敌人的任务。三是要研究针对敌惯用战法的对策。李默庵的这三点希望说明其属下官佐平日不注重对战术的研究与指挥技能的提升，在一定程度上能印证白崇禧对国民党军军官的评价："一出学校，便抛开学术不问，只是等候年资，所以他的年龄和他的学术，成了反比例，年龄越大，官位越高，学术越落伍，反不及后来的莘莘学子。"②

　　将领运筹帷幄，决胜千里，既需要获取准确详细的情报，更需要自身敏锐的洞察、果断的决策。而当情报不灵时，如有一定的洞察力、决断力尚可弥补。当这几项都欠缺时，部署失当、作战失利就是必然的。丽温战役初期对日军作战意图与主攻方向的研判与应对过程，就是极典型的例证。

　　　　在八月二十二日以前，敌人要攻击丽、温、衢州等类似的消息很多，同时敌人调动频繁，长官部和总部都非常的注意。直到二十二日拂晓，敌人在永武面开始动作，我们就决定了打击敌人的计划：以甲部的某某两团逐渐抵抗迟滞敌人的前进，某团守丽水城，

① 《丽温战役专辑·总讲评·总司令总讲评》，《突击队》月刊第 1 卷第 8 期，第 43、44 页。

② 白崇禧：《白部长训词》（一），军事委员会军令部编《军事教育会议纪要》，第 32 页，转引自张瑞德《山河动——抗战时期国民政府的军队战力》，第 118 页。

并一方面抽调松阳方面的丙部，及衢州子部，集中到丽水附近，来围击敌人；并限定子部在二十六日前赶到松阳附近准备参加战斗。原来的计划如此。可是因为二十三日那一天，某团失了联络，前方报告，战事似较沉寂，顾虑到敌人仍会像六、七月流窜的时候一样，首先向丽水方面攻击，忽而转用兵力到衢州方面去，恐怕他依旧采用声东击西的方式，使我们的部署煞费考虑，所以我们本来要子部在二十四日开始移动，基于这种情况，我们临时制止，及到后来判明，子部在二十五早晨才开始行动，到二十七日始到达松阳以东地区，原在松阳之丙部、甲部亦于二十七日向松阳以东地区移动，预定该部会同子部准备于二十八日向丽水附近之敌攻击；但是当时战局已经起了变化，就是丽水城陷于敌手，使我们的计划无法实行，这是第一点要向大家说明白的。①

按照以上李默庵的说法，前线某团（按当时的兵力部署当指六十一、六十二团中的某一个）在开战第二日失去联系，导致在日军进攻之初及时判明其到底是想直取丽水、温州，还是佯攻丽水，实指龙（游）衢（州），失去了必要的情报依据。等到反应过来，已丧失了一天的宝贵时间，及至再调兵遣将时，日军已攻陷丽水，致使在丽水、松阳间聚歼日军的计划落空。但是，日军在这一年龙衢战役中声东击西，就一定意味着其会在 8 月开始的战事中继续故伎重演吗？譬如日军第一次侵温算是由海上入侵（从飞云江口突入侧袭温州），此后国民党军在制订御敌计划时，仍以在温州"阻敌上陆"为要务，可后面两次日军主力均从丽水东侵。可见，丽温战役之初战机贻误，应对失当，固然有电讯、侦察、联络方面的原因，但高级指挥官们因循故例、犹疑顾虑，亦当负有重大责任。李默庵在丽温战役检讨会议第一阶段讲评一开始就

---

① 《丽温战役专辑·分段讲评·第一阶段·总司令讲评》，《突击队》月刊第 1 卷第 8 期，第 35 页。为保密需要，《丽温战役专辑》刊发时对部队番号做了处理，对照战斗详报及其他史料，可知其中甲、乙、丙部分别指新编二十一师、暂编三十三师、七十九师，子、丑、寅部分别指第一、第二、第三突击队。

说这一番话，似有自我辩解之嫌。

而在丽水失陷之后，下一个问题摆到了面前：日军到底是会东窜温州，还是将西侵云和，直捣浙江省政府战时驻地。为此，第三十二集团军总部多次令八十八军立即派队向丽水外围石帆市、南明山、港口、苏埠、凤山前一带施行威力搜索，《丽温战役详报》承认"黄村所派遣一部监视丽水之敌有无窜温州，其结果常多不确实、不迅速"。作为第三十二集团军耳目、肩负搜索重任的八十八军搜索营，在海口以北地区及船寮附近，不但不用种种方法来布置情报网搜索情报，反而专待上边的消息，因此不知道敌人的动静，使敌人安全地过去。李默庵说："这不是某营如此，现在一般部队都犯着同样的毛病，不知道自动的去找情报，专待上边的指示。"① 对于此时日军下一步的动向，新编二十一师副师长李文密后来在丽温战役检讨会议上说：9 月 1 日，根据敌人的种种动作，他们就知道敌人有下温州的企图，及 2 日据各方的情报所得更是明显，到 3 日敌人就开始动作，而李默庵则称集团军总部一直都没有得到师、军的报告，还是防空监视哨发现青田县海口镇附近有了敌人，才打电话告诉总部。②

从 8 月 27 日丽水陷落到 9 月 3 日"确知二千余之敌自海口沿江东下，并基于日来石帆方面敌之动向及种种朕兆，判定敌已有略取温州之企图"，才做出于船寮青田间夹击该敌的决策，丧失了一个星期的时间来做应对日军东窜温州的准备。此后步步陷于被动，既不能夹击日军于半途，又不能聚歼日军于强渡瓯江之初，温州城在几无防守之兵的状态下沦陷。前线部队搜索不力、联络不实当然是重要原因，但为将者研判失误同样难辞其咎。根据《丽温战役详报》，8 月 27 日，第三十二集团军总司令李默庵、参谋长曹耀祖赶到云和指挥所，决心以确保大港头、松阳间要地，并相机攻取丽水城为目的，即以主力占领东山尖经大港头

① 《丽温战役专辑·分段讲评·第三阶段·总司令讲评》，《突击队》月刊第 1 卷第 8 期，第 40 页。

② 《丽温战役专辑·分段讲评·第三阶段·总司令讲评》，《突击队》月刊第 1 卷第 8 期，第 40 页。

亘裕溪乡之线，控制有力兵团于靖居口及鲁峰附近待机与敌决战。8月29日，曹耀祖认为：丽水之敌此时是否转犯温州，需视其后续兵团之有无与大小而定，就丽水之敌现下状况，判断将于巩固其外围后略取温州。曹耀祖这一判断可能是基于日军侵温时须以部分兵力驻防丽水的通常情况而做出，但是后来战局的发展证明曹的判断完全错误，很快日军在并无后续兵团到来的情况下径直向温州进犯，丽水也在其占领温州后不久放弃。

尽管当时美军登陆中国东南沿海之说被炒得沸沸扬扬——尼米兹已有明确公开表态，各方也都在热烈讨论美军可能登陆的地点，但对日军欲夺取并盘踞温州，以守株待兔之势阻击美军登陆的明确意图，第三十二集团军的将领们似乎缺乏应有的敏锐嗅觉。《丽温战役详报》载：1944年10月3日，"就瓯江口两岸之敌部与外莲花心工事（孤穴式足对轰炸轰击有相当抗力）之强固程度已可确断敌人久占温州应付盟军登陆之企图"。10月4日，李默庵发电给陈沛表示，"永嘉之敌经我猛烈攻击夺克瞿屿山、西山、营盘山、莲花心诸重要据点后，敌由海面不断增援向我反击，复将我占各要点侵据，似有长久盘踞永嘉之企图"，故决定"封锁永嘉之敌不断扰袭，使敌疲困相机攻占"。丽温战役打了将近一个半月，伤亡惨重，粮弹告罄，才总算大致弄明白敌军的战略企图，并决定相应地调整部署，这意味着此前为力图快速夺回温州所付的高昂代价几近白费。这也说明《丽温战役详报》中对日军战略意图——为阻止盟军登陆而夺取温州的记述，实为事后诸葛亮。否则无法解释为何国民党军在丽温战役爆发之初全无相应预案，而是不断强调要确保"丽云松"要地，在大港头三角地带与敌决战，直至日军侵温动向明确时才做出应变。

当情报信息获取存在障碍之时，指挥官的直觉与职业敏感往往具有决定性的作用。由此，一般国民党军将领所缺乏的不只是关于敌军动向的准确情报，还有必要的直觉敏感和相应的研判能力。

第八章 | 兵员素质低劣与日常训练不良

第一节　役政积弊致愚弱者充斥部队

征兵的形式和渠道对兵员素质具有直接而重大的影响。国民政府建立后力图建立现代兵役制度，以征兵制取代沿袭千年的募兵制，相继颁布《户籍法》和《兵役法》。但随着抗战的全面爆发，在未及建立现代户籍制度、未进行全国适龄壮丁调查的情况下，直接进入壮丁征集环节，只能采取征额配赋的办法，将征兵任务摊派给地方，加之政治腐败、抚恤优待政策执行不力，以及"好男不当兵"的消极文化传统等，导致逃避抵制兵役现象严重，纳资免征、雇人顶替成风，为完成征兵任务而强拉充数、上门抓丁、绑架路人、买卖壮丁、借机敛财之事层出不穷，役政舞弊乱象丛生，[①] 甚至发展到了国民党军于行军、作战途中强拉壮丁以补充兵员。八十八军新编二十一师出川抗战途中和到浙江后都留下了在行军路上强拉壮丁的记录。据 1939 年国民参政会川康建设视察团东路组的报告，该师"沿途强拉壮丁充兵，过南川拉去千余人，过彭水拉去五六百人，过涪陵、过巷口镇拉去约二百人"。[②] 该部进入浙江后，仍采取此法。永嘉籍的原新二十一师六十三团五连士兵戴盛凯

---

① 李常宝：《抗战时期正面战场荣誉军人研究》，人民日报出版社，2014，第 34 页。
② 中华人民共和国财政部《中国农民负担史》编辑委员会编著《中国农民负担史》第 2 卷，中国财政经济出版社，1994，第 439 页。

原本在丽水碧湖谋生，就是在回乡途中被抓到该部当兵。后六十三团在丽水几近全团覆没，戴盛凯侥幸逃生后，又再次被部队抓住充作挑夫，不久再次逃脱。之后，又路遇部队收走他的衣服和钱，他去找长官要，长官要求他留在该部才会把衣服和钱还给他，这样无奈被逼又一次参军，结果发现这个部队还是新二十一师，以后就跟随部队到了温州参加莲花心战斗。

由是，"滥抓人民，混充兵役，足缆绳栓"，或无钱无势者被强征到营，有钱有权者雇人有偿服役，参军卫国的荣誉感荡然无存，征兵变成"捕逃之罪囚、玷神圣之义"。① 而在被送往部队的长途跋涉中，"常因被装携带不够，途中没有休息场所，以致风餐露宿，寒冻生病后，还被压迫前行，或遗弃道旁或枪毙活埋"，② 自然亦有相当一部分壮丁伺机逃亡。根据国民政府的官方统计，全面抗战期间实征壮丁14050521人，实际补充兵员12138194人，这近200万的差额即是在壮丁开赴指定部队途中和入营之初的因病饿、虐待致伤、致死或逃亡。抗战时期国民党军官兵逃亡598107人，这个数字相当于同期国民党军阵亡数的45%。而其他材料中记载的损耗更高，据史迪威的报告，征到新兵能到达目的地的只有56%，而董必武则称新兵能到达前线的，达到50%就算是最好的，经常只能保持30%，蒋梦麟实地考察的结果更为惊人，每4个壮丁中往往一逃一病一死，合格入伍者只有1/4。③ 新编二十一师老兵冯米乾曾回忆："有一次部队派我们去温州接新兵，下面抽壮丁连身体不好的也拉来，因行军没有粮食吃，结果没到部队，就病死在山下，我们就用草席把他给埋了。"④

---

① 侯坤宏：《抗日战争时期粮食供求问题研究》，团结出版社，2015，第203页。

② 《兵役署会报记录（1933～1944）》，中国第二历史档案馆，档案号：775-120，转引自张燕萍《抗战时期国民政府经济动员研究》，福建人民出版社，2008，第136页。

③ 张瑞德、齐春风、刘维开、杨维真：《中华民国专题史第十一卷·抗日战争与战时体制》，南京大学出版社，2015，第354～360页。

④ 冯米乾（1921年生）：金扬、夜落空、百合、提拉米苏、习惯、南纬、老街访谈，2014年5月28日，临海市沿江镇西苓村。

为应对严重的逃亡现象，各部队绞尽脑汁加以应对。在调查中，我们发现多位浙江省内仍健在的原新二十一师士兵左手臂上均有"21"刺青字样（见图8-1），虽年代久远，但还依稀可辨其印迹。这些老兵说，这是为了便于抓逃兵，逃兵被逮住后掀开衣袖一看到刺青，就知道这是新二十一师的兵。而突击总队则于1944年3～5月开展了为期两个月的"反逃亡运动"，颁布《反逃亡运动实施办法》，并将其列为日常政治工作的重要内容。其政工手册总结的13条逃亡原因，其中除了役政积弊和新兵本人原因（如国家民族观念淡薄，畏惧军队严肃生活，怕伤亡、怕劳苦）之外，更多的是指向国民党军部队本身（如官长打骂虐待，不关心士兵痛苦，官兵情感隔阂；士兵饭吃不饱，衣穿不暖；教育方法不良，枯燥无味，使士兵视讲堂如牢狱，视操场如刑场）。该部力图通过从总部到连队建立各级反逃亡委员会，并发挥政治战士的核心作用，要求部队长经济绝对公开，不拖欠薪饷，官长生活士兵化，改善士兵生活，同情并解决士兵痛苦，禁止打骂，切实掌握士兵情绪，加强劝解劝勉，挑选忠实负责之政治战士及班长担任秘密侦察等，达成"士兵视官长如师长、若父兄，视部队如家庭、如学校、如乐园"之目标。[1] 而在同年夏的丽温战役中，"士兵失踪者较死亡者为甚"则证明了一场短期的、局部的运动无法解决国民党军积重难返的逃亡问题。到1945年春的第一期校阅中，在第三突击队工兵营居然"发现病故士兵陈磅（三连）、蒋元龙、喻洪生（四连）等三名，尚在床上无人收敛，且活兵、死兵杂睡在一起，令人寒心"，[2] 如此恶劣状况下，士兵大量逃亡是一种必然。

如此大背景下，最终送达并留在军中者其基本素质可想而知。抗战时期国民政府以"抗战建国"为纲领，《突击队》月刊指出"建国有赖建军，建军必须健军，健军先应养兵，养兵首重营养"。以身体素质而言，"今日一般部队——尤其是新兵一个个脸黄肌瘦，无气无力，没精

---

① 《反逃亡运动实施办法》，《突击队》月刊创刊号，1944，第31～33页。

② 《陆军突击总队三十四年度第一期校阅直属营及第三突击队报告书》，《突击队》月刊第2卷第4期，第76页。

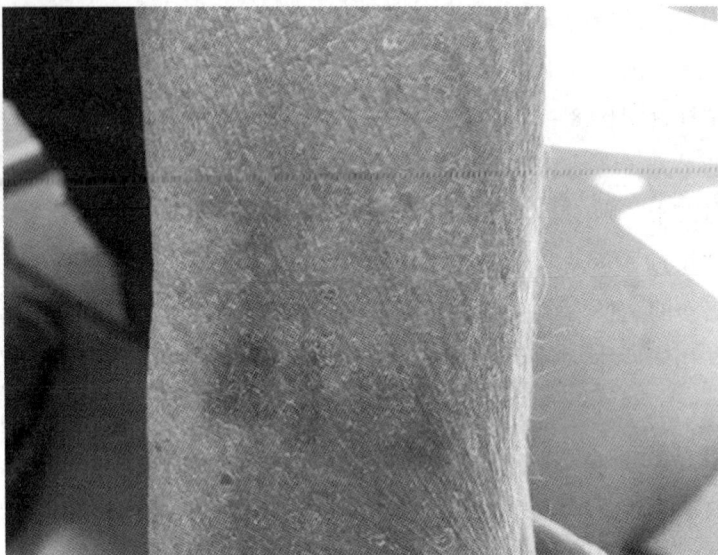

图 8 - 1　临海籍原新编二十一师特务连士兵谢廷掌（1924 年生，临海市永丰镇岙西村人）手臂上的刺青"21"

（林华强 2015 年 11 月 27 日拍摄）

打采地，看去真有些寒心"。① 1945 年春的校阅报告显示：第一突击队"新兵均呈病态"，第三突击队"士兵体质瘦弱，精神不振，体力不够"，第一营四连有病兵十多名。第二突击队第八营迫击炮连指导员周新在他的《病兵疗养经验谈》中明示 1945 年 4 月 15 日该连病兵占比达到 16.3%，经过一个半月的努力下降到 2.7%，② 这在当时突击队乃至整个国民党军中已经算是非常好的情况了。校阅报告书肯定第二突击队官兵体格健壮且发展平衡，足见各级官长已注意养兵问题，但同时强调相较于以前在湖南祁阳五千米赛跑、爬山及游泳比赛时之体格则尚差甚远，深望各级官长仍须格外努力及注意锻炼为要。可见这支所谓"新军"与国民党军其他部队一样，其士兵的体质与营养、锻炼状况相较于抗战前半段呈大幅下降趋势。

　　至于文化素质，囿于当时整体的国民受教育程度及入伍者的阶

---

① 《营养第一！养兵第一！》，《突击队》月刊第 1 卷第 6 期，第 20 页。

② 《突击队》月刊第 2 卷第 4 期，第 40 页。

层、职业构成，抗战时期，士兵不识字者占 90% 以上，无科学常识者几为 100%。[1] 特别是当时规定公职人员、士绅子弟、大中学生及产业工人可依法缓役，实际上把大部分有一定知识的人员排除在征召行列之外，从而导致抗战中的国民党军士兵以文盲或半文盲为主体。根据浙江省内各地关爱抗战老兵志愿团队提供的资料，近年发现的 1944 年莲花心战斗亲历、亲见、亲闻基层士兵共 12 位（包括原八十八军直属部队、新二十一师、第三突击队、暂编三十三师及浙保八大队各部士兵，含准尉），其中文盲就有 6 位，占了一半。因为这种发现带有很大的随机性，该师的实际文盲率应当要更高。突击总队方面，其最精锐的直属部队——总队特务营的文盲率亦高达 40% 以上，其他部队的文盲率可想而知。为此，突击总队于 1944 年开展了专门的士兵识字教育，并将其视作训练士兵的基本工作，提出"得运用各方式，本牧师说教的精神，因人因地制宜，克服一切困难，来达成教育的使命"。[2] 建议采取编组定高低，将文理通顺的编为甲组，稍识文字的编为乙组，不识字的编为丙组，甲组读抗战文艺、士兵读物或练习书信，乙组读成句的短文或识字课本，丙组读日常通用的单字，其他方法还有操后顺口唱、纸牌当课本、游戏温日课、行军识字条、沙盘随便写、一月一考测等。总队特务营除了由连指导员或连党部干事直接教学外，还训练粗通文理者，由他们来教粗识字和不识字者。经过一段时间的努力，该营文盲率降至 20% 左右，这在物资极度匮乏、缺纸、缺笔、缺课本的条件下，的确是极了不起的。[3] 但是毕竟特务营只是示范标杆性质的特例，[4] 难以大规模地复制。譬如到 1945 年第一期校阅发现第三突击队"多数列兵（士

---

① 刘峙：《建军的基本条件》，《建军导报》第 1 卷第 2 期，第 6 页，转引自张瑞德《山河动——抗战时期国民政府的军队战力》，第 25 页。
② 王莘亨：《怎样推行士兵识字教育》，《突击队》月刊 1944 年创刊号，第 16～17 页。
③ 弓长：《蓬勃开展中的总部特务营士兵党员识字教育》，《突击队》月刊第 1 卷第 6 期，第 50～51 页。
④ 《第三十二集团军总司令部示范连训导实施办法》，《突击队》月刊第 1 卷第 4 期，第 27 页。

兵)① 识字程度不够，尤以新兵言语不通，各单位未见有译传士兵之选出，有碍教育之成果"。这说明新兵不但看不懂（不识字），而且听不懂、说不了，无法交流（只会说方言，不会说普通话），这自然成为新兵训练的又一重大障碍。

李默庵在丽温战役检讨会议上致闭幕词时痛陈："由于素质的缺乏，国家的艰难，这是目前一个最严重的问题。现在士兵的素质是日益低落了，在场都是直接带兵官，这种情形当然比我更能清楚，所以我们认为目前最迫切的工作是养兵第一，虽然目前尽管有很多的困难，我们总要尽到我们的力量，运用我们的头脑，从精神上、物质上来改善士兵的生活，充实士兵的智能，锻炼士兵的体魄；有了健全的士兵，才有健全的军队。"② 但是整体国力如此，仅靠一支部队长官的主观能动性，要想提高士兵素质以适应现代战争的要求，只能说是一种奢望。

已故著名历史学家黄仁宇 1941 年从军校毕业，被分发到国民党军第十四师当排长时，手下有 36 个士兵，只有四五个能识字，包括上士班长亦不识字。他回忆："抗战后期所征的兵质量也愈低下，不仅体格孱弱，而且状似白痴，不堪教练。师部的办法即是抽调各营连可堪训练的士兵，组织突击队集中训练，其他的则归各部队看管，也谈不上训练，只希望来日作战时在山上表现人多。"③ 当时的军方材料反映，由于新兵中文盲占绝大多数，一般部队对于新兵一方面要实行军事训练，另一方面则要补行国民教育，如教一普通士兵认阿拉伯数字，需要 2～3 个星期，认米突（长度单位"米"的旧译）尺需要 2～3 个星期，讲弹道抛物线也得 2～3 个星期，要教会射击，则需要 2～3 个月。④ 这意

① 按抗战时期国民党军军衔制度，并无列兵一级，此列兵指普通士兵包括上等兵、一等兵、二等兵。

② 《丽温战役专辑·总司令致闭幕词》，《突击队》月刊第 1 卷第 8 期，第 51 页。

③ 《阙汉骞和他的部下》，黄仁宇：《地北天南叙古今》，生活·读书·新知三联书店，2015，第 118 页。

④ 青年军人丛书编辑委员会编《青年远征军剪影》，军事委员会全国知识青年志愿从军编练总监部，1945，第 135 页，转引自张瑞德《山河动——抗战时期国民政府的军队战力》，第 26 页。

味着国民党军无法通过短期而有效的训练，向部队快速输送具有一定战斗力的新兵。丽温战役之初丽水快速沦陷就与守城部队新编二十一师六十三团新兵较多、战斗力较弱有直接关系，而根据《第八十八军浙江丽水等地整训日记》和《丽温战役详报》，暂编三十三师第二团从 1943年 10 月起，一直在临海等地整训与接兵，但到 1944 年 8 月丽温战役爆发时，仅有能投入实战的干部及战斗队约 200 人，其余千余新兵只能另行编队控制。黄仁宇特别指出：当时士兵确实知道我们在同强敌日本打仗，可是此外个人的权利与义务、责任问题，如何分工合作、纪律之重要种种抽象的观念，全部说不清，也讲不通。国民党军部队靠的是群众心理、传统意识形态、讲义气、讲面子、士为知己者死、原始英雄崇拜。①

从 1943 年末开始，国民政府发起知识青年从军运动，并一直延续到抗战末期，对提升军队素质、冲击数千年来贱役恶习、振奋前方士气、唤起后方民心颇有裨益。知识青年从军运动实际征召约 10 万人入营，其中专科及以上学历占 10%，高中占 23%，初中占 60%，小学占7%，也就是说 93% 以上具有初中及以上学历，但这批高文化素质的兵员被编成青年远征军（或称青年军）的 9 个师，后分别归属于中国远征军各部，并有相当一部分调入驻印军，故而该运动对诸如第三十二集团军之类国民党军一般部队官兵文化素质之提升并无直接帮助。② 尽管如此，在 1945 年初《突击队》月刊仍发表《响应十万青年从军运动告闽北青年书》和《为响应知识青年从军运动告同胞书》等文为此鼓与呼。不过其中提及丽温战役中所俘虏日本士兵中有 4 个是东京帝国大学和中央大学三年级的学生，反映了当时一般中日部队之间在士兵文化程

---

① 《中国近代史的出路》，黄仁宇：《大历史不会萎缩》，广西师范大学出版社，2004，第 75 页。
② 江沛、张丹：《战时知识青年从军运动述评》，《抗日战争研究》2004 年第 1 期，第 61~95 页。青年军人丛书编辑委员会编《青年远征军剪影》，军事委员会全国知识青年志愿从军编练总监部，1945，第 236 页，转引自张瑞德《山河动——抗战时期国民政府的军队战力》，第 26 页。

度方面的高下悬殊。①

但是另一方面，当时的军界人士多认为中国人是做军人的极佳材料。如史迪威认为"一般的中国士兵温顺、有纪律、惯于吃苦，服从领导"，美军参谋总长马歇尔也相信，如果中国的士兵能被适当地领导、喂饱、训练、装备，他们的战力将和世界上其他任何国家的士兵一样。②

第二节　训练制度不健全致战力低下

所征兵员素质低下，难以对其进行军队条令、军事技能、战术素养的有效训练，直接导致部队战力孱弱。更重要的是，抗战时期的国民党军始终未能健全部队训练制度，甚至为了防止强拉壮丁的逃亡，往往对这部分士兵根本不加训练而是关起来，等开战了直接让他们上战场，这无异于驱羊喂虎，而且极易在战事失利时引发溃散，危害全局。如戴盛凯当年被强抓入役，未经任何训练，直接参加丽水城战斗的经历就很能说明问题。

> 我当兵是被抓过去，被关着的，晚饭吃完后被关着。到了9点钟的时候，日本人打了过来，把我放出来，发了一把枪、200发子弹、4个手榴弹给我，要我出去打。丽水东门被（日军）攻了进来，大家都往回逃。我也逃，只好逃了！逃啊逃，逃到了丽水小水门。大家都逃往溪滩那里逃出去。溪那边都自己打自己，不让你退，大家都爬出去，我也这样爬出去，在水里躺了一夜。这里本来有条浮桥的，浮桥被拆掉了。那些不会游泳的人死掉了。我会游泳，枪什么的都已经扔掉，背包什么的湿了也扔掉了。人整夜在水

---

① 《突击队》月刊第2卷第1期，第68~70页。

② Romanus and Sunderland, *Stilwell's Mission to China*, Washington D. C.: Office of the Chief of Military History, Department of the Army, 1953, pp. 153, 386, 转引自《山河动——抗战时期国民政府的军队战力》，第28~29页。

的角落窝了一个晚上，天有点亮了，才从水里起来了。①

戴盛凯老兵提到"自己打自己"，指的就是督战部队以火力阻止溃退，丽水之战中确有其事。据《丽水战役详报》，"为加强六十三团固守丽水之决心，该师（新二十一师）于（瓯江）南岸派出督战部队。该团如擅自撤退者，以火力制止之。瓯江船只一概靠南岸，丽水小水门浮桥抽至南岸，不准损坏，留作日后反攻之用"。直至丽水失陷，才下令"将瓯江南岸督战部队任务解除，并以火力掩护六十三团官兵向南岸突围"。根据戴盛凯的讲述，1944年的莲花心战斗亦有督战部队的身影：

> （打下莲花心当晚）大概九十点钟的样子，日本人反攻回来了。上面的说话声听起来都是别的话（不是中国话）。我在那里放哨，他们几个在那里睡觉，睡着了。我过去把他们摇醒，说："上面的大概是日本人来了。""不要乱说"，"乱说？你听一下啊！"也就只说了这几句话的时候，上面的手榴弹就"砰、砰"地两三个扔下来。大家都逃了，逃得飞快，那些番薯藤都这么长了，番薯田也难跑的，一下子就被番薯藤绊到摔倒了，就这样子摔倒了爬起来，摔倒了又爬起来。另一边也不准我们退，自己打自己，我们就靠在岙里了，后来听听安静了，我说："我们自己打自己的退走了"。我们就慢慢地一个个摸过去。走得太快了，自己打自己的，会被打死的。等到（督战的）一个人都没有了，我们就回来了。②

军队训练不良，一遇作战便只能以前进后退都是死的办法来要挟士

---

① 戴盛凯（1924年生）：王长明、高志凯访谈，2015年3月15日，永嘉县岩坦镇溪二村。
② 戴盛凯（1924年生）：王长明、高志凯访谈，2015年3月15日，永嘉县岩坦镇溪二村。

兵，而丽水之战和莲花心战斗的案例都证明，战斗力差，指挥不力，单用督战部队压阵，并不能阻止士兵逃亡与部队溃退，反而加重自身伤亡。

长期训练不力给打赢丽温战役、夺取莲花心带来了一系列的恶果。在基本军事技能方面，第三十二集团军各参战部队"训练不足，对于手榴弹之投掷及射击技术尤差"，"我轻重机关枪射击时，多用连续放而距离又不确实，徒浪费弹药，暴露目标"。在此前的 1942 年日军入侵温州时，暂编三十三师的战斗详报就指出："我军射击技术及射击军纪太差，每因射击过早暴露位置，被敌发觉。"最显著反映军事技能水平的莫过于劈刺（即俗称拼刺刀），丽温战役参战官兵"近战技术太差，一般体力不够"。① 而嵊州籍原八十八军野战医院军医袁毅记得，1944 年莲花心争夺战中，"我们部队在莲花心山岙小村庄里，把老百姓的棉被剪开来，把胸部包紧保护起来，出去跟日本人拼刺刀，那个时候很穷，老百姓的棉花稀得很，战士们勇敢精神感动了他们，新的棉被也给你"。② 拿棉被裹胸意在被刺刀刺中时产生一定的防护缓冲效果，以减轻伤害，但其在实战中作用究竟如何不得而知，国民党军战士因拼刺刀技术欠佳，想出这样不得已而为之的对策，令人唏嘘长叹。《松山战役详报》亦称国民党军刺枪技术不熟练，部分士兵避免与敌作肉搏战。这背后除了营养不良造成的体力不够、中国步兵主力步枪中正式步枪枪身和刺刀要短于日军的三八式步枪等客观原因外，训练不力、技能低劣是极重要的原因。对此，汤恩伯曾说："又如白兵战的刺枪，更谈不上训练。有的部队虽然也有刺枪，但都是中看不中用的花枪，把枪当棍用，完全失掉他的效用。"③ 故而在 1943 年常德会战的外围战中，第六十六军参谋长王靖之提出"实弹冲锋"创意，即一改从日军《步兵操典》中学来的拼刺刀时关保险、放表尺（不是退子弹）的规定，转而装填子弹上膛，

① 《丽温战役专辑·总讲评·敌我优劣及所得之经验与教训》，《突击队》月刊第 1 卷第 8 期，第 48 ~ 49 页。

② 袁毅（1920 年生）：马姗、施辅东访谈，2012 年 10 月 22 日；王长明、周保罗、高志凯访谈，2015 年 6 月 21 日，嵊州市城关镇北门新村。

③ 汤恩伯：《怎样整理部队》，载《汤恩伯先生纪念集》，第 4 页，转引自张瑞德《山河动——抗战时期国民政府的军队战力》，第 122 页。

到了冲锋距离，日军用刺刀，国民党军刺刀与子弹并用，据称此法在五峰腊树垭、松滋卸甲坪等战斗中取得良好效果。抗战胜利后军令部修订《步兵操典》，在"实弹冲锋"基础上提出"肉搏射击"新战法，而这种创新背后的原因正是国民党军刺枪技术与体力皆不如日军。[①]

在综合军事素质方面，国民党军士兵缺乏独立作战精神，军官一旦伤亡，即丧失战斗能力。从 1932 年淞沪抗战开始就表现出"班长以下，无独立作战能力"。《丽温战役详报》在谈到"平时即应有周到适当之反复演习"时，也特别提及"尤其独立作战之精神及缺员训练必须养成"。至于军官独立作战的精神与能力亦非常欠缺，丽温战役检讨会议上有人指出国民党军"干部无独断专行之能力"，"大家专待上峰的命令，以致有着很好袭击敌人的机会都交臂失之，各部队受领任务后，未能当机立断去达成任务"，实际上完全可以"基于任务范围内独断专行"。[②] 蒋介石在柳州会议开幕训词中提出希望，"今后不但我们一军、一师可以断行攻击，即是一团一营亦可以单独作战，大胆进攻"，要达成此点，"各级指挥官，皆要养成独断专行，自动作战的精神和能力，一般高级指挥官更要立定决心负起责任！不仅作战的时候，应该不避危险，亲临督战；即平时训练，亦要同艰共苦，躬亲校阅！要不惜牺牲我们的精神和生命，时刻精诚贯注，来训练监督他们，如此三年或半年之后，一般部下受此种精诚的感召，自然能和我们一样，养成临危受命、独立作战的精神和能力"。[③] 希望归希望，事实上基层官兵独立作战能力差一直是国民党军许多部队的老大难，在整个抗战当中始终未能解决。

训练制度不健全的原因，首先在于军事体制。国民党军的各级官长，需要花费大量时间与精力于分内以外之事如粮饷、经费、弹药、装备、病兵、逃兵等，无法专注于部队训练与作战指挥，而部队训练成绩

① 王靖之：《卸甲坪上敌卸甲》，载彤新春编《抗日正面战场国民党参战将士口述全纪录》，中国大百科全书出版社，2012，第 145～147 页。

② 《丽温战役专辑·分段讲评·第三阶段·总司令讲评》、《丽温战役专辑·总讲评·敌我优劣及所得之经验与教训》，《突击队》月刊第 1 卷第 8 期，第 41、48 页。

③ 《节录　委员长柳州会议开幕训词》，转引自《突击队》月刊第 1 卷第 8 期，第 51 页。此柳州会议指 1940 年 2 月 22 日在柳州召开的桂南会战检讨会议。

亦未与长官职务升降有直接关联，造成大多数部队不重视训练，军中甚至出现"一等人当师长、二等人当参谋、幕僚，三等人到教育机关，四等人当教官"的现象。同时，部队训练的成功，需要国民教育的普及、兵役制度的健全、军事学术的发展、后勤补给制度的完善作为先决条件，这些条件在当时都不具备，加之战争频仍，人力、物力、经费短绌，部队训练质量自然低下。此外国民政府完成全国形式上的统一后，军队地域色彩依然浓厚，各军编制不一，装备不同，训练方法也不一致，甚至中央直辖部队战术思想亦未能统一，直接影响部队训练的开展。国民党军从广东时期效法苏联，到南京国民政府时期，中央军校习德式，步兵学校习日式，训练总监部颁布操典近日式。抗战开始后，部队仍用日本典范令和教程，但又混用苏、美战术编制；抗战末期，驻滇、桂训练班又全采美式。军校各期毕业生在校所学各不相同，在部队所施教育自然大异其趣。[1] 甚至同一支部队所用规范亦不相同，比如在第三突击队中，轻机枪装退子弹动作不一致，有英式者装退弹，亦有用操典所示者，其原因是该队对此尚无统一规定。[2]

更为重要的是日常训练重外表、不踏实，军事教育与战争实践严重脱节。杜聿明就曾说：国民党军"军队教育，徒有形式而无实效"，"一个步兵的训练，只注重在操场上的步伐整齐，动作一致，令一见便认为有训练，有教育，而把如何认识各种兵器性能，如何应用射击技能，如何发挥诸般战斗技能，以达战斗目的之训练要素，完全忽略"。汤恩伯亦谈道："现有有些部队，每天训练的都是跑步、唱歌、操枪，把火战最重要的各种步兵重火器及与射击有关系的，如土、木工作业等，反而一点都不研究。"[3]

《突击队》月刊1945年编发《政工与教育专辑》中即有多篇文章

① 王建朗、黄克武主编《两岸新编中国近代史》（民国卷上册），第244～246页。

② 《陆军突击总队三十四年度第一期校阅直属营及第三突击队报告书》，《突击队》月刊第2卷第4期，第78页。

③ 杜聿明：《军队教育之我见》，《军事杂志》第166期，第6页；汤恩伯：《怎样整理部队》，载《汤恩伯先生纪念集》，第4页，转引自张瑞德《山河动——抗战时期国民政府的军队战力》，第120、122页。

痛陈"过去各部队之教育趋重外形，忽略实际，孕成种种积重难返之过失"，"多失之于拘泥守旧，缺乏创造，起床、点名、出操、上课、开饭、就寝，殆为每日之例行公事，只敷衍时间而已"。提出军事教育应做到五化：简易化、确实化、实用化、条理化、具体化。① 其中《改进军队教育之意见》一文即在开篇指出"当前之弊端"：

> "为战争学战争"，征之过去一般国军教育与战争形成脱节现象，每于训练开始，例会耗费若干时日，"平操场"、"做马路"、"粉墙壁"、"修营房"，企获内务好评，对教育计划类皆抄袭旧章，课目应有尽有，每日三操两课，无不照表实施，《典》、《范》、《令》素少研究，行伍排长，一味"唱歌"、"跑步"，令人厌不欲听！学生干部亦理论渊博，缺乏深入，每逢校阅，率多事先排选士兵编为班排，寻觅适合与条文之地形，作模型学习。实弹射击则因上峰限制弹药，使用之结果，每多脱靶。②

训练时间被各类后勤杂务所挤占，专门挑选士兵训练以应付校阅，该文所说与蒋介石所讲一些部队士兵忙于磨麦子、砍柴、筹办副食，"每周受教育的时间，恐怕最多不过三天"，以致入伍三个月甚至半年，还不知如何瞄准，与关麟征所说以图表、模型或小型设备，欺骗门外汉，或以"选手教育"应付校阅参观，欺骗长官，沽名钓誉，何其相似。③ 如此一来，结果可想而知：

> 且身临实战，形异境迁；兵无杀敌技能，官无陷阵信心，直如春蛾扑灯，幸获成功，即自诩作战勇敢，富有经验；不幸溃灭，亦

---

① 池蛟：《部队教育之我见》、袁淑民：《教育法之研究》，《突击队》月刊第 2 卷第 4 期，第 50、48 页。

② 大兵：《改进军队教育之意见》，《突击队》月刊第 2 卷第 4 期，第 45 页。

③ 蒋介石：《整军训词》，《蒋总统思想言论集》第 18 卷，第 207 页；关麟征：《树立新风气打破旧观念》，《校长关训话集》，第 59 页，转引自张瑞德《山河动——抗战时期国民政府的军队战力》，第 119、121 页。

惟归罪于敌人大炮、飞机之厉害。夫以我无空军、炮兵协同作战之军队，取胜时机厥在近战，今以其平时训练之忽略，技术不高，何得胆大？是故未有不临阵畏怯，不战先败者。①

《突击队》月刊上这些文章看字面似乎说的是以前的、其他部队训练当中的积弊，实际上这支素以新式部队自居的陆军突击总队亦不例外。如杂务挤占训练时间，李默庵1945年曾要求："平时若无重大事故，不得任意派遣士兵担任搬运器具、采伐木柴勤务，一切的勤务，都可由辎重兵来担任；战斗兵要注意加强教育，锻炼体格的本事，以巩固我们的部队。"② 校阅第三突击队时，虽然发现其训练能够做到讲求教育方法（如将老兵、新兵，轻机关枪、重机关枪、迫击炮等分组负责督导实施）、改善教育环境和教育设施（教育挂图、小型模范地形、黑板识字牌等辅助教具业已粗备）等优点，但亦发现其新兵与老兵之训练悬殊，致教育不能齐一，阵中勤务多不能熟悉，例如步哨守则、斥候（侦察）动作要领均不能对答。对射击诸动作之要领多数不能明白，更不知其作用等严重问题。在基本教练、战斗教练、射击教练方面，表现为班长指挥能力太差。士兵各种步伐多不得要领。立正姿势要求不够，既欠庄严，且有多数张口眼动，队形不知要领，上下刺刀动作不一致，左手反握、右手顺握刀柄者皆有，射击与预习之动作与姿势多不合要领。进出射击场时，对于检查人员、武器、弹药诸动作，除十五班班长李牙外均茫然不知，官长亦不知纠正。手榴弹投掷姿势太差，且多掷之过高，故不能致远等。虽然校阅报告说该部队亦谓其精神尚称饱满，攻击精神旺盛，射击军纪较优，射击与运动尚能协调，冲锋奏效后之追击射击，尚称良好，各种动作一部分尚称确实，基本射击之成绩一般尚称优良。但一个连立正、队形，射击、投掷手榴弹均不得要领的部队显然不能算是训练有素。

---

① 大兵：《改进军队教育之意见》，《突击队》月刊第 2 卷第 4 期，第 45 页。
② 《通力合作　齐头并进——总司令李于卅四年三月十一日联合纪念周上讲》，《突击队》月刊第 2 卷第 3 期，第 1 页。

相较而言，第一、第二突击队虽然班长指挥能力佳，多有独立作战之精神，多数士兵尚能各自为战，但亦存在阵中勤务、重机枪靶场勤务不熟，轻机枪射击军纪不良及射击方法不熟，射击与运动欠协调，步哨守则及斥候搜索要领不明，散兵距离间隔过小，易遭重大牺牲，且未注意敌火下作业技术之演练，未能切实利用地形地物前进，未能及时改筑已占之敌阵地等问题。特别是第二突击队迫击炮连被查出以连长充任演习排长，这恐怕并非校阅报告书所说"不合编制及校阅原则"那么简单，而是难脱弄虚作假，将演习变为"演戏"之嫌。针对上述诸多问题，校阅报告书提出了一系列改进措施。如第一突击队对近战及夜战动作应多行演习，加强轻机枪及步枪射手之训练；第二突击队应加强新兵教育，并须注意老兵之进展，重机枪连及迫炮连应加强射击技术与战斗教练；第三突击队各种勤务之派遣，应于营连勤务时间（十七时至十七时三十分）内行之，以免因勤务（杂务）妨碍教育。此外还有利用课余运动或晨操强迫施行体操，增强体魄，奠定射击教育之基础等。

其中值得一提的有两点。一是针对第二突击队提出新兵应行实弹射击。这说明有相当多的该部新兵少有甚至完全没有实弹射击训练的机会，其重要原因当然是子弹匮乏，要节省子弹。而少做或不做实弹射击训练看似平时节约了子弹，却导致战时子弹的严重浪费。第一突击队 1943 年 4 月在浙江东阳合山附近的战斗中，约 180 发步机枪子弹始能命中一名日军，虽有夜间作战等客观原因，但亦足见其射击技术极差。[①] 如丽温战役中消耗子弹超过百万发，其重要原因是未经严格实弹射击训练者，射击精度与纪律均极差，一到战时便会乱放枪，譬如敌未进入有效射程便开枪。日军便抓住国民党军弱点，"狂呼乱叫，诱我发射或投掷手榴弹"。

二是针对第三突击队提出夜间教育应加强实施，更须每周举行彻夜演习一次，切不可因防逃而不施行。[②] 抗战时期曾任中国远征军兵站总

---

① 范继陶：《第一突击队一年来浙东战役纪要》，《突击队》月刊创刊号，1944，第 8 页。

② 以上均引自陆军突击总队第一、第二、第三突击队及直属营《（民国）三十四年度第一期校阅报告书》，《突击队》月刊第 2 卷第 4 期，第 65～80 页。

监部运输第四团上尉连长的乐清籍人士黄宝琳曾回忆，**1943** 年前后该团有一连新兵从四川出发，行至云南禄丰后趁时近黄昏，在深山密林处全连哗变，一哄而逃。连长刘介眉被撤职查办，且要赔偿一切损失，幸其姐夫时任第五军军需主任，驻昆明杨林，设法筹款赔偿，以了其事。① 此一事例便说明在当年役政积弊、士兵逃亡呈常态化的情形下，夜间是逃亡的高发期，为此国民党军部队常不得不以牺牲部队的必要训练与基本战力来防逃亡，这着实是一种无奈。

---

① 黄宝琳：《平生履历回忆录》（手稿），1996 年撰写，第 25 页。

第九章 | 攻坚能力薄弱

第一节　莲花心工事坚固足抗轰击

　　莲花心难攻不仅在于地势险要，更在于工事坚固。从已发现的档案材料来看，早在抗战爆发之初，温州大规模国防、野战工事建设之时，莲花心一带就开始了工事修建，并被纳入永嘉城工事之列。1938 年 7 月《温台防守司令部遵令构筑据点工事督导员分配表》永青公路线一栏中显示：永嘉城工事据点"以莲花心、营盘山、渚浦山、炮台山及 219.0 高地编成"，可容纳三团兵力。① 具体负责这一带工事施工的是第一〇七师第三一九旅六三八团，该团当时负责从头陀山北经慈湖、南堡、沙门沿横塘山、新桥塔下、灰炉、护国寺、莲花心、营盘山、瓯浦垟、渚浦山之线工事构筑（见图 9 - 1）。莲花心一带所在之金蟾、玗屿两乡为此征调民工的通知单亦被保存下来（见图 9 - 2）。1937 年《温台沿海各县国防工事材料数量总表》② 记载，在永嘉城附近之西山、瓯浦垟等地均堆放大量黄沙、壳灰、木材、黄泥、砖瓦屑、洋钉，用于工事建设。在同期的档案中有垟湾、黄石山、龙湾等处工事的位置图，惜莲花心一带工事的相关图纸尚未发现。但我们仍可就已掌握的档案材料确认这一时期温州驻军第一〇七师及温台防守司令部曾于莲花心地区构筑比较完整的工事系统。

---

　　①　温州市档案馆，档案号：205 - 12 - 37。

　　②　温州市档案馆，档案号：205 - 2 - 034。

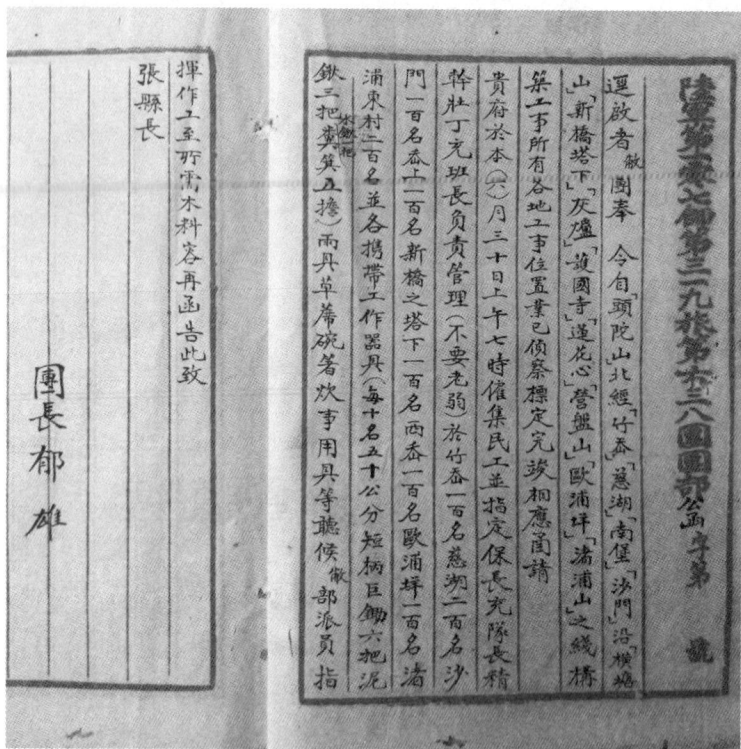

图 9 – 1　第一〇七师第三一九旅六三八团团长郁雄就修建新桥塔下、灰炉、护国寺、莲花心、营盘山、欧（瓯）浦垟、渚浦山等处工事致时任永嘉县县长张宝琛的函

资料来源：温州市档案馆，档案号：205 – 12 – 75。

　　日军在 1941 年、1942 年两度侵占温州时，都曾在莲花心驻军与作战，对该处工事系统应有相当程度的了解，且可以利用已有工事进行改扩建。到了 1944 年第三次侵占温州时，《丽温战役详报》中明确记载，日军曾于国民党军发起反攻作战前和作战间隙赶修包括莲花心在内的各处工事。如 9 月 11 日，据守永（嘉）城之敌除以一部窜乌牛马道及状元桥外，余均极力构筑工事，同时自海上增援。22 日，永城敌及各据点均有增加并加紧工事。26 日，莲花心敌领民夫加强工事，被龙部迫炮制压停止。

　　这里要特别指出，日军构筑工事特别是改筑工事、编成火网的能力极强。中央军校第四分校中将主任韩汉英曾说：日军每攻占一处国民党军阵地后，即迅速构筑工事，因此国民党军如不能在三小时内反攻成功，几乎即再无反攻可能，因为日军在三小时内已将防御工事完成。① 陆军突击总队参谋长罗觉元亦指出：在丽温战役中，日军"工作能力极强，凡占领一地，即构筑坚固之据点工事，并恃其工事及炽盛之火力，以行防御我军，（我军）应于敌未完成工事之时，即予以猛烈袭击或先以炮火摧毁其工事，否则不易奏效，以后之攻击更为困难"。② 基于日军的这一特点，日军1944年侵占温州之初于莲花心改扩建工事是必然的。

图 9－2　1938 年 6 月 30 日，永嘉县政府征用民工参加晚岙工事施工的通知单

史料记载：日军在第三次侵占温州期间曾将山下西山瓷器厂（著名实业家吴百亨先生创办）埋藏之木头近 2000 株、木板 1000 多块搬至莲花心一带构筑工事，如此大的木材用量亦证明工事规模之大。③ 1945 年 3 月 1 日下午 5 时，黄仲汉在给浙江省第八区专署的情报中报告："莲花心兵舍已造端正。总计共有五幢，每幢七间（或）五间，也有三间的。该山里外，共有大防空壕三个，小的五个，机枪壕在七八十个，大炮基地约五处。西门外、雪山、护国寺与莲花心、西山堂、将军桥、太平寺周围，敌已装就有线电话联系城中，电柱是竹的。"到了同年 4～5 月，浙江省保安第二纵队司令部掌握的情报显示，在莲花心有铁丝网二处、沟壕三处、瞭望台一处、野山炮掩体二处、据点工事一处、墙圩一处，其具体位置、大小不详，

---

① 韩汉英：《重兵器训练班设立的目的》，《韩主任讲演集》第 2 集，第 49 页，转引自张瑞德《山河动——抗战时期国民政府的军队战力》，第 129 页。

② 罗觉元：《四年来突击队作战概要暨所得经验与教训》，《突击队》月刊第 2 卷第 5 期，第 21 页。

③ 徐定水：《温州三次沦陷期间工商经济之损失》，《温州文史资料》第 2 辑，第 146 页。

也无相关的图纸及详细说明。① 这说明 1944 年惨烈的争夺战结束后，日军在莲花心继续进行大规模的工事建设，形成了比较完善的防御体系。

关于 1944 年攻打莲花心时山上工事、碉堡的情形，几位老兵都有相似的回忆。

> 莲花心用望远镜可以看得到，师长拿望远镜看，也顺便给我看一下，看到我们的战士冲锋，看到山头上有四五个碉堡。②

> 日军在山上面炮一层一层的，上面都是碉堡、工事……我们筑的普通工事，根本经不起日本人的大炮炸，我们最好的武器是枪榴弹。③

> 日军指挥部房挖下去很深了，一圈圈都挖遍了。④

对于日军改扩建之后的莲花心工事系统，《丽温战役详报》曾提及其孤穴式工事足对轰炸轰击有相当抗力，但对何谓孤穴式工事未做进一步说明。而多位老兵、高龄村民的回忆则能生动反映其工事强固程度。新昌籍老兵章焕生介绍："他们（指莲花心山上日军）的工事修得实在强大，上面覆盖五层松木。"⑤ 莲花心山下将军桥村村民包阿桃自述在第三次温州沦陷期间，被山上日军拉去为其挑水，曾见日军工事上加盖的木材有约一人粗。净水村黄碎兴称日本人在老柏山（龙盘山）上挖

---

① 1945 年 4 月和 5 月的《浙江省保安第二纵队司令部敌据点工事概见表》，乐清市档案馆，档案号：221 - 5 - 10。

② 陶悟青（1928 年生）：王长明、周保罗、高志凯访谈，2015 年 6 月 21 日，缙云县五云镇雅施村。

③ 冯米乾（1921 年生）：金扬、夜落空、百合、提拉米苏、习惯、南纬、老街访谈，2014 年 5 月 28 日；王长明、周保罗访谈，2015 年 6 月 20 日，临海市沿江镇西苓村。

④ 戴盛凯（1924 年生）：王长明、高志凯访谈，2015 年 3 月 15 日，永嘉县岩坦镇溪二村。

⑤ 章焕生（1922 年生）：灵融访谈，2011 年 12 月 4 日，新昌县大市聚镇白石村。

的壕沟有三米多深，上面盖着两层圆木，圆木上再盖上草，十分隐蔽，且与雪山寺（紫霄道观）一带日军工事相连。[①]

在《陆军第八军怒江西岸松山围攻战斗经过概要报告书》中对此种覆盖多层圆木工事所做的描述，可作为了解莲花心日军工事强固程度的旁证。"堡垒之盖材，以 20 至 70 公分之圆木，加盖三五层，其上再被以 3 公厘厚之钢板数层。堡垒四周，更加以内填砂石之大汽油桶 3 层，于汽油桶之间或其内部，再被以 3 公厘之钢板数层。十五榴重炮（150 毫米口径重型榴弹炮）命中全弹，难期有破坏之效果。后经专门试验，不但不能破坏，且居内部震荡颇微，无精神上之打击。"由此不难理解：日军在莲花心强固的工事，成为攻取此战略要地的巨大障碍，国民党军攻坚之困难，进程之漫长，伤亡之惨重，以及在 9 月底 10 月初总攻失利后，不再组织新的攻势，均与此有重大关系。

第二节　攻坚武器与弹药奇缺

要攻占并固守莲花心这样地势险要、工事坚固的山地要点，必须要有大量重型武器及飞机轰炸摧毁敌军工事，压制敌军火力，掩护步兵推进，否则在我方仰攻的情况下，仅靠常规步兵轻型武器势必伤亡惨重，难以奏效。

《丽温战役详报》所附《第三十二集团军械弹器材损耗统计表》显示第三十二集团军步兵主要装备为步枪、手榴弹、轻重机枪以及枪榴弹、掷弹筒，炮非常少，像中国远征军那样在滇西战场上大量配备中大口径加农炮、榴弹炮乃至火箭筒、火焰喷射器等攻坚利器则根本不敢奢求。《丽水战役详报》的参战兵力表格显示，整个八十八军居然没有山炮连，而是将温州守备区山炮连配属其指挥，该连有山炮四门，当六十二团驰援温州之时，其中两门山炮一起被带到了温州。在攻击莲花心战斗时，"山炮连在东吞附近占领阵地"。与此同时，"师防毒连附迫炮二门于旸吞村协力攻击营盘

山"，六十一、六十二各团及重迫炮集中使用，在渚浦岭附近占领阵地。

按当时八十八军的配置，一个团才有一个迫击炮连，每迫击炮连配有 4 门迫击炮，再加上第三突击队两个突击营下各有一个迫击炮连，这样总共 16 门迫击炮，2 门山炮，此外还有 1 门重迫击炮，这就是整个三十二集团 军能够动用参加莲花心战斗的所有重型武器。陈章文所说当时"又拨来山 炮一营、重迫击炮一营（四门 15 厘米口径）、要塞重炮二门"① 则为夸大 其词，一个山炮营一般是配 12 门山炮，再加 4 门重迫击炮、2 门要塞 重炮，这样的火炮配备当时连不少中央军嫡系部队都达不到。

新编二十一师当时配备迫击炮的口径为 82 毫米及以下口径，但是 迫击炮适合用于杀伤近距离敌军有生目标，如用于破坏坚固工事则威力 严重不足，且精度不够。重迫击炮口径、威力要比山炮与普通迫击炮大 很多，但用于破坏工事同样存在射击精度差、破坏力有限的问题，并且 仅仅一门是很难发挥作用的。关于重迫击炮，对比几则史料可以确认当 时六十二团实际带了两门重迫击炮到温州，但是其中一门因故损坏。 《丽温战役经过概要》中记载，丽水收复后，"遂令罗师长率某团附山 炮连及重迫击炮两门增援温州"，而《丽温战役详报》则载，"9 月 22 日，为增强收复永嘉兵力，电饬 88 军转令罗师长率领 62R 及山炮二门 限 25 日"到达，并未提及有重迫击炮，到 9 月 27 日下达总攻部署时， 则提到了有一门重迫击炮，"令第二十一师（欠六十三团）附山炮二， 重迫炮一，于二十九日夜接近敌阵，卅日三时卅分完成攻击诸准备，四 时向营盘山、莲花心开始攻击"。

到了 1945 年 1 月 10 日，浙江第八区专署情报组组长黄仲汉还在向 专署报告新编二十一师攻打莲花心损坏大炮的事。该情报说："去年十 月廿一日，敌寇流窜上河乡时，在瞿溪搜去已坏大炮一尊，为二十一师 争夺莲花心时损坏，藏在瞿溪，城敌在火神庙假说修好。现在把这一门 不堪使用的炮，敌人装在东门杨府山巅，口向南。"综合这几则史料， 可以判断这门炮是在开战前就已经损坏了，不然在炮火薄弱的情况下，

---

① 陈章文：《丽温战役亲历记》，《丽水文史资料》第 8 辑，第 17 页。

不会总攻的时候不拿出来用，但具体因何而损坏，未查到更详细的史料，推测很可能是在运输过程中不慎受损。

再看原八十八军军部通信排报务员汪献良对从丽水运炮增援温州的回忆，就不难理解他为什么说是调了4门炮到温州（似可印证山炮、重迫击炮各两门）。他的这段回忆细节上并不一定准确，但能够折射当年运输大炮的艰辛：

> 第三战区司令部想办法调来美国进口炮（有进口炮在青田训练）4门。那时没有车，没有马，只能从老百姓家借来耕地的牛拉，一个炮差不多要3条牛拉，等把4门炮全拉来，日军也得到情报，连夜用军舰（汽艇）把部队都带走了，4门炮只发了两个炮弹，日军已经离岸了，没有受到损失。[①]

我攻打莲花心的部队不但炮少，而且炮弹少。《丽温战役详报》记载：10月2日，六十二团经三日血战攻下外莲花心五峰，此时方拟乘势进攻内莲花心，而炮弹只余28发，那么六十二团增援温州时带了多少炮弹来呢？《丽温战役详报》中没有说明，在《丽温战役经过概要》中明确指出从丽水跋山涉水二百五十里赶赴温州打这样一场大仗恶仗，只带了400发山炮及重迫击炮弹来。而据《丽温战役详报》所附《第三十二集团军械弹器材损耗统计表》，整个丽温战役中该集团军消耗山炮弹235发、重迫击炮弹286发，合计不过521发，这意味着这稀少到珍贵的山炮弹和重迫击炮弹绝大部分用在了攻击温州莲花心的战斗上。

而在当时的情况下，打在莲花心的这区区400发炮弹还被视为使用时计算不够合理。李默庵在丽温战役检讨会议上曾这样说："刚刚听陈（章文）团长的报告，在攻击莲花心时，因为过度的振奋，炮弹使用过多，及至莲花心攻取，炮弹已经殆尽，后方又一时接济不上，致无法还击敌人，

---

① 汪献良（1922年生）："雨伞"（网名）访谈，2013年2月22日，临安板桥乡花戏台村。

所以这是这次战役中一个经验，以后对任何作战场所，对于炮弹的使用，都要有合理的计算才好。"炮弹稀缺，要省着点用，但像莲花心这样地势险要、工事坚固的地方，没有足够的炮弹轰击拿得下来吗? 至于普通的 82 毫米口径迫击炮弹整个丽温战役才消耗 4830 发，其中新编二十一师及第三突击队消耗的不过 2300 余发，就算这些迫击炮弹全部用在了温州莲花心战场上，按参战部队六十一、六十二团，突击十一、十二营共配有 16 门迫击炮，每门迫击炮实际分得炮弹不到 150 发，实在是少得可怜。

其实，弹药极端匮乏是抗战期间中国军队的常态。例如在 1941 年著名的上高会战中，中方参战部队包括王牌第七十四军在内的共 4 个军，仅发射 450 发山炮炮弹。[①] 整个抗战期间，中国山野炮、反坦克炮等炮弹总共只生产了 171.6 万发，不够欧洲战场一个中等规模战役的需求。抗战期间，特别是中后期，中国军队是以血肉之躯来抵挡日军的钢铁大炮，这并不是一种对困难的修辞形容，而是对实际战场状况的描述。[②]

丽温战役中弹药稀缺一直是国民党军作战的重要掣肘。第三十二集团军兵站分监郑洛在做《丽温战役兵站补给概况》报告时指出: "此次会战前，各地密屯及库存弹药因来源缺乏，为数甚少; 会战开始后，除尽先提用丽水、松阳、仙居等处屯弹外，并由总监部随时车运龙泉、石塘两地，再行分别需要情形，向各部追送，惟连系欠密，各部待补未能随时通知，致筹补颇感不易。总计会战全期，运补各部之弹药，计步弹约一个师一个补给基数，机弹约三个师一个补给基数。手榴弹约三个师一个补给基数。82 迫炮弹约一个师一个又三分之一补给基数，其他弹种因来源缺少，咸不足一个师半个补给基数。"[③] 所谓弹药补给基数，就是在一次补给中配发给某作战单位的弹药数量，具体来说按武器来配发，比如一个补给基数为一支步枪配发 200 发枪弹，一支冲锋枪配发

① 《第十九集团军司令部上高会战战斗详报》附表十一，江西省上高县关心下一代工作委员会、江西省上高县文化局合编《抗日战争: 上高会战史料选编》上册，上高县文化局，2005，第 93 页。

② 邓肯、杜松涛: 《抗战时中日炮兵火力差距悬殊》，腾讯网《讲武堂》，2015 年 7 月 30 日。

③ 《丽温战役兵站补给概况》，《突击队》月刊第 1 卷第 8 期，第 34 页。

300 发枪弹，一门 82 迫击炮配发 120 发炮弹，虽然目前未能查清当时具体的补给基数数量，而从郑洛的前述介绍来看，除了步枪子弹、82 迫炮弹外，均达不到一个师一个补给基数的标准，弹药处于奇缺状态。《丽温战役详报》的记载更证明弹药奇缺问题贯穿于丽温战役全过程中。9 月 14 日，"各部迄今日止已环攻苦战三日夜，弹药几罄"，9 月 16 日，"攻坚已久，弹药不足"，9 月 20 日，"我以终旬苦战弹药尤缺"，到了决定全线总攻之时，弹药仍成问题，"弹药以使用现有携行基数为主，尔后兵站尽速运补"。

　　而对莲花心上覆盖五层松木的堡垒，只有像我攻打松山的部队一样，集中足够数量的重型火炮对其进行长时间的饱和性轰击，才能将其有效破坏。松山战役中单是第八军 115、110 毫米等大口径榴弹炮就发射炮弹 6789 发，76.2 毫米口径野炮及 75 毫米山炮发射炮弹 43197 发，此外还发射各类迫击炮弹近 10 万发，[1] 并实施坑道作业，在敌核心阵地下方埋设 TNT 炸药引爆，这更是抗战中的特例。在当时，数量如此巨大的弹药供给对第三十二集团军和绝大多数中国军队来说是不可能的奢望。

　　炮弹供给另外受制于当时国民党军对炮兵的认识以及自身的后勤保障水平。刘嘉树在丽温战役检讨会议总讲评中指出："炮兵使用各部均未注意及之。尤其是感觉炮兵笨重，非常累赘，而此次炮兵发挥很大力量，以后应注意多携带弹药，训练步炮协同。"同时，"各部队输送连，简直等于零，不仅粮弹不能携带，连行李亦雇佣民夫，致引起拉夫等不良事情，此次拨兵应先将担架兵、输送兵补足"。[2] 郑洛在做《丽温战役兵站补给概况》报告时谈道："因多数部队本身辎重部队不健全，致兵站运达目的地之军品无法交付，甚有竟令兵站将军需品直送至第一线，否则拒绝接收之情事。"

　　除了炮少、炮弹少外，炮弹威力也小，有时候甚至不能触发和爆炸。章焕生老兵回忆："我们的炮弹像下雨一样，只能弹起一阵泥灰，

---

① 《第八军松山战役武器弹药消耗统计表》，载余戈《1944：松山战役笔记》，第 574 页。

② 《丽温战役专辑·总讲评·刘军长讲评》，《突击队》月刊第 1 卷第 8 期，第 47 页。

炸不到人。"根据《丽温战役详报》："（1944年9月19日）李部、黄团攻莲花心，李部强攻部队以迫炮弹多不触发，掩护火力稀弱，进展甚缓，迄午仍在敌工事前对峙。"其根源则是国民党军"弹药保管不良，多不爆发，尤其重迫炮弹为然"。

一面是武器、弹药奇缺，另一面又是浪费弹药、损坏武器。刘嘉树在丽温战役检讨会议上严厉斥责不爱惜子弹的行为，指出"此次消耗子弹在百万以上，团、营长应特别注意严核，军部亦要视当时战斗情形核减的，须知目前子弹来源如何不易，应视同生命才好"。《丽温战役详报》显示此役共损失82迫击炮4门，轻机枪22挺，重机枪108挺，步枪1080支，手枪20支，枪榴弹筒20具，这些足以装备一个团。对此，刘嘉树指出各部队"有藉作战而滥报损失者"，他认为"损失武器，就是打了败仗。损失愈多，就是败得愈厉害，打了败仗就要受处分的，乃竟有滥报以作盗卖武器违法的事情，是更要严办的。对于这次武器损失，各部务要查明实报"。① 但究竟查办情况如何，不得而知。对于士兵倒卖枪械，黄仁宇曾回忆：抗战时期，他们作为下级军官害怕士兵携械潜逃，驻地不远山上的土匪就出价收买步骑枪和机关枪，机关枪每挺七千元，等于当时一个士兵四十年的薪饷，很多部队长不得不在夜晚将全部军械用链条锁在枪架上。②

第三节　炮兵技术不佳

而更致命的是国民党军炮兵技术不佳，甚至误伤自己人。多位莲花心周边村民都提及1944年莲花心战斗时，国民党军炮火曾误伤自己的官兵。净水村村民李邦栋回忆：当时国民党（新编）二十一师部队聚集在老鹰岩（即鹰嘴岩，见图9-3）周边，向营盘顶的日军发起进攻，（暂编）三十三师为配合二十一师作战，在山下今瓯海区新桥街道垟中

---

① 《丽温战役专辑·总讲评·刘军长讲评》，《突击队》月刊第1卷第8期，第47页。
② 《阙汉骞和他的部下》，黄仁宇：《地北天南叙古今》，第121页。

村往营盘顶开炮，但是许多炮弹却落在老鹰岩（即鹰嘴岩）周边，炸死了许多新编二十一师的士兵。净水村村民黄碎兴说：（暂编）三十三师在今金蟾大道一带用炮配合（新编）二十一师攻打日军时，由于目标瞄不准，炮弹落在老鹰岩后半山腰周边正在向日军进攻的新编二十一师阵地上，据说新编二十一师伤亡近一营人。① 章焕生老兵回忆："当时从温州海防司令部调来海防炮，在试炮的时候打了三发炮弹，其中一炮落在了自己的阵地上，有没有炸死自己人不清楚。"② 任传桂老兵回忆："我们打温州莲花心山，山上庙中有很多日本人，打炮的兵打了好几发炮弹，都没有打中。为把这个兵赶走，我自己操作，第一炮即命中目标，日本兵逃跑，翻过山冈，坐汽船跑了。"③ 这些回忆都印证了当时参战部队的炮兵射击技术差，难以准确命中目标，甚至误伤己兵。但在《丽温战役详报》和《丽温战役经过概要》及丽温战役检讨会议上均未提及，有意回避的可能性极大。

图 9 – 3　白泉山鹰嘴岩（2015 年 3 月 31 日拍摄）

---

① 柯永波：《莲花心攻占战之初步查证》，《墨池》2011 年第 1 期，第 50 页。
② 章焕生（1922 年生）：王长明、周保罗、高志凯访谈，2015 年 6 月 20 日，新昌县大市聚镇梅林山村。
③ 任传桂（1921 年生）：南纬、大将军、红烧肉、习惯、老街访谈，2014 年 9 月 7 日；王长明、周保罗、高志凯访谈，2015 年 6 月 20 日，临海沿江镇南蒋新村。

其实，抗战期间，国民党军炮兵在山地攻坚战中误伤己兵并非孤例。如在 1944 年 7 月 4 日的腾冲战役蕙凤山战斗中，国民党军山炮兵第一发炮弹即打偏，将第五连董连长击伤，并伤士兵五名。此后，虽继续发射数十发，但仍未能命中目标。第三十六师为求炮兵射击取得良好效果，以利步兵攻击，遂命山炮兵以 2 门留原阵地，2 门变换阵地，但炮兵行动迟缓，至其进入阵地重新开始射击时，步兵已在敌阵前等待了 5 个多小时。① 但在炮兵部队同期的战斗详报中亦无记载。

相比之下，日军的炮兵射击十分精准。根据《丽温战役散记》，我第三突击队在攻击西山时，某营（具体为十一营或十二营记载不详）迫击炮阵地被敌山炮弹击中，迫击炮连连长祝锦源不幸负伤。冯米乾老兵曾回忆莲花心战斗日本人的大炮太厉害了，一炸一大片。我军死人成堆，都是被炮弹打死的。袁毅军医则清晰地记得：日军第一炮没有打准，第二炮一定会打准。他当时在莲花心一带山头的庙里救治伤员，日军第一炮打来没有打到，他赶快背起一名正在救治的士兵转移到庙旁的重机枪阵地后面，结果马上第二炮打到庙里，晚走一步他和伤兵都会丧命。② 原暂编三十三师通信连士兵计洪光记得，当时上级一定要拿下莲花心，他在此次战斗中到前线传达命令时，看到一个年轻的排长在山脚下血流满面地痛哭，问后得知，该排在发起冲锋时被日军炮弹打中，除他以外全部阵亡。③

国民党军炮兵技术不佳与器械弹药匮乏、训练缺失密切相关。如抗战时期国民党军炮兵学校由南京迁至贵州都匀，不仅校舍和教育设施简陋，且器材、零件均极缺乏，尤以炮弹缺乏为甚。由于缺乏炮弹，平时教育不敢用实弹射击，而改用内膛枪射击；因缺乏骡马，乃于战斗演习

---

① 《陆军第三十六师蕙凤山战役战斗详报》，转引自余戈《1944：腾冲之围》，生活·读书·新知三联书店，2014，第 508 页。
② 袁毅（1920 年生）：王长明、周保罗、高志凯访谈，2015 年 6 月 21 日，嵊州市城关镇北门新村。
③ 计洪光（1925 年生）：高志凯、管朝涛访谈，2018 年 1 月 28 日，瓯海区茶山街道睦州垟村。

时向附近借用马匹，但亦只能装备山炮兵一营而已，其余野炮兵营在教练时竟用木马、木炮代替。① 又如中央军校十七期学生（1942 年 4 月毕业）在校期间重兵器的训练仅一个月，实弹射击仅有迫击炮一次，其他时间不过操作而已。此外，国民党军炮兵训练的虚浮之风极甚。杜聿明指出：国民党军炮兵的操作"只注重换手时，跳得高，跑得快，声音叫得吓人，而把测量、测地的精密要求和炮兵射击上的诸元计算等重点忽略"。汤恩伯则说："我们的炮兵训练，只知道操炮、拖炮，对于射击、观测等重要课目，反而不研究。"②

陆军突击总队在 1945 年的第一期校阅中发现所属三个突击队的迫击炮射击均存在严重问题。如第一突击队：炮长对于射击操作欠佳，标定分划，均未加记录；一般对于爱惜武器零件之习惯，均未养成；偏差远近之修正过于迟缓，致良好目标多被逃逸。第二突击队：班长不下达口令，纯用手指示或操作；瞄准手不知装令及改装分划，连长亲自为之；弹药准备不能适应口令下达；因修正力不当，致命中率极差，宜加紧训练。参加过 1944 年莲花心战斗之第三突击队的问题更为突出，如迫炮放列不正；拆炮后，炮架未固定，用炮后，瞄准具不知归零；瞄准动作不正确，且忽于检查；班长对距离射角之换算及偏差之修正数多不注意；口令有连续下达，致动作混乱；操前方标杆时，不能导第一标于"炮"与"目"之直线，致有移动炮位之烦；第一炮手指挥第三炮手移动炮尾时，多不依右手之记号，而回头用言语指挥之，确不相宜；缺少爱护器材之观念，且不清洁；瞄准时间过久；动作不一致，且多不确实；战斗前，阵地选定多不适合等。③ 如此炮兵技术之下，再加之武器、弹药缺乏，自然不能予敌沉重打击，甚至可能误伤己兵。

① 万耀煌：《万耀煌将军日记》下册，第 151 页，转引自张瑞德《山河动——抗战时期国民政府的军队战力》，第 104 页。

② 杜聿明：《军队教育之我见》，《军事杂志》第 166 期；汤恩伯：《怎样整理部队》，《汤恩伯先生纪念集》，转引自张瑞德《山河动——抗战时期国民政府的军队战力》，第 120、122 页。

③ 陆军突击总队第一、第二、第三突击队及直属营《（民国）三十四年度第一期校阅报告书》，《突击队》月刊第 2 卷第 4 期，第 66、71~72、79~80 页。

原浙江省保安独立第八大队老兵黄德金回忆：他们大概半个连为新编二十一师带路攻打莲花心，在护国寺附近田坎遭松台山方向日军炮火轰击，当场死伤多人。护国寺一带正处于山谷中，从松台山方向是无法观察到的，此事说明日军炮兵有极强的间接瞄准射击能力。史料显示，抗战期间中国只有少数精锐部队才掌握了与日军一样的间接瞄准射击能力，多数部队以视野内直瞄射击为主，而这在作战中是致命的缺陷，这意味着中国炮兵只能打击预先标定地域，很难对付在另外方向出现的日军部队，而也难以组织有效的徐进弹幕配合步兵进攻，当然以中国当时弹药极度缺乏之情形，组织徐进弹幕只能是奢望。[1] 此外，炮兵与步兵协同不力，步兵冲锋时，炮兵不能适时延伸射击阻敌逆袭，炮兵集中射击后，步兵未能利用有效炮击成果迅速发起攻击，这也是炮火反而伤及己方步兵的一个重要原因。

第四节　美军飞机未能如约助战

在炮火薄弱的情况下，如能对莲花心实施飞机轰炸，亦能大大有助于地面部队的推进。从史料中可以看出，美军飞机参加了 1944 年的莲花心战斗，这是历次莲花心抗日战斗中唯一的一次。美国民间对中国的空军援助始于 1932 年的淞沪抗战，美军空军退役飞行员肖特在当年 2 月 22 日对日空战中英勇牺牲，成为第一位为中国抗战牺牲的美国人，2014 年被中华人民共和国民政部列入首批著名抗日英烈之中。1941 年 8 月 1 日，著名的飞虎队（正式名称为中国空军美国志愿大队）组建，任命陈纳德上校为该大队指挥员。珍珠港事变以后，美国加入反法西斯战争，美国空军在华直接参加对日空战，轰炸地面目标和侦察等军事行动成为其支援中国人民抗日战争的一种重要形式。

在 1944 年 12 月骆云浦给第八区专员兼保安司令公署的情报中，曾提及

---

[1]　邓肯、杜松涛：《抗战时中日炮兵火力差距悬殊》，腾讯网军事频道，2015 年 7 月 30 日。

"八、九两月盟机在城郊侦察甚久"。① 这与《战场之记录——墓标》中多次提及甲支队窜占温州时，"敌机"（指美国或中国空军飞机）一路跟踪侦察和袭击相互印证。9 月 3 日，跟随支队主力出发的水路输送队在出发后不久就被敌机发现，随后遭受了枪击，所幸损失比较轻微。9 月 5 日下午过了一点，三架 P38 飞机出现在上空，所幸并未造成伤亡。9 日黎明，在瓯江左岸行进的野村大队到达温州对岸罗浮村附近，并从早晨开始直到下午 3 点渡过瓯江支流楠溪江。在此期间，一架 P38 飞机来袭，但未给日军造成损失。10 日，甲支队司令部和安田步兵中队首先从温州城区往瓯江北岸渡河，由于船只数量较少，渡河就一直持续到了 11 日。在渡河过程中，P38 飞机编队再次来袭。②《丽温战役详报》亦载：10 日午后盟（美）机 5 架在乐清至玉环间炸沉敌舰两艘。

在总攻莲花心之前的 1944 年 9 月 29 日晨 7 时"盟机一架飞莲花心上空作试探性轰炸"，《丽温战役详报》记载了相应的作战要求，"明（30 日）晨之总攻将以同时间开始轰炸，各连以上单位均应准备标示幕确实与空军联络，当敌阵摧毁慌乱时，应把握良机一举歼灭该敌而确占之"。但是，在 30 日总攻开始后，详报中未见美军飞机助战的记载，10 月 1 日的战斗详报中依然未见。美军飞机未能如约参战，可能与当时气象条件恶劣，不适合飞机活动有关。"9 月 30 日，大雨如淫，云层纸罩，除闻连串不断之机炮枪声外，几无所见。"10 月 2 日，天气晴朗，莲花心战斗进入最后攻坚阶段，详报在此处写道："美空军复坚谓必来助战。"遂再励士气，举力作最后决战。但是美军飞机到底有没有来助战，后文中未见明确记载。在谷擎一的《莲花心观战追记》中也写道："上午，部队以散兵线进入渚浦山埋伏后，等待盟军飞机前来协同反攻。一些农家的大门被运上山坪，作好标志，引导盟机。时过八点未见盟机踪影。此时，却闻山间枪炮声不绝于耳。"

关于美军飞机在总攻时爽约，任桥村龚岩生老人在接受柯永波先生

---

① 温州市档案馆，档案号：193 - 5 - 35。
② 〔日〕饭田米秋、高桥定一编《战场之记录——墓标》，第 564～567 页。

采访时回忆：他听同村同队当年被派去给新编二十一师当民夫的已故村民郑登贤生前说过，1944 年 9 月，他们在给莲花心撤下来的伤员抬担架时，曾听到伤员自言自语"说有盟军飞机来配合作战，怎么会没来呢"。① 金学兰的《军旅生活忆旧》中也提及本次莲花心战斗中"还派了 4 架飞机轰炸日寇阵地"，但具体参战的时间和战况不详。而原浙江省保安独立第八大队战士黄德金记得，"盟军有派一两架飞机来，但是在莲花心没有扔炸弹，只是进行机枪扫射"。从上述史料可以看出，美军前期曾派飞机对侵温日军进行侦察、轰炸，并为中国军队攻击莲花心助战是确有其事的，但具体助战细节不详，全线总攻时为何爽约，还有待更多史料的发现。

叶汉龙在《温州三次沦陷见闻》中提及：1945 年 4 月中旬，（新编）二十一师一个连向驻守翠微山文昌阁的日军发起夜袭失利，牺牲多人。三天后，翠微山上突然出现三架飞机，日军以为是自己的飞机，手舞足蹈在山坪上摊开膏药旗，盼望投下支援物资，结果被当场炸死炸伤多人，事后才知是盟（美）军飞机。日寇上了这个当以后，就拉民夫挖了一个两头通的防空洞，此洞至今尚存。② 如前文所述，1945 年 4 月中旬，新编二十一师并未在温州城区活动，叶汉龙所称之事如确实，也应当是 1944 年 9 月温州沦陷之初发生的。日本第十三军的电报明确显示：驻温州城之日军独立步兵第四十七大队主力 1944 年 9 月 14 日傍晚在温州以西一千米的文昌国（即文昌阁，引者注）击退来袭之中国军队，中国军队遗弃尸体 55 具，被缴获轻机 3 挺、步枪 10 支，日军受伤 2 人。③ 而在《战场之记录——墓标》中则有与叶汉龙所称相似的记载："9 月 13 日，敌飞机一架向温州上空飞来，翠微山的我军被袭击，以此为信号，反击一齐而来"。④

---

① 柯永波：《解读莲花心攻占战——莲花心攻占战之再查证》，《墨池》2012 年第 1 期，第 43 页。
② 温州市政协文史委编《温州文史资料》第 2 辑，1985，第 23 页。
③ 亚洲历史资料中心网站，《第十三军自昭和十七年一月至昭和十九年十月发电集》，1942~1944 年发，档案号：C12122327700。
④ 〔日〕饭田米秋、高桥定一编《战场之记录——墓标》，第 592 页

第十章 | 后勤保障不力

第一节 医疗救护力量薄弱

医疗救护对减少部队战时伤亡与保全有生力量至关重要。《丽温战役详报》中仅对本次莲花心战斗伤患官兵收容转运有几处简单提及：总攻开始前的 9 月 29 日，令"伤患者之收容后运至 29 兵站区处之。但第 14 伤运站应由陶山市推进一部于桐岭，务于明（30 日）午前 10 时开设完毕"。当决定主动撤退时，于 10 月 5 日电令"军政部第 14 伤运站移设平阳坑（属瑞安），统一收容各地本役伤患官兵，尔后递次转运于小顺。如 29 兵站部署完成伤运处理竣事后，着由分监自行调整，各收容之伤病患者着即后运，并限于鱼（6）日通过瑞安并应妥善调护之，兵站除分令分监外仰即遵照具报"。

第三十二集团军兵站分监郑洛在做《丽温战役兵站补给概况》报告时专门对此役的伤患收疗概况做了说明。

管区内卫生机关原感不敷，会战初期，对缙云、丽水前线各部队之伤患收疗，尚能应付。迨战斗进展至永嘉附近后，该方面因战斗惨烈，伤患激增，只温守区前未设置卫生机构于此，殊感无法调取，致多数伤患皆经平阳临时后方医院收容，幸此时总监部增调十四伤运站及担架第七连来部工作，因即着速开陶山市、瞿溪设置收疗；永嘉方面后运之伤患，旋为策该方面伤患安全计，还将平阳代收之全部伤病官兵，接转平阳坑，并陆续后运交二二及卅二两站医院收疗，总计两院收容本期会战之伤官兵 469 员名，病官兵 822 员名，内重伤患约占之 55%。

针对丽温战役暴露的温州守备区无卫生机构，无法应对战斗惨烈、伤患激增的情况，郑洛分监建议"请充实部队野战医院，以免过分要求兵站及卫生机关"。[①] 刘嘉树军长亦指出："此次（战役）各部队卫生队均不健全，尤以担架兵太少。"但是到了第二年春天校阅部队时，仍发现第一、第二、第三突击队看护、担架士兵未加训练。这说明第三十二集团军始终没有建立起人员充足、训练有素的伤患看护、转送队伍。

根据郑洛的这份报告和袁毅（见图 10 – 1）的讲述，当时国民党军的战时医疗救护体系从前线至后方大致由裹伤所、野战医院、兵站医院、

伤兵转运站、后方医院组成。按照正常分工"兵站各级卫生机关之使用，迭奉电令不得开入野战区"，国民党军的《卫生勤务纲要》亦有"应设置于野战医院之后，以担任运输收疗由野战区后转之伤患为主要任务"之规定。部队救护力量缺失或薄弱，伤患官兵不能及时得到紧急救治，导致救护责任向后面的环节转嫁。此次战役中就发生了丽水大港头附近之伤患人员未能就近送汤侯门兵站医院收疗，竟直接向丽水伤运站转送的事情，这也说明这一体系在实际运作中的紊乱。郑洛认

图 10 – 1　原八十八军野战医院准尉医生袁毅（2015 年 6 月 21 日摄于嵊州袁毅家中）

为："尔后当请充实各野战医院力量，确实推进野战区设置，并将后转之伤患送交兵站区卫生机关收疗，以符规定而策安全。"

《丽水战役详报》的参战兵力表格显示，八十八军有三个野战医

---

① 《丽温战役兵站补给概况》，《突击队》月刊第 1 卷第 8 期，第 34 页。

院，三个医院有医务官兵多则一百余人，少则几十人。刘嘉树曾称此役"野战医院以第三院为最差"，"卫生器材与药品缺乏，对伤病救治未臻完善"。曾经在莲花心战斗前沿裹伤所从事战地救护的原八十八军野战医院已故准尉医生袁毅的回忆可资佐证。

> 野战医院有三个，我们野战医院是属于军部的，哪一个师去打，就派哪个野战医院去，一个团一个卫生队，一个营上尉军医称为司药，连、排就没有医护人员了。打温州的时候，我是第一次派到前线裹伤所。温州城我没有去过，莲花心上面有个小庙，叫裹伤所，现在叫急救站，我就在山顶那个庙里，旁边有重机枪，这个庙里只一个菩萨，前面一张桌凳，上面可以放药，两面有石凳。野战医院在一个大庙里，平时手术截肢都没有时间做，也没有条件做，连消毒药水都没有，这批伤兵真是惨。①

陆军突击总队方面虽然建立了从总队部军医处到各突击队军医室（下辖野战医院、卫生队），再到各突击营医务所的医疗体系，但参加莲花心战斗的第三突击队的医疗卫生状况十分糟糕。1945年春的第一期校阅结果显示，司令部及各营医务所之处方笺及瓶笺均杂乱不合规定。医囊内之器械大多生锈。除卫生队外，其余各医务所之药品堆积寝室，未专辟调剂室，难免有盗窃及着火情形发生。药品之陈列均未按次序，且剧烈毒药均未分别保存。册报数量不能与现品完全符合，尤以粉剂相差更甚。这里说的都还是平时的情况，那么其战时的伤患救护状况就可想而知了，医疗器械生锈、药品保管不善、药瓶标签混乱是直接可以要伤病员命的。相比之下，第一突击队"医疗器材，多能随时注意擦洗，爱惜及妥为保存，且半数以上均称清洁"，第二突击队医疗"器械之保管甚为合法。药品之消耗均能使用樽节（节约）。（病兵）休养

---

① 袁毅（1920年生）：王长明、周保罗、高志凯访谈，2015年6月21日，嵊州市城关镇北门新村。

室之设备尚完善",① 这在一定程度上也反映出第三突击队在突击总队中可算是最差的一支部队，毕竟它是由反正的伪军部队改编而来的。

医疗条件的恶劣、专业人员和药品器械的缺乏，再加上管理上的混乱，让本来可以免于死亡或残废的军人难逃厄运，直接增大了伤患官兵的死亡率，削弱了部队的战斗力。抗战中日军伤兵中每 3 名有 1 名死亡，中国伤兵中每 2 名就有 1 名死亡。② 1940 年，第五十四军军长陈烈在行军时，竟因拔牙无血清药，以败血症死在滇桂边境，足见当年国民党军医疗条件之恶劣。③ 而在军方医疗救护力量严重不足的情况下，红十字会对战场救护发挥了不可替代的重要作用。中国红十字会救护总队从 1938 年 1 月至 1945 年 9 月救治战场军民，共完成外科手术 119856人、骨折复位 35522 人、敷伤 8784731 人、内科住院人数 2142997 人、门诊军人 2481685 人。④ 丽温战役期间中国红十字会救护总队同样参与了救护。自敌侵陷永嘉、丽水后，中国红十字会救护总队第三大队密切注意敌情，并派三五一医疗区队仍驻丽水碧湖，随军野战救护，⑤ 另外三五一、三五二两队曾分别担当突击总队司令部、总队直属部队门诊及第三突击队野战医院留医伤患治疗，此外还有军政部医疗防疫第二分队驻总队部野战医院协助留医伤患治疗。

按编制突击营的每个连应有英籍军医及英籍军医助理各一名，突击队移驻浙江之后，李默庵曾与英军骆克睦上校会商，请其按编制充实，嗣以印缅战事紧张，无法悉数抽派，计有柯明志少校、黄扶民少校、黄士亚上尉等七人到队服务，另外英军代表团方面附设医院一所，为突击

---

① 陆军突击总队第一、第二、第三突击队及直属营《(民国) 三十四年度第一期校阅报告书》，《突击队》月刊第 2 卷第 4 期，第 67、73、77 页。

② 王建朗、黄克武主编《两岸新编中国近代史》(民国卷上册)，第 249 页。

③ 黄仁宇：《地北天南叙古今》，第 102 页。

④ 《中华民国红十字会战时工作概要》，1946 年内部印行，第 5、6 页，转引自池子华《中国红十字会救护总队抗战救护的几个断面》，《苏州大学学报》(哲学社会科学版) 2004 年第 4 期。

⑤ 中华民国红十字会总会救护总队部：《救护通讯》第 23 期 (1944 年 10 月 1 日) 摘要，转引自刘磊主编《战地红十字：中国红十字会救护总队抗战实录》，贵州人民出版社，2009，第 396 页。

队官兵诊疗特种疾病及开展手术。在中英合作创建突击队的过程中，英方对提供武器的承诺大部分未能兑现，但在医疗援助方面尚有可圈可点之处。如柯志民"最具热忱""最有贡献"，黄扶民等"能深入士兵协助诊疗不遗余力，是为吾人至今犹所怀念者"。此外，黄扶民还能自各方设法开源，筹办药品，突击队自制药剂所需鉴定及制药仪器也多由英军代表团及东南卫生材料制造厂代行及借用。① 但上述红十字会、军政部和英籍医护人员有无随军到达温州，并参与莲花心战地救护，已掌握史料中亦语焉不详。

除了战时医疗救护之外，日常的防疫保健、内务起居亦对战力影响颇大。1945 年春的第一期校阅发现：第一突击队士兵多有一月以上未能洗澡者，士兵未剪指甲者占百分之十，无内衣更换者占百分之二十，且半数以上士兵均生虱，疥疮、疟疾、沙眼颇流行。第二突击队士兵个人卫生合于要求，但炊事兵六人卫生尚不如其他士兵清洁。驻地附近厕所太多，特务连病兵群集厨房。官兵如厕借用民厕，数量既不够，亦不合规定。多数士兵染虱。士兵卫生常识缺乏。队直属通信、工兵、输送兵等连及行动队内务不整，甚至垃圾堆积在营房内。第六营内务情况尚可，但迫击炮连内务不佳，病兵散居民房。第七营营部医务所病房分散。重机枪连患天花者未隔离，住在厨房。第八、第九、第十营相当一部分连队内务、环境欠佳，士兵欠精神。第三突击队及总队直属营士兵服装除辎重营较干净外，其余均甚秽污，且发奇臭。住室内外、天井、操场均清洁，减疥工作除十一营外，余均欠努力，各营减虱工作均欠彻底。厨房光线不充足，空气不流通。厕所积粪太多，粪盖不全。全队共同饮水坑污秽太甚，易惹疾病。官长床铺下及士兵宿舍尚有稻草及蜘蛛网。医务所多不清洁。简而言之，陆军突击总队各部防疫保健、内务起居总体情况相当差，官兵卫生常识缺乏，这势必导致疫病多发，降低部队战力。为此，校阅报告建议：绝对禁止合用手巾与饭碗，组织保健

---

① 寿山（陆军突击总队军医处主任）：《突击队四年来之卫生概况》，《突击队》月刊第 2 卷第 5 期，第 31、34 页。

班，注意新兵保健，特别注意防疫工作，以补助医药之缺乏；自行建筑合理厕所，拆除或封闭驻地附近之不良厕所，并填塞水井附近之污水沟；注重炊事兵个人卫生，禁止病人入厨房；加强灌输士兵卫生常识，厉行灭虱治疗工作，并建筑沐浴室。[①]

对于陆军突击总队成立四年来的卫生状况，总队军医处主任寿山称："固无多建树，然在此战时物质困难情形下而能维持现状，吾人实已竭尽其难。"此话说出了部分客观原因：一则1944年豫湘桂战役爆发后，东南地区与后方交通阻梗，运输困难，致使难以及时补给；二则额定医疗经费在抗战后期物价恶性膨胀之下殊感不敷。故此，另予开源节流，以公谊私情乞援各方，在配发难以保障的情形下，或自行采购，或自行配制，以设法整补，并加强管制。但是，寿山称由此达到"人尽其才"，"物尽其用"，"庶几卫生业务，思过半矣"（解决了大部分问题）则言过其实，否则该部为何战时不能有效救死扶伤，平时不能认真防病治病？

第二节　伙食供应不济

吃饱饭，保证作战与训练必需的能量与营养，是打好仗的基本前提之一，但这对抗战时期的中国军队来说的确是一种奢侈。例如原第八十八军野战医院担架兵张贤得本来觉得在医院当兵很好的，但就是每天只吃两顿饭难受，所以在1944年温州作战结束后经人介绍到了浙江保安处当兵，在那里饭可以管饱。[②] 原新编二十一师戴盛凯老兵谈及攻下莲花心后，自己拣食日军遗留在阵地上的食品罐头，亦能反映当时新二十一师的伙食供应情况。

[①] 陆军突击总队第一、第二、第三突击队及直属营《（民国）三十四年度第一期校阅报告书》及《成绩一览表》，《突击队》月刊第2卷第4期，第67、68、73、74、75、76页。

[②] 张贤得（1920年生）：老刘、金扬、冰、习惯、南纬访谈，2014年6月10日，台州市椒江区前所下西村。

攻下莲花心之后，我肚子饿了，找到点罐头吃吃。他们（指战友）说："不能吃的！"我说："你不用怕，这个是铁盒密封的，密封的怎么不能吃呢，如果吃了一半剩下来是不能吃的。"我自己只管三罐吃完了，饱了，又弄了几罐放在背包里放起来，兜里也放几罐。晚饭一准送不上来吃，就没有办法了。

日军逃走了，就换他们（国民党军其他部队）来守，让我们几个人就到了下面山半腰去守了，晚饭也送不上来吃，大家就饿肚子了，带了干粮的才有吃的，没有带就没有吃的。我这几罐吃了，还剩下几罐，我对他们说："这几罐给你们吃吧。"这样就给他们吃了。[①]

激战之时国民党军前线部队的伙食难以有效保证，前线士兵中见过点世面的会捡食日军遗留的罐头，但大多数的中国士兵可能连罐头都没有见过，当然不敢吃。相较之下，日军早在 1877 年西南战争中即开始配给罐头食品，到此后的甲午战争中更是将肉类、鱼类、蔬菜类等罐头食品大量供应陆海军官兵食用，同时还研发出干面包、饼干等运往前线，满足战时的伙食供应。[②] 此事反映中日两军在后勤保障上巨大的差距，这对双方的战斗力具有直接的影响。

相对于日军自明治维新开始构建标准化、系列化的军队伙食供应体系，中国军队在抗战时期的伙食供应仍处于难以满足基本需求的状态。抗战中后期，士兵的饮食水准已跌至令人发指的地步。1941 年 4 月，浙江省主席黄绍竑在绍兴视察时发现，"士兵每日除了二十四两米[③]之

---

① 戴盛凯（1994 年生）：王长明、高志凯访谈，2015 年 3 月 15 日，永嘉县岩坦镇溪二村。

② 宗泽亚：《清日战争》，北京联合出版公司，2014，第 246～247 页。

③ 24 两米即一市斤半米。国民政府于 1928～1929 年曾进行度量衡制度改革，其中将一市斤定为 500 克（清制一市斤为 16 两，约 600 克），但为迁就民间习惯，仍以一市斤为 16 两，每两 31.25 克（见孙毅霖《民国时期的划一度量衡工作》，《中国计量》2006 年第 3 期，第 45～48 页）。

外,只是拿开水煮些青菜来拌食,月中见不到一些肉与一些油"。① "二战"期间,美国陆军战地口粮,每人每天约 6 磅;日本陆军约为4磅;国民党军陆军士兵最多时也仅约为1.6磅(即前文所说二十四两米),这还只是纸面标准,实际所得会更少。1944 年,美国专家曾抽取 1200 名国民党军士兵进行体检,结果发现营养不良者高达 57%。②

突击队创建之初每人月发主食费 4 元,此时粮价较低,采购亦易。到 1941 年 9 月起实行粮饷划分,实行每人日给大米 22 两的标准,但此时"田粮征实尚未开始,筹办领运,至感不易",③ 1941 年 2 月增至 24两,1944 年 1 月又增至 25 两。第三突击队司令刘建修在讲到"员兵保育"时说:"保育员兵,首重营养,而营养之来源,取自膳食,本队对膳食改进方面,除主食米的谷壳及沙杂务求洁净外,并同时要求副食品之适量供应。"④ 由此可见当年士兵们吃的主食绝不是我们今天所习以为常的洁白、鲜有杂质的大米,因其中常混杂有霉米、沙子、石子、粗糠、稻壳、稗子、老鼠屎和小虫子,苦中作乐的国民党军官兵名之曰"八宝饭"。⑤

为了"改进士兵主副食之管理分配,在求饱食及合乎营养",李默庵1944 年 6 月起在陆军突击总队发动为期三个月的"养兵竞赛",以期"使每一士兵之体格强健,能适合现代装备,担当战场任务,合乎严格之军事要求",竞赛计算标准以五月各该连士兵之体重总量和面色总分数为基准数,以超过基准数之比例,定优良之次序。以同基准数者为"不进步",较基准数减低者为落伍。经过养兵竞赛,"每个士兵的体重,平均都在五十公斤以上,一般营养状态在选兵医学上,亦多适合乙种体格;各部队主管对于主副食的分配都很认真,每日均为三餐

---

① 黄绍竑:《五十回忆》,第 399 页。
② 张瑞德:《山河动——抗战时期国民政府的军队战力》,第 81 页。
③ 薛庆淳:《突击队四年来之经理概况》,《突击队》月刊第 2 卷第 5 期,第 29 页。
④ 刘建修:《第三突击队的长成》,《突击队》月刊第 2 卷第 5 期,第 15 页。
⑤ 《中华遗产》2015 年第 7 期,第 117 页。

（中餐稀饭），每餐每个士兵都能饱腹"。① 对青壮年男子来说，平均 50 公斤以上的体重毫无疑问是相当瘦削的，两顿干、一顿稀其实也是吃不饱的，这样的体质，这样的伙食标准，其实远远不能满足一个每天要高强度训练与作战的军人的基本要求。根据"二战"军事学家的估算，作战期间，一名普通士兵每日需要耗费 4000～7000 卡的热量，日常训练和驻扎每日也需要耗费 3000 卡以上，按此标准一个士兵作战期间的口粮，包括主副食在内，每日不能少于 1.5 公斤。② 而 1944～1945 年曾在第一突击队服役的福建周宁老兵陈日琴回忆：该部队的伙食标准是每月 45 斤大米，实际吃到的数量不足。吃饭时间是"48"制，即每天两餐：上午 8 时与下午 4 时吃饭，吃不饱，肚子整天都是空空的感觉。③ 突击总队养兵竞赛后达到上述"非常圆满的结果"，可见他们之前处于何等恶劣的伙食状态。

突击总队在 1944 年夏秋之际发现某连因新移驻地，菜圃未辟，而当地物价异常高昂，该连共计 107 人，每日只能吃菜油两斤、青菜 80 斤，其他副食全无，平均每人每天仅菜油 2 钱，青菜不到 8 两。为此，该部特令军医处与英军代表团商议，从 10 月起采用盟邦（英国）的科学方法，自制最新式食谱。该项食谱内分甲、乙两种。甲种为健全野战军正常之食物，包括米 25 两/日、盐 1 两/日、青菜（指绿叶菜）8 两/日、菜蔬（非绿叶蔬菜）8 两/日、菜油 1 两/日、豆腐 3 两/日、牛肉 4 两/周、猪肉 4 两/周、豆瓣酱 2 两/周、红辣椒 2 两/周。乙种是补充营养不足的士兵的特定食物，豆腐自每日 3 两增至 6 两，牛肉从每星期 4 两增至 8 两，猪肉从每星期 4 两增至 8 两，所采用的时间暂定为三个月。④ 这个标准相对于其他国民党军部队的膳食状况已经好了很多——1941 年后，国民党军部队普遍改三

① 《总部特务营暨总队部各营养兵竞赛办法》，《突击队》月刊第 1 卷第 2、3 期合刊，第 27 页。
② 《舌尖上的国民党兵》，《明周刊》2015 年第 14 期，第 80 页。
③ 陈日琴（1925 年生）：崔柏寒松（网名）访谈，2015 年 9 月 3 日，福建周宁县狮城镇。
④ 突击总队司令部军医处编《改善突击队官兵营养实施概况》，《突击队》月刊第 1 卷第 6 期，第 25～26 页。

餐制为两餐制，三菜一汤并为一钵大锅菜，最后只是一钵不见油花的退化的菜叶盐水汤。① 但是突击总队的这个食谱究竟执行得如何未见到更详细的资料，而 1945 年第一期校阅第三突击队时发现每连二三排，不独动作仪态较差，身体尤属羸弱，面黄肌瘦，不堪同视，这已经足够说明问题。②

同年 10 月，陆军突击总队又将副食费每人每月增加 332 元（法币），总额提至 632 元，这已经比一般国民党军部队的标准增加了 80%（1945 年初，当时一般国民党军部队公订副食费为每月 350 元，每日平均不到 12 元），但是当时豆腐、猪肉已经分别涨至 32 块、64 块一斤，区区 632 元如何满足官兵的副食品所需。③ 突击总队当时"各部队每月每人分配肉类一斤，多是一次或二次发给，一时暴食，士兵易患腹泻，以后规定改为每星期一次，以资均匀而收实效"，"少数部队因蔬菜缺乏，而以菜干、笋干、米粉、米豆腐等为副食，虽可果腹，但营养成分甚微，以后绝对减少此项食用为善"。④

不但主副食供给不足，而且战时的储存、运输与送达也是大问题。第三十二集团军兵站分监郑洛在丽温战役检讨会议上做《丽温战役兵站补给概况》报告时指出：丽温战役开始未及五日，日军即由武义南侵至丽水城郊，迫不得已请示总部批准，将丽水碧湖附近未及疏散抢运之存粮共计稻谷 287980 市斤、米 28089 市斤焚毁。按 100 市斤稻谷可碾米约 75 市斤的常例，此两项即损失粮米 24 万余市斤，再加上缙云待运被掠之粮及黄畈已疏散被掠之米粮共计 58000 市斤，总计损失共约 30 万市斤。按当时每人每天 1 市斤半米的定量，这相当于损失了 1 万官兵 20 天的口粮。这也是当战事胶着

---

① 张瑞德：《山河动——抗战时期国民政府的军队战力》，第 81 页。

② 《陆军突击总队三十四年度第一期校阅直属营及第三突击队报告书》，《突击队》月刊第 2 卷第 4 期，第 75 页。

③ 根据西南干训班军官队规定食物表，军官队军官每天供应豆腐、肉类各 1 两，各需要法币 2 元、4 元，按 16 两制故推算出上述价格。

④ 寿本生：《养兵竞赛结果》（一）、胡琪三：《开展养兵竞赛　增强部队素质》，楼绛云：《烽火余烬》，第 35～36、30 页。

于温州 20 余天，部队粮米"大部就地征补"的一个重要原因。① 实际上，第三战区方面很早就考虑到若日军登陆，存储于温州、台州等地赋谷势必全部损失，故于 1943 年 2 月 18 日成立瓯江运输司令部于丽水碧湖，以第三十二集团军总司令李默庵兼任司令，集团军兵站分监郑洛、浙江省交通处处长杨澍松和浙江粮政局副局长魏思诚兼任副司令，并在温州设置督运处，将两地赋谷抢运至后方，当年 7 月运输司令部撤销。② 丽温战役中粮米的重大损失及战时供应不济，除战况转变急剧之外，部队与兵站联系欠密切是主要原因。郑洛指出：由于部队"对我军之行动与战况敌情等皆讳秘甚深，致有军品送达目的地，而部队已移动"。李默庵则说：一般部队长过去对于兵站都很忽视，兵站向部队联系，部队置之不理等等情形，确有其事。他强调不但我们要改变观念重视兵站，诸凡部队行动状况等，要时时通报兵站，双方密切的联系，可以减除作战期间的很多困难。此外，多数部队本身辎重部队不健全，致兵站运达目的地之军品无法交付，甚有竟令兵站将军需品直送至第一线，否则拒绝接收之情事。③ 总体而言，第三十二集团军的军粮运输体系紊乱，衔接不畅，应变不力，以致作战部队常常有断炊之虞。

伙食供给不力，官兵在饿着肚皮、严重营养不良的状况下，如何适应高强度的训练、长途的行军跋涉和旷日持久的作战？但是这仗还得打，从这个意义上讲，广大爱国官兵 1944 年能在莲花心和温州城战斗中坚持 20 多天，他们的确是尽力了。

第三节　未能及时预知气象变化

1944 年丽温战役期间正值温州夏秋交替的多雨时节，不利的气

---

① 《丽温战役兵站补给概况》，《突击队》月刊第 1 卷第 8 期，第 34 页。
② 魏思诚：《民国时期浙江的粮食管理与田赋征实》，浙江省政协文史委编《浙江文史集粹》第 3 辑，浙江人民出版社，1996，第 7 页。
③ 《丽温战役专辑·分段讲评·第五阶段·总司令讲评》，《突击队》月刊第 1 卷第 8 期，第 42 页。

象条件势必成为军队作战的一大障碍。《丽温战役详报》记载："亘全战斗经过中，计 9 月 4 日至 8 日淫雨数日，山洪暴发，在瓯江两岸之部队其时渡河至感困难，颇影响于战斗之进行。"此时当李、龙两部追击东窜温州日军之际，"此一尾击之役因东进部队山地行军阻于洪潦，温守区方面又未能拒守天长岭险隘抑拒敌人，以收夹击之效，至可惋惜"。陈章文亦曾在《丽温战役亲历记》中回忆：新编二十一师部队到达青田油竹山口时，暴雨竟日，入夜山洪始退。虽然堵截、夹击日军未成的原因是多方面的，但是日军是乘船筏顺瓯江东下，国民党军冒雨在泥泞中山地行进，追不上日军，也是一个客观事实。

9 月下旬，六十二团增援温州，但 30 日总攻当天，却遇大雨浓雾，步炮无法协同，攀登困难，总攻不得不暂停，直至次日才恢复攻击，到 2 日天气始晴。如果中国军队在发起总攻前掌握必要的气象预报信息，当不至于发生这种因大雨不得不暂停攻击的情况，而这一暂停攻击实际上暴露了国民党军的作战意图与部署，让日军有时间排兵布阵、囤积粮弹、加固工事并进行增援，也给本身攻坚力量孱弱、叠经半月多持久鏖战，已属强弩之末之国民党军士气、粮弹诸方面带来很大影响。

那么是不是因为当时温州尚无气象观测预报机构呢？温州早在 1876 年《烟台条约》中被辟为通商口岸，次年设立的瓯海关在 1882 年即建立海关测候所，其后海关气象观测一直持续至 1941 年 11 月终止。而在此前的 1933 年，浙江省水利局又在永嘉设立了气象测候机构，一直延续到中华人民共和国成立之初。抗战爆发之后，1941 年在温州就建立了空军气象台（称 415 气象台），由衢州空军总站抽调人员及仪器并配备无线电台，该台驻于温州城区蛟翔巷九山寺内，气象台有台长及测候士连东京、赵声远两人，担负地面气象要素观测，定时向衢州空军总站及航空委员会气象科提供气象情报，温州第三次沦陷期间迁驻乐清芙蓉、青田温溪及丽水等地继续开展工作，至 1949 年撤销。1945 年中美合作所又在温州开办气象站。① 如果中国军队在攻击温州及莲花心的过程中加强与气象部门的沟通，及时获取气象预报信息，则不至于如此被动。我们曾赴温州市气象局、温州市档案馆查询丽温战役期间的气象资料，但两处仅保存了 1947 年和 1951 年以后的温州气象资料，关于气象对丽温战役、莲花心战斗影响的研究还有待未来更多史料的发现。

---

① 温克刚主编《中国气象史》，气象出版社，2004，第 416 页；《中国近代气象史资料》编委会编《中国近代气象史资料》，气象出版社，1995，第 120 页。

第十一章 | 英勇与愚拙

第一节　盲目死打硬拼致伤亡惨重

国民党军一般部队兵员素质低下、平时训练不力、武器装备窳劣，到战时常又指挥失当、协同不力，靠精神和士气来弥补战力缺失成为一种无奈中的必然。《丽青温平瑞乐战役详报》记载："我军能耐劳吃苦，常能以精神克服物质上之困难。"在中日官兵的军事素养比较中，中方的首要优势很无奈地是体现在精神方面："攻击精神旺盛，虽伤亡惨重之际，仍能前仆后继，再接再厉；克苦耐劳精神堪嘉，能不休不眠在恶劣气候中战斗；官兵富有坚忍不拔之精神，能耐饿耐苦，据守尸体纵横、臭气迫人工事中与敌对峙。"而蒋介石亦一再强调："我们革命军，完全拿精神来战胜敌人，如果没有精神，便不会成功。精神的表现，就是冒险，一定要和敌人拼个死活。"

但是器不如人，技亦不如人，如片面强调不畏死的精神来作战，必然走向盲目死打硬拼，带来无谓的重大伤亡。有论者指出："唯指挥者欲使攻击精神发扬光大，尤赖于各级指挥官之巧妙部署，使其发挥无余，始无遗憾。否则不着眼于战术之运用，仅依赖于攻击精神，纵使战胜敌人，其伤亡之重，恐非想象所及。"①

---

① 第八军司令部参谋处编《第八军松山围攻战史》，第 82～89 页，转引自余戈《1944：松山战役笔记》，第 409 页。

实际上，在历次抗日战役中，国民党军蛮干硬拼，甚至盲目驱兵冲锋送死，以致兵士逃亡的事例亦不鲜见。松山战役因"松山工事坚固，士兵伤亡惨重，部队长滥用职权施以重压，盲目驱赶冲锋送死，以致士兵被迫逃走，甚至有整排人一齐逃亡"。① 据戴盛凯老兵讲述在1944年的莲花心战斗中，面对山上日军重机枪的猛烈扫射，一位军官驱使着一排又一排的国民党军士兵往山上冲，以致山岙中死人如填堆。

> 温州莲花心我们开上去，有个排长（可能是某位下级指挥官，不一定是排长），他单单站在山后，在岙里守着叫我们冲，日本人重机枪架在山上，我们开到，第一排就开始打了。日军重机枪架在那里，就"叭、叭、叭"地打岙口，那个岙里面死人就像填堆一样，都要跳进去，跨是跨不进去的。我们这样攻那个岙，上去就是死，这样下去多少排都打完了。第一排很快就打完了（人死光了）。我找到这个排长，说："长官，提个意见。"他说："你说吧。"我说："那边机枪停下来了，我们攻；不停下来，我们攻就是死。"他说："同意你的意见。"日军这样打着，我想把香烟摸出来抽一下，那个香烟还没有点着，那边就停止了。我赶紧就把香烟扔掉了，一腿就跳进去了。趴下爬进去的都活着，站着的都死了。我们一个排打了也没有剩下几个人了，一个排攻完了，来到我身边一共也就十几个人。我们这十几个人就马上往山上爬了。我们往上爬日本人那个重机枪打是打不到的。我们一帮人攻上去，（山上的日军）就被我们给打跑了。②

对于盲目死打硬拼之风，蒋介石亦曾痛斥，"高级将领不学习、不研究已成的学术"，"全靠部下的牺牲，敌来只是驱策官兵凭血肉之躯向前一战

---

① 萧慧麟：《萧毅肃将军轶事》，第106页，转引自余戈《1944：松山战役笔记》，第473页。

② 戴盛凯（1924年生）：王长明、高志凯访谈，2015年3月15日，永嘉县岩坦镇溪二村。

便了，结果不是事倍功半，就是徒劳无功。这就是徒然牺牲，无补大局，害了部下，害了国家"。① 相较之下，1944 年滇西反攻中的猛将一九八师师长叶佩高在本师中强调"怕死不怕日本鬼子"的理念，让士兵提高自我保护的意识与能力，不做无谓牺牲，告诫官长珍爱士兵生命，尽量以最小的伤亡代价达成作战目的，同时激励士兵不怕鬼子，英勇杀敌，忠贞卫国，就显得格外难能可贵！② 另外，在整个抗战时期，国民党军官兵似乎普遍对战争的理解还停留在冷兵器时代匹夫对决的认识水平上，未认识到现代战争的要旨在于运用战略、战术和军事技术、武器装备等一切可能的手段与资源，以最小的代价消灭敌人，同时保护自己，因而在作战时缺乏必要的自我保护意识与能力。在 1932 年淞沪抗战中第五军"官兵作战勇气有余，方法不足，最大毛病，每自诩不怕死，任意暴露，视隐匿为畏徒"。③ 12 年后，在松山战役当中，仍然出现"少数官兵过于勇敢，只知向前猛冲，毫不顾及敌火，徒遭损害"。

相较之下，日军士兵"忍苦耐劳之精神较之国军毫不逊色，虽数日不得一食，仍死守阵地不退"。《丽青温平瑞乐战役详报》和《丽青温战役详报》在总结 1942 年温州对日作战经验与教训时，多次以营盘山之役为例指出："敌之战斗纪律严肃，命令执行彻底，担任掩护部队或要点守备部队无论若何困难之境地，常能不惜牺牲，一意遂行，为我军所不可及。永嘉外围营盘山敌始终死守，我不断攻击，虽经数度占领，但终为逆袭夺回，其独立作战精神殊堪钦敬。"这些经验教训后来亦被写入《浙赣战役之检讨》中。④

除了精神层面之外，日军训练有素，军事素养优良，其优势恰是国

---

① 蒋介石：《第一次南岳军事会议训词》，中华民国重要史料初编编辑委员会编《中华民国重要史料初编——对日抗战时期》，第 151、152 页，转引自敦汝瑰、黄玉章主编《中国抗日战争正面战场作战记》下册，第 1232 页。

② 章东磐：《父亲的战场——中国远征军滇西抗战田野调查笔记》，山西人民出版社，2009，第 24 页。

③ 《淞沪抗日作战所得之经验与教训》，第 61 页。

④ 中国人民解放军军事科学院计划指导部图书资料处编《日军侵华战例（资料选编）》，1981，第 249 页。

民党军劣势之所在。例如第三次侵占温州的虽不是日军的一流部队，但其官兵的基本军事素质仍然远胜于国民党军在温抗击的部队。原浙保八大队黄德金老兵回忆："1944 年浙保八大队驻守光明火柴厂时，有个士兵爬到火柴厂内一棵大树上面去瞭望敌情，华盖山上的日军枪法很准，一枪打过来，打在他脚上，他掉到树旁的河里去了，被我们拉起来，后来送到茶山后方医院。"从华盖山高处到垟儿路光明火柴厂的直线距离为七八百米，在七八百米外能准确命中人形目标，不能不说日军这支部队的射击技术是精良的。《突击队》月刊的《丽温战役专辑》不但评述时坦陈日军"无论攻防，非至近距离决不轻易射击"，"射击技术优良，攻击精神旺盛"，还列举了日军在军事素质、战术素养方面的一系列优点，国民党军与之对垒时胜少败多、代价惨重就是自然而然的事。

丽温战役中日军的优点如下。

（1）富于彻底贯彻命令之精神。

（2）敌惯用迂回及包围。

（3）敌之战斗意志顽强，能发挥独立作战精神。

（4）工事设施强固，火网配备浓密。

（5）敌情搜索确实。

（6）敌军兵力转用迅速，富于机动作战精神。

（7）行动敏捷，声东击西，而善于乘虚（而入）。

（8）占领一地，即筑构工事。

（9）无论攻防，非至近距离决不轻易射击。

（10）射击技术优良，攻击精神旺盛。

（11）善用佯动佯攻。

（12）常使用烟火指示行动方向或陆空联络。

（13）惯以小部队分路形成广正面阳（佯）攻，发觉我弱点后，集中主力，突破一点。

（14）敌之营养丰富，体力强健，富于行军力。

（15）通信联络确实，指挥灵活。

（16）敌军训练较优，多数士兵皆能各自为战。

（17）射击精确，节省弹药。

（18）服从精神深刻印在脑海，对上级命令，不畏任何艰苦，均能向任务迈进。

（19）企图行动均甚秘密，便衣队使用得当，且富有机动性。

（20）对伤者之救护后送迅速。①

第二节　英勇、愚拙与抗战奇迹

其实，本书所谈到国民党军战力的各类问题都贯穿于抗战正面战场的始终，甚至可以说这是国民党军从黄埔建军之初到抗战结束，直至最终败退台湾都无法解决的问题。了解 1932 年淞沪抗战后所总结的曾经是国民党军中最精锐的第五军之劣点，再对比前文所谈抗战末期各个战事中暴露出的各种问题，可以说一切依然如故。

我军（第五军）之劣点：

一、物质不充足。

二、工事构筑不坚固，以致伤亡过多。

三、第一线守兵太多，故多损害。

四、不照纵深配备。

五、前后左右缺乏连系。

六、后方勤务不良。

七、不知对空隐蔽。

八、各兵种未能发挥其固有性能，并缺乏协同精神。

九、重火器不善使用，不能相机变换阵地，致受重大损害。

---

① 《丽温战役专辑·总讲评·敌我优劣及所得之经验与教训》，《突击队》月刊第 1 卷第 8 期，第 48 页。

十、预备队不能用于出击方面，而用于填补火线。

十一、负伤官兵，多派员兵护送，并随意携带枪械，脱离火线。

十二、炮兵效力太小。

十三、救护组织不健全。

十四、电话通信组织未能达到必要之要求。

十五、缺少特种通信工具及器材。

十六、弹药输送无固定之输送组织。

十七、军中缺少飞机及重炮矣。

十八、战斗军纪未能确守，有过于勇敢不以命令为进退者。

十九、射击军纪不良，浪费弹药。

二十、班长以下，无独立作战能力。

二十一、搜索中侦探尖兵及本队，多未能依照规定距离实行，致遭敌不意之袭击时，不能应付裕如。

二十二、攻击前进中，有用近乎密集队形以接近敌人者，致多蒙极大之损害。

二十三、防守中阵地前方缺乏地雷装置，障碍物亦设备不良。

二十四、阵地无伪装，多被敌摄影侦知。

二十五、各线工事间，不知多筑交通壕，且不知有射击准备。

二十六、据点中配备兵力太大，且暂壕无掩盖。

二十七、谍报员派出太少，且多不能深入敌境。

二十八、行军纪律不良，作战中亦有擅自退却者。

二十九、手榴弹因携带不便，常有弃于阵地者。

三十、当敌机来时，我官长未能认真禁止部属之活动。[①]

在上述三十条劣点之外，本次淞沪抗战中第五军之优点仅有两条："一、士气旺盛，皆富于勇敢牺牲之精神，不怕死。二、官兵常数昼夜

---

① 《淞沪抗日作战所得之经验与教训》，第 164～167 页。

313

不得睡眠，不得饮食，伤亡又重，皆能坚忍抵抗，无有怨言。"这意味着除了精神士气之外，第五军官兵在现代战争所必需的基本军事素养方面极度欠缺。而《丽温战役详报》在评价丽水外围威力搜索时称："虽其奋勇可嘉，而其手段与成果则实难令人满意。"黄仁宇在谈及1937年淞沪会战时说，国民党军损耗八十五个师的兵力，伤亡官兵三十三万余人，可算既英勇又愚拙，是"时时可死，步步求生"决心之表现。其实，这两处针对具体事例的评价完全可以用作国民党军正面抗战的总体评价，亦可用于1944年莲花心这一具体战斗。

诚如黄仁宇先生所言，全面抗战在世界历史上罕见突出，以前曾未有以一个农村社会为基干，不具备实质上之统一、衣食未周的国家打败一个工商业先进国家之先例。即算中国没有凭一己之力将对方击溃，而不过借盟邦之力将之拖垮，这仍是千古艰难的事迹。双方军队非同世纪产物，我们在这样一种绝对非对称的状态下与敌作长期的生死决战，对这一串事迹如果只做负面批评的人士通常只见及其片面。① 从这个意义上讲，中国的抗战的确是一个奇迹。所以，有学者认为："有必要为中国当时的政府军——国民党军队的抗战之举说句公道话，它在与一个在组织、训练和装备上占有绝对优势的敌军的战争中坚持了八年，与法国（它对德国的抵抗在仅仅六个星期的战斗后便崩溃了）和英国（它从美国得到了大量的物资支援）比较起来，中国军队的抵抗是一个决心和自立的奇迹。"② 具体到抗战正面作战的众多战役、战斗中，我抗日将士或沥血孤营，或横刀敌阵，或碎首疆场，或宁死不屈，以气吞山河的气概、沧海同深的志量，谱写了无数慑敌寇而泣鬼神、动苍穹而震寰宇的壮丽爱国史诗，其英勇爱国、流血舍命的精神气概必须给予应有肯定。

战地通讯《丽温战役散记》的"血染西山"一节，生动地描述了

---

① 本节引述黄仁宇先生的文字出自其《从珍珠港事变说起》，黄仁宇著《大历史不会萎缩》，第164、166、169页。

② 〔美〕易劳逸著《毁灭的种子：战争与革命中的国民党中国（1937～1949）》，王建朗等译，江苏人民出版社，2014，第114页。

第三突击队 1944 年 9 月 16～19 日攻取西山英勇而惨烈的过程，十分悲壮。吕玉提排长"死不服气"、周浩连长至死不愿给突击队丢脸，此外还有祝锦源连长、某班长负伤坚持不下火线，两个传令兵中弹。

攻西山，本是成营长最感兴趣，而又确定有把握的事。指挥官的决心，尤其能够锦上添花。因此，"血染西山"这一节目的演出，预料是极其精彩的。

敌人增兵又增炮，而且增强了工事，因就跟着上山。

细微的光芒刚把黑暗消灭，成营的冲锋排已经偷渡过桥，伏在西山脚下等待了。

迫击炮弹一颗颗飞过灰炉桥，掠过突击战士的头顶，接着连续不断地光顾西山。山上的敌人慌乱了，冲锋排一声响，抢占了第一山峰。大部队也跟着上去。

莲花心和城西门口的敌机枪对第一山峰肆虐了，突击战士以一部分构筑工事，大部分则冒弹雨向第二峰冲。

第二峰毕竟得了手，吕玉提排长侧卧在冲锋路旁的血泊里，右手高高举起，食指指向峰，但呼吸已经停止了。啊！吕排长是死不服气吗？因为接谭若林排长①的遗缺还不到半个月呢！

迅速占领西山的企图，驱使着成营长命令许福生副营长，率领一部预备队增援上去。当许副营长通过灰炉桥时，他的两名传令兵饮弹而倒，几乎把他压倒在桥上。惹得他口口声声叫："拼老命"。往前飞奔，真好像李逵发了怒。

敌人的炮火实在厉害，西山的最后那个山峰始终由敌人占住。惹得性急的成孝忠营长左手握大号白朗宁，右手提廿响快慢机，红涨着脸，圆睁着眼，好似发了疯的，拼命向山峰上爬，抢在弟兄们的最先头大声地疾呼："冲冲！不入虎穴，焉得虎子？鬼子不中用了！"

枪炮声，溃锋号音，喊杀声——顿时把西山震撼。

---

① 谭若林此前阵亡于青田海口之战。

周浩连长捧着四个手榴弹，招呼着全连弟兄向山峰上冲！他是刚由军校十八期毕业出来的，没有家庭负担，没有爱人的牵挂，更没有苟且偷安、贪生怕死的心理。对于"突击精神"和"突击队荣誉"看得比自己生命还要重要。因此，凸山的久持不下，他是分外气愤的。而且他连上的谭若林、吕玉提两排长的成仁，以及陈谋排长的负伤都给了他莫大的刺激。当他在注意着找寻冲锋路，想当先爬上山峰的时候，冷不防后面的敌山炮打来了，避让不及，落得体无完肤，他还没有停止呼吸，他的营长就爬上去和他伏在一块，他对营长说："我连上的官兵伤亡快尽了，我死是值得的。我没有丢突击队的脸吧？营长……"

靠近成营长身边的某班长，不幸中弹，在地下打滚。成营长要他退下去，他的回答是："营长还在这里拼命呀！"成营长掉下几滴热泪。

距离西山麓四百公尺的迫炮阵地中敌人炮弹了，祝锦源连长也不幸受伤，但他牢记副司令胡琪三将军对他："你不要把炮丢了回来"的警言，仍然蹲在炮旁没动。

在祝连长受伤的同一村落的田野间，担任佯攻的彭贻昌营长正蹲在一大堆稻草旁边瞭望西山和西门。突然猛烈的震动，稻草把他压倒了。幸运，爬出草堆，仅觉得眼睛很不好使，及定神一想，就晓得是敌炮打来了。

突击战士伤亡的数字不断增大，双方的炮火猛烈，民众担架队叫苦连天。幸喜 X 乡的担架队和运输船补充上来了。接着，X 乡的慰劳队也来了。

莲花心左翼的友军，确实在作拼命战，但仍免不了"伤亡惨重"。苦守西山的突击战士也只好高举怒火，驱逐黑暗之神；含着满眶血泪，回来祭奠新烈士！①

---

① 丹保：《丽温战役散记》，《突击队》月刊第 1 卷第 8 期，第 59～60 页。

必须承认，国民党军确有一些能力出众、功勋卓著的优秀将领与意志坚定、战力强劲的精锐之师，也在抗战中有一些可圈可点的出色战例，但从总体上看，其战略、战术上的拙劣与战力上的孱弱亦不可否认，这其实是当时中国国力水平在军事领域的真实体现。比如1941 年温州的快速沦陷与驻军一字长蛇布防于沿海正面密切相关，而这并非特例，实际上当年国民党军中相当多将领习惯于分兵把口，将主要兵力甚至全部兵力、兵器部署在宽广正面的第一线上，形不成真正的重点，并少纵深配置，以致处处防守，处处薄弱。同时很少部署强大的预备队，只要日军突破第一道防线的阵地，就无力在纵深内进行强有力的抗击。而一旦后续增援部队到来，即用以轮换前线伤亡较大的部队，逐次使用于第一线。战役指挥官始终不能掌握一支有力的应变部队，以致防御体系一旦破坏，即无力恢复原态势，只能被迫溃退。①

又如从日军三次侵占温州的部队来源与进攻路线来看，均属战前跨战区临时抽调或长距离奔袭，而非就近攻击，却能次次得手，进退自如。1941 年侵温的日军第五师团战前常驻上海吴淞，同年 3 ~ 4 月在日本北九州进行登陆演习，此后从海路南下直取温州。② 1942 年侵温的小薗江支队系从日军华北方面军各部抽调编成南下，1944 年侵温的梨冈支队则从驻江浙一带的日军十三军下属各部抽调并在杭州编成。可以说，这些恰是当时国民党军战力低下通病的反映。蒋介石在 1942年 9 月西安军事会议上曾说："我们明知敌人现在要进攻我们一个地区，绝对没有新的兵力可以增加，只能从各战区东抽西调，集中起来，妄求一逞。而我们不能乘虚抵隙去攻击他，来粉碎他在我战区的活动。即如这次浙赣路的战事，就是如此。我们明明知道敌人用来进犯我们的兵力，完全是从各战区抽调而来，但我们各战区在他未抽调以先（前）既不能出击阻止，而在事后又不敢乘机攻破他的弱点。这

① 敦汝瑰、黄玉章主编《中国抗日战争正面战场作战记》下册，第 1227 页。
② 《中国事变陆军作战史》第 3 卷，第 115 页。

就是由于我军士气之消沉与战意之缺乏，尤其是我们一般高级将领对敌策略与作战能力毫无之表现。"①

再如前文提及的国民党军将领的学问能力不如日军将领，除军事教育质与量不足、升迁过速等原因外，还与后勤不力、人事不彰、指挥官为各类杂务费时劳神无法专注于部队之训练与本人之提升、参谋组织不健全、参谋人员专业训练缺位、战术素养低密切相关。李默庵亦曾指出："在这次（丽温）作战当中，参谋业务大多不够健全；如情报的传达，作战经过的记载，都不能详尽。对于状况的判断，命令的作为和下达，亦尚欠确实。"刘嘉树同样提及："各级指挥机构欠健全，影响军队指挥。"② 苏联代总顾问古巴列维赤回国前应蒋介石之约对国民党军缺点做指正说："团以上到军、师为止，各级司令部业务极不健全，图上作业与沙盘教育可以说完全没有，指挥所参谋业务的演习更是完全忽略，所以中国军队一到作战就莫名其妙。既没有具体的作业计划，也没有完备的作战命令。"③ 可以说，直至抗战结束，国民党军都未能建立起完整的现代军队参谋制度，这恰恰反映出这支军队还残留着军阀部队的色彩，指挥官视军队为私产，不允许参谋组织与自己分权，其对参谋及其作用的理解还停留在古代军队"师爷"和"幕僚"的认识水平上，以为只要能识文断字，能起草文书就堪当参谋重任。这些人可能连现代地图都看不懂，甚至闹出把黑白相间的比例尺当作铁路的笑话。④ 对此国民党军最高当局并非不清楚，也不是不想改变，但在相当大一部分军队地方派系色彩浓厚的情况下，平时裁汰整编尚有酿成风潮之虞，更何况在抗战中呢？

---

① 蒋介石：《目前对敌军两个严重问题以及我军的对策之研究》，张其昀主编《先总统蒋公全集》，第 1660 页，转引自敖汝瑰、黄玉章主编《中国抗日战争正面战场作战记》。

② 《丽温战役专辑·总讲评·总司令总讲评》、《丽温战役专辑·总讲评·刘军长讲评》，《突击队》月刊第 1 卷第 8 期，第 45、48 页。

③ 见蒋介石《整军训词》，《蒋总统思想言论集》第 18 卷，1966，第 208 页。

④ 乔良：《比战争更早打响的战争——从日军对华"兵要地志"研究谈起》，张铁柱、曹智、陶德言主编《伟大的胜利：军事名家谈抗战》，长江文艺出版社，2015，第 302 页。

虽然以身殉国的将士个个都英烈千秋，可歌可泣，但其中有相当大一部分是指挥无方、只知死打硬拼造成的无谓牺牲。例如在著名的松山战役中，中国远征军在当时已经配备了很多美式装备，部队装备和训练水平都有了提高，而且有强大的空军和炮兵。但在发起进攻之前，远征军司令部及各攻击部队指挥官既没有对日军防御工事组织进行认真周密的侦察，也没有针对敌情对部队组织山地战、丛林战和攻坚战的战斗、战术进行演练。当作战中被日军防御阵地所阻时，各军长、师长又不善于运用空军、炮兵和步兵装备的火箭筒和火焰喷射器等进行协同作战，只是一味地指挥士兵死拼硬打，虽然最后收复了滇西失地，并打通了中印公路，但付出的代价是极其高昂的。①

1944 年 9 月中下旬，丽温战役进入胶着状态，第三战区司令长官顾祝同、第三十二集团军总司令李默庵在对部属的公开训词中，都直言不讳地谈及国民党军战力之弱、战绩之差。顾祝同说："无论在平汉、粤汉路以及龙游、衢州、丽水、温州一带的战役，在人数上说，我们是绝对的占优势，装备方面虽略逊于敌人。但是我们每次作战的结果，伤亡总是比敌人多，我们的土地、人民、财产，亦总是每因一次战役而受到很大的损失，敌人要攻打一个据点，我们亦大多守不住。这原因并不是我们的数量不如敌人，实实在在说，不论是我们的官和兵，在技能上不够熟练，体质上不够坚强，训练上不切实际的缘故。因此，不但我们每次的战斗不能收到预期的战果，往往我们的一个军、一个师，还不够消灭敌人一个大队；即是敌人一班人给我们一、二排人包围起来，亦不能完全把他歼灭了。所以这样说起来，我们是非常惭愧。固然现在全般的形势是对我们有利，可是我们从局部的战斗上来看，我们最后打击敌人的力量，实在还不够得很！"李默庵则说："不论在西方东方的战场，自从反攻开始后，我们的盟友，差不多就没有打过败仗，而我们呢？……同盟友的作战比较起来，确实使我们太惭愧和羞辱了！这样下去，我们的

---

① 《有心报国，无力杀敌——评抗战期间国民党军将领军事素质》，《兵器》2005 年第8 期。

前途还是非常危险。"① 顾祝同说国民党军一个师往往消灭不了日军一个大队，而如果碰到山地或城市攻坚战，情况可能还要糟糕，国民党军一个师可能还打不过日军一两个中队（如1944年温州莲花心战斗）。

上述这些当年国民党军从最高统帅到高级将领都能承认的事实，我们当然更要直面！对1944年莲花心战斗，既要肯定我爱国官兵之英勇，承认战况之惨烈，也要正视国民党军战力之低下，结局之失利，更要探究这段英勇而愚拙的抗战历史背后国力、军力孱弱的根源。

---

① 《坚定信念　转移社会风气——长官顾于三十三年九月十九日对总部等五单位官佐训词》《今后努力的方向——总司令李于民国三十三年九月廿四日在国父纪念周对总部、班部、突击总队部、突三队体官兵训词》，《突击队》月刊第1卷第6期，第3、5页。

第十二章 | 军纪、士气、贪腐及派系

在承认 1944 年莲花心战斗我参战部队官兵英勇作战，肯定国民党军虽愚拙，但总体上仍能坚持抗日的同时，也必须正视其军纪之废弛、贪腐之严重普遍及派系纷争之难以祛除。

第一节　军纪废弛与士气消沉

一　作战纪律与官兵士气

严明的纪律是军队克敌制胜的基本前提，国民党军的《步兵操典》称："军纪为军队的命脉。"作战纪律中最首要的就是不折不扣地执行命令。而本次丽温战役中，我参战部队贯彻命令之差劣表现得十分突出。如暂编三十三师 9 月 3 日前已经受领限期赶到缙云的命令，4 日还擅自在东镇休息一天，真是视军令如无物。其次该部要从新建向长乐方向前进，到丽水附近来围困敌人，可是他们改走缙云至管渡这一条路。丽温战役检讨会议上，李默庵曾就此当面质问该部参谋长，答曰：这样走路程近。问题是走了近路，却没有早到，六百里路走了十二天，更重要的是第一突击队一部配属该师指挥以侧击敌人的计划就此落空。又如在丽水以北和丽水城战斗中，均发生不按上级要求配备兵力的情形，"命令上规定这地方要使用二连兵力，他只配备一连"。还有更恶劣的例子：浙保四团第一大队受命到青田以西地区拒止敌人，而该大队竟躲

藏到青田西南山地，使敌安然通过青田，直扑温州，致整个歼敌计划都无法实行。

在丽温战役检讨会议上，多支部队因贯彻命令不认真、不彻底被点名批评，而攻击莲花心的新编二十一师六十一、六十二团及第三突击队却不在其中，这当然说明两支部队在这方面要强于其他部队，但这并不意味着他们不存在显著的问题。如 9 月 13 日，令龙（云骧）部着迅向营盘山，占领灰炉村、西山、莲花心之线，由南向北与李（文密）部猛力夹歼翠微山之敌，即转向西南攻击前进，李、龙两部于明（14）日 10 时开始攻击。同时令配属龙部指挥的黄团（暂编三十三师第二团）于 14 日 10 时前占领吴桥沿河迄灰炉村（不含），右与赵（复汉）部，左与龙部联系，并派一部掩护龙部之侧背。14 日，再电令龙部将进展情形及黄团之使用应随时报告，并强调该部应派一部占领营盘山，并确保之，同时与李部协同攻西门与翠微山之敌，与第一团协同围歼城内之敌。当天，龙部回电称："一、黄团主力本黄昏向营盘山南移，与李部攻击莲花心、西山。二、职部攻城部队刻仍无变化。"很显然，龙部并未遵照前一日的命令，迅速开赴营盘山于 14 日 10 时前发起攻击，本来按命令应当守卫吴桥沿河到灰炉村一线的黄团，却要承担攻击莲花心等处的任务。

而且，在《丽温战役详报》中常常只见向这两支部队下达命令部署的引文，而不见其实际执行情况的表述，甚至一个大致相同的命令被多次反复发布，却不提究竟执行得如何。如 9 月 24 日，命令"龙部应即向左延伸黄团原阵线并与该团右翼切取联络，与笔架山亘华亭山应形成纵深"，25 日，再令"龙部左翼延伸接替黄团下屿山、庄济庙原阵地，左翼与黄团切取联络"，究竟接防做得如何，后面再无明文。如 9 月 16 日，龙部确占吴桥（不含）、灰炉村、新桥村、旸岙村、下屿村之线，17 日，又令龙部确占吴桥（不含）、灰炉村、新桥街、垟中街、下屿村、古岸头之线。前后两个命令所讲的战线除个别地点外基本相同，但是究竟有无确实占领却语焉不详。一个命令被反复强调，至少从另一个角度证实相关部队的执行态度和能力是欠佳的。再如，调罗君彤率新编二十一师六十二团及师直属队增援温州时，明明电令是"限二十五日以先头到达瞿溪"，实际 25 日先头部队有无到达瞿溪不得而知，《丽温战役详报》只说："罗师长二十六日到瞿溪，六十二团到达任桥集结"。这到底是撰写者无意之疏忽，还是有意之掩饰？

李默庵反复指责丽温战役中各部贯彻命令不力，他认为："此次战役中，所以未能收得良好的战果，都由于奉行命令不彻底。""现在我们下达命令，差不多到了团的一级，就停滞了，或者照例的转达一下就完事。事先既缺乏指示实施的要领，事后又不加检查，因而阳奉阴违。由于命令的未能彻底执行，不知误多少事。"于是他苦口婆心地讲，"命令的能否贯彻，是打胜仗最重要的条件，亦是部队生存发展的要务"，"希望大家以后要认为命令重于生命，只有彻底奉行，才能达成我们的任务"。①

1945 年初出版的《突击队》月刊设有《命令与检查专页》，从另一个侧面反映了在突击总队乃至第三十二集团军中军令执行不力的严重性，以至于要出专页（辑）来加以强调重申。这个专页中收录了李默庵对此的讲演实录、相关的法规制度以及蒋介石的有关训示，蒋的训示包括《命令的意义》、《敬重和服从命令》、《研讨执行命令的方法》、《命令之执行应由司令部派员监督》、《绝对服从上官命令》和《以身作则遵令守时》等，时间从 1933 年到 1940 年，包括历次在南岳军事会议、参谋长会议、党政训练班、工兵学校开学典礼等场合的讲话，这更显示有命不遵、有令不行在国民党军中具有普遍性，以至于蒋本人都不得不三令五申。蒋介石直言不讳地说："我们军队现在全不注意到这一点，下命令的时候，甚至受令者还是嘻嘻哈哈的在那边露出牙齿来笑！由此养成一种轻视命令的心理！即书面的命令下去，各部队主管长官也每每不仔细去研究清楚，也不召集部下来正式朗诵说明，只交给参谋、副官看看就算了，再不想法子来切实奉行。所以上官颁下去的命令，十九都是阳奉阴违，甚至还要根本弄错！这样子，那

---

① 《丽温战役专辑·总讲评·总司令总讲评》《丽温战役专辑·总司令致闭幕词》，《突击队》月刊第 1 卷第 8 期，第 44、50 页。

（哪）里曾打胜仗?"① 抗战后期担任中国战区参谋长的史迪威也认为国民党军的军、师长极少监督命令是否执行。②

丽温战役之初,第三十二集团军抗敌预案一个接一个落空,日军长驱直入,温州快速沦陷,《丽温战役经过概要》认为缘于"惜各部队未能贯彻命令,行动迟缓,兼以天候不利"。其中最恶劣的要数八十八军的搜索营（营长汪斌）与暂编第三十三师第一团的第二营（营长黄宽）,两部队"明知道敌人的目的是要下温州,要在温溪、小旦、驿头村、湖埠渡河,这时汪营与黄营都在江北岸,正在敌人渡河点的后方,可给敌人有效的打击。可是当敌人渡河时他们好像隔岸观火一样,没有给敌人一个很大的打击"。李默庵认为:命令未能彻底执行,下令者与受令者均有责任,并指出暂编三十三师第一团团长只把命令转达给第二营营长要他到温溪防止敌人,而行动后团长就没有去督促;营长受令执行任务后,亦没有报告,以致未能达成阻止敌人的目的。③ 而此事亲历者毛嵩岳在回忆中亦有如下记述。

　　日寇孤军深入到缙云时,师部奉命截击,命我团进驻青田至永嘉中途的瓯江渡口,阻击过渡之敌;命二营过江北岸,伏击过江之敌,团控制一、三营准备随时出击。

　　布置就绪,第三天上午,江北岸枪炮声大作,我第二营与敌战也。约一小时停息,渐见五六百敌军,如长蛇沿江北岸直驱渡口,将我沉入江底之船取出待用,并向江南岸连开数炮,见无动静,开始渡江。第一批约一排步兵,登岸后即占领沙滩阵地,继而骑兵和挑弹药的敌军二百多人大批渡江,我见渡过半数,忍无可忍,向团部请战,团长云:"敌炮口指向我方,过江之敌在我眼下,若打起来,伤亡必大。"就这样,让敌安然渡江,向永嘉扬长而去。④

---

① 《突击队》月刊第 2 卷第 1 期,第 32~61 页。

② Charles F. Romanus, Riley Sunderland, *Stiwell's Command Problems*, Washington D. C. : Officer of the Chief of Military History, Departerment of the Army 1953, p. 153,转引自张瑞德《山河动——抗战时期国军政府的军队战力》,第 9 页。

③ 《突击队》月刊第 1 卷第 8 期,第 40 页。

④ 毛嵩岳:《永嘉战斗》,《盘县特区文史资料》第 11 辑,第 83 页。

这一段回忆也反映当年国民党军部队的战斗意志薄弱，畏敌恐日情绪在一定程度上客观存在。而战斗意志与作战纪律直接关联，一旦战斗意志薄弱，自然难以为执行命令流血舍命，难免阳奉阴违，甚至不战自溃。丽水城的迅速失陷，即被顾祝同视为各部队战斗意志薄弱的集中体现。顾还认为日军"从容攻占永嘉"和国民党军反攻永嘉未能奏功亦"充分表现各级部队长缺乏旺盛之企图心"和"决心不坚确，行动迟缓"，从而错失良机。为此，他提出在精神方面要坚定战斗意志，要整肃战斗纪律，要提高责任观念。① 刘嘉树亦认为"丽水城之过早失陷，最大原因即在守城官兵无坚强之战斗意志，缺乏死里求生之精神，致遭受敌人攻击即行溃退"。②

相较于其他部队，新编二十一师六十一、六十二团及第三突击队十一、十二营在本次莲花心战斗中所表现出的战斗意志还是很不错的，甚至堪为表率。丽温战役检讨会议上李默庵讲道："如莲花心、营盘山等据点的攻取，我们可以证明，只要我们有攻击的精神和决心，不怕牺牲，不怕艰苦，好像刚刚陈（章文）团长和丁（蜀川）营长报告一样，敌人的据点，并不是铜墙铁壁，一样的可以攻取，所以这一次攻击的精神，是值得宣扬的。"但李默庵亦指出：在八月二十八日至九月十五日围困丽水城的战斗中，各部攻击精神都不旺盛，这一次除七十九师在石牛打得比较好外，其他的都没有很奋发的精神，来给敌人较大的打击。③ 其中亦包括新二十一师，这说明在整体战斗意志消沉的情况下，说新编二十一师与突击总队战斗意志强，都只能算是矮子里面拔高子。为此，李默庵在丽温战役总讲评中提出要"发扬攻击的精神"，"具有坚强的意志"，并称："攻击为致胜的要诀，无论进攻与防御，都须具有攻击精神，才能达成目的，在作战的时候，一定要抱有我无敌，有敌无我之决心，不畏缩，

---

① 《丽温战役专辑·长官顾训词》，《突击队》月刊第 1 卷第 8 期，第 27 页。
② 《丽温战役专辑·分段讲评·第一阶段·刘军长讲评》，《突击队》月刊第 1 卷第 8 期，第 38 页。
③ 《丽温战役专辑·分段讲评·第二阶段·总司令讲评》，《突击队》月刊第 1 卷第 8 期，第 38 页。

不怕死，在任何紧急情况下，都不动摇我们的意志。"

实际上，国民党军在抗战中的战斗意志也经历了由高昂到消沉逐步减退的过程。抗战初期国民党军总体抗战意识高昂，官兵具有强烈的爱国激情，虽装备、训练、指挥能力逊于日军，但在淞沪、徐州、武汉等战场上仍能顽强作战，并有较出色的表现，创造了出乎日军意料的英勇战绩，令世界各国刮目相看。抗战进入中后期，则战斗意志日渐消沉，军队腐败现象日趋严重，许多部队的战斗力随之下降，蒋介石对此多次提出严厉批评。①

如 1939 年末至 1940 年初桂南会战失利，蒋介石认为"失败的主要原因，是由于我们上级指挥官战斗意志薄弱，而且大家骄慢怠忽，竟至精神颓丧，决心毫无，乃致遭此失败的耻辱！"② 1941 年，蒋在第三次南岳会议上说：日军"最近每次取攻势来进犯我们，最多不过十天或两周的战斗力，在此期间如攻不下我们的据点阵地，他固然要退却，就是攻下了我们的要点，他也没有确实固守的力量。从前年到现在，除宜昌之外，历次战役都是如此……这样疲惫衰竭的敌人，我们为什么还不能消灭他？为什么他来犯时我们不能抵御，而他撤退时我们亦不能截击，让他来去自如呢？这就是因为我们的军队太无用，太怯懦……不如从前"，"现在并不是我们打不过敌人，而是由于我们高级将领的精神堕落，胆识太差，不研究，不上进，只知道做官，而忘却了我们革命军人的本务"。"我们各战区这几次战役以来，一般次的精神、决心和意志，实在是一天不如一天。在抗战开始的两年，大家都有拼战致胜的决心，有消灭敌人的志气，但现在几乎常规消沉了。"

按照陈诚的分析，抗战旷日持久，国民党军艰苦支持，许多部队不免有"师老"之势。特别是 1944 年，经历豫湘桂大溃败之后，"中国抗战已经到了最危险的时候"，③"自豫战惨败，衡阳陷落之后，全国人

---

① 敦汝瑰、黄玉章主编《中国抗日战争正面战场作战记》，第 1234 页。
② 秦孝仪主编《先总统蒋公思想言论总集》第 17 卷，第 48 页，转引自敦汝瑰、黄玉章主编《中国抗日战争正面战场作战记》下册，第 836 页。
③ 蒋介石：《第三次南岳军事会议开会训词》（二）（三），张其昀主编《先总统蒋公全集》，台北：中国文化大学出版社，1984，第 1569、1579 页。

心似颇动摇，依赖盟军之心理更炽"，"目前各部队内容空虚，官兵战斗意志消沉"。① 关于丽温战役时参战部队及直接指挥机关的士气心态，我们亦能从温州作战胶着之际，顾祝同、李默庵对官兵的训话中感受到相同的氛围。

当时在浦城办理公务并视察部队的顾祝同所做训话的题目就叫"坚定信念 转移社会风气"。他首先强调"敌人的末日已临，崩溃就在目前"，"现在国内暂时局部的失利，与我们整个抗战胜利的前途，是绝无关系的"。日本"在最后的阶段中，一定有最剧烈的一次挣扎"，并且引用蒋介石的话，"抗战到了最后胜利的时候，亦就是最困难的时期，我们要忍过最后的难关来迎接最后的胜利"。他承认："现在有一般人，看到中原与湘桂战事的失利，或家乡沦亡，直接感受很大的苦痛，不免动摇了胜利的信心。这种对抗战前途发生的消沉、悲观、失望的情绪，不仅会减低抗战的热情，并且会消蚀了战争的活力，这是非常危险的。"为此，"我们不但自己要坚定胜利的信念，并且还要由我们的影响，来转移一般人民颓丧的心理"。同时，"胜利并不能唾手而得，亦不可以凭空坐待"，"我们于这最后反攻的阶段中，在中国大陆上面，必须要由我们的军队来作为解决敌人的一个主干；来尽最大的力量，以尽我们子孙保卫国土最大的责任；这样我们在国际上的地位，才能建立起来，否则，虽然敌人失败了，而我们没有充分发挥力量，还是因人成事，将来仍免不为人家歧视欺侮"。

五天之后，李默庵在驻浦各部联合纪念周上训话开篇即强调"黎明前夕，要加倍努力"，他说"倘使现在我们不能拿出全力来的话，将来日本鬼子虽然是打倒了，我们究竟是因人成事，还是不能抬起头来"，因此"要在这战事快将结束的时候，咬紧牙关，和盟邦一样发挥我们战斗的力量，建立伟大的功绩；如此，国际地位才能真正提高起

---

① 周告：《陈部长在莲荷——训勉青年军收战胜之果、结战胜之局》，《青年军》半月刊第 1 期（1945 年 8 月 15 日），第 15 页。陈诚：《电呈委员长谨拟非常之举敬企裁核》（1944 年 8 月 20 日于南郑），《陈诚先生回忆录——抗日战争》，第 904 页，转引自贾维著《三民主义青年团史稿》（下），社会科学文献出版社，2012，第 501 页。

来"。他坦言："感觉我们目前太消沉了，所以现在要规定总部、突总部、班部这三部分，不论是工作、纪律方面，今后都要举行比赛，重事功、讲效果，务求表现出生气勃勃的现象，使各部分都能推动、振作、紧张起来，蔚成一个新的良好风气的团体，来影响社会，并完成我们所担当的使命。"①

顾、李二人对"二战"局势、抗战前景的判断，特别是国民党军在豫湘桂战场失败无碍最终胜利大局，对中国在"二战"中必须以有为换有位的言说，毫无疑问都是正确的，但是这种对光明前景的宏观描绘和基于民族大义的鼓劲动员，却难以扭转消沉的士气。十几天以后，第三十二集团军总攻温州受挫，此后未再鼓士气、调兵续攻，而是停止攻击、撤军整训，以致近一月之血战前功尽弃。蒋介石一再强调的"革命军人要争取最后五分钟的胜利"，并未得到践行。这当中的确有指挥官们基于战术、战力的考虑，但士气不佳、信心不足，亦是重要原因。

二 对民众的纪律

对民众的纪律，事关民众对我抗日部队的支持帮助。在丽温战役总讲评中，李默庵强调："就我们的军队来说吧，好像昨天在军政联席会议的时候，据余专员的报告，由于少数军人的粗暴，使军民间的情感无法融洽，因此不免影响作战的力量。"②"在平时各部队须充分养成不扰民、爱百姓、守纪律之习惯，有着严肃的纪律，才能克敌制胜。成为一个强有力的军队。"刘嘉树则直言不讳地指出："这次七十九师在碧湖、新建，廿一师在永嘉、青田，卅三师第一团在永嘉，（对民众）纪律均不好，各部队应切实查明究办，以后更应特别注意，否则失去民心，无以为战。"

曾随新编二十一师南下温州抗击日寇的金学兰有两件"记忆犹新"

① 《坚定信念 转移社会风气——长官顾于三十三年九月十九日对总部等五单位官佐训词》《今后努力的方向——总司令李于民国三十三年九月廿四日在国父纪念周对总部、班部、突击总队部、突三队体官兵训词》，《突击队》月刊第 1 卷第 6 期，第 2～5 页。

② 《丽温战役专辑·总讲评·刘军长讲评》《丽温战役专辑·总讲评·总司令总讲评》，《突击队》月刊第 1 卷第 8 期，第 44、45、47 页。

的事，能够反映该师在温州的军纪。

一、当二十一师南下追击日寇，路过藤桥时，六十二团团部驻在藤桥后垟村，某连连长因腿有恙，行走不便，要乡长周灵云用轿抬他，周没有照办。旋因周向士兵私买五粒子弹，被该连长发觉，他就以此为由，将周扣押。藤桥乡绅纷纷出面请求保释，连长不允所请。后乡亲们知道我在师部当差办事，要我设法营救。乡情难却，我即向师长求情释放。

二、六十二团从藤桥开往瞿溪时，抓了当地四五十个老百姓挑东西，到了瞿溪，仍不放回去。其中一人，与我相识，要求我设法放行。我凭着在副官处工作之便，向副官处主任求情说项。他给我面子，批了一张条子，说这四、五十名挑夫要再去藤桥挑运，沿途不得阻挡云云，因而使他们都顺利地返回家中。①

金学兰的这一段回忆恰恰印证了刘嘉树在总讲评中的分析，该部"在补给方面，以军需机构之不健全，暨输力之不足，对于主副食及弹药不能适时补给，影响战斗及军纪莫此为甚"。当年的国民党军部队还没有建立起必需的后勤保障体系，故而强拉挑夫，成为对战斗力和军纪造成负面影响的重大因素。八十八军的军纪不良似乎由来已久，第三战区在总结 1942 年浙赣战役经验教训时曾指出："素质劣等之部队及游击队，不仅虚糜饷胥，且有害民心与士气。本战役中 19A、88A 及所有游击队，徒滋纷扰，毫无贡献。"②

当然，也必须承认并非所有的国民党军部队都是军纪全然败坏，以当时的一般情况而论，中央军好于地方部队及游杂部队，有时同一个师下属各个团的军纪亦不相同。如乐清籍原一〇八师老兵朱兴龙回忆，在参加长沙会战期间该师一个新兵因口渴在农民田里摘西瓜吃，被长官发

---

① 金学兰口述，林正华记录《军旅生活忆旧》，《瓯海文史资料》第 3 辑，第 96 ~ 97 页。
② 《第三战区浙赣战役作战经验及教训检讨》，《中华民国史档案资料汇编：（第 5 辑第 2 编）军事》，第 569 页。"A"即"军"（Army）的英文首字。

现当场一枪打死。他自己因为吃了老百姓主动给的枣子，被怀疑是抢来的而被关禁闭，直到查清真相后才放出来。永嘉县桥下镇的吴洪庭、叶荣法两位老者在回忆 1938 年一〇七师在该镇垟湾、小京等处修建国防工事时，均对该师的军纪交口称赞，都说该师官兵很优秀，不扰民。吴洪庭称该师官兵与民工一道修建工事，官兵对民工很和气，还有长官到工地来慰问。叶荣法当时还只有十一岁，他记得该师官兵时常给他糖果吃。由浙江抗敌自卫队改编而来的暂编三十三师在温州一些地方的口碑不佳，但是该师第三团在团长钟学栋治下军纪严明、敬老怜贫，七十多年后在其曾驻军的温州茶山镇一带，仍有老人对其念念不忘。瑞安籍原暂编三十三师老兵单啸梅记得，该师一位司书在温州西郭外醉酒失态，被师长萧冀勉发现当场击毙。[①] 但总体来看，国民党军在抗战后期的军纪不如前期，前期军纪相对较好，军民关系较为融洽，扰民较少，至武汉会战后期，有些部队违纪现象已经较为严重，到抗战中、后期则军纪更为败坏，军民关系紧张，发展至局部地区军民对抗、截击部队，提出"反对不抗日、光扰民的军队"的口号，一些部队转进时所受民众截击之损失，重于作战之损失。[②]

尽管军纪不良，但是温州人民仍然对这些抗战部队给予了极大的支持。李默庵在讲评丽温战役时专门讲到温州"民众的热情帮助"，"这一次因为我们部队勇猛杀敌，地方上协助作战，尤对救护伤兵等等，无不热情帮助，从这里我们可以得到一个教训，只要能作战的部队，一定可以得到民众的协助"。第三十二集团军兵站分监郑洛在做《丽温战役兵站补给概况》报告时亦说：除永嘉附近之粮，大部就地征补外，其他各处概由兵站向各部追补。《丽温战役专辑》中《敌我优劣及所得之经验与教训》亦将"军政之连系密切，军民之配合确实"作为我方四大优点之一。

① 朱兴龙（1923 年生）：王长明访谈，2015 年 3 月 7 日，乐清市黄华社区；单啸梅（1920 年生）：王长明、高志凯访谈，2015 年 3 月 14 日，瑞安市陶山镇陶峰村老人公寓；陈钧贤：《抗日名将钟学栋在温州》，《温州文史资料》第 34 辑，第 252～256页。

② 敦汝瑰、黄玉章主编《中国抗日战争正面战场作战记》下册，第 1237～1238 页。

《丽温战役散记》中则描述了莲花心周边两位保长率领担架队抢运伤员的情景，"张保长率领担架队向西山出发了，王保长也领着担架队向营盘山去了。天虽然是亮了，而他们的行动很像大风底下的黑纸片，挨头翻滚"。永嘉县郭溪区新桥乡第九保保长潘岩成在报告中也曾记录："窃去岁九九事变，职保位在最前线，当时我军反攻莲花山（心），保民协助将士渡河暨运输弹药，不遗余力。"而几位亲历或目击本次莲花心战斗老兵的回忆亦证实了温州民众的踊跃支前、热情劳军。

> 在温州给养供应都是地方上供应。能吃得饱。温州老百姓很好。那年的中秋节是在温州过的，地方来劳军，送来很多东西。[1]

> 莲花心的仗打完了，天气很热，部队撤回丽水。温州当地老百姓自愿在路边给他们每人送了一把花伞，用来遮阳。[2]

> 这一次（在莲花心）把日本兵打跑了，上司给我们奖励。温州地方上好饭好菜招待我们，警察也来送饭。[3]

三 军法不肃

不遵军令，不守军纪，理当军法从事。按当时国民党军军法，轻则记过、申诫，重则撤职、判刑，甚至处决。1937 年颁布的《中华民国陆海空军刑法》第四章即设"抗命罪"，其第六十四条规定"反抗长官命令或不听指挥者"处死刑，[4] 同年颁布的《中华民国战时军律》更是规定了十种

---

[1] 章焕生：（1922 年生）：王长明、周保罗、高志凯访谈，2015 年 6 月 20 日，新昌县大市聚镇梅林山村。

[2] 施金友（1924 年生）：王长明、周保罗、高志凯访谈，2015 年 6 月 21 日，永康市龙山镇溪田村。

[3] 任传桂（1921 年生）：南纬、大将军、红烧肉、习惯、老街访谈，2014 年 9 月 7 日；王长明、周保罗、高志凯访谈，2015 年 6 月 20 日，临海沿江镇南蒋新村。

[4] 中国法规刊行社编《六法全书》，上海书店出版社，1991 年影印，第 91 页。

应判处死刑的情形，其中第三、第七、第十条为："奉令前进托故迟延或无故不就指定守地，致误战机使我军因此而陷于损害死刑"，"敌前反抗命令，不听指挥者死刑"，"纵兵殃民，劫夺强奸者死刑"。① 而丽温战役《作战人员功过奖惩一览表》显示：前文所列举那些有令不行、等待观望、推诿卸责、坐失战机、纵兵扰民的责任人均未受到惩处，他们都只是在丽温战役检讨会议上被告诫要"反省"和"注意"，既然缺乏有痛感的惩戒，那么这样的规劝，效果又能有几何呢？ 9 月 23 日，李默庵奉顾祝同之命电令罗君彤率新编二十一师主力兼程增援温州，电文中称："望督励所部勠力同心，破残敌，求得战果，各部队长应切实负责贯彻命令，达成任务，否则定予严惩。"但最终的确未能达成任务，亦未见哪位部队长受到惩处。

当然，本次丽温战役中也不是没有严惩违犯军纪者的案例。根据李默庵在丽温战役检讨会议上的讲话，此次战役中该集团军共有 7 位军官被以军法处决，② 具体名单则未提及。其中已知的是对六十三团两位营长的处决。1944 年 8 月下旬的丽水守城战斗中，六十三团按命令应当坚守七天，而实际战斗数小时即行溃退，团长彭孝儒阵亡，其所辖营长赵楚皓、朱恩施"不知掌握部队，竟敢擅离阵地，只身逃命"。第三十二集团军按《国军抗战连坐法》纵的连坐法第十二条，于同年 9 月 8 日即丽温战役仍在进行中将二人处决。③ 在战事不利、日军长驱直入的情况下，这种严惩带有极强的抓负面典型、杀鸡儆猴，并试图挽回败局的色彩。在处决两营长同时所发的通电、手启即明示：处决二人是为了

① 中国第二历史档案馆编《中华民国史档案资料汇编：（第 5 辑第 2 编）军事》，第 178 页。
② 《丽温战役专辑·总讲评·总司令总讲评》，《突击队》月刊第 1 卷第 8 期，第 44 页。
③ 1938 年 2 月 25 日国民政府军事委员会颁布《国军抗战连坐法》规定："与敌交战时，无论若何危险，不得临阵退却。"其中分为纵的连坐法："班长同全班退则杀班长，排长同全排退则杀排长。"连、营、团、旅、师、军均依此类推，"军长不退，而全军官兵齐退，以致军长阵亡者，杀军长所属之师长"，"师长不退，而全师官兵齐退，以致师长阵亡，杀师长所属之旅长"，旅、团、营、连、排皆依此类推，至班长不退，全班官兵齐退，以致班长阵亡时，杀全班官兵。横的连坐法为在同一战线上或同一战场内之师（独立旅）、军、集团军，无论攻防，如某一师（独立旅）、军、集团军长官殉职，左右邻接及在敌侧翼之师（独立旅）、军、集团军安然无恙，除因战略关系或特别命令外，该安全之师（独立旅）、军、集团军主官撤职，并交军法查办。参见《中华民国史档案资料汇编：（第 5 辑第 2 编）军事》，第 179 ~ 181 页。

"以昭炯戒"，"此次作战，间有不少官长，临阵畏缩，踟蹰观望，或缺乏协同精神，致坐失机宜，致误战阵"，"为重申战斗纪律，仰全体将士，共怀纪律为军队之命脉，命令为生命之指南"，"当此最危急关头，须知我不杀敌，敌即杀我，浙南一隅，已退无可退……自今以往，凡我袍泽，务须痛念本身责任重大，咬紧牙根，抱必死之决心，作坚强之战斗，以挽回军誉，振奋军心，确立我军于不败之地"。① 刘嘉树在丽温战役讲评中说："此次已实行了战斗纪律连坐法，我相信以后谁也不敢再以身试法了。"《突击队》月刊在《丽温战役专辑》中重申战斗纪律时亦称要"彻底执行纵的、横的连坐法"，② 这似乎在表明连坐法此前至少在该集团军内还未认真执行过。既然六十三团守不住丽水要军法从事，那么暂编三十三师第一团、八十八军搜索营坐视日军强渡瓯江，浙保四团一大队纵敌安然通过青田，为何没有受到惩处呢？这种选择性、应景式执法自然难以真正起到整肃军纪的长效作用，反而滋生执法不公之慨，强化内部之派系歧见，特别是像三十二集团军这种来源复杂的部队（既有原川、浙、中央各系，又有李默庵一手在湘赣创立的突击总队）尤其如此。所以直到数十年后，仍有人认为朱、赵二位营长及彭孝儒团长，是国民党军队派系斗争、排斥异己的牺牲品。③

军法不肃，赏罚不明，客观原因是抗战时期地方部队数量远超中央军，地方军人虽形同藩镇，迫于形势对其又不能不用，故而国民政府、军委会自然对黄埔系、中央军"爱护有加"，以致军法直流为具文。主观原因则是当时国民党军中在赏罚问题上"和稀泥"成风，对后者蒋介石曾指出：现在一般部队长为讨好部下，大多是有赏无罚，且顾虑部下争功，对自己不满，采取均分主义，不敢堂堂正正论功行赏。至于部下犯了错误，不但自己不敢加以处分，就是上级知道了要处分，也千方百计为其庇护，以为非不如此不足以为部下所拥护。"赏不足以为荣，

① 李默庵：《为赵、朱两营长弃守丽城奉准枪决通电炯戒》《重申战斗纪律及连坐法手启》《通电各参战部队长官 严申战斗纪律》，《突击队》月刊第 1 卷第 8 期，第 52 页。
② 《突击队》月刊第 1 卷第 8 期，第 17、53 页。
③ 见本章第三节详述。

罚不足以为辱，赏罚作用，完全丧失，军队的纪律如何能够维持呢？"丽温战役检讨会议上，李默庵在宣布营长以上奖惩名单之后强调："还有一点要大家注意的，就是过去报奖人员都是一大批的报，以后大家必须有特殊的事迹，才能具报，以免其滥而失了奖惩的意义。"① 此语亦能印证蒋关于国民党军中奖惩 "和稀泥" 之风的评述。比如被李默庵点名批评的黄宽、汪斌两位营长并没有受到严惩，反倒是黄宽还被表彰，原因是 "江北作战亲率机枪一挺，趋至江边，击沉敌船四只，且抗敌有方"，这便是典型的有赏无罚。

第二节　不容否认的贪腐

一　禁令迭出折射贪腐积重难返

军纪废弛、军令不彰、军法不肃，是军队贪腐丛生、战力低劣的直接诱因。

早在 1941 年，第三十二集团军总部奉国民政府军事委员会电令，指出龙泉以东军警不法事件甚多，其中以税警、水警、警察、自卫队、接送新兵部队、接近前方之部队至为明显。其具体表现如下：

> 如武装走私漏海，检查货物，强扣舟车，强拉夫役，强占民房、强借器具，强迫买卖；经营商业，任意给价，任意殴人，贿放壮丁，捕民抵兵，擅行拘捕，刑讯滥押；擅伐树木，擅掘蔬菜，私宰耕牛，强杀家畜，藉故勒索，酗酒聚赌等，为最通常普遍之事，就以接送新兵部队为较甚。尚有接近前方之部队，强令地方唱戏聚赌，从中抽捐，亦有包班演戏，公开营业，强售红票，以资营利者，饬即注意取缔之，当经以光字第二九七号电饬所属注意取缔。②

---

① 《丽温战役专辑·总讲评·总司令总讲评》，《突击队》月刊第 1 卷第 8 期，第 44 页。
② 徐朝阳：《四年来突击队军风纪整饬概述》，《突击队》月刊第 2 卷第 5 期，第 36 ~ 37 页。

如此劣迹罪行，称之无恶不作似乎亦不算过分。当然，此电令所针对的主要是游杂部队，正规部队的表现总体上应当强于游杂部队，但其军纪败坏、滋事扰民、贪污腐化问题亦相当严重，前文所述新编二十一师在温州强征民夫、突击总队的空额问题均是明证。再以部队经商为例，直至丽温战役结束后，李默庵仍在对驻浦城的第三十二集团军总部、西南干训班、突击总队部的长官们强调："此后绝对禁止我们的官长兼营商业，倘使眷属要营业的，亦要同样的取缔。"原因是"军队的待遇已经提高，我们如能力求节约，生活已勉可维持，并且我们以合作社的组织来共同谋生活的补救"。① 其言外之意：以前本部各级官长兼营商业是客观存在的事实，但情有可原，既往不咎。

又如军队走私甚至漏海资敌，亦是包括第三十二集团军在内的国民党军各部一大顽疾。第三十二集团军总部曾于1942年12月、1943年1月两次通饬严禁走私经商，并特别就瓯江一带官兵参与走私，或包庇商人走私发布禁令：

> 奉长官顾昌江电令节开：沿欧（瓯）江一带，已通饬遵照，不得自由征扣船只。至查拿走私经商一节，仰由该部布告各等因。奉此为遵令在沿瓯江一带，严整纪律，杜绝走私包运，特颁布禁令于下：一、所有本防区内军官佐士兵，不准走私经商及包庇商人运货，如经缉获，除私货由缉私机关处理外，并检举事实证据，将走私包运官兵扣押解部，按律惩办。二、所有军官佐士兵，凡穿着军服采购物品，无论何人何物，应绝对接受查缉机关合法之查验，不得无理拒绝，否则以走私偷税论处。三、各部队军官佐士兵，如因公采物品，必须持有合法证件，经营法定检查手续，发给证明单后，始得放行。四、各部队在瓯江水路运公物，如需船只，应由该主管长官负责先期将应运军品需要船只，向驿运管理处或各站登记

---

① 《知耻、负责、自强，完成军人使命！——总司令兼教育长兼司令李于卅三年十一月廿日在联合纪念周上对全体官佐讲》，《突击队》月刊第1卷第8期，第4页。

后听候统一分配，不得自由征扣。所有各运输公物船只，沿途均以驿运站分发运单为凭，否则予一律查拿。五、在瓯江内行驶和线之交通快船，平时免予征差，一律不准擅扣，以利行驶。自此令颁布后，所有各部队官兵，应一体遵照，不得干犯禁令，自触刑章。倘敢故违，定予依法从严惩处，决不姑宽。除通令所属各部队并布告外，合行令仰切实遵照，并饬属一体遵照为要。①

禁令迭出恰恰是贪腐积重难返这一客观事实的折射，抗战时期瓯江一带的国民党军部队走私包运，是不争的事实。到 1945 年春，盐价增加甚巨，缉私机关，又复裁撤，沿海各地，食盐走私日炽，或有部队移防，凭借武力，夹带大量私盐，或有兵站补给军盐，未遵定章办理，或有商人假借名义，蒙混偷漏，第三十二集团军再发禁令："凡此情形，均易滋生流弊，甚至酿成纠纷，不特影响军队名誉，抑且妨碍补给任务。为此严厉规定，嗣后对于移运军盐，必须依照手续，取得盐务机关有效书证，随盐护运，以维法令，否则以私处结。"

其他如部队包班唱戏、强派戏金、勒索商民亦有典型案例。1944年，驻军在永嘉挨乡轮演嵊县地方戏，而嵊县（属绍兴）与永嘉方言迥异，嵊县地方戏对永嘉人来说如同听天书。发生此种荒唐事的原因只在假借名义，强派勒索。

> 三十三年四月间，据报国、省部队在浙江省第八区永嘉等县，假借筹募某种经费名义，挨乡轮演嵊县的笃戏，强派每乡缴纳戏金三四万，五六万不等，此去彼来，不胜烦扰，地方招待稍有不周，即大肆胁迫，县政机关因顾忌太多，难以制止，人民怨声载道，乡保自治人员，亦忍气吞声，敢怒不敢言，乡保长因忙于派募戏金，战时重要政令，如征兵、征粮、副食、公债、储蓄等事，均无法顾及，倘长此以往，则重要政令地方秩序，社会风气均蒙受重大损

---

① 徐朝阳：《四年来突击队军风纪整饬概述》，《突击队》月刊第 2 卷第 5 期，第 40 页。

害。当经总司令部以机字第八五五号严令禁止。①

二 反贪无力，按职级规定礼金上限成笑谈

至于一般性的腐败或违纪，则颇有几分黑色幽默色彩。比如第三十二集团军的官兵找房子或者借点东西，自己不按照手续去做，而借上官的名义去强制借用，甚至发展到假借总司令名义压制民众的程度。兵站第五支部在青田向老百姓收木炭，说是总司令要用的，意在贪图便宜。李默庵也只是在会上批评劝诫一番，指其让总司令失了威信，等于是让全体官兵都没有面子，这样做是犯法的，是要受处分的，希望以后大家要检束，明大义，识大体，以提高团体的荣誉，除此之外似乎拿不出什么惩处的措施。②

再如为根绝赌博之风，除派员随时秘密查拿，并特准各部队士兵对官兵牌赌有权拿捕，而对于官佐及眷属赌博，除严惩官佐本人外，还想出了停发眷粮、勒令其眷属出境的高招，③ 但实际执行情况如何不得而知。大量官佐眷属随军，不仅平时要打牌消遣，需要勤务兵服侍，战时更会成为部队拖累，影响战力。李默庵曾要求："我们的眷属当力求战斗化和简单化，在任何时候都作行动的准备。这样临时才不会慌乱，同时我看到许多官长家里都用了二三个勤务兵，在人力困难的现在，这都有违充实战力的原则。"刘嘉树在对丽温战役做总讲评时，专门讲到不准战时派兵充轿夫去后方抬太太的问题，也堪称中外战役总结中一大笑话。④

而为"励行节约，养成淳朴风气"，又制定了《节约的应酬办法》（见图12–1），其中为刹住当时官佐之间为喜庆动辄送数千数百礼金之风做出规定：以不送礼为原则，如有送礼之必要时，尉官级以不得超过

---

① 徐朝阳：《四年来突击队军风纪整饬概述》，《突击队》月刊第2卷第5期，第41页。
② 《行动遵守纪律　工作讲求效果——总司令李于三月二十五日联合纪念周训词》，《突击队》月刊第2卷第4期，第1页。
③ 徐朝阳：《四年来突击队军风纪整饬概述》，《突击队》月刊第2卷第5期，第39页。
④ 《知耻、负责、自强，完成军人使命！——总司令兼教育长兼司令李于卅三年十一月廿日在联合纪念周上对全体官佐讲》，《突击队》月刊第1卷第8期，第4页；《丽温战役专辑·总讲评·刘军长讲评》，《突击队》月刊第1卷第8期，第47页。

規法

西南幹部訓練班
第三十二集團軍總司令部
陸軍突擊總隊司令部　訓令　機字第　號
令（所屬各單位）

兹為勵行節約養成淳樸風氣起見，特規定本
部官佐應酬辦法如下：

一、本部官佐應酬分給喪喜慶其辦法如左：
1.結婚以集團為原則，採用簡單儀式舉行茶會，不必設宴
3.2.生子遷居嘉慶等喜事，均不得發束請客，必要時舉行茶
會；
喪事不得散發訃文，非不得餽送錫箔香紙等物；
4.對於婚喪喜慶送禮規定，以將官一百元，校官五十元，
尉官三十元為限；
二、凡喜慶節相互送禮及賞賜等習慣，除外賓及重要來
賓，由主管官招待外，其餘不准隨便宴
請客；
三、除外賓及重要來賓外，一律取消，
右三項如有違反而陽奉陰違者，一經查出或被人檢舉，即予懲
處，除分令外，仰各切實遵照奉行，並轉飭所屬遵照為要！
此令！

中華民國三十三年十二月一日
兼教育長
總司令
兼司令　李默庵

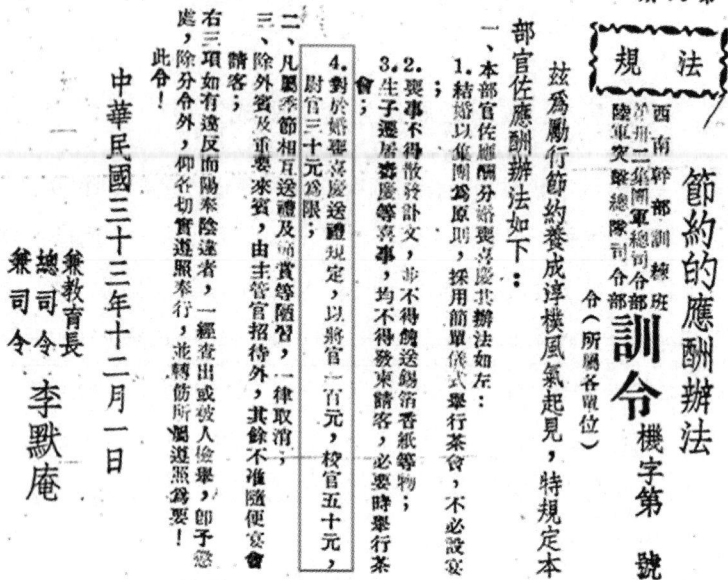

图 12－1　西南干部训练班、第三十二集团军总司令部、陆军
突击总队司令部颁布的《节约的应酬办法》

资料来源：《突击队》月刊第 1 卷第 8 期，第 75 页。

三十元，校官级以五十元，将官以百元为限。① 按职级来规定送礼的上限，由此也说明当时之反贪腐实则既无心，又无力，只能以此种官本位思维的具文加以敷衍。

可以说，上面所述各类恶行劣迹均为整个国民党军由来已久、积重难返之沉疴痼疾。如 1942 年浙赣会战期间，戴笠即曾向蒋介石汇报三战区作战部队情况如下。"查此次参加浙东作战之部队，……各级官长大都有家眷随身。日来，各部队眷属均向江山浦城一带迁移，行李甚多，大都派兵护送，沿途拉夫，到处占住民房，查军队原有军盐发给，今则所过地方，则强要地方供给食盐，而以所领军盐高价出售。因是各县乡镇保长，均有无法供应之痛苦。"战事结束后，戴笠又致电胡宗南

---

① 《知耻、负责、自强，完成军人使命！——总司令兼教育长兼司令李于卅三年十一月廿日在联合纪念周上对全体官佐讲》，《突击队》月刊第 1 卷第 8 期，第 4 页。

（蒋时在胡处）披露："此次三战区战事之失败，完全因生活优裕，官兵均无斗志也。三分校学生……到处拉夫、鸣枪示威；前线退下之士兵，则到处搜劫；高级军官平日，甚（至）有派副官赴上海接女子来玩者。"此外，滇西怒江前线各驻军官兵，因日军缺乏食盐，便勾结商人向敌区走私食盐，换得棉纱布匹而回，其间有我方官兵五六人因贩卖食盐被敌发觉掳去。敌人利用走私道路，化装商人，乘隙侵入，造成怒江西面马面关之失。① 黄仁宇抗战后期在第十四师服务时，曾自告奋勇与多位本师内的同期同学到驻地附近滇越边境一带化装斥候（侦察），发现河口、老街等处走私的出口货物以桐油、水银与矿砂等军用物资为大宗，进口则为香烟及鸦片。如是占体积而不为常用之物资，不能没有大的资本主持，其交易也必有两方驻军的参与和默契。黄曾听人说，"凡是当过军需处长五年以上的，都可以抓来一律枪毙，当中没有半个死得冤枉"，因为当时军队之经理虽未明言，已采取一种包办制。各部队的军需处处长大多是由部队长的亲戚来当。② 此说法或许过于绝对，但也足见此时军中腐败严重，民愤极大，颇有"人人得而诛之"的情势！

为了整饬军风军纪，第三十二集团军可谓三令五申，总司令李默庵本人也是大会小会上反复劝诫，除此之外，还专门设立直隶于总司令、受参谋长指挥的军纪纠察室，并在本部防区龙泉、云和、丽水、松阳、遂昌、宣平、武义、缙云、永康、金华、东阳、义乌、仙居、天台、临海、青田、永嘉、新昌、余姚等各县设军纪纠察处，分别聘请前述各县县长为第三十二集团军总司令部各县军纪纠察处处长，并由各县军民合作指导处副处长兼任各县军纪纠察处督察官，下设调查员若干，由兼处

---

① 《戴笠电蒋中正报告浙东作战各部队军纪状况》（1942 年 6 月 2 日发），台湾"国史馆"典藏号：1440101040001016；《戴笠电胡宗南第三战区战事失败全因生活优裕军纪涣散致无斗志》（1942 年 6 月 2 日发），台湾"国史馆"典藏号：1440101030004050，收录于《戴笠先生与抗战史料汇编·军情战报》；《戴笠呈蒋中正请严查各师缺额并严格取缔官兵走私》（1943 年 7 月 17 日发），台湾"国史馆"典藏号：002080102038007，收录于《戴笠先生与抗战史料汇编·经济作战》。以上均转引自谌旭彬《戴笠披露国军令人发指的贪腐》，腾讯网《短史记》第 139 期，2014 年 4 月 24 日发布。

② 黄仁宇：《地北天南叙古今》，第 113～115 页。

长于区、乡、镇、保、甲长及乡镇军民合作站工作人员中密派兼充之，对外不得公布。[①] 但在国民党之党、政、军系统整体腐败的大环境下，此类措施效果如何，可想而知。

第三节　派系歧见与逆中央化

一　八十八军的中央化与第三十二集团军的多元化

1944 年的莲花心抗日战斗常被视为川军在浙抗日的典型战例之一，但仔细研究发现此役参战部队的构成并非如此简单。的确，作为此役主攻部队的八十八军新编第二十一师，为川籍将领范绍增所创立。此人即 20 世纪末流传甚广的《傻儿师长》和《傻儿军长》等影视作品中樊傻儿的原型。[②] 范绍增曾在杨森、刘湘等四川军阀手下历任旅长、师长、副军长。1938 年被委任为八十八军军长，在四川招募兵员，配置火器，编练部队。该军 1939 年出川抗战，在丽温战役前，该军曾参加过 1939 年冬季攻势、第二次长沙会战、浙赣战役、龙衢战役。

国民党军的确一直有中央军与地方部队之分，但早在抗战全面爆发前就致力于地方部队中央化，到抗战中后期国民党军更是继续推行之，故而包括八十八军在内原地方军系的性质、构成到此时都在发生重大变化。譬如通过新编和混编的方式，将效忠中央的部队优先填入，或将几种不同来源的地方部队编组成一新的部队，或将地方部队打散，分别编入不同的中央部队。至抗战结束时，国民党军部队中地方军系仅占 1/4 左右，其中有些已经中央化，如川军表面上仍有 10 个军的番号，但实际川康将领能掌握者，仅有两三个。[③]

对八十八军来说，1942～1943 年是其官兵构成、建制隶属发生

---

① 徐朝阳：《四年来突击队军风纪整饬概述》，《突击队》月刊第 2 卷第 5 期，第 37 页。

② 田义贵：《历史形态与文化表征：川渝方言影视剧研究》，中国传媒大学出版社，2009，第 71 页。

③ 张瑞德：《山河动——抗战时期国民政府的军队战力》，第 226、230、234 页。

重大变化的时期。主官方面：第八十八军军长范绍增升任第十集团军副总司令，何应钦之侄贵州籍的何绍周继任范之遗缺，不久何绍周调任第八军军长，湖南籍刘嘉树接任第八十八军军长。隶属关系方面：八十八军从原属第十集团军，先后改隶第二十五、第三十二集团军。这两项安排被视为剥夺范氏实权之意。部队编成方面：该军从初创时仅辖新编二十一师，到增辖新编三十师（原游杂部队）、暂编三十三师，后又改辖新编二十一师、七十九师、暂编三十三师直至抗战末期。① 其中七十九师本属中央军序列，暂编三十三师是由浙江地方抗日自卫部队改编而来，同时还将新编二十一师六十三团与暂编三十三师的第二团建制对调、番号互换，即原新编二十一师六十三团改为暂编三十三师第二团，原暂编三十三师第二团改为新编二十一师六十三团，六十三团团长也换成了湖南籍的第三战区原少将高参彭孝儒。

在兵员省籍方面：新编二十一师出川抗战以来，只能就近征补浙江、福建等省兵员以弥补战斗或非战斗减员，到抗战中后期新编二十一师普通士兵中浙籍子弟应当已占相当高的比例。近年发现的八十八军直属部队及新编二十一师的老兵共 10 位均为浙江籍，而无一位川、渝人士便是明证。目前在《民国浙江阵亡将士名录》数据库中有名可查的新编二十一师浙籍子弟共 114 位。此外，在福建省清流县的抗日阵亡名录中亦发现新编二十一师六十一团的两位士兵，② 牺牲地点分别为浙江武义、乐清，这说明该师兵员籍贯已经多元化。至于基层军官，亦有相当比例其他省籍应届军校毕业生被分发到该部中服务，如 1944 年分发到该部的中央军校十八期毕业生金学兰、夏进胜等均为温州人。这样，就彻底打破了八十八军及新编二十一师从最高长官到基层官兵为清一色

---

① 戚厚杰、刘顺发、王楠编著《国民革命军沿革实录》，第 536 页。

② "吴见长，男，新二十一师六十一团机连二等兵，在武义牺牲。巫光行，男，新二十一师六十一团机三连一等兵，在浙江乐清牺牲。"出自《清流县国民党军队参加抗日阵亡将士名录》，逢立左主编《福建省抗日战争时期人口伤亡和财产损失》，中共党史出版社，2015，第 468 页。该名录极不完整，相当大一部分仅姓名，而无生前服务部队及职务。

川籍人士的格局，从总体上看，到抗战中后期该部早已不是纯粹意义上的川军，而是处在不断中央化的进程中。

与此同时，八十八军的其他两个师内部也做了重大人事调整。暂编三十三师的首任师长萧冀勉升任八十八军副军长，由温州移驻台州，师长一职由原任第一突击队司令的湖南籍周淘漉接任，该师下属三个团的团长也全部换人。随着新编二十一师六十三团与暂编三十三师建制对调、番号互换，原任六十三团团长的四川籍黄君殊调任暂编三十三师第二团团长，同时湖南籍的李昊（原任第二突击队副司令）和李隆球（原任职务待考）分别调任该师第一、第三团团长。第七十九师师长则由浙江温州籍的张性白换成了湖北籍的段霖茂。八十八军新的上级单位第三十二集团军也同步发生颠覆性变化：该集团军总司令上官云相调升，遗缺由李默庵升充，李默庵赴浙上任时将初创于湘赣的突击队、西南干训班一并带到浙江；该集团军原辖的两个军第二十五、第二十八军全部划出，同时将八十八军与第三战区江南挺进第三、第四、第五纵队（贺钺芳、田岫山、张俊升所部）等浙江游杂部队，由伪军第十三师二十五旅反正后改编的暂编第十一旅划入。由此，第三十二集团军成为中央军与川、湘、浙各系的大拼盘。

二 丽水城之败——逆中央化暗流引发新的派系歧见

第三十二集团军构成的多元化，八十八军构成的中央化，似乎并不能完全消除派系歧见。以 1944 年 8 月的丽水守城战斗为例，直到抗战胜利 40 周年，丽水县的政协文史委征集抗战史料时，多位原八十八军、六十三团幸存官兵以及彭孝儒团长的夫人在回忆文章中依然认为该团的覆灭，彭孝儒的殉国，朱恩施、赵楚皓两营长按连坐法被处决，均为国民党军内部派系斗争的恶果。

如曾任八十八军干训班军官队少校区队长的翁立初就直接用"互相倾轧，排除异己"来加以定性：

> 1944 年夏，日寇第二次进犯丽水，八十八军军部把保卫丽水

县城的任务交给四川部队（新编）二十一师担当，其意图不言而喻。二十一师师长罗君彤受命后，心中自有打算，即下令调中央系的六十三团坚守丽水县城，同时把小水门浮桥拆靠南岸，形成背水阵势，并把川军的六十一团和六十二团部署在水南岸，由六十一团督战，火力监视北岸动静，以六十二团作为机动力量和预备队，名为策应，实为隔水观战。这样布防的目的，实际上是对中央嫡系部队的有力还击。当时三十二集团军总部及其掌握的突击部队亦先后撤至福建浦城和龙游等地。

…………

（六十三团）全团官兵大部壮烈牺牲。少数官兵后撤至小水门溪滩，却死于守卫南岸的督战队枪口之下。在国民党六十三团与敌人战斗的紧急时刻，作为机动力量和预备队的国民党六十二团，却守在水南阵地，隔溪观望，从不机动支援，眼见六十三团官兵死于敌寇屠刀之下。

…………

战后，在云和小顺召开了战役检讨会。会上，李总司令和刘军长自然明白罗师长部署丽水城防的真正意图，但又不好责怪。在追查丽水城失陷的责任时，按国民党军队的连坐法，应归罪六十三团的三个营长。当时三营营长奉命去青田溪港一带收拾残部，闻讯后就溜走了幸免于死。一营朱恩施、二营赵楚皓两营长，就在云和小顺镇丧命。

彭团长和朱、赵二营长，在国民党军队派系斗争，互相排除异己中，作了牺牲品。①

原六十三团六连特务长（司务长）周明在回忆中则描述了瓯江南岸督战之六十一团射杀六十三团败退官兵"鲜血飞溅，尸体纵横"的情形，并认为"当时军部的计划是以四川部队（新编）二十一师布防

---

① 翁立初：《丽水再度沦陷时的抗敌内情》及文后附《六十三团军官周明的回忆》，《丽水文史资料》第 2 辑，第 131~141 页。

（丽水）县城，急调七十九师、（暂编）三十三师回丽增援，以期歼敌于城郊。但（新编）二十一师罗师长仅以中央系的六十三团守城，而四川部队的六十一团、六十二团作隔岸观，以致使丽水县城很快陷落，罗师长的用意不言而喻"。① 原六十三团军医高朗在回忆时援引该团黄副营长的话说："这次败得真惨啊！罗师长素称干练，而这样一次背水决战的部署，不派一支精干的部队，却只派一个都是新兵的团死守，实是失策！"而他自己则认为"其实这绝不只是用兵上的失策问题"。②

而彭孝儒的夫人刘俊生则认为罗君彤对彭孝儒嫉妒排斥，并在丽水之战中借机置其于死地：

> 谁知互相倾轧的国民党军队，容不得一个正直军人发挥报国之志。当时二十一师师长罗君彤，是四川人，也是个少将，见的彭的军衔级别和他相同，又是长官司令部直接委派下来的，就对彭产生猜忌和嫉妒，怀疑彭是来监视他们，拆他们的台的，便处处冷遇排斥；怕彭掌握直接带兵权力对其有威胁，就派他到永康、松阳一带负责新兵教练。而彭孝儒则胸怀坦荡，说如今国难当头，应以抗日大局为重……

> 一九四四年，日军二次进犯丽水。原驻碧湖的国民党三十二集团军下属三个全副装备的突击营，全被调离丽水撤到浦城、龙游去了。在情势异常危急时，调彭孝儒率领六十三团进城守卫，而这个团不仅仅装备差，穿的是旧灰布军衣，用的是老式步枪，而且都是些未经实战锻炼的新兵，战斗力很弱。而当时的日本侵略军占领永康之后，就步步向丽水紧逼。二十一师虽然还有其他两个团驻扎在县城西南，但他们毫无阻击日寇的行动准备……我知道他早已把个

---

① 翁立初：《丽水再度沦陷时的抗敌内情》及文后附《六十三团军官周明的回忆》，《丽水文史资料》第2辑，第131~141页。

② 高郎口述，汪云豪笔录《背水之战——忆日寇第二次侵犯丽水的守卫战》，《丽水文史资料》第2辑，第131~141页。

人生死置之度外，满腔热血，誓与日寇决一死战，强留不走，会影响他指挥作战，于是就向他直说了丽水三面环山一面临江，内无坚固城防工事，外无强兵接应，仅叫你六十三团千多新兵守城是不是罗师长借机排斥异己，把你置于死地？他听后却劝我不要去想这些个人安危和进退得失的事⋯⋯①

此外，曾在浙江省第九区（丽水地区）专署工作的季彬谈及丽水城陷、彭孝儒殉国时亦称："据说二十一师是川军，彭团长是战区长官部直派，国民党军队派系是严重的，对友军支援是缺德的。"② 1986 年 6 月，此时尚健在的原六十二团团长陈章文致信丽水市政协文史委为此做了辩解。按照他的说法，指定六十三团坚守丽水城，是总司令李默庵有计划设下的所谓"出奇的背水阵"，说不上是罗师长"借机排除异己"。六十二团为阻滞日寇进攻，在石柱街、黄碧村、青溪口、双溪口等地多次激战，付出重大伤亡，六十一、六十二团渡过瓯江守备南岸等一切行动都是按军部命令执行的，不存在什么"隔溪观战"和"作隔岸观"等情况。从丽水失陷到收复，再到六十二团向温州开拔，都未见过友军。③

自述抗战时期在中国银行丽水办事处任职的左夫时隔 40 余年之后亦认为："其实这（指丽水守城战斗的部署）是借日寇的屠刀，杀害自己的同胞的一幕，（这是）见不得人的消灭异己部队的勾当。"但在他的回忆中，借刀杀人者不是罗君彤，而是李默庵；在瓯江南岸督战的也不是六十一、六十二团，而是突击营；彭孝儒究竟是死于水淹，还是死于"自己人"的机枪，亦不得而知。④ 关于丽水守城战斗是否真的存在

---

① 刘俊生：《英烈千古——悼念亡夫彭孝儒》，丽水县政协文史委编《丽水文史资料》第 2 辑，1985，第 131～141 页。

② 季彬：《丽水沦陷前后的回忆》，丽水县政协文史委编《丽水文史资料》第 1 辑，1984，第 79～83 页。

③ 《有关抗战史料的几封来信》，丽水市政协文史委编《丽水文史资料》第 8 辑，1991，第 118～119 页。

④ 左夫：《丽水再度沦陷前后》，《丽水文史资料》第 1 辑，第 84～89 页。

"借刀杀人"和"排斥异己"的阴谋尚有待专题研究。由于上述各说法中史实硬伤较多（如翁立初将由浙江地方抗日自卫武装改编而来的暂编三十三师部队说成是"蒋介石的黄埔嫡系部队"，左夫将彭孝儒所部六十三团说成六十二团，将装备了少量英式装备的突击营说成是全美式装备），因而将来被证伪的可能性较大，但其流传甚广，且能在一些亲历、亲闻者心目中留存数十年，亦从一个侧面证实当年的派系歧见、省籍成见之深。

如果梳理一下李默庵接掌第三十二集团军以后该集团军各部主要将领的籍贯与履历，似乎又能印证这种歧见是其来有自。第三十二集团军总司令兼陆军突击总队司令、西南干部训练班教育长李默庵是湖南长沙人，突击总队副司令胡琪三及总队两任参谋长胡旭盱、罗觉元（胡、罗二人后对调），还有各突击队正副司令均为湖南人，其中包括第一突击队的三任司令周淘澥、罗觉元、胡旭盱及副司令王理直，第二突击队司令魏人鉴及两任副司令李昊、朱则鸣，第三突击队正、副司令刘建修、戴镇球。这在很大程度上反映了陆军突击总队这支所谓的"新军"并不新，而是带有很强的李默庵个人班底的色彩与大量启用同乡的意味。而且李接任以后，暂编三十三师不但师长换成湖南人（周淘澥），下属三个团中亦有两个团的团长换成湖南人（李昊、李隆球）。同时接任八十八军军长的刘嘉树、新编二十一师六十三团对调调整后的团长彭孝儒亦为湖南人。可以说，湖南籍将领在三十二集团军中占据了从集团军到军、师、团等各级重要职位的相当大一部分，并且以湖南之长沙、益阳、醴陵三地人士为主。而且这批湘籍将领多为李默庵在山西、湘鄂赣边区时期的部属，甚至像龙云骧（历任西南干训班第一学生总队少将总队长、第三突击队副司令、突击总队政治部主任等职）这样的四川籍将领也是李默庵任第十四军军长参加忻口会战时的旧部。而被李默庵执掌六年之久，跟随李先辗转于湘鄂赣边区，后开赴浙东的西南游干班即后来的西南干训班，更是湖南人的天下，前述那些第三十二集团军、突击总队的湘籍将领多有在干训班任职或兼职的经历。当然，该集团军中其他部分重要职位如副总司令竺鸣涛、陈沛，参谋长曹耀祖分别是浙江、广东、辽宁人，此外新编二十一师正副师长，其下属六十一、六十二两团团长依然是四川人，七十九师师长段霖茂为湖北人。但总体来看，李默庵治下的第三十二集团军中高级军官湘籍色彩浓厚，这无疑是对当时国民党军最高当局祛除有关部队地方色彩努力的消解，可称之为"逆中央化"。而在这个多来源混编而成的集团军中施行以强化湘籍军官存在为特征的逆中央化，势必会引发本集团军内原本根基较强的川、浙籍军官的抵触，由此导致派系歧见、省籍纷争也并不奇怪。第三十二集团军、突击总队、西南干训班部分已知湖南籍的中校衔以上军官情况如表 12 - 1 所示。

表 12 - 1　第三十二集团军、突击总队、西南干训班
部分已知湖南籍的中校衔以上军官情况

姓名	职务	籍贯
李默庵	第三十二集团军总司令兼陆军突击总队司令、西南干训班教育长	湖南长沙
胡琪三	历任西南干训班副教育长、陆军突击总队副司令	湖南益阳
胡旭盱	历任第一突击队副司令、陆军突击总队参谋长、第一突击队司令	湖南长沙
王理直	历任西南游干班第三大队第九中队中队长、第一突击队副司令	湖南长沙
罗觉元	历任第一突击队司令、陆军突击总队参谋长	湖南邵阳
魏人鉴	第二突击队司令	湖南宁乡
朱则鸣	第二突击队副司令	湖南湘乡
李昊	历任西南干训班主任教官兼情报室主任、第二突击队副司令、暂编第三十三师第一团团长	湖南长沙
刘建修	历任西南干训班办公厅主任、第三突击队司令	湖南醴陵
戴镇球	第三突击队副司令	湖南长沙
周淘漉	历任西南干训班第一总队总队长、第一突击队司令、暂编第三十三师师长	湖南临澧
陈达	暂编第三十三师副师长	湖南醴陵
刘嘉树	历任西南干训班副教育长、第八十八军军长	湖南益阳
彭孝儒	新编第二十一师第六十三团团长	湖南益阳
范继陶	历任西南干训班副教育长、第八十八军参谋长	湖南益阳
李隆球	暂编第三十三师第三团团长	湖南醴陵
刘子淑	历任西南游干班第三大队大队长、西南干训班第二学员总队长	湖南澧县

续表

姓名	职务	籍贯
熊壮猷	历任第一突击队参谋、参谋主任，暂编第三十三师参谋主任、第一突击队第三营营长	湖南桃江
彭贻昌	第三突击队第十一或第十二营营长	湖南益阳

　　资料来源：本表系据《丽温战役详报》和《丽水战役详报》等战斗详报及其附表、《突击队》月刊有关文章、《黄埔军校将帅录》、《陆军大学将帅录》、《中国国民党百年人物全书》、全国及地方各级文史资料中相关文章综合整理而成。

　　由此，再来思索丽温战役中各部队协同不力，譬如"由于各部队的不能协同一致，未能达成任务，并使我们遭受了损失"，敌人迅速到达温州。① "预期在青田附近夹击敌人的计划，或者由于命令的不彻底，或者由于各部队未能协同，不能达到预期目的。"② 在对侵占丽水之敌"施行据点攻击时，各部无连系，不克一齐猛攻"，③ 在反攻温州之时"甲部队打，乙部队不打，不能发挥协同的力量"。④ 除了在上者的指挥能力和在下者的协同意识、命令贯彻意识以外，自然不能排除部队间的派系歧见带来的危害，而且随着未来更多史料的发现，这一问题将更加清晰。

　　自清末镇压太平天国、举办洋务至编练新军，地方督抚开始拥兵自重，尾大不掉，终成民国初年军阀割据之势。而国民革命军虽以"打倒军阀除列强"为口号起家，但实际上未能革除痼疾，而从创立之初就成分复杂，派系林立，纷争不断。从北伐、抗战到内战，中央军与地方军之间、中央军内部嫡系与非嫡系之间、黄埔系与非黄埔系之间、地方军不同派系之间矛盾突出，尤其是大战恶战之时则表现得更为显著，

---

① 《丽温战役专辑·分段讲评·第三阶段·总司令讲评》，《突击队》月刊第 1 卷第 8 期，第 41 页。

② 《丽温战役专辑·总讲评·总司令讲评》，《突击队》月刊第 1 卷第 8 期，第 43 页。

③ 《丽温战役专辑·分段讲评·第二阶段·刘军长讲评》，《突击队》月刊第 1 卷第 8 期，第 39 页。

④ 《丽温战役专辑·分段讲评·第五阶段·总司令讲评》，《突击队》月刊第 1 卷第 8 期，第 42 页。

或削弱消灭异己，或取巧避战保存实力，当友邻部队遇险时隔岸观火、见死不救、幸灾乐祸者，数不胜数。蒋介石虽一直在为实现军队的中央化而不断"整军"和"编遣"，但成效不彰。这支军队始终既不是它所标榜的国家之军队，也并非完全忠实执行国民党最高当局命令的党军，更像是被各路诸侯分割控制私家军之松散组合，故而也就难以达到军令畅通、协同一致、能征善战。而以此种具有强烈私家军色彩之武装力量去抗击现代化的日本侵略军，败多胜少，且败为惨败，胜为惨胜，亦何足怪哉！

结　语

一　主要结论

（一）关于莲花心的地名地形及军事价值

"莲花心"首先是村名，然后才是山名。莲花心村因被形似莲花瓣的群山环抱，其中心有一块小高地如莲花之花心而得名，莲花心村即今温州动物园所在地。莲花心山是指莲花心村附近的山岭。

对狭义的莲花心山，民间理解为今景山森林公园内杨府庙（殿）所在的山头，民国官方地形图、军方战斗经过要图则将杨府庙处标为营盘山主峰，而另将莲花心标示于民国地籍丘形图所称北埠山——今景山森林公园桃花园东北侧直至茶花园的山岭。民间与民国军方对莲花心均有内、外之分。《丽温战役详报》中所称内莲花心在浦东水厂东南侧、山地活动中心（旸岙水厂旧址）西南侧，《景山公园导游图》标为猫儿头山即是。《丽温战役详报》所称之外莲花心是渚浦岭以东今景山公园金门坎一带起到北埠山止的五座山峰。这一曾发生抗日战斗之地被一些人写作"莲花山"或"莲花芯"，而根据各类史料，其唯一正确的写法就是"莲花心"。

抗战时期的莲花心战斗以夺取并固守莲花心（包括内外莲花心）和西山、营盘山为目标，其战斗范围包括今景山公园全部辖区。其中西山是指今温州植物园和亚热带作物研究所内的连续三座山峰，营盘山除指杨府庙所在山头外，还包括东岙高地（白泉山）及龙盘山（俗称老柏山）。莲花心、营盘山、西山既相对独立，又连为一体。莲花心一带山地虽不算高，却因其是温州近城诸山最高峰，且地势陡峭险峻，拥有三山夹两谷的战略地形、四面环水的守便攻难、瞰制温州战场的全局视野，故而战略地位独特与军事价值重要，从元朝至民国，莲花心一带战事频发，抗战时为中日两军攻防温州城必争之锁钥。

（二）关于1941年、1942年、1945年莲花心抗日战斗的简况

每一次日军入侵与撤退（即 1941 年、1942 年、1944 年和 1945 年），莲花心一带皆有战事发生，而并非仅仅第三次沦陷期间才有莲花心争夺战。

1941 年的莲花心抗日战斗主要可分为 4 月 19～20 日和 4 月 30 日至 5 月 2 日两个阶段，系国民党军暂编三十三师抗击日军第五师团一部对我浙东沿海实施封锁作战的一部分。前一阶段战斗仅持续数小时便以我方主动撤退而结束，后一阶段战斗持续三天，以暂编三十三师趁日军撤出温州之机收复营盘山而告终。

1942 年的莲花心抗日战斗主要分为 7 月 11 日、7 月 15～17 日、7 月 30 日至 8 月 1 日、8 月 13～15 日四个阶段，系浙赣会战温州地区作战的一部分，主要发生于温州第二次沦陷之后，暂编三十三师力图从日军小薗江支队手中夺回温州的过程中。暂编三十三师三度攻取营盘山、莲花心，均因遭日军迂回逆袭而失利撤出，直到 8 月 15 日，日军撤出温州，方克复莲花心。

1945 年的莲花心抗日战斗发在 6 月 11～17 日，系抗战末期日军从闽浙大撤退时，中国军队趁势予以追击作战的一部分，但这次战斗并非连续一个星期的作战，而是在这期间经历多天的对峙，实际交战时间不长。中国参战部队为浙江保安第二纵队（辖浙保三、四团）一部，日军为由甲支队改编的独立混成八十九旅团一部。谷擎一所说的 1945 年 4～5 月新编二十一师与日军的莲花心战斗并不存在。

这三次莲花心抗日战斗一般在营级规模，最多不超过团一级的规模，且都不是旷日持久的连续作战，而是间断性、短时间的战斗，连续作战时间最多前后持续两三天，但它们均为抗日期间温州城攻防战的关

键性节点之战。

（三）关于1944年莲花心抗日战斗的考辨与评价

1944 年日军为防止美军在中国东南沿海登陆，策应打通大陆交通线的豫湘桂战役，并确保日据东南亚、台湾至日本本土交通线的安全，发动第三次入侵温州的"温州战役"，我方称丽温战役。日军占领温州后不再是简单地进行短暂的抢掠破坏后即行撤退，而是力图死守久踞。中国第三十二集团军收复温州之意志非常坚决。敌我双方均看重温州之得失，导致温州攻防战的规模、时长、激烈程度都非前两次可比，而作为温州城攻防作战之关键的莲花心战斗则更是如此。

1944 年莲花心战事始于 9 月 11 日，止于 10 月 2 日，而并非陈章文所说始于 9 月 16 日丽水光复之后，止于 11 月下旬以后。在战斗之初，新编二十一师六十一团，第三突击队第十一、第十二营，暂编三十三师第二团干部队参战，以六十一团为主攻，我各参战部队的总计兵力最多时当在 3500 人左右。9 月 16 日收复丽水后，第三十二集团军决定将新编二十一师全师转用温州战场，9 月 26 日，八十八军副军长兼新编二十一师师长罗君彤率该师直属部队及六十二团到达温州郊区，与在温参战各部队一道于 9 月 30 日发起对温州的全线总攻，力图在夺取外围各要点后，一举攻占温州城区。其中以六十二团主攻莲花心，六十一团攻营盘山，第三突击队第十一、第十二营攻西山，总攻时我各部在莲花心投入兵力当在 5000 人左右（整个丽温战役期间我各部前后在莲花心总计投入兵力共 6000 人左右）。各参战部队由第三十二集团军副总司令陈沛统一指挥，陈沛还曾亲赴莲花心东侧查看形势，部署作战。日军在莲花心区域总兵力最多时超过 400 人，国民党军最后总攻时，莲花心有日军约 260 人。本次莲花心战斗经历了攻占后又失守、反攻未果、转入防守、援军到达发起反攻、失利撤退的过程。我参战部队伤亡惨重，根据本次丽温战役温州方面作战国民党军伤亡远甚于丽水方面作战，本次莲花心战斗我方伤亡人数为两千人左右。

出于尽快收复温州城的初衷，第三十二集团军在鏖战莲花心的同时，从多个方向向温州城同时发动进攻，在相继攻占了一些外围要点之后，一度攻入城内与日军展开激烈巷战，终因莲花心等锁钥未能确占，入城部队被迫撤出。此后，直到本次丽温战役结束，未能再度攻入城内。同时，八十八军搜索营在瓯江北岸清水埠一带防守，但实际未能阻止丽温战役末期日军从水路来援。此外，中国海军还在瓯江右岸藤桥下岸村布雷，但直到 12 月才发挥效力。

因 10 月 2 日莲花心得而复失，日军援军到来，国民党军粮弹不济，无力再战，加之考虑到再行攻击无获胜把握，万一失利原有阵地恐不保，还会造成溃退，遂决定撤军，将防务交由温州守备区。陈章文称为避免因内部争功邀赏，发生冲突主动撤退之说不可信。

1944 年的莲花心战斗是温州抗战史上最大最惨一仗、丽温战役中最光荣一页、抗战末期闽浙沿海作战关键节点之一、全国抗战中城市近郊山地攻坚战之典型。但因未能掌控战场锁钥，进而克复温州城、歼灭侵踞温州之日军，反而在伤亡惨重、得而复失之后主动撤出，可判定这是一场败仗。

（四）关于1944年莲花心战斗的检讨与抗战时期国民党军战力评析

抗战当中，像 1944 年第三十二集团军这样在重要城市沦陷之初即调集重兵（约 1 万人），向城区与城外山地要点同时发起长时间（26天）大规模反攻（在温州城各方向同时开攻），并一度攻下城外要点及攻入城内是比较少的，其勇气与决心值得嘉许。但是因其急躁轻敌，对攻城锁钥把握不准，造成从分兵冒进到逐次增兵的重大失误，又不善于反击敌之逆袭、侧击、迂回与增援，只知盲目死打硬拼。同时，在电讯、侦察、联络上俱劣致敌情不明，兵员素质低劣与日常训练不良，攻坚武器与弹药奇缺，炮兵技术不佳，且美军飞机未能如约助战，医疗救护力量薄弱，伙食供应不济，未能及时预知气象变化，加之军纪废弛、贪腐严重、派系歧见，最终未能达成作战目的，反而伤亡惨重。这些又都是抗战时期国民党军中普遍存在的、相当严重的共性问题，也是抗日正面作战艰苦卓绝、代价惨重、历程漫长的重要原因。

1944 年莲花心战斗的失利恰恰是抗战时期我军力与国力的真实体

现，当日之中国作为一个以农村社会为基干，不具备实质上之统一、衣食未周的国家，与一个先进而强大工商业国家作长期的生死决战，并坚持不屈，直到最终胜利，这的确是一个奇迹。我抗日将士英勇爱国、流血舍命的精神气概必须给予应有的肯定。但是国民党军在抗战中所表现出的战略战术上的拙劣，战力上的孱弱及积重难返的军纪、贪腐、派系等问题，亦要真实呈现与深入探究。

二 还需继续搜罗的史料与深入研究的问题

（一）莲花心抗日战斗史实研究的细化

目前主要依据中国军队参加历次温州抗日战斗的战斗详报来进行莲花心抗战的基本史实研究。但战斗详报之类毕竟为军方制式文书，有固定的格式与习惯用语，且篇幅亦有一定限制，虽然一份战斗详报长者可达数万字，但相对于纷繁芜杂的战斗进程来说仍显得简略，它可勾勒战斗之基本轮廓，但不足以深入展示其具体细节。而且从多种史料比对的实践来看，战斗详报撰写者也常会有意无意忽略或遗漏不少重要史实。特别是对小区域具体战斗的研究，这些战役级别的战斗详报自然显得不够细致、丰满，故而未能做到逐个小时、逐个小战场的历史图景还原。本书在采集、辨析与运用抗战老兵及其他历史见证人、知情人的口述资料方面做了一些尝试，但总体尚显单薄。所以，除了继续需要搜寻中国参战部队《作战日记》和《阵中日记》等军方文献以外，今后还要着力挖掘更多当年国内外相关的报刊报道，参战官兵个人的口述回忆，及其他亲历、亲见、亲闻者的撰述。此外，温台防守司令部、温州守备区指挥部、温州警备司令部、忠义救国军和军统、中统以及浙江省第八区行政督察专员兼保安司令公署、温州地方自卫团队等军政单位及社会团体、民众在历次莲花心战斗中发挥了何种作用，如何协助参战部队做好情报、后勤、支前等工作都有待全面开展研究。

进一步而言，要客观、全面、细致地还原历史图景，必须尽最大努力获取与研究多来源、多种类的史料。对于莲花心抗日战史，除了中国方面的史料之外，日本及美国这些相关方面的史料也应竭力搜罗。"二战"时期，日本、美国部队均有随军记者及时记录、报道战况与占领区情况，各级部队也有完整的作战报告、作战日记及占领区有关军政情况报告，加之其军人文化程度普遍较高，还有大量个人日记、书信及战后编撰出版的战记、回忆录等。但因客观条件限制，笔者掌握的与历次莲花心战斗直接相关的日本史料极为有限。目前发现的《战场之记录——墓标》一书为1944年侵占温州的梨冈支队下属之野村大队的战记，因该部队在温州期间主要活动于瓯江北岸及乐清一带，故该书仅简单提及温州营盘山一带的战斗，而本次莲花心战斗的日军主要参战部队——以温州城区及近郊为主要驻防地的后藤大队的史料尚未找到。故而在莲花心作战的日军部队具体的（中队、小队乃至分队）番号、主官、兵力、武器、工事、战术、伤亡等基本史实尚无从知晓。另外，"二战"后期美国空军的相关史料也无从查阅，致使1944年莲花心战斗当中美国空军助战及最后爽约的详情至今未明。

（二）莲花心抗日战斗检讨与同期中国参战部队战力研究的深化

本次研究对1941年、1942年、1945年莲花心抗日战斗做了简要评述，对1944年莲花心抗日战斗做了重点检讨，并以此为切入点对当时国民党军部队的战力做了初步评析。但缘于掌握史料和个人水平的限制，仍处于较为肤浅的阶段。例如，对我方将领在莲花心作战之敌情把握、战前部署、战中应变尚缺乏研究，如能获得萧冀勉之《前方抗战回忆录》、陈沛之《当机立断之八战》及刘嘉树、李觉、李默庵等指挥官们更为详细的撰述材料，并与战斗详报相互佐证、相互补充，将增强研究成果的可信度与完整性。同时，当前掌握的陆军突击总队的各类史料较为丰富全面，但对历次莲花心战斗中中方主力暂编三十三师、新编二十一师及其上级部队暂编第九军、第八十八军、第十集团军、第二十五集团军、第三十二集团军的建制沿革、作战历程、部队特色、将领秉性、官兵素质、装备训练、后勤保障、军风军纪等等尚无充足完整的资料用以开展研究。而在史料相对齐备的情况下，如果开展切片式的研究，则可以更好地呈现抗战过程与抗战时期国民党军的真实图景。

（三）"二战"末期美军登陆中国计划专项研究的展开

从已经发现的中日双方的史料看，包括莲花心战斗在内的 1944 年丽温战役与"二战"末期美军登陆中国计划密切相关，但是对于这一计划是否真实存在，如果存在又是因何原因而未能付诸实施则众说纷纭。故而亟待寻找美国军方、官方的相关史料特别是大量原始档案来做考辨。而早在丽温战役爆发前半年，尼米兹就已公开发表将在中国沿海登陆的讲话并引起相当的反响，为何国民党军方面在丽温战前制订御敌计划时却对美军登陆的可能性，可能登陆的地点、时间和日军的应对缺乏基本的关注。笔者所见到的都是丽温战后 1944 年末到 1945 年上半年的国民党军方面为配合美军登陆所做计划、准备的资料，同时又发现中共方面至少从 1944 年夏天开始已经在就配合接应美军登陆积极准备，究竟是史料发现不全的问题，还是国民党军的确反应滞后这都值得深究。而这些研究一旦展开，不但能够有利于继续厘清丽温战役及莲花心战斗的国际国内背景，了解国、共两方在温州等东南沿海地区既抗击日寇，又发生冲突、斗争的更多情形，更有助于深化对"二战"末期太平洋战争战局发展、美日两军战术演变和美国战后政治军事布局的认识。这将是一个上接国际军事史、政治史，下连地方抗战史、革命史的极好选题。

附　录

一　温州莲花心历次抗日战斗大事记

（一）1941年莲花心抗日战斗

4月19日，日军袭占瑞安后，翻越桐岭，当天傍晚直窜营盘山下之新桥，我暂编第三十三师第三团等部在营盘山、新桥等处与敌激战，当夜至次日凌晨阵地被敌抢占，次日中午温州城沦陷。

4月30日，我第三团等部反攻温州城区，在渚浦山及营盘山与敌战斗，形成对峙。

5月1日，敌二百余在飞机四架掩护下，向瞿溪窜犯，被第三团击退。

5月2日，第三团第二营攻占营盘山，第二团攻占双坟山，敌从城区撤退，遂完全克复温州城。

（二）1942年莲花心抗日战斗

7月11日，日军主力两千余渡瓯江后，向渚浦山、东呑山一带进犯，直插莲花心西侧，当日温州城沦陷。

7月16日，我第一团占领渚浦山等处要点，当晚12时，该团一部突入营盘山，猛攻莲花心，敌凭坚死守，我突击部队被迫退守渚浦山。

357

次日，续行攻击，未能奏功。

7月30日，第一、第三团进占渚浦山，乘势向营盘山猛攻，未能得手。

7月31日，敌仍固守营盘山、双坟山等处据点与我对峙。

8月1日，第三团一举攻占莲花心、双坟山，分向城区突进。敌分三路反攻，我退回原阵地。

8月13日，当夜第一团副团长率兵一营附第三团之一部攻占营盘山、莲花心，敌退守西山顽抗。

8月14日，拂晓，敌反扑迂回，激战至暮，营盘山得而复失，我各部撤退，敌跟踪进迫，形成对峙。

8月15日，第一团将当面之敌击溃，当向城区挺进，并完全克复温州城。

（三）1944年莲花心抗日战斗

9月11日，即日军窜占温州的第三天，追击日寇而至的新编二十一师六十一团进占渚浦山、莲花心、营盘山之线。

9月12日，六十一团展开于营盘山、莲花心亘太平寺之线，迄午进展至西山及西关，开始向温州城区发起进攻。

9月14日，抽调暂编第三十三师第二团干部队赴营盘山，与六十一团协攻莲花心、西山附近之敌，是夜敌攻我莲花心甚烈。

9月15日，第三突击队第十一、第十二营在攻入小南门大街，向松台山、双莲桥攻击的同时，派一部攻击西山及莲花心东端之敌。当夜，敌陷莲花心、营盘山之六十一团阵地。

9月16日，拂晓，我反攻受挫。次日，令第三突击队与六十一团攻击内外莲花心、营盘山、西山、翠微山。

9月18日，第三十二集团军副总司令陈沛亲赴莲花心东侧附近观察，当面部署各部明拂晓攻击内外莲花心方案。

9月19日，晨3时，六十一团、暂编第三十三师第二团攻击内外莲花心不利，第三突击队攻占西山、营盘山后以莲花心未克，不能久守而退出。

9月22～23日，莲花心之敌两度出扰，均被六十一团击退。

9月24日，莲花心之敌夺占六十一团渚浦山、双坟山阵地。在第三突击队、第二团的策应下，六十一团于当日至次日凌晨将两处克复。

9月25日，八十八军搜索营占领大横岭、石钟山一带掩护新二十一师直属部队及六十二团通过藤桥。

9月26日，新二十一师罗君彤师长抵瞿溪，六十二团到达任桥集结。

9月27～29日，我各部绵密准备总攻。

9月30日，晨4时，全线总攻开始，因天降大雨，天候不利，暂停攻击。当日，六十二团攻至渚浦岭东端第三峰，六十一团迫近翠微山、西山，敌凭工事顽抗。

10月1日，续行攻击，六十二团攻占外莲花心第四峰，六十一团攻占营盘山，第三突击队攻西山之三分之一。

10月2日，作最后决战。8时30分，六十二团完全攻占外莲花心，第三突击队攻占西山。敌全力反攻，至晚间营盘山、莲花心、西山复陷敌手。本次莲花心战斗就此结束。

（四）1945年莲花心抗日战斗

6月11日，浙保第二纵队于岷岗方面抽调一个中队向莲花心进攻。

6月13日，拂晓，瑞安城克复，敌即向温州溃退。

6月14日，浙保四团抵莲花心、渚浦山各附近向敌攻击，敌凭工事顽抗。

6月15日，敌窜扰至旸岙村、新桥等地。

6月16日，拂晓我全线复向敌攻击，至当晚无进展，形成胶着状态。

6月17日，莲花心、渚浦山各据点为我攻占，敌黍夜溃窜。我于18日4时进占温州城。

二 温州莲花心历次抗日战斗情况

战斗时间	参战部队		参战将领		兵力投入		伤亡		结局
	国民党军	日军	国民党军	日军	国民党军	日军	国民党军	日军	
1941.4.19~4.20 1941.4.30~5.2	暂九军暂三十三师第三团等	第五师团二十一旅团二十一、四十二联队之一部等	萧冀勉 钟学栋	不详	最多时一个团	不详	不详	不详	初战失利 最终夺回
1942.7.11 1942.7.15~7.17 1942.7.30~8.1 1942.8.13~8.15	暂九军暂三十三师第一、第三团	十三军小薗江支队之一部	萧冀勉 黄士韩 钟学栋	不详	最多时一个团	不详	不详	不详	多次失利 最终夺回
1944.9.11~10.2	八十八军新三十一师六十一、六十二团、第三突击队第十一、第十二营、暂三十三师第二团及浙保独立大队一部	十三军甲支队后藤大队之贯井中队等	陈沛 罗君彤 李文密 龙云骧 陈章文 徐有成 成孝忠 彭贻昌	不详	最多时约6000人	最多时超过400人	约2000人	200人以上	失利撤退
1945.6.11~6.17	浙保二纵队之一部	十三军独立混成八十九旅团之一部	裴时杰	不详	不详	不详	不详	不详	夺回

三 已知1944年莲花心抗日战斗亲历亲见亲闻基层官兵情况

姓名	籍贯	文化程度	参军原因	丽温战役时所属部队及职级	丽温战役时的年龄（岁）
汪献良	浙江临安	不识字	主动投军	八十八军军部通信排报务员	22
任传桂	浙江临海	识字	抽丁	八十八军搜索营一连士兵	23
王相留	浙江仙居	小学毕业	抽丁	八十八军学兵队士兵	21
张贤得	浙江台州	不识字	抽丁	八十八军野战医院担架兵	24
袁毅	浙江嵊州	中学毕业	主动投军	八十八军野战医院准尉医生	24
冯米乾	浙江临海	不识字	抽丁	新编二十一师六十三团特务排士兵	23
戴盛凯	浙江永嘉	不识字	抓丁	新编二十一师六十三团五连士兵	20
邵振翰	浙江临安	军校毕业	黄埔三分校十七期毕业分配	新编二十一师六十一团二营四连排长	22
陶悟青	浙江缙云	中学毕业	主动投军	新编二十一师师部报务员	16
谢廷掌	浙江临海	不识字	抓丁	新编二十一师特务连士兵	20
金学兰	浙江温州	军校毕业	黄埔三分校十八期毕业分配	新编二十一师师部副官处从事后勤工作，次年任六十一团三营七连三排排长	不详
夏胜进	浙江温州	军校毕业	黄埔三分校十八期毕业分配	尚在见习期，职务不详，次年任新编二十一师六十三团二营一连排长	21
廖国擎	湖北黄冈	军校毕业	黄埔校本部十八期毕业分配	八十八军干训班军士队区队长，干训班撤销后在该军搜索营服务，年底在暂编三十三师任特务连少尉排长	不详
施金友	浙江永康	私塾	主动投军	新编二十一师搜索连士兵	20
章焕生	浙江新昌	中学毕业	西南干训班毕业后分配	第三突击队见习参谋	22
黄德金	浙江温州	不识字	抽丁	浙江保安独立第八大队机枪手	20
计洪光	浙江温州	小学肄业	抽丁	暂编三十三师师部通信连士兵	19

注：①本表系根据各地志愿者和夏胜进亲属夏新天提供资料以及金学兰、廖国擎回忆制作，其所属部队及职级根据口述、回忆，不一定完全准确；②按已掌握史料八十八军搜索营未参加过莲花心战斗，任传桂老兵自述曾参加过此战，且能完整讲述战斗情形，山上有庙，山下有河可通汽艇，亦不能轻易否定，可能是非成建制抽调参战。

四 历次温州莲花心抗日战斗部分参战将领简介①

萧冀勉（1901～1987），广东兴宁叶塘人。1924 年 5 月入黄埔军校第一期第二队学习，同年 11 月毕业。任军校训练部服务员、教育副官、区队长。1926 年起任军校教导团排长、连长，东征、北伐时因作战勇敢，后升任第一军参谋处科长、第二师政治部副主任。1929 年后，历任黄埔军校第十军官研究班大队长、讨逆军第六路军总指挥部科长。次年，调任国民政府警备旅团附。1932 年 1 月，任第八十八师第二六二旅参谋主任，随即"一·二八"淞沪抗战爆发，后任该旅副旅长。1933 年 11 月任浙江省保安处第二分处副处长。1936 年 2 月任第五十八师第一七四旅副旅长。1938 年后任浙江省保安第一纵队少将指挥官、浙江省保安处副处长、金兰警备司令、浙江省国民抗敌自卫团第二纵队司令、暂编第三十三师师长兼温台防守司令、温州守备区防守指挥官，抗战中他的妻儿在杭州死于日寇空袭。1943 年，调任第八十八军副军长兼临（海）黄（岩）师管区司令。调离时，温州人民建有"勉公亭"记其事。1945 年 1 月任第九战区第四军副军长兼莆永师管区司令、第四军代军长。1946 年入中央训练团将官班第十六期受训。1949 年初任第四编练司令部副司令，2 月授陆军中将军衔。1949 年秋到台湾，任"国防部"中将部员，"陆军总司令部"高参室主任。1954 年入陆军大学将官班四期受训，1957 年退役。1987 年病逝于台北。著有《前方抗战回忆录》。②

钟学栋（1905～1959），广东紫金人。中央军事政治学校（黄埔军校第四期毕业时，更名为中央军事政治学校）第五期经理科毕业。1930 年 11 月出任中央军校军官教育连上尉服务员。1932 年 2 月调升第

---

① 本简介系据各有关资料考订增补而成，很可能还存在错漏之处。
② 据《兴宁市志》编纂委员会编《兴宁市志（1979～2000）》考订，方志出版社，2011。

八十八师少校参谋、代理教育总队队长，参加"一·二八"淞沪抗战。7 月调任第二六四旅第五二七团第二营少校营长。1933 年 11 月升任第五二七团中校团附。1934 年 7 月调任第二六四旅中校参谋。1936 年 2 月，调任补充团（团长华品章）中校团附。12 月 26 日叙任陆军步兵少校。1937 年 11 月调升第五十八师第一七四旅第三四七团上校团长。1939 年 4 月调任第五十八师上校附员。1940 年 10 月调任第五十八师补充团上校团长。1941 年 9 月调任暂编第三十三师第三团上校团长。1943 年 4 月 29 日晋任陆军步兵中校。9 月调任临黄师管区基干团上校团长。1944 年 5 月调升中央军校第三分校少将高级教官。1946 年 5 月入中央训练团受训。1947 年 5 月派任国防部少将部员。1948 年 3 月入中央训练团战地视察人员训练班第二期受训。4 月任国民政府主席特派战地视察第 15 组少将视察官。5 月所部改称总统特派战地视察第 15 组，仍任少将视察官。9 月调任第 8 组少将视察官。1949 年 1 月 10 日在天津向人民解放军投诚。4 月获释后隐居金华。12 月向公安局登记。1955 年 2 月以"反革命"罪被判处五年有期徒刑。1959 年在浙江金华狱中病逝。1983 年 6 月 27 日金华县人民法院予以平反。①

陈沛（1904～1987），广东茂名人。先后毕业于广东农业专门学校第二期、黄埔陆军军官学校第一期、中央训练团将官班。1925 年起历任东征军教导团排、连、营长。曾参加第一次、第二次东征。1927 年任国民革命军第一师第一团团长，第九师二十五旅四十九团团长、旅长。1932 年，任第九师副师长，1934 年任第十师二十八旅少将旅长，参加围攻福建"中华共和国人民革命政府"，后升任第六十师中将师长。1935 年 8 月 9 日该部编入"剿匪"第二路军，追堵长征中的红军。1936 年 1 月 29 日授少将衔。抗日战争期间，率部投入抗日，先后参加淞沪会战、武汉会战、南昌会战及第一、第二、第三次长沙会战。历任第十八军副长兼六十师师长，第三十七军军长。1940 年 12 月 2 日晋任

---

① 胡博 2011 年编写。

陆军中将。1942 年 5 月入中央训练团受训并任第三大队大队长。1944年 1 月 16 日任第三十二集团军副总司令兼前敌指挥，9 ~ 10 月统率各部抗击窜犯温州之日军，并指挥攻打莲花心和反攻温州作战。1947 年 6月任广东省警保处处长兼桂南区"剿总"总指挥。1948 年任"国防部"第九新兵训练处处长。1949 年 4 月任第四十五军军长兼首都卫成总司令部副总司令，参加阻止中国人民解放军南下的长江防御战。去台湾后，曾任"国防部"中将高参、"光复大陆设计研究委员会"委员。1987 年 12 月 24 日在台北病逝。著有《当机立断之八战》。①

罗君彤（1892 ~ 1969），四川营山县人。早年读私塾，曾中秀才。后入川军范绍增部，曾任旅长、副师长。1938 年与范绍增一起筹建第八十八军，任中将副军长。旋被刘展诸等人排挤去职，回成都办工厂。1940 年复任第八十八军副军长兼新二十一师师长，先后在太湖、浙江一带作战。1944 年率新二十一师及六十二团增援反攻温州作战，主攻莲花心。抗战胜利后回四川，1949 年任西南军政长官公署第三六一师中将师长，1949 年 12 月 22 日在四川什邡县起义。中华人民共和国成立后在重庆铸造机械厂工作。1969 年病逝于重庆。②

李文密（1906 ~ 1996），四川省阆中保宁镇人，1927 年考入国民革命军第二十九军政治学校，毕业后入川军部队服役，历任陆军步兵营见习官、副排长等职。1930 年 10 月考入中央陆军军官学校第八期第二总

---

① 据陈予欢编著《黄埔军校将帅录》（第 534 页）、《中国国民党百年人物全书》"陈沛"词条（刘国铭主编，团结出版社，2005）、《黄埔军校名人传》（杨牧、袁伟良主编，河南人民出版社，2005，第 836 ~ 841 页）、陈燕茂《陈沛将军与三次长沙大捷》（广东省政协办公厅、广东省政协文史委编《广东文史资料精编下编第 2卷：民国时期军事篇》，中国文史出版社，2008，第 286 ~ 295 页）。

② 据王新生、孙启泰编《中国军阀史词典》"罗君彤"词条（国防大学出版社，1992，第 460 页）、《中国国民党百年人物全书》"罗君彤"词条（第 1558 页）及陈章文《国民党军三六一师从重庆溃退到什邡起义》（蔡惠霖、孙维吼编《光荣的抉择：原国民党军起义将领回忆录》下册，中国人民解放军国防大学出版社，1986，第 340 ~ 345 页）。

队第二大队第六队学习，1931 年毕业。历任军事委员会南昌行营侍从室少校参谋、中校参谋，军事委员会西安绥靖主任公署后勤科代理科长等职。抗日战争爆发后，历任第三战区司令长官部参谋处参谋、陆军补充训练处补充第六团团长、第八十八军新兵第二团团长、八十八军新二十一师第六十二团团长、第三战区司令长官部高级参谋。1941 年 12 月入陆军大学特别班学习，1943 年 12 月毕业。后任新二十一师副师长等职，率部参加丽温战役及莲花心战斗。抗战胜利后，任独立第二十一旅副旅长、旅长。1947 年任第七兵团整编第七十五师新编第二十一旅旅长，所部 1948 年在河南杞县被全歼，本人被俘，入中国人民解放军华北军区军官训练团。中华人民共和国成立后，任中国人民解放军南京军事学院教授会组长、战役组主任教员，中国人民解放军南京高等军事学院史料处军事资料员、研究员。后转业返回原籍定居，1980 年任四川省阆中县政协副主席，1987 年任四川省人民政府参事室参事，1996 年去世。①

龙云骧（1905～1950），四川荣县五宝镇人（今自贡市贡井区五宝镇）。1926 年 10 月，中央军事政治学校第四期步科毕业，参加北伐。1932 年 11 月，任第一军第一师独立旅第三团第一营少校营长。1936 年 4 月，任第十四军第十师第三十旅第五十九团中校团附，1937 年 10 月，代理第十四军第十师第三十旅五十九团团长，参加忻口战役。1938 年 2 月，任第三十旅第五十九团上校团长。1939 年 5 月，调任军事委员会南岳游击干部训练班学员总队第一大队第一队上校队长。1941 年 9 月，任第一学生总队少将总队长。1943 年，西南干训班集训大队少将大队长、陆军突击总队第三突击队少将副司令等职，1944 年 8～10 月率部参加丽温战役。1945 年 7 月，任九十八军一二四师少将副师长，旋一二四师改番号为预备第四师，仍任少将副师长。1946 年 4 月，任整编预备第四旅少将副旅长。1946 年 10 月任整编预备第四旅少将旅长。

---

① 据陈予欢编著《陆军大学将帅录》第 420 页"李文密"词条。

1947 年 9 月任国防部少将部员。1948 年 9 月 22 日，叙任陆军少将。1949 年 5 月，在重庆警备司令部、重庆卫戍总司令部任职。1950 年 12 月，在"镇反"中于荣县被处决。①

陈章文（1905～2002），四川省富顺县何家场乡人（今属自贡市大安区何市镇），1924 年入川军第九师团练干部学校受训，1925 年起历任川军第三师特科第二大队第六连少尉排长、第九混成旅步三团中尉副官、十三师二十旅上尉副官、二十军第七师十四旅少校副官、二十一军第四师十二旅三十四团中校团附、三十六团中校营长等职。抗战爆发后，任汉口陆军训练处上校训练官。范绍增组建八十八军出川抗战后，历任新二十一师新兵大队上校大队长、上校参谋处处长、六十二团上校团长，率部参加 1944 年丽温战役及莲花心战斗。国共内战中任整编二十一旅少将副旅长，三六一师少将副师长，1949 年 12 月，在四川什邡起义。后任成都市人民政府参事室参事，2002 年去世。②

---

① 据《黄埔军校将帅录》第 185 页"龙云骧"词条，百度百科，《世纪之履——李默庵回忆录》第 164、176 页及《突击队》月刊。
② 据陈章文《八十五年的历程》（自贡市大安区政协文史委编《大安文史资料选辑》第 1 辑，1991，第 12～41 页）、陈章文《由黑暗走向光明》（成都市人民政府参事室编《蜀都春晓：蓉参史料专辑》，1989，第 78～98 页）。

主要征引文献

一 民国档案

（一）馆藏档案

A. 中国第二历史档案馆馆藏档案

《温州守备区永瑞战役战斗详报》（1941 年）。

《陆军暂编第三十三师丽青温平瑞乐战役战斗详报》（1942 年）。

《温州守备区丽青温战役战斗详报》（1942 年）。

《第三十二集团军丽温战役战斗详报》（1944 年）。

《陆军第八十八军丽水战役战斗详报》（1944 年）。

《第八十八军永嘉乐清黄岩追击战役战斗详报》（1945 年）。

《陆军第十集团军作战计划》（1941 年 6 月）。

《第八十八军浙江丽水等地整训日记》（1943 年 1 月至 1944 年
12 月）。

《第三战区浙江省境内国防工事位置要图》（1941 年 7 月）。

《浙江嵊县、东阳、永嘉、新昌、桐庐五处永久工事位置图表及掩
体图》（1938 年 8 月）。

B. 温州市档案馆馆藏档案

温属各县构筑各类国防工事、野战工事、防空壕等相关档案
（1937 年 12 月至 1938 年）。

《永嘉县城区守备队作战计划及防务部署》（1942 年 6 月）。

永嘉县政府、浙江省第八区行政督察专员兼保安司令公署筹建松台山抗敌阵亡将士纪念碑档案（1943 年 11 至 12 月）。

暂编第三十三师《建立军政一元化据点及策应盟军登陆准备事项实施腹案》（1944 年 12 月）。

骆云浦给浙江省第八区行政督察专员兼保安司令公署的情报（1944 年 11 月至 1945 年 3 月）。

黄仲汉给浙江省第八区行政督察专员兼保安司令公署的情报（1944 年 12 月至 1945 年 6 月）。

《浙江省第八区沿海可能登陆港湾之地形水位情形》（1944 年）

永嘉县为筹募浙江保安第四团阵亡官兵公墓建设费用的档案（1946 年 12 月）。

C. 乐清市档案馆馆藏档案

《浙江省保安第二纵队司令部当面敌军据点工事概见表》（1945 年 4～6 月）。

（二）档案汇编

中国第二历史档案馆编《抗日战争正面战场》（全三册），凤凰出版传媒集团、凤凰出版社，2005。

中国第二历史档案馆编《中德外交密档（1927～1947）》，广西师范大学出版社，1994。

中国第二历史档案馆编《中华民国史档案资料汇编：（第 5 辑第 2 编）军事》，江苏古籍出版社，1998。

中国第二历史档案馆编《中华民国史档案资料汇编：（第 5 辑第 3 编）政治》，江苏古籍出版社，1994。

四川省档案馆编《川魂：四川抗战档案史料选编》，西南交通大学出版社，2005。

二　国民党军军方出版物

《突击队》月刊社：《突击队》月刊第 1、第 2 卷，1944 年 5 月至 1945 年 5 月。

《淞沪抗日作战所得之经验与教训》，编辑出版单位不详，1936，1932 年淞沪抗日作战期间曾任第五军军长的张治中作序。

第五军抗日画史编纂委员会编《第五军淞沪抗日画史》，国民革命军第五军司令部印行，1932。

三 日本史料及译稿

〔日〕饭田米秋、高桥定一编《战场之记录——墓标》（原独立步兵第一〇四大队官兵 1971 年编著本部队战记）。

《历史写真》画报，日本昭和十七年（1942 年）10 月号。

《日本军国主义侵华资料长编》下册，《大本营陆军部》摘译，四川人民出版社，1987。

日本政府防卫厅防卫研究所战史室等著《昭和十七、八（1942、1943）年的中国派遣军》（上），贾玉芹译，中华书局，1984。

日本防卫厅防卫研究所战史室著《一号作战之二——湖南会战》下册，天津市政协编译委员会译，中华书局，1985。

日本防卫厅防卫研究所战史研究室著《昭和二十（1945）年的中国派遣军》第 1 卷，天津市政协编译委员会译，中华书局，1982。

日本防卫厅防卫研究所战史研究室著《昭和二十（1945）年的中国派遣军》第 2 卷，天津市政协编译委员会译，中华书局，1983。

日本防卫厅防卫研究所战史室著《中国事变陆军作战史》第 3 卷，田琪之、齐福霖译，中华书局，1983。

《第十三军自昭和十七年一月至昭和十九年十月发电集》，1942～1944 年发，亚洲历史资料中心网站。

四 民国书报刊

曹聚仁、舒宗侨著《中国抗战画史》，中国书店出版社，1988 年影印。

黄绍竑：《五十回忆》，岳麓书社，1999。

《温州日报》1942 年 9 月 20 日。

《浙瓯日报》1942 年 9 月 20 日。

《申报》1941 年 4 月 21 日、1941 年 4 月 22 日、1941 年 4 月 24 日、1942 年 7 月 13 日、1944 年 9 月 12 日、1944 年 10 月 4 日、1944 年 10 月 10 日。

《华商报》1941 年 5 月 30 日。

五　政协文史资料

（一）全国政协文史资料

全国政协《闽浙赣抗战》编写组编《闽浙赣抗战（正面战场：原国民党将领抗日战争亲历记）》，中国文史出版社，1995。

全国政协文史委编《文史资料存稿选编——抗日战争》下册，中国文史出版社，2002。

全国政协文史委编《文史资料存稿选编——军政人物》下册，中国文史出版社，2002。

（二）浙江省政协文史资料

浙江省政协文史委编《第二次国共合作在浙江》，浙江人民出版社，1987。

浙江省政协文史委编《浙江文史集粹》第 2 辑（政治军事卷下册），浙江人民出版社，1996。

（三）温州市及所属区县政协文史资料

温州市政协文史委编《温州文史资料》第 2 辑（纪念抗日战争胜利四十周年专辑），1985。

温州市政协文史委编《温州文史资料》第 6 辑，1990。

温州市政协文史委编《温州文史资料》第 7 辑，1991。

温州市政协文史委编《温州文史资料》第 20 辑，2006。

温州市政协文史委编《温州文史资料》第 34 辑，中国文史出版社，2017。

鹿城区政协文史委编《鹿城文史资料》第 1 辑，1986。

鹿城区政协文史委编《鹿城文史资料》第 5 辑，1990。

鹿城区政协文史委编《鹿城文史资料》第 9 辑（纪念抗日战争胜利五十周年专辑），1995。

鹿城区政协文史委编《鹿城文史资料》第 27 辑（纪念抗日战争胜利七十周年专辑），中国文史出版社，2015。

鹿城区政协文史委编《鹿城文史资料》第 5 辑，1990。

瓯海县政协文史委编《瓯海文史资料》第 3 辑，1989。

（四）浙江其他市、县政协文史资料

丽水县政协文史委编《丽水文史资料》第 2 辑（抗日战争时期专辑），1985。

丽水市政协文史委编《丽水文史资料》第 3 辑，1986。

丽水市政协文史委编《丽水文史资料》第 8 辑（抗战史料专辑之二），1991。

黄岩县政协文史委编《黄岩文史资料》第 11 辑，1989。

（五）四川政协文史资料

四川省政协文史委、四川省人民政府参事室编《川军抗战亲历记》，四川人民出版社，1985。

自贡市大安区政协文史委编《大安文史资料选辑》第 1 辑，1991。

（六）其他省区政协文史资料

福建省浦城县政协文史委编《浦城文史资料》第 9 辑，1988。

湖南省政协文史委编《湖南文史资料选辑》（修订合编本）第 2 集，湖南人民出版社，1981。

江西省上饶市政协文史委编《上饶市文史资料》第 6 辑（《国民党第三战区司令长官司令部纪实》上册），1986。

贵州省盘县特政协文史委编《盘县特区文史资料》第 11 辑，1989。

湖北省鄂州市政协文史委编《鄂州文史资料》第 2 辑，1987。

广东省政协办公厅、广东省政协文史委编《广东文史资料精编下编第 2 卷：民国时期军事篇》，中国文史出版社，2008。

六　当代报刊

《温州日报》2011 年 9 月 3 日。

《温州晚报》2005 年 8 月 17 日。

《温州商报》2015 年 8 月 26 日

《乐清日报》2015 年 9 月 5 日。

《温州人》2010 年第 15 期、2016 年第 5 期。

《乐清日报》2015 年 9 月 5 日。

《黄埔》1992 年第 1 期。

《中国青年报》2010 年 3 月 31 日。

《茂名晚报》2014 年 8 月 15 日。

《百年潮》2008 年第 1 期。

《明周刊》2015 年第 14 期。

七 日记、个人撰述、文集

夏鼐：《夏鼐日记·温州篇》，华东师范大学出版社，2013。

洪水平：《轶史随录》，社会科学文献出版社，2005。

李默庵口述，刘育钢、高建中编写《世纪之履——李默庵回忆录》，中国文史出版社，1995。

高晓星编《陈绍宽文集》，海潮出版社，1994。

浙江省第八区青年营旅台同学联谊会编印《浙江省第八区青年营旅台同学纪念五十周年专辑》，1989。

章东磐：《父亲的战场——中国远征军滇西抗战田野调查笔记》，山西人民出版社，2009。

黄宝琳：《平生履历回忆录》（手稿），1996 年撰写。

八 口述访谈记录

陈发源（1919 年生）：王长明访谈，2015 年 3 月 3 日，瑞安县梅屿乡马中村。

戴盛凯（1924 年生）：王长明、高志凯访谈，2015 年 3 月 15 日，永嘉县岩坦镇溪二村。

朱兴龙（1923 年生）：王长明访谈，2015 年 3 月 7 日，乐清市黄华社区。

单啸梅（1920 年生）：王长明、高志凯访谈，2015 年 3 月 14 日，瑞安市陶山镇陶峰村老人公寓。

孙嘉玲（1931 年生）：王长明访谈，2015 年 10 月 31 日，瑞安市塘下镇肇平垟村。

冯米乾（1921 年生）：金扬、夜落空、百合、提拉米苏、习惯、南纬、老街访谈，2014 年 5 月 28 日；王长明、周保罗访谈，2015 年 6 月 20 日，临海市沿江镇西岑村。

汪献良（1922 年生）："雨伞"（网名）访谈，2013 年 2 月 22 日，临安板桥乡花戏台村。

邵振翰（1922 年生）：林啸、余姐、二嫂访谈，2012 年 12 月 1 日，临安市洲头乡邵家村。

张贤得（1920 年生）：老刘、金扬、冰、习惯、南纬访谈，2014 年 6 月 10 日；王长明、周保罗、高志凯访谈，2015 年 6 月 20 日，台州市椒江区前所下西村。

任传桂（1921 年生）：南纬、大将军、红烧肉、习惯、老街访谈，2014 年 9 月 7 日；王长明、周保罗、高志凯访谈，2015 年 6 月 20 日，临海沿江镇南蒋新村。

章焕生（1922 年生）：灵融访谈，2011 年 12 月 4 日，新昌县大市聚镇白石村；王长明、周保罗、高志凯访谈，2015 年 6 月 20 日，新昌县大市聚镇梅林山村。

袁毅（1920 年生）：马姗、施辅东访谈，2012 年 10 月 22 日；王长明、周保罗、高志凯访谈，2015 年 6 月 21 日，嵊州市城关镇北门新村。

陶悟青（1928 年生）：王长明、周保罗、高志凯访谈，2015 年 6 月 21 日，缙云县五云镇雅施村。

施金友（1924 年生）：王长明、周保罗、高志凯访谈，2015 年 6 月 21 日，永康市龙山镇溪田村。

谢廷掌（1924 年生）：林华强访谈，2015 年 11 月 27 日，临海市永丰镇岙西村。

柯全富（1918 年生）：王赫、林华强访谈，2015 年 7 月 4 日，仙居县埠头镇三溪村。

陈日琴（1925 年生）：崖柏寒松（网名）访谈，2015 年 9 月 3 日，福建周宁县狮城镇。

王家富（1930 年生）：王长明、周保罗访谈，2015 年 7 月 19 日、2016 年 4 月 6 日，瓯海区新桥街道山前社区东岙底自然村。

黄碎兴（1927 年生）：王长明访谈，2015 年 4 月 4 日，杨府庙；王长明、周保罗访谈，2016 年 5 月 8 日，龙盘山。

邓显姆（1930 年生）：王长明访谈，2015 年 12 月 8 日、2017 年 5 月 22 日，温州市鹿城区华盖山。

韩永龙（1938 年生）：王长明电话、微信访谈，2015 年 4 月 14 日、2018 年 2 月 8 日。

黎陈聪（1930 年生）：王长明、周保罗访谈，2016 年 6 月 12 日，瓯海区景山街道净水村。

包阿桃（1929 年生）：王长明、周保罗访谈，2016 年 5 月 28 日，瓯海区景山街道将军桥村老人院。

黎阿隆：王长明、周保罗访谈，2016 年 6 月 11 日，瓯海区景山街道净心村。

陈敬士（1923 年生）：王长明、周保罗、高志凯、管朝涛访谈，2016 年 7 月 30 日，平阳县南雁镇溪南村。

王相留（1923 年生）：王长明、周保罗、高志凯、卢礼阳访谈，2016 年 12 月 10 日，仙居县城。

倪丕银（1918 年生）：王长明、周保罗、倪旭明访谈，2016 年 12 月 24 日，乐清市虹桥镇。

赵尧青（1926 年生）：王长明、周保罗、倪旭明访谈，2016 年 12 月 24 日，乐清市北白象镇瑞里村。

黄德金（1924 年生）：王长明、周保罗访谈，2017 年 2 月 8 日，鹿城区双屿街道正岙村。

孙牧青（1931 年生）：王长明、周保罗访谈，2017 年 7 月 8 日，鹿城区水心住宅区。

谷擎一（1924 年生）：王长明、周保罗访谈，2017 年 10 月 28 日，鹿城区墨池坊。

郎天行（1950 年生）：王长明、周保罗访谈，2017 年 11 月 3 日，鹿城区丰收新村。

吴洪庭（1919 年生）、叶荣法（1927 年生）：王长明、周保罗、全显旷、管朝涛访谈，2017 年 12 月 23 日，永嘉县桥下镇垟湾村、埠头村。

计洪光（1925 年生）：高志凯、管朝涛访谈，2018 年 1 月 28 日；王长明、周保罗访谈，2018 年 2 月 3 日，瓯海区茶山街道睦州垟村。

九　工具书

陈予欢：《黄埔军校将帅录》，广州出版社，1998。

陈予欢：《陆军大学将帅录》，广州出版社，2009。

陈予欢：《中国留学日本陆军士官学校将帅录》，广州出版社，2013。

戚厚杰、刘顺发、王楠编著《国民革命军沿革实录》，河北人民出版社，2001。

沈克成编撰《温州历史年表》，北京电子出版物出版中心，2005。

温州市鹿城区人民政府刊行《温州市鹿城区地名志》，1987。

瓯海县地名委员会编《浙江省瓯海县地名志》，1989。

浙江省地名委员会编《浙江地名简志》，浙江人民出版社，1988。

黄力民：《日本帝国陆海军档案》，九州出版社，2012。

徐平主编《侵华日军通览（1931～1945）》，解放军出版社，2012。

《中国人民解放军通鉴》编辑委员会编《中国人民解放军通鉴（1927～1996）》，甘肃人民出版社，1997。

刘国铭主编《中国国民党百年人物全书》，团结出版社，2005。

杨牧、袁伟良主编《黄埔军校名人传》，河南人民出版社，2005。

375

十　地图集

钟翀编《温州古旧地图集》，上海书店出版社，2014。

杭州市档案馆编《民国浙江地形图》，浙江古籍出版社，2013。

十一　老照片集

中共温州市鹿城区委宣传部、鹿城区文化广电新闻出版局编，黄瑞庚执行主编《温州老照片（1877—1978）》，中国民族摄影艺术出版社，2017。

汪力成主编、赵大川编著《日寇入侵浙江旧影录》，杭州出版社，2005。

十二　烈士名录

国民政府国防部联合勤务总司令部抚恤处编《中华民国忠烈将士姓名录》（平阳分册、乐清分册），国家图书馆出版社，2012。

《民国浙江阵亡将士名录》数据库，浙江省档案馆。

台北圆山忠烈祠忠烈将士查询系统。

《平阳县出征抗敌阵亡员兵名录》，1946 年 4 月平阳县政府据国民政府军事委员会所发恤金给予令编。

李强、任震辑《抗战阵亡将士资料汇编》，国家图书馆出版社，2012。

十三　中共党史著作

中共温州市委党史研究室：《中共温州党史》第 1 卷，中共党史出版社，2004。

中共浙江省委党史研究室等合编《浙西抗日根据地》，浙江人民出版社，1992。

中共温州市委党史研究室等合编《浙南——新四军的策源地之一》，中共党史出版社，2012。

浙江省档案馆编《浙江革命历史档案选编：抗日战争时期》（上），浙江人民出版社，1987。

浙江省新四军研究会浙西分会编《纪念粟裕将军逝世二十周年资料文集》，2004。

浙江省新四军历史研究会编著《红军挺进师与浙南游击区》，浙江人民出版社，2007。

十四　地方及专题史志

明弘治、万历，清同治《温州府志》。

明嘉靖，清光绪《永嘉县志》。

《温州市志》编纂委员会编《温州市志》，中华书局，1998。

胡珠生：《温州近代史》，辽宁人民出版社，2000。

中共温州市委宣传部、温州市教育委员会编《抗战中的温州》，浙江人民出版社，1995。

台北市温州同乡会：《温州抗战史事》，2007。

吴炎主编《温州市交通志》，海洋出版社，1994。

林伟昭编著《仙门村志》，《温州市场报》编辑部，1996。

李国杰编著《美丽景山　我的家乡》，2017。

《浙江省军事志》编纂委员会编《浙江省军事志》，方志出版社，1999。

袁成毅：《浙江通史·民国卷》下册，浙江人民出版社，2005。

《浙江省政府志》编纂委员会编《浙江省政府志》，浙江人民出版社，2014。

《丽水地区人物志》编辑部编《丽水地区人物志》，浙江人民出版社，1995。

渠长根主编《民国杭州航空史》，杭州出版社，2012。

中华人民共和国财政部《中国农民负担史》第 2 卷，中国财政经济出版社，1994。

温克刚主编《中国气象史》，气象出版社，2004。

《中国近代气象史资料》编委会编《中国近代气象史资料》，气象
出版社，1995。

左立平：《中国海军史（晚清民国卷）》，华中科技大学出版社，
2015。

徐天胎编著《福建民国史稿》，福建人民出版社，2009。

李岳松：《鹿城革命遗址图志》，中国民族摄影艺术出版社，2013。

十五　专著

中共温州市委党史研究室编《温州市抗战时期人口伤亡和财产损
失调研资料汇编》，中共党史出版社，2010。

中共温州市鹿城区委党史研究室编《日军入侵鹿城暴行纪实》，中
共党史出版社，2011。

何允中：《抗日战争中的川军》，四川人民出版社，2016。

孙丹年：《中美合作所与太平洋战争》，陕西人民出版社，2012。

顾兴斌、邓建中：《美国治下国际法与中美关系》，江西人民出版
社，2014。

宗泽亚：《清日战争》，北京联合出版公司，2014。

〔美〕乔西夫·米兹原：《尼米兹——永不言败的海上骑士》，高润
浩编译，京华出版社，2004。

刘磊主编《战地红十字：中国红十字会救护总队抗战实录》，贵州
人民出版社，2009。

黄自进：《蒋介石与日本：一部近代中日关系史的缩影》，中研院
近代史研究所，2012。

李常宝：《抗战时期正面战场荣誉军人研究》，人民日报出版社，
2014。

侯坤宏：《抗日战争时期粮食供求问题研究》，团结出版社，2015。

张燕萍：《抗战时期国民政府经济动员研究》，福建人民出版社，
2008。

张铁柱、曹智、陶德言主编《伟大的胜利：军事名家谈抗战》，长

江文艺出版社，2015。

郭汝瑰、黄玉章主编《中国抗日战争正面战场作战记》，凤凰出版传媒股份有限公司、江苏人民出版社，2015。

余戈：《1944：松山战役笔记》，生活·读书·新知三联书店，2015。

余戈：《1944：腾冲之围》，生活·读书·新知三联书店，2014。

王建朗、黄克武主编《两岸新编中国近代史》（民国卷上册），社会科学文献出版社，2016。

郭岱君主编《重探抗战史（一）：从抗日大战略的形成到武汉会战（1931～1938）》，联经出版事业股份有限公司，2015。

黄仁宇：《大历史不会萎缩》，广西师范大学出版社，2004。

黄仁宇：《地北天南叙古今》，生活·读书·新知三联书店，2015。

刘仲敬：《民国纪事本末（1911～1949）》，广西师范大学出版社，2013。

〔美〕易劳逸著《毁灭的种子：战争与革命中的国民党中国（1937～1949）》，王建朗等译，江苏人民出版社，2014。

〔英〕约翰·吉廷斯著《世界与中国》，章兆政译，七十年代杂志社，1980。

陈彩琴、侯桂芳、赵菲编著《中国抗日战争全景录（上海卷）》，上海人民出版社，2015。

张瑞德、齐春风、刘维开、杨维真：《中华民国专题史第十一卷·抗日战争与战时体制》，南京大学出版社，2015。

张瑞德：《山河动——抗战时期国民政府的军队战力》，社会科学文献出版社，2015。

十六　论文

张洁：《抗日战争时期温州第三次沦陷的背景、经过及其特点》，《温州师范学院学报》（哲学社会科学版）1995年第4期。

柯永波：《莲花心攻占战之初步查证》、《解读莲花心攻占战——莲花心攻占战之再查证》,《墨池》2011 年第 1 期、2012 年第 1 期。

柯永波:《重视史实　不可疏忽——查证莲花心攻占的启迪》,《足迹》2011 年第 3 期。

袁成毅:《抗战前后中共对浙江地缘价值的认知及相关政略》,《民国档案》2012 年第 4 期。

周启乾:《也谈日军编制的译名问题》,《抗日战争研究》1995 年第 2 期。

赵延庆:《从中日军队实力对比看日本军制部分用语的译名问题》,《抗日战争研究》1995 年第 2 期。

张瑞德:《抗战时期陆军的人事管理》,《中研院近代史研究所集》第 21 期,1992。

洪小夏:《抗日战争时期中美合作所论析》,《抗日战争研究》2007 年第 3 期。

十七　网络专题文章

谌旭彬:《戴笠披露国军令人发指的贪腐》,腾讯网《短史记》第 139 期,2014 年 4 月 24 日。

谌旭彬:《面对日军,国军长期"不敢"用无线电》,腾讯网《短史记》微信公众号,2018 年 1 月 23 日。

谌旭彬:《当年,我们这样"打飞机"》,腾讯网《短史记》第 67 期,2014 年 1 月 6 日。

杨津涛:《国军抗战时的真实兵力是多少?》,腾讯网《短史记》第 179 期,2014 年 6 月 20 日。

邓肯、杜松涛:《抗战时中日炮兵火力差距悬殊》,腾讯网《讲武堂》,2015 年 7 月 30 日。

后 记

"景色呈叠翠，山形似莲花。"

本书所写的战史发生在温州人既熟悉又陌生的地方，景山森林公园、温州植物园、温州动物园都集中于此，林木葱郁，安详静谧，是健身休憩的好去处。但如今已鲜有市民知晓此处曾是大炮轰鸣、血溅群峰、伏尸遍野的抗日战场，以至于很多土生土长的温州人连它原来的名字——"莲花心"也从未听说过。

四年前，我也只能从谷擎一、陈章文、金学兰、李昊、李文密等人的回忆文章中打捞一些关于莲花心抗日战斗的历史碎片，这些碎片却是抗战结束七十余年来绝大多数温州人，甚至包括历史专业人士知晓与抒写这段历史的唯一文字依据，而为我们保存这些碎片的都是当年血战莲花心的英勇将士及目击者。只是他们时隔多年的回忆，总会不可避免地存有错漏、夸大或掩饰之处，甚至互有出入，于是不仅他们所提及的惨重伤亡很自然会引发质疑，连这里是否真的发生过抗日血战也成了问题。后来，我慢慢发现不仅仅是莲花心的抗日战斗，整个温州抗日正面作战史都处于轮廓不明、细节不清的状态，一些文章里甚至完全否认温州曾发生过成建制的、有一定规模的正面抗日作战。2015 年 3 月，作为一个刚刚关注温州抗日战史的非专业人士，我有幸认识了温州知名的民国史、中共党史资深专家周保罗老师，周老师爽直、睿智、幽默，因为志趣相投，我们成为忘年交与好搭档。一次，我和周老师登莲花心而瞰温州城，遇细雨纷飞、云雾缭绕、山岭隐没。不久雨止雾散，莲花心再现真容。此情此景让我们相信莲花心抗日战史的谜团终将云开雾散，大白于世，而我们要做的就是以严谨求实的研究揭开这层迷雾。

但在起初我们尚无明确的思路和系统的计划，我们甚至只是将莲花心作为自己众多关注点中的一个重点而已。但是近年来，我和周保罗老师一直在有意识地在做包括莲花心抗日战史在内的温州抗战史的考辨调查。我们俩常常一道翻山越岭、走街串巷，搜罗查考资料，寻找访谈各类见证人，实地踏勘战场遗址。我们在看似零碎、随机的寻觅、梳理、鉴别、纠错中，试图不断拼接与还原历史图景。这个过程有如侦破疑案，漫长而艰辛，甚至会在付出了巨量的时间、精力之后却所获甚少。在我们之前的若干年，柯永波先生为揭开莲花心之战的谜团做了大量的田野调查，其获取的口述史料颇丰，只是在文献的搜集与研究方面较为欠缺。我们极其有幸在中国第二历史档案馆、温州市档案馆、温州市图书馆、上海图书馆、国家图书馆那浩如烟海的民国文献中，在东阳籍原第三十二集团军司令部机要秘书楼绛云的私家刊本中，在日军侵温部队的战记中，在全国各地的文史资料中，在温州文化名人的日记中……我们发现了大量有价值的相关资料。

在这同时，我们有幸访谈了多位知晓莲花心战斗的耄耋村民，其中黄碎兴老人多次带我们翻山越岭，上到莲花心最高峰，实地诉说他所目睹的战后白骨盈野、山溪赤红的骇人场景。在永嘉岩坦的偏僻山村，我们见到了亲历莲花心之役的原新编二十一师老兵戴盛凯。在临海、椒江多位原新编二十一师老兵家中，我们见到当地志愿者赠送的老兵生平牌匾，其中"亲历莲花心战役"赫然在目，而与戴盛凯一样，他们手臂上都有一个终生不能褪尽的刺青——"21"，似乎要以此来表明他们此生永远属于那支著名的抗日部队。在嵊州，原八十八军野战医院医生袁毅讲述了从莲花心抬下来伤兵的惨状和无法有效及时救治的无奈。在新昌，第三突击队老兵章焕生依然记得那年中秋节是在攻打温州的战斗中度过的，温州人民送来了餐食、物资犒劳将士们。

而作为对小区域战史的研究，必须将史实落定在非常具体的地理实体上。为此，我们还曾数十次从各个方向登上这个温州城的战略制高点，或在荒烟蔓草间找寻战壕工事遗迹，或在山峰谷底中辨识地势地形，从而深切感受到山高远不如坡陡更要人的命，也明白这最高不过180余米、在地理学上连山都还称不上的地方，为何如此难以攻取。为了不被局部的地形所困，我们又多次上到牛山、渚浦山、黄龙山、翠微山、仙门山之巅远眺莲花心，或在西山路，或在雪山路，或在104国道过境公路上观察莲花心，或对照那些尽管放大到极致，依然不太清晰的民国地图，分辨何处是战斗详报中所称的外莲花心五峰、西山三峰，何处是营盘山，揣摩其何以成为温州城攻防锁钥，从中也真正体会到何谓"横看成岭侧成峰，远近高低各不同"。多年风雨剥蚀、人为破坏，莲花心上、营盘山间的抗战遗迹已经损毁殆尽。在此虽已无法自将磨洗那沉沙折戟，但亦有一种与历史亲密接触的体验和触动，相较之下之前的书中读史、纸上谈史显得那样肤浅与隔膜。

几年的探索追寻下来，虽然还不敢妄称是"上穷碧落下黄泉"，但对莲花心的地形地貌之大略、此处抗日战史之轮廓也可算是了然于胸了。不过，其间只是写过一篇考证小文刊于《温州日报》上，那时我们却还没有为此写一篇专题论文甚至出一本书的计划，除了感觉研究尚属浅薄之外，也基于非历史学的科班出身，一本专题研究著作动辄一二十万字，担心自己力有不逮。

一次偶然的微信群聊天，朱康对老师得知我们在做莲花心抗日战史的调查，极力地鼓励我们去申报课题：原来这位以研究温州经济而闻名的学者，也曾跟随柯永波先生一起走访过莲花心周边村民。随后在温州市社科联潘忠强主席的全力支持下，才有了"温州莲花心抗战的基本史实研究"作为2016年度温州市哲学社会科学规划立项资助课题，其间中共温州市委政研室决咨办主任倪考梦也给予了大力帮助。应该说，课题的申报和立项是我们对莲花心抗日战史的探寻能够从零碎走向系统、从浅表走向具有一定深度的重要节点。因为随着专项课题研究的开展，必然要求在掌握足够丰富、多元史料的基础上，对莲花心抗日战史的基本情况，诸如众说纷纭的时间、地点、参战部队、作战经过、最后结局、伤亡数字之类的问题做出明确结论，从了然于胸到行诸笔端，这无疑是一个再深化、再明确、再细化的过程。

　　但是如果仅仅止于对莲花心抗日战史本身做单一孤立的一般性考辨与还原，那依然是肤浅与狭隘的。莲花心是温州抗日攻防的关键节点，最起码要以此为切入点去反映温州抗战特别是正面作战历史的概貌。而从更高的层面来讲，发生在莲花心的抗日战斗是浙闽和全国抗战，乃至第二次世界大战的组成部分，它是在何种国际、国内背景下展开的，在全国数以万计的各种战斗、战役、会战中具有什么样的特质和典型意义，都是必须要厘清的重要问题。

　　当然，作为非全国性知名的抗日战斗，其规模、影响都是有限的，不可无限拔高其特质、意义，否则将陷入地方历史研究中的沙文主义泥潭。我们注意到在莲花心这个只有 3.7 平方公里的地方，从 1941 年到 1945 年的五个年头中四度发生过具有一定规模、决定温州城攻防结局的抗日战斗。实事求是地讲，这些战斗中没有哪一场是因为中国军队主动攻坚或有效防守而取得了胜利，攻而不克、守而难固、得而复失、入侵者主动撤离时趁势收复，才是其实情，而那样的收复不该夸耀，只能反思。中国抗战正是历经巨量惨败和少量惨胜之后才取得最终的胜利，至少在正面战场是如此。中华民族抗战精神的核心也不在胜利本身，而在于坚持不屈，或者说漫长、惨烈、艰苦的抗战史最好地诠释了"坚持就是胜利"的真谛。

　　基于此，我们决意去探究这是一支什么样的部队，以什么样的战略、战术与战力在温州城郊的这座山上与日军争夺搏杀，为何屡屡挫败，并以莲花心抗日战史为切片去研究作为抗日作战主力的国民党军。探究的结果是让人失望的，他们并非影视荧屏上的英姿飒爽、装备精良、训练有素、以一当十、胜多败少，相反他们食不果腹、衣冠不整、武器窳劣、缺乏训练、十不敌一。不仅如此，这支军队又被军纪废弛、贪腐肆虐与派系纷争侵蚀着本已疲弱的战力。就是这样一支总体英勇却愚拙孱弱且乱象纷呈的军队在正面战场上与强大的日军对抗、对峙，直至迎来最后的胜利。诚如黄仁宇先生回忆：像他这样抗战后期被分发到部队服务的下级军官亦"半像土匪，半像乞丐"，及至 1945 年抗战胜利，沪上各学校纷纷组织欢迎队到江湾机场迎接国民党军，时人还以为国民党军是百战英雄，直到看到下机的士兵身体孱弱，掮水桶，扛箩筐，与苦力无异，已失去了对其的仰慕。①

如果说当年以战争正在进行时的特殊状态，为鼓舞人心、振奋士气而做某种夸大、掩饰甚至杜撰，自有其无奈与合理性的话，那么，以今日改革开放年代中国之国力，应当足以能够直面与正视那段光鲜之处甚少，反而是憋屈、不堪、耻辱之处居多的正面抗战史。更何况今日抗日神剧横行、乱说胡说、美化神化之风炽盛，我们亟须以理性与从容、自信与自省去讲述、去反思、去记取，才能真正摒弃狭隘、浅薄、有害的自负与自欺，超越仇恨与报复，在痛定思痛中真正走向成熟、走向强大！当然，历史研究必然有"后见之明"的色彩，但是本书之着眼点不在苛责，更不在批判，而在呈现与评析。窃以为当日之国民政府及其领导之军队虽粗具现代外形，但其根基与内核却离现代化相当遥远。故而此种军队即使装备了一些现代武器，引入了一些现代制度，其实际战力必然仍是孱弱不堪的。

2017年8月，当本课题研究第二稿完成时，我和周保罗老师有幸参加了华东师范大学民间记忆与地方文献研究中心举办的首届地方文史高级研修班，此班名师云集，我们有幸结识了前来授课的温州籍历史学者——厦门大学张侃老师，后来他专门花了半个月的时间通读当时已有17万字的莲花心抗日战史研究报告，提出了非常详细完整的修改意见。而在这次研修班上，中国人民大学的包伟民教授告诉学员：应当以大中国的视野去做地方史研究，并要在小地方中发现大中国。而这是我们已经着手在做，却没有认真去思索提炼的，包教授的点拨促使我们从自发走向自觉，把研究的指向定格在了反映抗战时期国民党军英勇与愚拙并存，且贪腐、派系等乱象纷呈的真实图景上。

在这个过程中，依然是朱康对老师、潘忠强主席的不断鼓励与不懈支持，才使得这一研究成果由论文扩展充实为专著，从课题申报和立项时写一篇三万到五万字论文的成果预期，到一年半以后达到26万多字

---

① 黄仁宇：《大历史不会萎缩》，第80、201页。

的体量，并极为荣幸地被温州市社科联列入 2017 年度的市级社会科学学术著作资助出版计划。没有他们两位自始至终的鼓励支持，就不会有今日这部《温州莲花心抗战史研究》的诞生。

我和周保罗老师在这个课题的研究以致后来形成专著的过程中，可谓配合默契，合作顺畅。周老师以他多年掌握的丰富档案文献为莲花心抗日战史的研究提供了极有力的史料支撑，特别是首次被发现、从未公开刊印过的《丽温战役详报》，这是关于莲花心最惨烈抗日战事的最基础史料，没有这一基础史料，不但最基本史实的信息无法厘清，后续的拓展深化更是无从谈起。同时他以多年从事地方历史研究的知识、见识、胆识，一面直接负责"温州抗战历史简述"这一章的撰写，同时又对我负责撰写的其他章节做了多次的认真校改与补充，特别是就篇章结构、一些重要史实的认定和重要问题的评述，时常通过电话、微信与我商讨。周保罗老师在本课题的研究与成书中发挥了不可替代、不容或缺的重要作用。

在本书当中引用了相当数量的对抗战老兵及其他历史见证人的口述采访记录。一方面，我们秉承孤证不立的原则，力图以多来源、多种类的材料来证实或证伪某一问题；另一方面，我们希望尽量以原生态的描述来多呈现一些鲜活、细致的历史片断，以弥补单一依靠档案、报刊、日记等文献来叙史的生硬、粗略。不可否认，口述记录常存在某些史实硬伤，而且在表达上往往零乱、混杂，虽然需要极大的精力来甄别与梳理，但同时还是能给我们一些文献记载无法提供的研究线索与探求方向。更重要的是，那些曾在抗日御侮中流血舍命，如今已是耄耋之年的或孤寂或贫病但又可敬的老兵，他们的讲述中有荣光英勇，有豪情激越，更有战争的残酷、伤亡的惨烈、物质的匮乏、指挥的拙劣、人性的复杂……且并不讳言自己对死亡的恐惧，甚至当过逃兵，这或许是生命将尽时的求实与淡定，相对于文本叙史的史实准确、道德正确，这更是一种不准确中的准确、不正确中的正确，让我们得以体认到历史除了宏大、遥远和模糊之外，还有细小、亲近与清晰的另一个断面。

在口述访谈方面，温州大学口述历史研究所所长杨祥银、上海音像资料馆的田虹、杭州的胡民先生给了我很多专业性的指导意见，而我能够系统地开展以抗战为主题的口述访谈，也直接得益于杨祥银老师推荐我承接上海音像资料馆、中共温州市委党史研究室的温州地区抗战老兵口述史料采集项目，同时上海音像资料馆、中共温州市委党史研究室也允许我使用本次采集所得的口述文字资料。在首届地方文史高级研修班上，华东师范大学的冯筱才老师系统讲授了口述访谈实务，让我受益颇多。关爱抗战老兵温州志愿队高志凯、管朝涛、蔡桂顺、倪旭明、蔡林宝、全显旷、包建程、谢大象、徐雯雯、吴越泉、薛孝钦等众多志愿者，杭州、宁波、台州、嵊州、新昌、东阳等浙江省内关爱抗战老兵志愿团队，还有诸多老兵的家属，以及许多未及问得姓名的热心人都给予了我们无私的帮助。而我和周保罗老师作为关爱抗战老兵温州志愿队的成员，也让我们在开展口述访谈中有近水楼台之便利。我的好友李淑丽及她的好友叶枫、金志勇，不但为我们的田野调查充当司机、向导和翻译，更是精心整理了对多位抗战老兵的口述采访逐字稿。温州市景山森林公园管理处的冯亮和、林华、陈倍佳、陈继肖、潘国锁等先生为我们带路做实地踏勘和提供资料。温州勘察测绘研究院的徐刚先生、温州城建档案馆的汤章虹女士分享了不少历史地图。韩永龙先生、净水村黄碎兴之女黄秀华女士、净水村会计李明高先生为我们提供了不少有价值的线索，并帮忙联系各类见证人，不厌其烦地解答各类疑难，李国杰先生还赠送了他编撰的《美丽景山　我的家乡》。我的好友刘建挺为我提供了不少线索，并多次带我采访抗战老兵。我妻子的朋友陈彩飞及其丈夫赵征凯（乐清磐石人）专门邀请我们到磐石参观抗战纪念馆、侵温日军司令部旧址，并不顾酷暑陪我们实地寻找抗日遗迹。

华东师范大学的冯筱才、李世众两位老师为本书申报温州市社科联的市级社会科学学术著作资助出版计划精心撰写推荐评语。华东师范大学研究生王思思、余康同学帮忙搜集了大量《申报》《中央日报》中的相关史料，并为本书精心绘制地图。温州医科大学的叶建老师则提供了极丰富的各类民国报刊资料的电子版。温州文史界的专家前辈卢礼阳、洪振宁、方韶毅、陈钧贤、李岳松、吴树敬、叶育登、徐逸龙、高启新、蔡钢铁、金辉、南航、黄瑞庚、黄培量、金丹霞、何光明、黄元明、夏海豹、施正善、潘虹等纷纷给予点拨、鼓励与帮助。方韶毅先生将他从日本购得的侵温部队战记《战场之记录——墓标》供我参阅，虽然此前已经从别处拿到温医大几位日语专业学生所译该书相关部分的电子稿，但看到原书则有利于更好核实与运用史料。黄瑞庚、何光明先生根据我们的需求，发来不少珍贵的历史照片，黄元明先生寄来他主编的大量文史资料。卢礼阳先生将他在《夏鼐日记》中发现的关于西山之麓抗战纪念碑的记载在第一时间分享给我，从而解决了莲花心一带有无抗战纪念碑的疑问。温州市政协文史委主任卢剑平、文史委副主任叶定强、方岚，文史委办公室主任杨志华，原市政协委员蔡钒和我与周保罗老师一直为设立莲花心抗战遗址标志而不懈努力。原东阳市政协文史委蒋锦萌主任为我们联系上原第三十二集团军司令部机要秘书楼绛云先生提供了热情帮助，并寄来她主编的东阳抗战专题史料。而与楼绛云先生首次电话沟通之时，他坦言"温州这一仗没有打好"，并立即寄来他主编的《烽火余烬》，这是莲花心之役参战部队陆军突击总队当年内部刊物的选编本，楼先生保存的这部分宝贵资料在"文革"中被迫主动上交，"文革"结束后当这批资料行将作为废纸化为纸浆时，因为蒋锦萌的慧眼才得以让其重回楼先生手中，并使本课题的研究特别是对参战部队真实战力的探析有了价值极高的第一手资料作为依据。

温州画家郎天行先生带我们实地指认松台山抗战纪念碑遗迹，并专门为我们绘制画作，艺术地呈现他亲见的莲花心旧貌。抗战英烈第七十九军军长王甲本之孙王飚先生分享了大量珍贵的抗战档案文献，并就抗战史的一些具体问题给予指导。浙江省第八区抗敌自卫团青年营学员、温州籍抗战老兵林志华提供了《浙江省第八区青年营旅台同学纪念五十周年专辑》。川军将领后代何允中发来不少八十八军、新编二十一师指挥官们的照片。知名军史专家胡博先生对本书附录中的莲花心战斗参战将领生平简介给予了细心指点，在校正错误的同时，也让我增长了不少军事知识。温州民间促进会、温州市网联会的多位同仁，温州大学的陈宝胜老师、温州职业技术学院的王志梅副院长，温州电视台的翁小芹、周红、林卓丹，中共温州市政法委的刘万成，温州市体育局的夏新

图书在版编目（CIP）数据

温州莲花心抗战史研究 / 王长明，周保罗著. -- 北京：社会科学文献出版社，2018.12

（温州学术文库）

ISBN 978 - 7 - 5201 - 2800 - 1

Ⅰ.①温… Ⅱ.①王… ②周… Ⅲ.①抗日战争 - 史料 - 温州 Ⅳ.①K265.06

中国版本图书馆 CIP 数据核字（2018）第 103631 号

· 温州学术文库 ·

温州莲花心抗战史研究

著　　者 / 王长明　周保罗

出 版 人 / 谢寿光
项目统筹 / 邓泳红　郑庆寰
责任编辑 / 郑庆寰　吴丽平

出　　版 / 社会科学文献出版社 · 皮书出版分社（010）59367127
　　　　　　地址：北京市北三环中路甲 29 号院华龙大厦　邮编：100029
　　　　　　网址：www.ssap.com.cn
发　　行 / 市场营销中心（010）59367081　59367083
印　　装 / 三河市东方印刷有限公司

规　　格 / 开本：787mm × 1092mm　1/16
　　　　　　印张：24.75　字数：366 千字
版　　次 / 2018 年 12 月第 1 版　2018 年 12 月第 1 次印刷
书　　号 / ISBN 978 - 7 - 5201 - 2800 - 1
定　　价 / 79.00 元

天，中共温州市委统战部的陈小眉、叶凌群、丁一，温州医科大学的方耀老师和他的朋友周诚，新加坡南洋理工大学的方小平老师（浙江淳安籍），《温州日报》副总编辑瞿冬生，《温州日报》原编委、现任《科技金融时报》副总编辑张健都曾对我们的研究给予鼓励与帮助。

我所在单位温州新闻网的张春校总编辑和我所在部门的陈珊珊主任、陆向东总监，对我的志趣一直大加肯定并积极支持。我的妻子熊曼，还有轮流到温州照顾我们的父母、岳父母承担了全部的家务，使我能安心此书的写作，我的妻子还按照我开列的书单购买了大量的图书资料，俨然是我的贴心秘书。我的孩子们虽然有时会来打搅我，但童心的天真无邪让我在辛苦的写作间隙颇感欢乐与快慰。我的好友杨骐铭、董怀谷、庄毅，我的四舅同时也是我的忘年交胡万兵先生不断给我鼓励，与我交流探讨，对本次的研究颇有裨益。

由于学识尚浅、能力所限，本次出版的《温州莲花心抗战史研究》与"以大中国的视野去做地方史研究，在小地方中发现大中国"的预想目标还相去甚远，期待学者方家、读者朋友不吝赐教，也期望热心人士继续向我们提供关于莲花心和温州抗战的史料、线索，以期深化相关研究，将来能有更高质量的成果面世。

王长明

2018 年 4 月